衡阳市优秀社会科学著作出版重点资助项目

女权运动先驱
唐群英

刘静　唐存正◎著

- 她是中国同盟会最早的会员之一；
- 她是辛亥女子军的一员将领；
- 她是民国初年女子参政运动的主帅；
- 她是南社杰出的女诗人；
- 她是敲响暮鼓晨钟的女报人；
- 她是毁家兴学的女子教育家。

中国文史出版社

图书在版编目（CIP）数据

女权运动先驱——唐群英 / 刘静，唐存正著. —北京：中国文史出版社，2013.11

ISBN 978-7-5034-4416-6

Ⅰ. ①女… Ⅱ. ①刘… ②唐… Ⅲ. ①唐群英（1871～1937）－传记 Ⅳ. ①K825.4

中国版本图书馆CIP数据核字（2013）第265911号

责任编辑：殷 旭
装帧设计：郑立弘

出版发行：**中国文史出版社**
网　　址：www.wenshipress.com
社　　址：北京市西城区太平桥大街23号　邮编：100811
电　　话：010-66173572　66168268　66192736（发行部）
传　　真：010-66192703
印　　装：衡阳市顺昌印务有限公司　邮编：421001
经　　销：全国新华书店
开　　本：170×240mm　1/16
印　　张：26
字　　数：413千字
版　　次：2014年8月衡阳第1版
印　　次：2014年8月第1次印刷
定　　价：38.00元

唐群英像

（1906年摄于日本东京）

唐群英全身照（1912年冬摄于北平，原载于1916年美国世纪出版社出版的《现在的中国》一书）

前全国人大常委会副委员长、全国妇联主席彭珮云为《女权运动先驱唐群英》一书的题词

时任全国政协副主席、全国妇联名誉主席康克清，为纪念唐群英诞辰120周年的题词，图为修缮后的唐群英故居“是吾家”书屋

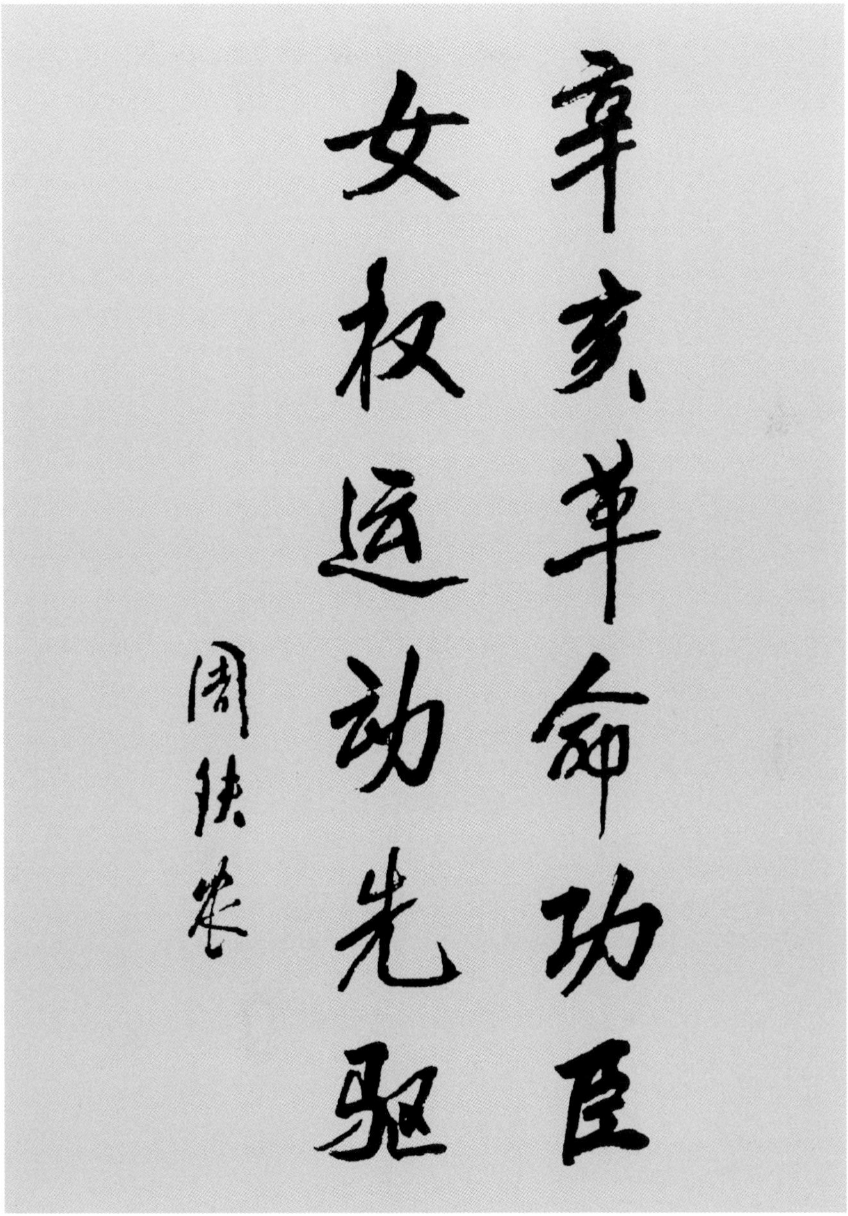

时任全国人大常委会副委员长、民革中央主席周铁农，为兴建“群英纪念园”的题词

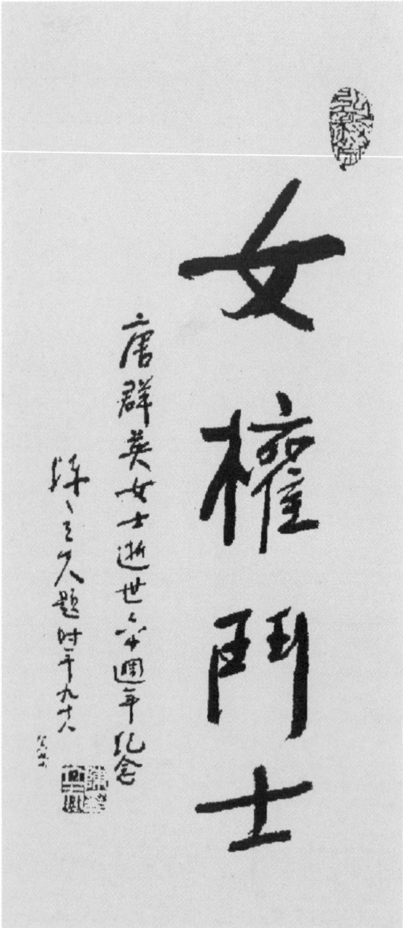

国民党元老、九十八岁高龄的陈立夫先生，为纪念唐群英逝世六十周年，自台湾寄来的题词

中华四海同心创会理事长、世界华人和平建设协会创会主席、中国国民党退休同志联谊会荣誉理事长马鹤凌（马英九之父）撰诗并书

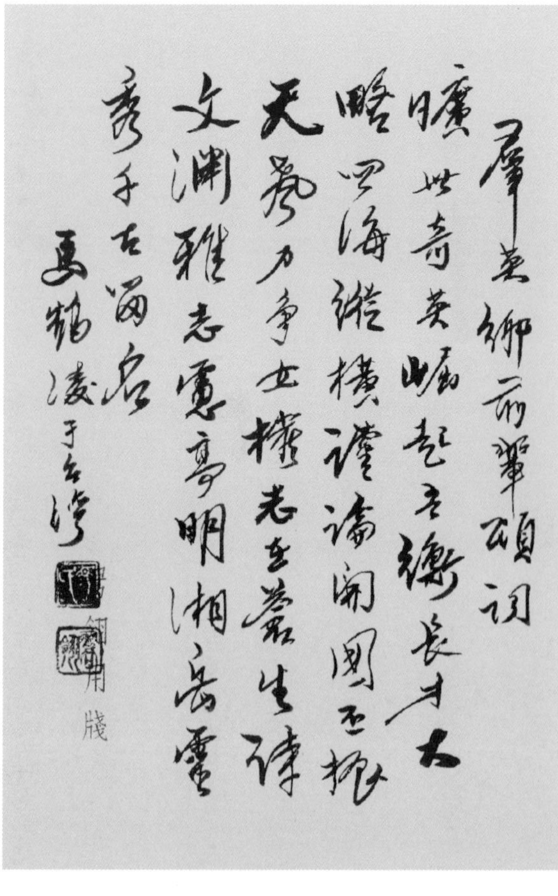

一代女魂

刘　晓

历史的长河滚滚向前，湮灭多少英雄人物。而唐群英这个普通的名字，当是中国历史不能绕过的一座高山。

当民族危殆神州飘摇之际，唐群英胸怀“愿身化作丰城剑，斩尽奴根死也瞑”的侠气豪情，离开舒适安逸的家园，踏波东瀛寻求报效国家之路，追随孙中山先生投身革命洪流，成为中国同盟会最早会员之一。武昌首义起，唐群英奔赴光复战线前沿，组建女子后援会和北伐军救济队，为北伐军筹募军饷，随南京会战部队实施战地救护，成为辛亥女子军的一员将领，为创立民国卓立功勋。

在共和政权肇建而封建主义社会根基弥深的民国初年，她以觉醒女性的高瞻远瞩和勇毅顽强，创立要求“男女平权”的中华民国女子参政同盟会，发起和领导了中国历史上第一次轰轰烈烈的女子参政运动，成为中国女权运动的领袖和先驱。时人称这次女权运动为“五千年来女权之曙光”、“中国妇女运动第一声！”

为改变中国女子教育水平落后，从而制约了她们国民意识觉醒和社会参与能力提高的状况，唐群英亲力亲为创办女子报刊，倾尽家资开办女子学校，为开阔妇女视野、培养妇女人才做了切实有效的奠基性的贡献，成为民国初期知名的女报人和女子教育家。

唐群英又是一位爱国女诗人。家学渊源，幼教深厚，加以胸襟宽广，情感丰沛，形成了集咏絮之才、钧天之志、阳刚之气、爱国之情于一体的豪迈风格，被赞为“南社社友之杰出者”。

百年而后，天地一新。岁月的磨砺，并没有将她沉积、消蚀。1979年，邓颖超称她为旧民主主义革命时期妇女界的“英雄人物”。1991年，康克清题词赞她为“一代女魂”。1995年，唐群英被列入“中华百年女杰”行列。

巍巍衡岳，烈烈群英。男女并驾，如日方东。是为序。

2013年10月于长沙

（作者系湖南省政协副主席、民革湖南省委主委）

谱写“一代女魂”的光辉形象

严昌洪

本书作者、最早从事研究和撰稿宣传唐群英的刘静女士，曾在一篇书序中写道：“半个世纪之中，唐群英为文才高学博、参战英武威猛、从政叱咤风云、兴教不遗余力的辉煌形象，未能得到应有的展示和彰扬，实为史学界、妇女界的一项憾事。但，历史不会埋没任何一位曾经流光溢彩的杰出人物。随着改革开放时期的到来，唐群英这位活跃于辛亥革命前后的女英雄，在度过了清淡的岁月之后，重又在近代史研究领域放射出独特的光辉。”

事实诚如其所言，改革开放以来，研究唐群英的学者有所增加，唐群英研究的领域也有所拓展，不仅民初女子参政运动有了更深入的探讨，对唐群英的生平、思想、事功、诗文也有论著做全面的介绍。研究论文方面，除女权思想与女权运动一直是唐群英研究的热点外，还涉及唐群英在旅日中国留学生抗议日本政府颁布《清国留学生取缔规则》风潮中的表现，唐群英在中国同盟会中的活动，唐群英的爱国思想、个性特征，她的教育思想和办学、办报活动，以及她的社交活动与诗词写作，等等，并在罗湘英主编的《唐群英研究文集》之后，又有《衡阳社会科学》纪念唐群英诞辰140

周年专刊问世，汇编了许多新作。著作方面，陆续有蒋薛、唐存正的《唐群英评传》、李天化、唐存正的《唐群英年谱》、陈中寅的《唐群英诗文赏析》以及中共衡山县委宣传部编著的《一代女魂——唐群英的传奇故事》等出版。这些成果，使我们全面地看到了唐群英的人生轨迹与女杰丰采。如今，又有幸率先拜读刘静女士的新作《女权运动先驱唐群英》，领略到唐群英英雄形象通过传记作品放射出的独特光辉。

作者在书中首先给唐群英定位：她是“冲破五千年封建制度重重阴霾、在中国大地上第一个举起男女平权火把的女界先驱”，她“以其侠气豪情、剑胆琴心、红莲品格、寒梅风骨铸造了中华民族‘一代女魂’”。对于璀璨的衡湘星系中的这颗闪烁着独特光芒的“明星”，作者充满了崇敬之情。她就是带着这样的崇敬感情，从唐群英的家世源流、父兄的呵护培养，到负笈东瀛，参加革命，再到投身女子参政运动，为争取男女平权而奋斗，……将唐群英不平凡的一生栩栩如生地展现在读者面前。

作者从20世纪80年代初就开始关注唐群英、研究唐群英，积累了不少关于唐群英和辛亥革命的历史资料，本书的写作建立在翔实的史料基础上，凡重要事实均有史料支撑，包括唐群英家世资料、当年的报刊、历史档案、时人记录、唐群英及相关人物的诗文等等，都是作者叙述史实、月旦人物的依据。由于作者接触到许多原始资料，她在书中还对若干史实进行了考证，订正了一些误传。如，作者根据《民立报》1912年6月15日所载《英雌又出风头》一文，以及中国第二历史档案馆所藏《女子参政同盟会参政请愿书》等史料，认为在《女子参政同盟会参政请愿书》之前，曾有一封以“女子联合会唐群英、张寿松等”名义上参议院之书（此书原件待查），并指出《唐群英评传》、《唐群英年谱》等著作将此上书与中国第二历史档案馆所藏《女子参政同盟会参政请愿书》混为一谈，实不妥当。诸如此类的考证书中还有一些，说明作者追求人物传记的真实性，史实的准确性，从而使本书可以作为信史来读。

但本书又不是作为史学专著的一般人物传记，其传记文学的色彩很浓。既有大量生动形象的文学语言，使全书显得文采飞扬；又有很多富于想象的局部细节描写，虚构了部分人物对话和活动，使人物鲜活起来。这种描写在书中俯拾即是，如，唐群英曾传纲夫妇关于龙吟宝剑的对话和唐群英新婚燕尔就在众人面前表演剑术等细节，表现了的伉俪情深，也表现了唐群英飒爽的英姿和刚毅的性格。再如，关于葛健豪、唐希范、唐群英、秋瑾四人在荷叶神冲以荷花为题的唱和和在河边背诵杜甫的《自京赴奉先咏怀五百字》并议论时政的情节，让我们看到了"中华女杰成长史剧中的一幕序曲"。在主要人物和事件符合历史真实的前提下，这种细节的想象与渲染，是完全可以被接受的，因为这些细节丰富了人物形象，增加了作品的可读性与艺术感染力，不可与"戏说"等量齐观。

此外，本书作者对历史人物的评价也十分到位，尽管她对唐群英充满崇敬之情，但她抛弃了旧时代私传那种隐恶扬善，颂词盈篇的做派，一反部分学人那种对研究对象出于肯定就有意拔高的风气，坚持事实求是原则，既不苛求，也不溢美，使唐群英的形象真实可信。作者笔下涉及众多历史人物，所述所评，亦客观公允。

本书还做到了知人论世，将历史人物与社会环境的关系、个人与群体的关系处理得比较好。作者在书中透过历史人物的活动展示了清末民初历史大变革的壮阔画卷，揭示了近代妇女解放运动的曲折道路，又将历史人物置于中国近代民主革命的大背景下来描写，置于清末民初进步女性群体中来刻画，既反映了时代潮流、群体精神对传主的影响，也凸显了传主的个性特征与杰出贡献。可以相信，刘静女士《女权运动先驱唐群英》的问世，必将进一步弥补唐群英辉煌形象长期未能得到应有的展示和彰扬的遗憾。

作者刘静女士将书稿电子版发给我，同为本书作者的唐群英长孙唐存正先生也属我作序。拜读以后，既为唐群英"一代女魂”的光辉形象所感染，又为作者弘扬唐群英的殚精竭智精神所感动，不敢以不文辞，只得勉力写了一点感想，就正于作者和读者。

2013年10月于武昌桂子山忍斋

（作者系辛亥革命史研究会副理事长兼秘书长，华中师范大学近代史研究所所长、教授，博士生导师）

浓墨重彩颂先贤

谢宏治

古城衡阳，踞五岳衡山之南、濒湘江蒸水之滨，名山圣水相携，历代英杰辈出。历史的星空，曾经闪烁诸多“衡岳之星”：造纸术发明者蔡伦、著名思想家王船山、共和国元帅罗荣桓、铁血男儿夏明翰等。中国近代女权运动先驱唐群英是其中璀璨的一颗，以其革命女性的独特魅力闪耀着夺目的光芒。

作为中国近代民主革命家、早期女权运动领袖、辛亥革命功臣、女子教育先驱，唐群英在中国民主革命史尤其是中国妇女解放运动史上写下了无可替代的光辉篇章。她以“斗室自温酒，钧天谁换风”的凛然大义表达出对腐朽社会风气的忧虑和改造世界的胆识，她以“愿身化作丰城剑、斩尽奴根死也瞑”的豪迈气魄投身革命，为中国民主革命卓立功勋；她以“天下兴亡、人皆有责”的宏大抱负唤醒时代，把男女平等、妇女解放提上文明进步的社会征程；她以“勿谓人强、自立即强，勿谓人智、多学则智”的高远智慧兴办女学，激励妇女树立自立自强的精神，争当适应时代进步和社会发展的新女性。

唐群英的美丽人生集中体现着辛亥志士勇于担当、甘于奉献的爱国精神，体现着中国妇女维护权益、不屈不挠的斗争精神，体现着蒸湘儿女敢为人先、创新图强的湖湘精神。

精神自有力量，影响历久益新。一代女杰唐群英的思想与精神是中华民族的宝贵财富，必将激励一代又一代蒸湘儿女在共筑梦想、科学发展的征程上铿锵前行。

衡阳是历史文化名城、湖湘文化重要发祥地，文脉常兴，薪火长传。作为女杰家乡人民，我们更为深切地缅怀唐群英，更为深刻地认识“群英精神”的现实意义和当代价值。尤其要学习她为民族振兴赴汤蹈火、勇于牺牲的爱国情怀，学习她为男女平权不屈不挠、敢于斗争的优秀品质，学习她为女子教育矢志不渝、甘于奉献的崇高境界。当前，衡阳正处在深化改革发展的关键时期。在新的历史条件下，我们应当大力弘扬“群英精神”，凝聚全市人民团结奋进的强大力量，推动衡阳在“全面深化改革、建成全面小康”的道路上大步迈进。

《女权运动先驱唐群英》一书由唐存正老先生与刘静女士合著。唐存正老先生是唐群英的嫡长孙，年逾八旬却老骥伏枥。他与刘静女士数十年来潜心投入对唐群英这一历史人物的研究，去伪存真、去粗取精、专心致志、殚精竭虑，终于把散落的历史资料整理成一部兼具历史文献性和文学艺术性的长篇人物传记。不仅为我们再现了一个时代的真实，也为我市的史志文献工作和文学艺术创作做出了积极的贡献，为衡阳人民缅怀革命先贤、承继先贤遗志提供了一部不可多得的优秀历史教材，更为唐群英的研究、宣传工作增添了浓墨重彩的一笔。其精神同样令人感佩。

岁月如歌，历史苍茫。记忆永恒，精神不朽！

2013年初冬于衡阳

（作者系中共衡阳市委常委、宣传部长）

目　录

楔　子

在湖南省南部，南岳衡山一带，流传着关于火神祝融的故事。

上古时期，“火祖”燧人氏发明了钻木取火的方法，但火种的获取和保存都不容易。

黄帝部落有个氏族首领的儿子名字叫做重黎，他发现了更加简便的击石取火的方法，并且成了管火和用火的能手。黄帝封重黎为火正官，并且为他赐名“祝融”。

待到黄帝讨伐蚩尤之战时，祝融发明了火攻的战法，把身披兽皮的蚩尤部队烧了个焦头烂额，使黄帝所部大获全胜，追杀蚩尤于黎山之丘。

黄帝班师回朝，路过云梦泽南边的一群大山。

“这叫什么山？”黄帝问祝融。

“这叫衡山。”祝融答道。

“这山的来历如何？”黄帝又问。

“盘古氏开天辟地，活了一万八千年，死后躺在中原大地之上。头部朝东，变成泰山；脚趾在西，变成华山；腹部凸起，变成嵩山；右手朝北，变成恒山；左手朝南，就变成了眼前的衡山。”祝融又答。

“那么，为什么名叫衡山。”黄帝再问。

“此山横亘云梦与九嶷之间[(1)]，像一杆秤一样，可以称出天地的轻重，衡量帝王道德的高下，所以名叫衡山。”祝融再答。

黄帝非常高兴，登上衡山最高峰接受南方各个部落的朝拜之后，郑重宣布：“现在天下一统，我要奠定五岳——东岳泰山，西岳华山，南岳衡山，北岳恒山，中岳嵩山。从今以后，由火正官祝融镇守南岳。”

自此，祝融便住在衡山的最高峰上（衡山最高峰因而得名祝融峰），接手掌管南方的大小事务。他教百姓取火烧熟食物，用火取暖照明，点火熏赶蚊虫，举火驱散瘴气。百姓们尊称他为火神、赤帝、南岳衡山之神。

后来，共工在和颛顼争夺帝位的斗争中，怒触不周之山，擎天的柱子折了，系地的绳索断了，南岳衡山地动山摇，眼看就要天塌地陷……祝融以身体擎在天地之间，保住了一方平安。

祝融游息衡山一百多年，死后葬在南岳的一个山峰上（这个山峰因而得名赤帝峰）。他的躯体融入了衡山本体，化为丰腴膏沃的祝融之土，世世代代养育着南岳的生命万物。他的精魂则幻化为终古不熄的祝融之火，在祝融峰顶的祝融殿里熊熊燃烧，永永远远照耀着南岳的山川大地……

这大概是关于南方火神祝融氏诸种传说中，最为丰富生动的一个版本。(2)

有祝融之神的养育和照耀，南岳衡山果然鬼斧神工，钟灵毓秀，物华天宝，人杰地灵，成为自然景观与人文景观荟萃一体的中华文明奥区。(3)

衡山七十二峰峻拔多姿，恰似“青天七十二芙蓉”。千里湘江逶迤环绕，犹如衡山的晶莹项链。衡山之上，奇岩险峰，流泉飞瀑，茂林修竹，珍花异草，其景色之美领“五岳之秀”(4)，其姿态之灵动在五岳之中“独如飞”(5)。加以气候温润，四季分明，植被丰茂，物种繁多，如同一座天然大宝库。南岳衡山，吸引着人们欣赏赞叹的目光，是享誉世界的游览胜地。

黄帝登临南岳之后，虞舜南巡，曾在此盛会诸侯，举祭望之礼(6)；大禹治水，曾在此杀白马祭天地，得《金简玉书》而成就大业(7)。商周以后的历代帝王，一脉相承地敬奉南岳之神，诏封南岳之神为神国之帝，屡屡虔诚致祭，多次重建扩建祭祀之所南岳大庙。周穆王游历衡山，留有西台古迹。宋徽宗亲作“寿岳”题赞，清代康熙等六位帝王遥颁匾额墨宝(8)。南岳衡山，承载着古老神圣的中华始祖文化和源远流长的皇家祭祀文化，是中华民族的一座历史碑林。

汉晋以后，道佛两教先后传入南岳衡山，并在此同兴共荣。佛道俱盛之时，环山数百里，有寺、庙、庵、观等200多处。高僧仙道纷至沓来传经弘法，两教信众结队登山顶礼膜拜，汇聚佛道精粹的南岳大庙和南岳庙会，历史久远规模盛大。南岳衡山，以其佛道两教同处一山、共存一庙之鲜明特色，成为闻名中外的宗教圣地。(9)

古书典籍论证，南岳衡山对应主管人间苍生寿命的星宿；民间口碑流传，南岳神又司人间福、禄、寿之缘。古往今来，从帝王将相到市井百姓，多敬奉衡山为“主寿之山”、“比寿之山”、“中华寿岳”，纷纷来此贺生、祈福、求寿。南岳衡山，寄托着美好的向往，成为人们心目中的福寿宝地。[10]

李白杜甫揽胜抒怀[11]，韩愈祷天开云[12]，朱熹张栻踏雪唱酬[13]，黄庭坚禅房吟咏[14]，把优美诗词写满南岳。唐代文学家柳宗元、刘禹锡，宋代爱国诗人文天祥，明代贤相张居正、地理学家徐霞客等，都曾游历南岳，留下著名诗文。邺侯退隐衡山十二载，藏书“三万轴”，开湘楚书院文化先河[15]。船山先生幽居衡山四十年，潜心治学著书，成就了一代哲人的业绩[16]。南岳衡山，披戴着历代文人雅士的丰采流韵，成为底蕴深厚的文化名山。

美哉，壮哉，福哉，寿哉，南岳衡山！

有祝融之神的养育和照耀，南岳衡山自然也是人文荟萃、代有才俊，到了近代更可谓英杰辈出。

南岳衡山七十二峰，南以衡阳回雁峰为首、北以长沙岳麓山为足，逶迤八百里，蜿蜒于衡湘大地。衡山的优秀儿女，如同秀冠五岳的衡山一样，自古以来卓立于中华民族的精英之林。从中国“四大发明”中造纸术的改进者蔡伦，接替诸葛亮主持蜀汉朝政的蒋琬，“草书天下称独步”的怀素，史上著名楷书四大家之一的欧阳询，学界公认为理学派开山鼻祖的周敦颐，名列元代前八位著名散曲作家的冯子振，明代茶陵诗派的核心人物李东阳，明末四大学者之一的王夫之，到清代诗书巨匠何绍基，启蒙思想家陶澍、魏源，中兴重臣曾国藩、左宗棠，辛亥革命先驱刘揆一、刘道一……，一个个杰出人物，如同一颗颗耀眼的明星，镶嵌在华夏神州的历史星空，形成了璀璨的衡湘星系。

当我们仰望历史星空的时候，看到在璀璨的衡湘星系之中，有一颗闪烁着独特光芒的明星。她不是政坛显要、学界泰斗、诗书巨匠、科技名家，但却有着各界精英无法替代的独特地位。这颗明星，就是冲破五千年封建制度重重阴霾、在中国大地上第一个举起男女平权火把的女界先驱唐群英；就是以其侠气豪情、剑胆琴心、红莲品格、寒梅风骨铸造了中华民族“一代女魂”的唐群英。

唐群英，这位曾经在中华大地上播撒祝融之火的衡山女儿，将与祝融之火共耀千秋。

(1) 九嶷山（又名苍梧山）属南岭山脉的萌渚岭。洞庭湖为古云梦泽的一部分。衡山位于湖南省南部，南临南岭山脉的萌渚岭，北向可望洞庭湖。

(2) 如同史前传说时代的所有人物一样，关于祝融的身世、名号、职司、事迹、形貌等，也有着各不相同甚至互相矛盾的说法。例如，从其身世看，即有“三皇五帝”中的三皇之一、黄帝后世子孙、炎帝的第五代玄孙、上古五帝之一的颛顼的孙子等各种不同说法；从其事迹看，也有火神祝融与水神共工大战，战败的共工怒触不周山之说；从其形貌看，更有祝融常以女子形象出现，被称“祝融夫人”的说法。诸说纷纭，本文采取的是流传较广的一种。

(3) 最早将“文明”与“奥区”二词合起来赞誉南岳的，是明代的湖广提学副使管大勋。

(4) 关于五岳景色的的特点，有大同小异几种概括：“泰山雄、衡山秀、华山险，恒山奇，嵩山奥”；“东岳泰山之雄，南岳衡山之秀，西岳华山之险，北岳恒山之幽，中岳嵩山之峻”；“东岳独尊，中岳独雄，北岳独高，南岳独秀，西岳独险”。其中，对于衡山，皆不出一个“秀”字。

(5) 清代魏源在《衡岳吟》中说：“恒山如行，岱山如坐，华山如立，嵩山如卧，惟有南岳独如飞。”

(6) 传说，舜帝南巡，经过衡山，死于九嶷山。衡山上留有“舜洞”等遗迹。

(7) 传说，大禹治水之初，听说黄帝曾把一部以金简为页、青玉为字的《金简玉书》，埋藏在南岳，书上载有治水之道。于是，他来到南岳，杀白马敬祀天地，祷告后眠卧山岗。梦中，有仙人苍水使者告以宝书所在地。他按照宝书的指点，率众凿山开口，疏通壅塞，把泛滥的洪水引进江河，使之顺流归入大海。大功告成后，他把《金简玉书》恭恭敬敬地回藏原处，并且刻大碑以志纪念。后来，人们就把大禹杀白马设祭祀的山峰叫做“白马峰”，把掘出宝书的山峰叫做“金简峰”，把那块石碑叫做“禹王碑”。在南岳衡山还有另外一些与大禹有关的古迹。

(8) 据史料，商、周时期，自然神被人格化，祭祀被列入国家的政治制度，祝融氏被尊奉为南岳衡山之神，建在衡山最高峰的祝融神庙作为正式祭祀之所。战国之后，祝融神庙迁建于山下，更名“南岳衡山祠”。唐、宋、元期间，皇帝对南岳神的封号，由南岳真君、司天霍王、南岳司天昭圣帝，递升为南岳司天大化昭圣帝，神庙名称及祭祀活动规格相应变化。现存的“天下南岳”石牌坊和“寿岳”石碑上的大字，为宋徽宗当年手书；悬挂于南岳大庙正殿门上的“光辅紫宸”、“永峙南维”两块匾额，是清康熙帝亲笔御书；清朝雍正、乾隆、嘉庆、同治、光绪五位皇帝，都曾向南岳庙颁赐过匾额。

(9) 据史料，东汉顺帝时（公元126–144年），张道陵创五斗米道，将道教传入衡山。唐代皇室尊崇道教，遂使衡山的道教事业到开元年间（公元713–741年）进入鼎盛时期。西晋初年（公元256–274年）佛教开始传入衡山，至南北朝时逐步活跃，特别是慧思禅师于陈光大元年（567年）到南岳后，南岳十八高僧陆续出现于各个名刹古寺之中，佛教事业日渐兴盛起来。现存江南最大的寺庙——南岳大庙，由南至北共分九进，中间是祭祀祝融的神殿堂，东西两厢分别是道教八观和佛教八寺，充分显示着南岳佛道并存的繁盛局面。

(10) 《周礼》、《星经》、《唐书天文志》等多种古籍均记载，衡山位置对应二十八星宿的轸星之翼。轸星“度应玑衡”，“铨德钧物”，可以像衡器一样称量天地的重量，衡量人们道德的高下，衡山由此得名；轸星旁有一小星，名叫“长沙星”，主管人间苍生寿命及后裔，故衡山又名「寿岳」。自宋徽宗题刻之后，“寿岳”之名更著称于世。清光绪年间出版的《南岳志》记载，有“寿比南山”四个大字，题刻于祝融峰祝融殿北墙基下，现已发现“南山”二字。

(11) 诗仙李白、诗圣杜甫，都曾游历衡山并留下诗篇。唐肃宗乾元元年（758年），李白从江西浔阳家中赴流放地贵州夜郎途中，以及次年遇赦后，都曾登临南岳，留下了《将游南岳》、《与诸公送陈郎将归衡阳》、《衡岳僧方外诗》、《游方广寺》等诗章。杜甫在生命的最后两年流寓湖南期间，也曾三过衡阳，留下了《题衡山》、《望岳》、《朱凤行》、《归雁》等诗章。

(12) 唐永贞元年（805年）秋，韩愈被贬两年后遇赦待命，顺路游览衡山，却逢阴雨连绵，雾锁山峦。韩愈夜宿南岳庙，焚香祈祷，默求岳神开云。事有巧合，不久果然云开雾散，天清气朗。韩愈得以尽情游览南岳胜景，写下了《谒衡岳遂宿岳寺题门楼》、《祝融峰》、《望日台》、《别盈上人》等诗作。这段佳话，使南岳有了“开云楼”、“开云亭”等景观。

(13) 朱熹、张栻均为南宋著名理学家，学术上齐名且私交甚厚。宋孝宗乾道三年（1167）十一月，两人在长沙岳麓书院探讨道学两月之后，踏雪同游南岳衡山历七日。期间你唱我和，共得诗篇149首，归后编成《南岳唱酬集》。该诗集被收入《四库全书》。后人为了纪念他们这次胜游，特意在方广寺旁修建了二贤祠。

(14) 宋徽宗崇宁三年（1104）正月，黄庭坚游历衡山数日，留下了著名诗篇《衡山》。诗中有“暂借禅房宿一宿”句。

(15) 相传，唐朝李泌早慧博学，七岁即受到玄宗喜爱，做了“待诏翰林”，后参与宫室大计，是肃宗、代宗、德宗三朝的重要人物，德宗时位至宰相，被封为邺侯。但他一生爱好神仙佛道，追求淡泊宁静，肃宗时曾经坚辞官位退隐衡山，专事读书修道。李泌死后，其子李繁修南岳书院纪念他。书院几经迁址、更名、重建，现在烟霞峰下的李泌故居处，仍存邺侯书院遗址。

(16) 船山先生即王夫之（1619–1692），湖南衡阳人，明末清初杰出的思想家、哲学家。清顺治五年（1648年），王夫之在衡阳举兵抗清，几陷大狱，后乃栖伏林谷，辗转隐遁，在南岳石船山草堂幽居著述。

第一章　将军归隐

这位战功显赫的湘军将领，
如果不是在33岁时急流勇退，肯定会获得更高的军阶，
但或许不会成为一个成功的父亲。

清朝同治九年（1870年）的南岳衡山，与五千年前的南岳衡山一样，神秘，美丽，安谧……祝融之神，千年一日地养育着衡山万物，照耀着南岳山川……

一

衡山北麓40多公里外的新桥乡，虽是一处交通驿道口，可许久没有让人振作的热闹事了。这一天，在新桥乡的黄泥町，忽然响起了阵阵欢乐的声浪。爆竹劈啪，锣鼓咚锵，唢呐吹出了高亢的音调。放鞭奏乐的人喜气洋洋，围观助兴的人贺声连连。兴高采烈的人们，正在庆贺一座不同凡响的大宅第落成。

这座大宅第名唤“三吉堂”。

这三吉堂，面对龙形山，背靠红茹岭，不远处是蜿蜒流淌的涓河支流。显然处于一块风水宝地。

三吉堂占地四千多平米，宅院呈不规则的斜方形。门前有一口晶莹澄澈的水塘，院后有一片古木参天的树林，右侧是繁花似锦的花园。院落内外散布着大大小小的草坪、菜地、竹丛、花坛。院落中的主体建筑，是一幢砖木结构的两层楼房，青瓦白墙飞檐翘角，红栏回廊曲折环绕，上十个天井棋布其间。整座宅第，布局精巧，环境幽雅。

宅院设有两道槽门。大槽门上端写有“三吉堂”三个大字，两侧挂有一幅对联：“三多门第，吉庆家声”。

楼房内装饰不同的百多个房间，不仅有正厅侧厅、大小客厅、家人住房、男女客房，还特别设有一个很气派的专门接待官府来人的“官厅”。正厅阁楼上嵌有镌刻着“圣旨”二字的匾额，门首上端书有“垣公家庙”，两侧联曰：“凌烟世业，莒国家声”。所有房厅的设置以及匾联的内容，散发着书香和贵气，表示主人曾经建有功勋，受到过诰命封赏，并且十分注重诗书继世忠厚传家。

在花园与楼房之间，另有一组独立的瓦房书屋，名为“是吾家”，横匾两侧的对联是：“是足下青云起处，吾家中紫气盈时”。书屋内，正厅、课堂、藏书库、私塾先生和书童的卧室等等，一应齐备，自成体系。

宅院侧旁还有羊圈、马厩、敞口屋（放置轿子处）、粮仓、柴房、库房和其他杂屋。显示着主人殷实富足的家境和自给自足的生活方式。

这座器宇轩昂又见古朴典雅，清丽幽静又似藏龙卧虎的宅第，就像是从南岳移来的一处仙宫神居，时人称其为岳北一胜。

二

这座不同凡响的宅第的主人，是有着传奇经历的唐星照（1834-1890）。

唐氏家族，是新桥地方的一个大家族。明代自江西安福迁来新桥后，历十五代大多是耕读之家。时光演进，族中不乏走上“学而优则仕”之路而成就功名的有志者，唐氏家族逐渐转为书香门第。到了唐星照一代，恰逢晚清乱世，朝廷腐败，民不聊生，农民起义层出不穷。当时受命在湖南办团练的二品大臣曾国藩，创建以乡勇为主力的湘军，投入征伐太平军的战争。血性男儿受到湘军的宣传鼓动，抱定“投军报国”志向者，不在少数。唐星照兄弟六人，就有五个随湘军建功立业并功成名就，使得新桥唐氏家族由书香世家转为武将门第，成为“一门三将军”的显赫人家。

唐星照的大哥唐嶰谷，派名允律，随湘军作战多年，因战功例授武功将军[(1)]。三哥唐虞臣，派名允徽，年纪轻轻即拔补湘军千总（正八品武职外官），不幸于江西临江府薄城之战中阵亡，时年仅31岁。四哥唐莘甫，派名允徵，官至湘军提督（从一品武职外官），赏戴花翎[(2)]，获赠“请勇巴图鲁”

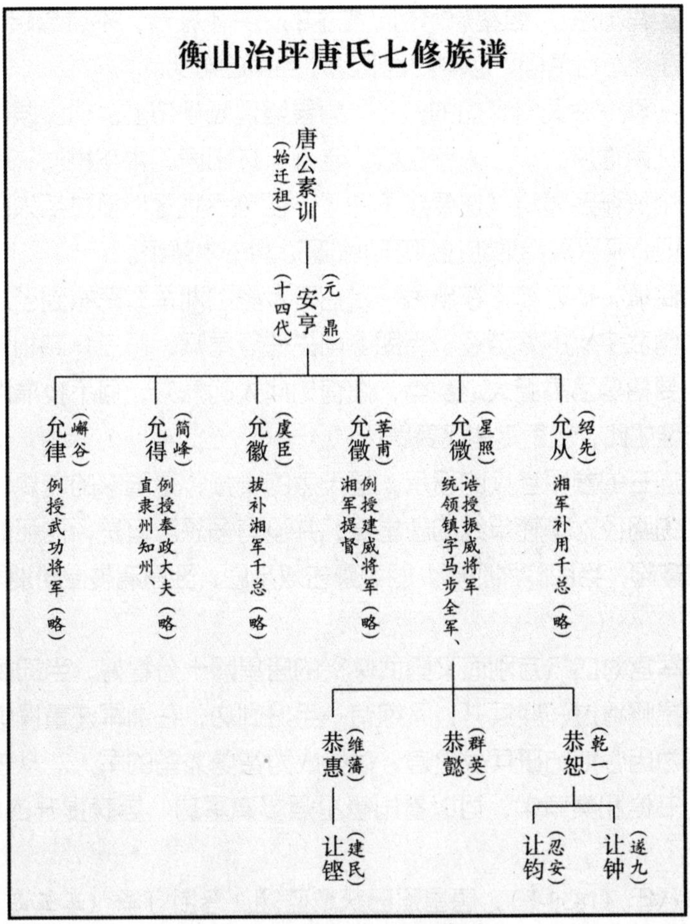

衡山新桥唐氏家族世系图

[3] 称号，例授建威将军。六弟唐绍先，派名允从，在湘军中补用千总，赏戴蓝翎[4]。只有他的二哥唐简峰，派名允得，直走仕途，同治年间官至直隶州知州（正五品文职外官），例授奉政大夫。

唐星照，派名允微，字少垣，别号侃四。他聪颖强毅，喜爱武功，自幼跟在父亲身边务农。成年后，长得身躯高大，一般的门槛都要低头弯腰才过得去；且又气力过人，能挑重担，被称为大力士；加上他讲义气肯助人，是响当当的一条汉子。

咸丰三年（1853年）的一天，19岁的唐星照在三眼塘挑塘泥。他那壮健的身板、威猛的架势，吸引了一位相命先生的目光。这位过路的相命先生把唐星照叫到一边，对他说："这位汉子，我看你的相非同一般，有将才之相，若当兵一定有出息！”唐星照对相命先生的话并不在意，不过想起自己的三个哥哥都已在湘军行营中，心中便也萌动了当兵的念头。

这年冬季一个风雪交加的日子，唐星照挑脚到镇上。他脚蹬竹屐，踏着冰层，肩挑两堆箩大米，大步前行。走近半边街旁的木架桥时，他看见挑担同行的一个伙伴喘着粗气快要走不动了，便毫不犹豫地接过那人的担子，两担并作一担，平平稳稳地走过了前面那座冰滑的木架桥。

此景此情，恰好被正在新桥一带招募乡勇的湘军军官看到了。那军官认定发现了勇武侠义的好苗子，当即上前拦住唐星照，再三真诚相劝：“我们湘军正需要招募艺高胆大之乡勇，你有如此大的气力，何不投靠湘军，效忠皇朝！若能如此，日后定能飞黄腾达！”

接二连三的参军当兵的召示，是天意的安排，是国家的需要，还是个人日后出头的路径？年轻单纯的唐星照，并没有多想。但是，他那血性男儿的热情已被激起，当即欣然应募。回家禀告双亲后，翌日清晨便随湘军而去。

湘军军官对血气方刚而又勇武侠义的唐星照十分看好，当即委以前锋扛大旗。唐星照看过一些兵书，又练有一手好剑功，在湘军注重操练武艺的环境中，颇为用心地钻研兵战之道，很快成为智勇兼备的军人。从曾国藩等人的日记、书信和奏章中，可以看出唐星照屡建军功、屡获提升的武将风程。[5]

咸丰八年（1858年），唐星照已获戴蓝翎、晋衔守备（正五品）、位居百长（见曾国藩当年八月二十日日记）。

咸丰九年（1859年）初，唐星照晋衔都司（正四品）、升任营官，且以勇猛善战被曾国藩赏识（见曾国藩当年二月初九日的奏稿）。这一年七月十八日，谕旨允准“花翎都司唐星照，请以游击（从三品）留于江西即补，并赏加参将（正三品）衔”。这次晋升，是唐星照在江西立功后，由曾国藩上摺保举的（见《曾国藩奏稿》）。

咸丰九年、十年，唐星照两度入川作战，立功江右，声震西蜀。

同治二年（1863年），唐星照又升职为“江西补用总兵（正二品）、袁州协副将（从二品）（见陕西巡抚刘蓉当年十一月二十二日之上疏）。随又被荐升提督（从一品），授赠“长勇巴图鲁”[6] 名号，简放江西袁临协镇[7] 都督府，统领镇字马步全军，诰授振威将军；其妻曹氏诰封一品夫人[8]。

然而，就在战功显赫、步步高升，眼见得高官厚禄、前途无量之时，年

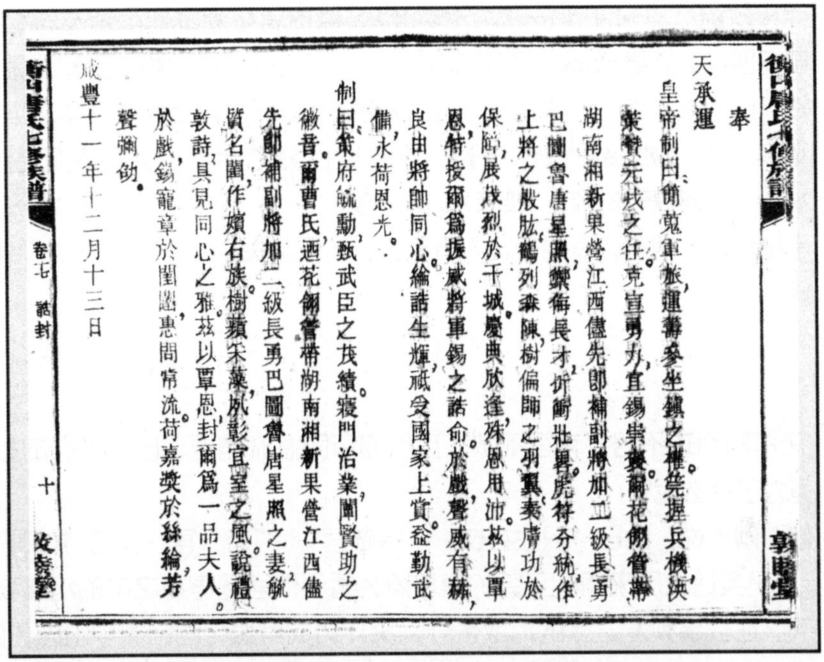
奉
天承運
皇帝制曰：簡蒐軍旅，運籌參坐鎮之權；凭握兵機，浹策贊先戎之任。克宣勇力，宜錫崇褒。爾花翎曾帶湖南湘新果營江西儘先即補副將加二級長勇巴圖魯唐星照，鎮衛長才，折衝壯畧，虎符分統，作上將之股肱；鶴列乘陳，樹偏師之羽翼。奏膚功於保障，展茂烈於干城。慶典欣逢，殊恩用沛。茲以覃恩特授爾爲振威將軍，錫之誥命。於戲！聲威有赫，良由將帥同心；綸誥生輝，祗受國家上賞。益勤武備，永荷恩光。
制曰：策府疏勳，甄武臣之茂績；寢門治業，闡賢助之徽音。爾曹氏，迺花翎曾帶湖南湘新果營江西儘先即補副將加二級長勇巴圖魯唐星照之妻，毓質名閨，作嬪右族，樹蘋蘩之枝，彰宜室之風。說禮敦詩，具見同心之雅。茲以覃恩封爾爲一品夫人。於戲！錫寵章於閨閫，惠問常流；荷嘉奬於絲綸，芳聲彌劭。
咸豐十一年十二月十三日

清文宗皇帝为唐星照及其夫人曹氏的诰封

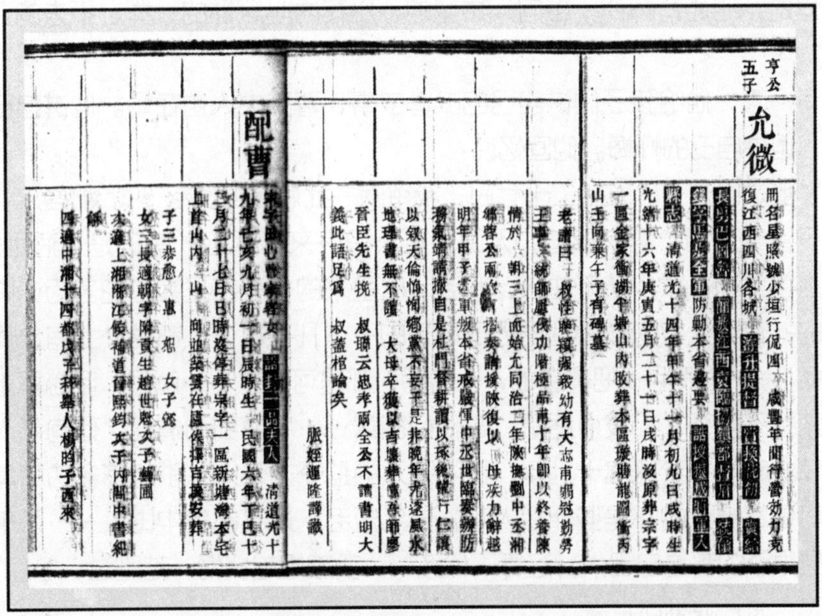

唐星照及其夫人曹氏载入唐氏七修族谱的齿录

轻的唐星照，却以战伤及母病为由，提出了解甲归田的请求。当时，陕西巡抚刘蓉连上《附调副将唐星照募勇赴陕疏》（同治二年九月十七日）、《催调唐星照来陕疏》（同年十一月二十二日），盛赞唐星照“忠勇奋发，纪律严明，前在四川，屡著战绩，堪胜统将之任”，同时恳劝唐星照“受恩深重，目击时艰，自应移孝作忠，力图称报”。而唐星照丝毫不为所动，三年之中三次上书陈情，并慨然接受战伤查验，不惜履行具结手续，终于在同治六年（1867年）33岁时获准开缺（退役），回归故里。

唐星照之于湘军，真格是，入伍痛快，退伍坚决。

三

唐星照有功不居、有官不做，正值盛年即急流勇退，出乎人们的意料。他究竟为了什么呢？

他对别人说，自己“只会打仗，不善做官”，“当了官，反觉得过得不自在”。这是实话。历来清明正直的唐星照，看不惯官场宦海之中的尔虞我诈，更加厌恶在战事频发之际的巧取豪夺，决计功成身退，回归家乡田园，做一个普通乡人，落得心灵清静。

但是，他还有一种不愿向人透露的，压在内心深处的，挥之不去的负疚感。

有一次，他给孩子们讲自己的战斗故事，曹氏夫人也在场。他讲自己的英勇，也讲自己的忏悔。他回忆说：

“那是同治三年五月二十七日，我审问一批活捉的长毛(9)。那些人，有的是受富家追债、官府逼迫，无路可走，只好来当兵的；有的是生活困难，犯了点小事，在家乡站不住脚，躲到队伍里来的；有的是被人花言巧语哄骗入伍的；有的是被人威胁利诱强征而来的……几乎每个人都说‘上有父母下有儿女’，一把眼泪一把鼻涕的，一句话，都是可怜人……越问，我心里越难受，索性不问了，打发点路费，叫他们回家……”说到动情处，他向亲人们敞开了心扉。“我征战十几年，按照别人的指令去杀人，杀人越多功劳越大……可是，被杀的都是些什么人呢？长毛短毛，还不都是中国人……杀来杀去，结果杀的都是自己人，这算干什么……我越想越懊悔，越难过，心凉了，手软了，非开缺不可！”

这才是他坚决退隐的真正原因，也是他埋藏心底的深层秘密。

一颗原本善良的心，一旦觉昨非而痛悔，那种勇毅是可以冲决生死大限的，只是他不能连累家人。唐星照严肃地告诫家人：

“这件事不许跟任何人说！传出去有不忠之罪，欺君之罪，要杀头的，搞不好全家都要杀头。”

孩子们理解父亲的愧疚，相信父亲的忠义。全家人一直严守着这个秘密。同时，全家人还严守着另外一个秘密，那就是唐星照掷地有声的誓言：

“一旦中国人和洋鬼子开战，不用朝廷征调，我会自动出山！”

四

曾国藩治理湘军，在物质方面实行厚饷与重赏。当时，湘军将领的待遇十分优厚。根据史料，一个营官的月薪即为五十两银，年薪当在六百两以上；一个参将的月薪，在营官待遇基础上“每月加银百两”，其年薪可达一千八百两左右；总兵、提督的薪饷则更为可观。(10) 后来，由于战争的需要，湘军不断扩充，筹饷日趋困难，便只发半饷，另一半记账积存，到解甲归田时由后方粮台一次发还。故此湘军将领离营时，领银动辄万计。唐星照在湘军十几年，官职由右哨百长到提镇大员，开缺之时也领到了一笔数量不菲的“未发之饷”。

唐星照用这笔饷金，广置田产，并且修建了三吉堂。

武将唐星照修建的三吉堂，却也充满着书香之气。

这“三吉堂”之名，系将他的字“少垣”中的“垣”字拆拼而成（从“垣”字右侧的“亘”字中抽出三横作为“三”字，将剩下的“口”挪至“垣”字左侧“土”的下方组成“吉”字）。按他的解释，“三多”即多积德、多读书、多劳作；“吉庆”即以三多赢得吉祥兴旺。这里所表明的，正是唐星照急流勇退后的生活追求。

三吉堂正厅阁楼上设有唐家祖堂，是敬祀先辈牌位之处，故而门首上书“垣公家庙”。两侧对联“凌烟世业，莒国家声”，其意是将唐星照比作凌烟阁第二十二位功臣“莒公唐俭”加以赞扬。(11) 此意不符合唐星照的为人准则，但因是族人相赠，故不便推却。

在三吉堂的主体楼房外面的那一组独立书屋，是由唐星照最初居住的三间小瓦房扩建而成。他为书屋定名为“是吾家”（意思是“我的最初之家”），并自撰门联：“是足下青云起处，吾心中皓月来时”，深情述说着他对往昔的怀恋和对后人的期盼。因有一位塾师指出，此联未将“家”字嵌入，似嫌美中不足，之后才将下联改为“吾家中紫气盈时”。

回顾个人经历，唐星照深以自己读书不多为憾。退隐之后，他带着补课的心情，在经营家庭、教养子女的同时，买书读书，坚持日日学习，决心使自己获得真才实学。随着年龄的增长，唐星照研究风水地理学的兴趣增长，有关书籍涉猎很多，逐渐成了深受当地乡亲赏识的儒士。

他对自己的子女，期望更为殷切。按照当时社会习俗，儿子将来都要顶门立户，对他们的要求自不必说，即使对于长大后都要嫁于外家的女儿，他也希望她们能够成为有教养有才学之人。他为四个女儿取名希孟、希范、希陶、希欧，所含之意就是，希望她们学习孟子、范仲淹、陶渊明、欧阳修，个个都能成为有用之才。

他把“是吾家”书屋变成了唐氏家塾，延请学养高深的塾师，教子女读书。他的四个女儿、两个儿子（长子唐恭愈两岁夭折，此指二子唐维藩、幼子唐乾一），以及多个近亲子侄，先后在“是吾家”接受开蒙教育，习读诗书礼乐，日后果然大多成才。

唐星照个人，则坚决谦辞人们对他这位将军的尊仰，以一个小学生的姿态，时常在“是吾家”虚心听塾师讲课，认真与塾师研讨学问。慢慢地与塾师结成了亦师亦友的知音。

自幼喜爱武功又有着十几年征战经历的唐星照，退隐之后依然骑马舞剑不辍，保持了强健的体魄和武将的风度。但是对于曾经的军旅生涯，他从来讳谈什么战功和官衔，反而是一直怀着深深的自责和歉疚。他决心做一个普通的世居乡人，真心诚意地关爱邻里，热心公益，藉以告慰那些枉死的冤魂，救赎自己不安的心灵。

他把部分田产分给几个贫困的远房兄弟，时常接济穷苦乡亲。他带头捐资架桥修路，定期开仓赈济贫民，还将自己四十生辰收受的全部“寿金”献出来，在黄泥町孟公坳上修建了一座凉亭，取名“仁寿亭”，供过往行人歇脚饮茶，所用茶水免费提供……

在二十多年督耕倡读、积德行善的日子里，原本罩着湘军将领光环令人仰视的唐星照，逐步变成了与乡亲邻里亲密无间的“侃四大人”。这恰是他当年坚决退隐时所追求所期待的，他从中得到了内心的慰藉和安宁。这位退居家园而不忘报国的将军，这位回归质朴而永葆英武的平民，终其一生不愧为南岳衡山的儿子。

当年，由于唐星照弟兄的投军入伍，唐氏门庭由书香世家转为武将门第。随着唐星照的侠义退隐，唐氏门庭又成为了兼具文武之风的大家。人们形容唐星照之家是“名将之风，纯儒之行，声闻朝野，才望高敻”。

五

唐星照50岁时，曾经大病一场。病后初愈，他又得知了一个令人沮丧的消息。在中法战争中，老将冯子材抱着血洒疆场的决心，取得了镇南关大捷，使中方转败为胜；然而，清廷却向法国求和，签订了丧权辱国的《中法新约》，落了个不败而败的惨局。唐星照捶床叹息：“如此江山，纵有虎将，也是枉然！”愤懑情绪之中，显然融合着他自己当年的懊悔。对国家前景的担忧，对腐败清廷的失望，煎熬着他那颗正直善良的心。又过六年，当他离开这个世界的时候，他的心里仍然存着未能为保卫中华与来犯外敌一战的那份遗憾。

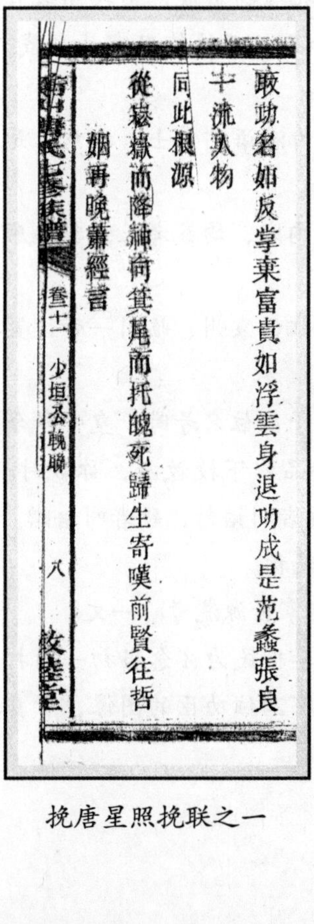
取功名如反掌棄富貴如浮雲身退功成是范蠡張良
一流人物
同此根源
從崧嶽而降神向箕尾而托魄死歸生寄嘆前賢往哲
姻再晚蕭經書
唐氏五修族譜 卷十一 少垣公輓聯 八 敦睦堂

挽唐星照挽联之一

唐星照过世时，地方士林和乡亲父老纷纷撰文致哀，赞颂他的人品风骨。许多挽联祭文载入唐氏族谱，现引述其中两则。

一联为：

揽辔矢，澄清戎马关山，勋劳久著，急流能勇退，益钦格调独高，归隐且骑驴，风月依然，座间更胜西湖景。

隔篱呼，对饮元龙湖海，豪气犹存，一别曾几时，那堪音尘顿杳，寻仙闲跨鹤，烟霞无恙，囊内应携南岳图。

又一联：

取功名如反掌，弃富贵如浮云，身退功成是范蠡张良一流人物；

从崧岳而降神，向箕尾而托魄，死归生寄叹前贤往哲同此根源。

他的三女儿唐希陶（即唐群英），在父亲治丧期间，写出了感人至深的《忆父》诗，表达了子女对父亲的敬仰和怀念：

铁马金戈百战还，轻名淡利隐家山。

扶危济困乡邻颂，习武攻书岁月安。

儿愧吟诗步谢蔡，父期舞剑胜英兰。

洋奴未灭音容杳，慈训长怀泪不干。

五

父辈铁马金戈百战还，轻名淡利隐家山；子女吟诗舞剑学前贤，日后为国鼓大干。

南岳衡山上的祝融之火，在新桥唐氏家族接力点燃。如同奥林匹亚山上的奥运圣火，在五洲四海一代一代传承不息。

---

(1) 例授，指按照规定或常例授予某种称号。

(2)(4) 翎，是清朝官员的一种冠饰。花翎用孔雀羽做成，由较高级官员享戴；蓝翎用染成蓝色的鹖鸟羽毛做成，赐予六品以下的侍卫官员享戴，也可以赏赐建有军功的低级军官。

(3)(6)“靖勇巴图鲁”和“长勇巴图鲁”，皆为满语“勇士”之意，是清朝政府给予作战勇敢官员的荣誉称号。

(5) 以下所引曾国藩日记、奏章以及刘蓉上疏内容，均参考王澧华《唐群英之父唐星照史料小考》一文。

(7) 江西袁临协镇，是湘军征讨太平军时，在江西袁州、临川一带设置的行政与军务统一的机构。

(8) 明清之际，对文武官员及其先代、妻室赠予爵位名号时，皇帝命令有诰命与敕命之分，五品以上授诰命，称诰封；六品以下授敕命，称敕封。诰命针对官员本身的叫诰授；针对先代及妻室的，存者叫诰封，殁者叫诰赠。

(9) 长毛，清朝统治阶级及其官兵对太平军的贬称。

(10) 关于湘军将领薪饷，参考王世安《唐群英家世源流考》一文。

(11) 凌烟阁，是唐贞观十七年二月，唐太宗李世民为怀念当初一同打天下的功臣而建筑的高阁，位于皇宫之内。阁内绘有24位功臣的图像，皆真人大小。

第二章 衡岳晓起

“清流依垅曲，绿树接丹崖。邻烟连雾起，山鸟唤晴来。”她14岁时写的这首《晓起》诗，令塾师刘海屏老先生拍案叫绝。

人们常说，儿女是父母的心头肉，掌上珠。唐星照的四个女儿、两个儿子，都十分聪明可爱。四个女儿中，希范与希陶皆文才出众。两人之中，希范比较温婉平和，希陶性格豁达豪爽。武将出身的父亲，有一次在跟塾师老先生交谈时，吐露了自己的心里话：“陶妹子才情俱佳，若生为男儿，定可光大门楣！”没料到，此话恰好被希陶听到。小姑娘马上反诘父亲：“女儿就不能光大门楣吗？”

一

这是清光绪元年（1875年）的一天。三吉堂里，盛装宾客盈门，欢声笑语回荡，渲染出一片喜庆气氛。装潢华美的正厅、官厅里增添了大红色的花饰，所有的前厅、后厅、横厅、侧厅里摆开了家宴百席。客人们拱手祝贺唐星照40岁寿辰，随来的孩子们在回廊上院子里笑闹玩耍。

当所有人尽享欢乐的时候，唐星照的三女儿唐希陶却有点高兴不起来。

希陶快满4周岁了，一个多月前被母亲用一条长长的布条把两只小脚丫紧紧地缠了起来，疼痛难忍，走路不便。母亲告诉她，每个女孩子到了这个年龄都得缠足，长大才能有一副“三寸金莲”，显示出“大家闺秀”的贵气和秀气。希陶不服气：“哥哥怎么没有缠足呢？”尝过缠足之苦的曹夫人噙着泪花无可奈何地说：“陶妹子，谁让你是个女娃呢……这是祖祖辈辈传下来的规矩呀……”是啊，大姐希孟、三姐希范都已缠了足，希陶一时无语，只得暂且忍受。

可是父亲40寿辰这一天的情景，对希陶来说，虽有喜庆的欢乐，却更增加了对缠足的愤慨。她看到，男孩子们跑跳追打，来去如飞，女孩子们却只能小心迈步，忸怩走路。再看看大人，男人们步态稳健，女人们则一拐一扭的。男女老少走路形态的这些差异，平时她从家人和亲戚们身上也看到了，但作为一个两三岁的孩子，她是不会去在意的。而这一次，这么多人聚在一起，简直是把这种差异做了一次集中展示。初尝缠足之苦的小希陶，所感到的刺激，几乎达到了震撼的程度！她的小脑瓜飞快地转了起来：现在我的脚疼得不敢着地，将来还得一拐一扭地走路……这可不行，一定得想办法扯掉这讨厌的裹脚布……

主意既定，不等父亲寿宴结束，她立刻去争取同盟军。首当其冲的同盟军当然是三姐希范。希范比她大三岁，正处在被缠足的痛苦之中，跟希陶一拍即合，但又比希陶想得仔细一点，主张先跟大姐希孟商量一下。

希孟15岁，三寸金莲已经基本定型，不论从外形或心态上说，都差不多是个标准的大家闺秀了。她可不能看着两个妹子走偏了路，马上拉着她们，一状告到母亲面前。

“你们要翻天啦！这么多客人在，这事要是传出去，三吉堂还不羞煞了！是谁出的主意？”曹夫人急坏了。

“我！是我叫范姐的。”希范低头不语，希陶挺胸担当。

“你呀，胆子太大了！今天要不是客人多，看我不剥掉你的皮！”曹夫人严厉得不得了。可是一转身，她又流露出母亲的温和，拉起希陶的手，语重心长地说：“女娃儿不包脚，日后成个大脚婆，嫁都嫁不出去，那可丑死啦！从今以后，再不许胡思乱想了，听见没有？”

一声低低的“嗯……”，传入了曹夫人的耳朵。她顾不得分辨其中有没有希陶的声音，便急着去招呼客人了。

从此，希范不再作“非分之想”了。希陶却一直痛恨那条裹脚布，似乎它是“非分之物”。

第二天，希陶趁身边无人，悄悄扯掉了裹脚布。小小年纪的她，根本想不到，大姐希孟和一位女仆已经受命监视她。母亲立即赶来把她训斥一番，然后命令女仆重新把裹脚布给她缠上。

如此这般扯扯缠缠几次折腾之后，希陶慢慢长了心眼。白天，她“乖乖”

地接受女仆为她缠脚，并且“毫无怨言”地忍受着被缠脚的痛苦不便；晚上，回到自己的房间里，她先假作睡着了，待照顾她睡觉的女仆回去休息后，她再痛痛快快地把裹脚布扯开。这样一来，她的脚受到的束缚自然减少了一半。

希陶5岁时，她的妹妹希欧出生，再过两年弟弟乾一出生。连续分娩坐月子抚养新生命的曹夫人，对希陶缠足的监督无形中放松了许多。希陶也就得以用这种“明缠暗放”的方式，继续瞒天过海了。

当母亲发现这桩秘密时，希陶的脚已经错过了“三寸金莲”定型的最佳时间。她的双脚，只是外侧的三个脚趾朝脚底略有弯曲、脚掌部位略有凸起，其余基本保持了原状。

终于未能让希陶拥有显示“大家闺秀”贵气和秀气的“三寸金莲”，曹夫人对此感到遗憾却又无可奈何。这个女儿，出奇地执拗倔强，敢于对祖传规矩阳奉阴违，使她十分生气。可是这个女儿，别的方面确实无可挑剔，读书聪慧灵秀，又能够孝敬父母善待兄姊，不是那种不懂事的孩子。再说她也曾风言风语地听说，城里有些女孩子已经开始不缠脚了。于是，曹夫人只好认命，只好相信“儿孙自有儿孙福”了。

小希陶就这样，以自己的机灵和坚毅，在严密的封建束缚之网上挣扎出了一点缝隙，阴差阳错地保住了较为平直的、可以迈大步往前走的双脚。

二

唐星照身体健硕的时候，时常举办“家庭故事会”。穆桂英大破天门阵，花木兰替父从军，梁红玉击鼓退敌兵，岳飞大战“铁浮图”、“拐子马”，这些可歌可颂的故事，经过他绘声绘色的讲解，让孩子们听得如醉如痴。三吉堂里常常升腾起浓浓的爱国情绪和英雄气韵。

希陶兄妹也许还未能记清隋、唐、宋、元、明，却已熟稔了多位中国古代的爱国英雄。学业之余，他们常常聚集家塾学友和邻家小伙伴，演习那些使他们感动的英雄故事。孩子们分成“大宋”和“西辽”两队人马，以大槽门为“边关”，以宅院前坪为“战场”，进行“边关”“争夺战”。“西辽”人马来犯“边关”，“大宋”“元帅”点将迎敌，于是槽门内外“刀枪”飞舞，喊杀连天，“战事”十分激烈。所有这些“战役”的结局，当然都是“大宋”获胜，而指挥“大宋”获胜的“元帅”，当然都是被称为“孩子王”的唐希陶。这位“元帅”，指挥作战有方，稳定队伍有招，每场“战役”结束，或者给每位参战者“发饷”，或者给“大宋”有功人员“发奖”。这饷金或奖品，不过是一坨雪枣或者一个麻饼，可是因为与“荣誉”相关，两军“将士”都争相去领。

有一次，曹夫人突然出现在“宋辽大战”的“战场”。“战事”戛然而止，两队人马迅速散去，只有“大宋”“元帅”唐希陶坦然迎接母亲，准备接受训斥。

大家闺秀出身的母亲，希望自己的女儿也做贤惠温良的大家闺秀，自然不喜欢女孩子搞这些舞枪弄棒的游戏，而要她们好好读书写字，有空学着绣绣花。母亲没想到，她的陶妹子汇报说“书背熟了，字写完了”之后，竟然冒出了这样一句话：

“要是亡国了，还绣什么花呢?”

母亲一时语塞。从远处踱步而来的父亲唐星照，却微微一笑：“将门无犬子，自然女儿也有几分虎气呀!”

将门之女唐希陶，果然有一股英武虎气。

10岁时，她央求父亲教她学剑，理由是，“穆桂英、花木兰、梁红玉都是‘女流之辈’，可是都有武功!”对于这无法反驳的理由，父亲心里其实是赞赏的，于是找人为她特制了一把小巧玲珑的竹剑，亲自教她习练剑法。半年以后她便可以单独舞剑了。

15岁时，她又央求父亲教她骑马，理由是，“不会骑马，怎么能打仗?洋鬼子来了怎么办?”骑马比不得舞剑，但父亲终于还是被她的坚毅打动了，安排马夫长六作为她的“马术教官”兼“随行亲兵”，要求她以“六叔”称呼长六并遵其指挥。此后，在三吉堂宅院近旁的空地上，远处的山坡上，便常常出现这样一幅图景：一个小姑娘骑着一匹小红马，由一位老教官指挥着，慢慢起步，逐步加速，然后扬鞭奔驰……

三

“凡是人，皆须爱，天同覆，地同载。……凡出言，信为先，诈与妄，奚可焉。……”

“春眠不觉晓，处处闻啼鸟。夜来风雨声，花落知多少。……”

三吉堂“是吾家”书屋（始建于清咸丰三年）

“是吾家”书屋里传出了阵阵诵读吟咏的声音。唐星照驻足谛听。那稚嫩的声音浑然一体，他却仍能分辨出，其中混有较为硬朗的男童声和清脆悦耳的女童声。这种抑扬顿挫有板有眼的吟咏诵读，于优美的声调之中透着些许神圣的意味，构成了三吉堂独特的文化交响和家庭音乐。在并非年节盛典，也没有其他喜庆活动的时候，唐星照常常陶醉在这种交响音乐之中。三吉堂的整个楼廊院落，也因为这常年不绝的交响音乐而充满了生机，弥漫着活力。

当时，家塾开蒙的主要教材为《弟子规》、《三字经》、《百家姓》、《千字文》、《千家诗》、《幼学琼林》等蒙学读物，之后选授“四书”、“五经”及“唐诗”、“宋词”。塾师的授课方法则特别注重朗读背诵，特别是在教授蒙学读物阶段，要求学生把每篇课文都背得滚瓜烂熟，把每个字都读得字正腔圆，之后才进行“点书”（即讲解）。这种方法的意义在于，让每文每字深深植入学生最健旺的记忆之中，在他们的头脑中建起可供一生受用的知识宝库。有经验的塾师刘海屏先生，本着循序渐进以及因材施教的原则，在进入“点书”阶段后，即要求学生写作文，并且提倡记日记。

希陶5岁开始接受开蒙教育，12岁时已经能与姐姐一起听先生“点书”，并且开始写作文记日记了。

希陶兄弟姐妹六人。大姐希孟，二哥维藩（字训程，派名恭惠），三姐希范，希陶居四（在叔伯兄弟姐妹中排行第八），幺妹希欧，满弟乾一（又名坤六，字坤成，派名恭恕）。

希陶与三姐希范年龄最为相近，兴趣爱好极为相同，成了最好的学友和玩伴。她们共同欣赏东晋才女谢道韫的“咏絮之才”，赞叹汉魏女诗人蔡文姬的“悲愤之情”，钦佩汉代女史班昭的“学识之博”，称颂唐代女校书薛涛的“才思之敏”……对于文风婉约而不乏豪气的宋代女词人李清照，希陶的态度差不多就是崇拜了。李清照那首著名的绝句“生当作人杰，死亦为鬼雄；至今思项羽，不肯过江东”，有意无意中成了她的座右铭。

喜爱诗词的小姐妹俩，读诗、学诗、抄诗、谈诗，不知不觉便获得了诗歌之神赋予的灵秀之气。

一个清朗的春日，14岁的希陶带着神秘的表情，悄悄走到希范面前，背在身后的双手倏地伸出，递给范姐一张写了字的纸笺。希范见那纸上写着一首五绝：

晓 起

清流依垅曲，绿树接丹崖。

晨烟连雾起，山鸟趁晴来。

“好诗！你从那里抄来的？”希范连忙问道。

“不是抄的，是我看见姐姐写诗，自己也学着写的。请姐姐教正。”希陶的声调里有胆怯也有得意。

“诗是好诗，但仔细推敲，有个别字还可以斟酌。”希范默读几遍之后说。

“范姐，我就是找你指点的嘛，快说呀！”

“诗贵含蓄……”希范沉吟了一番。“此诗题为《晓起》，如果不直接说出，而由别人读出那个‘晓’来，才有蕴蓄之美。如今第三句‘晨烟连雾起’，已经点明了早晨，诗味难免减色。第四句‘山鸟趁晴来’中的‘趁’字，又嫌板滞，表现不出清晨小鸟欢蹦乱跳的活泼劲儿……”

希陶拍手叫好，连称“范姐高明”。接过纸笺即行推敲，最后将第三、四句改为“邻烟连雾起，山鸟唤晴来”。

“改得好！改得好！尤其这个‘唤’字，妙极了，我似乎都听到小鸟的叫声了……赶快誊正，请先生看。”这一次是希范拍手叫好了。

刘海屏老先生看到《晓起》一诗，拍案叫绝，赞叹不已。他兴奋地把诗递给唐星照："侃四大人，看看你家陶妹子的处女作！"同时欣喜地喃喃自语："清新素雅，潇洒灵动，田园景色，心中美感，跃然纸上……"

"先生过奖了！"唐星照脸上闪着笑容。

"非我过奖。单看这'山鸟唤晴'的'唤'字，就可见独具才情，别有风采。若非天资灵秀，任你刻意雕琢也不可得……"老先生认定了，他这位女学生的才气，绝不逊于谢道韫的"咏絮之才"。

人们玩味着"山鸟唤晴"诗句的时候，看到的是一幅清丽壮美的画面：巍巍衡山之上，腾飞的鹏鸟正在呼唤着旭日东升。

希陶15岁时，她与三姐希范之间，又传出了一桩改诗的佳话。

那一年，她们的堂叔唐耀庭、唐聚斋从四川回原籍扫墓，曾在三吉堂小住。期间，雅爱诗词的唐耀庭，见18岁的希范在诗文书法方面都已达到了相当的水平，欣喜夸赞之余，当即赋七律二首相贺，并以族人刻本《唐诗集》和《古诗集》相赠。作为晚辈，希范即步韵作和，写了《赠耀庭、聚斋两叔七律二章并序》[1]，同时敬书《正气歌》条幅，回赠堂叔。希范所作七律二首，其一：

闺姝敢拟古贤姝？母教聊承曹大姑。
伴读闲随兄弟辈，学书愧与柳颜殊。
集诗敬诵家家宝，赠句供吟字字珠。
千古多才惟谢蔡，于今愧煞女中无。

其二

谬誉姊妹是贤姝，惭愧大姑与小姑。
习字初翻卫氏帖，谈诗难吐谢家珠。
来嫌数日师资少，去隔前程楚蜀殊。
读罢乃公先后刻，集唐集古世间无。

希陶的眼睛，一直随着希范的笔上下转动。她对姐姐遣词对仗的娴熟功力很是钦佩，对姐姐所表达的谦逊之情也很感动。但她看到第一首的最后一句时，却不由得噘起了嘴，好不容易等到姐姐写完第二首，便急不可耐地评论了起来："范姐，你的好诗怎么添了一个晦气的尾巴？我不信，除了谢道韫、蔡文姬就再没有多才的女子！"

希范笑而不语。希陶却继续认真地说下去："何不将第一首末尾一句中的'愧煞'二字改为'莫道'？"随即有滋有味地吟诵出来："千古多才惟谢蔡，于今莫道女中无！”

妹妹的才气与豪气，使希范十分惊喜：“哎呀，陶妹子！你改了这一句，诗的境界马上开阔了，比我原先的强了十倍呐！”

只是，希范此诗是为敬赠长辈而作，意在谦辞长辈的奖誉，谦称不能与古代才女相比，自然要极力避免张扬之词。希陶所改的诗句，饱含刚健豪迈的气度，也触发了希范内心的共鸣，毕竟与全诗中温良谦恭的意蕴不太相合，终于没有被采用。

不过从此，希范的两首诗与希陶修改的“千古多才惟谢蔡，于今莫道女中无！”的诗句，同时在三吉堂传诵开来。

四

希陶从小就是那种在一群孩子中自然而然脱颖而出的“天然孩子王”。平时读书写字说话做事，让人服气，就连玩游戏时当“元帅”，男孩子们也尊她几分。随着年龄的增长，她“管”的事越来越多了。不论在儿童群中，还是在成人堆里，只要遇到强凌弱、大压小、男欺女的不平事，她都会挺身而出主持公道，并不计较自己是否挨骂。母亲常常又嗔怪又怜爱地说她：“吃饭不多，管事不少！”

有一天，二哥维藩在书房习字，书童洪发给他送来一杯茶。维藩挥笔时，碰到了洪发的手，茶水当即洒到了纸上。这本是两人都无意的事，可是维藩却发起怒来，骂洪发“瞎了眼”，还扬手打他一巴掌。

“二哥，你怎么怪人家？是你自己没注意嘛，人家又不是故意的！”希陶看不过去，冲着哥哥说。

“去！去！爱管事你到别处去管，这里没有你说的话！”维藩余怒未消。

“二哥，你开口骂人，动手打人，我怎么不能说话！”希陶理直气壮。

“他笨手笨脚，妨碍了我写字，怎么不能打？”维藩强词夺理。

“孟子曰：己所不欲，勿施于人。你就是打错了，骂错了！”希陶引经据典予以反驳。

“维藩，不要动肝火！”维藩正要暴跳起来，塾师老先生从里屋踱了出来。“希陶年纪虽小，说的话可都在理上。读书人修身养性，对人要讲求‘恕道’。严于律己，宽以待人，谓之‘恕’。你今天是不是反其道而行之——

宽律己而严责人了？”

“是……是的，先生。”维藩连忙起立，唯唯认错。其实，他不是不知道自己错了，而是不愿意向妹妹认错。

希陶的脸上重新闪现了阳光。她又去安慰书童洪发，叫他不要逆来顺受，也不要把不愉快的事老放在心里。

希陶有个堂兄名叫盛辉，家住在三吉堂不远处。为了得个男孩子，他先后娶了一妻纳了二妾。没想到妻妾生的偏偏都是女孩子，可把这个30多岁的汉子气坏了，急坏了，一天到晚对妻妾们骂声不绝，什么“不载福的贱妇”啦，“毫无寸用的废物”啦，“只会养赔钱货”啦，一句比一句难听。

一向忍气吞声的妻妾们终于忍不住了，年轻的小妾顶了一句：“我们有什么办法？是你自己前世作了孽，你去拜观音菩萨呀！”不想，一句话招来了盛辉的雷霆大怒。他挥起铁硬的拳头，把小妾暴打一顿，口里吐出的污言秽语更加不堪入耳。

听说盛辉家大动干戈，希陶随多位邻居赶来劝解。

“辉哥，你又欺负三嫂啦！”这个十几岁的细妹子，冲着膀大腰圆且又怒气冲冲的大汉子，开始兴师问罪。

“陶妹子，我家的闲事不用你管！”盛辉根本没把希陶放在眼里。

“闲事不闲事，你不能欺负嫂子！”希陶一副不怕事的姿态。

“不生崽（指男孩），尽生女，打死活该！”盛辉气急败坏。

“辉哥，你怎敢说生女就该死？这世上能够没有女人吗？谁不是自己母亲生的？你是天上掉下来的？树上结的？”希陶讲出了一套一套的道理。

“我不管这些，她是我堂客（妻子），我就要她生崽！”盛辉讲不出道理，耍起了横腔。

“辉哥，你要再欺负嫂子，我就叫三个嫂子联合起来，都不理你，叫你去当光棍和尚！”希陶这带着孩子气的愤怒话，惹得盛辉跳起来要打她。

邻居们怕事情闹大，把希陶拉回了家。

希陶和这位堂兄没争出个水落石出，又和另一位堂兄发生了说不赢的风波。那位堂兄家生有三女一男，偏只把一个儿子当作心肝宝贝。有一次，四兄妹在一起玩，哥哥无端地打起妹妹来，之后却抢先向父母告妹妹的状。那位堂嫂不分青红皂白就训斥女儿：“哥哥打你一下，有什么关系？你让哥哥打一下不就算了！”说着竟然又要动手打小女孩。希陶恰在旁边，连忙上前阻挡，反倒挨了巴掌。她为小女孩抱不平，就跟堂嫂论理。见堂嫂不买账，她又去找堂兄论理。哪知堂兄和堂嫂唱的是一个调子："哥哥打妹妹，没什么了不起的！"

事情明明不公平，道理明明很清楚，为什么就是说不赢、摆不平呢？希陶想不通。

父亲耐心地对她讲了一番话："为人应该正直、公道、有正义感，挺身锄强扶弱。你有这种品德，很好，我也很高兴。在孩童群里你有威信，你主持公道大家都信服。大人就不同了，他们会认为你乳臭未干，小孩子家家，哪能懂那么多道理；就算明白你的意见正确，也会觉得听了你的很丢面子。所以，大人的事，你最好暂时先不要管。等你长大了，说话就有力量啦！至于几个堂兄那里的事情，我作为长辈，会找一个合适的时间去跟他们谈谈。"

明亮的阳光洒满了少年唐希陶的心间。她希望自己快些长大。

"可是，长大后自己要做一个什么样子的人呢？"少年人的思维速度是很快的，一下子转到了未来。她不由得想起，父亲给她取名唐希陶，是希望她学习东晋田园诗人大家陶渊明。她崇拜五柳先生"不为五斗米折腰"的气节，却不希望过"采菊东篱下，悠然见南山"式的生活。她抚着自己的心口，无声而又庄重地对自己说：

"我的理想是学习诸多英雄人物的长处，做一个对国家有用的人，不能躲进'桃花源'……"她似乎找到了答案。

"爸爸，您也赐我一个册名，叫'唐群英'，好吗？"少年唐希陶天真爽朗地向父亲提出了这样一个当时的女孩子绝对不会提出的请求。

当时当地习俗，男孩子有"册名"（相当于"大名"或"学名"）和"派名"（载入族谱时使用的名字），满20岁时还要冠"字"；而女孩子，由于一般不读家塾、不入社会、不载族谱，所以只有笼而统之的一个名字，在家里家外一切场合使用。

现在，小希陶希望获得只有男孩子才拥有的册名。作为父亲，唐星照明白，这其中包含着女儿豁达的胸怀和远大的抱负。他从来希望这个颇有虎气的女儿能够成才报国，自然发自内心地嘉许女儿的志向。

于是，唐星照的三女儿就有了"唐群英"这个册名，而"希陶"则逐渐演化成了唐群英的"字"。

(1) 唐希范《赠耀庭、聚斋两叔七律二章并序》之序为："叔于今春展墓回衡，过舍小住，时范姐妹随兄伴读家塾，见范习字草纸，殷殷索之，旭叔并以诗相赠，奖誉之过，亦期望之深，因步原韵勉成七律二首，并敬书信国公《正气歌》数纸奉呈，闺中幼女初步，工拙所不计也……"。

第三章 荷塘悲欢

这里有她甜蜜曼妙的爱情以及高山流水的知音。
这样温情的港湾，为何拴不住她的心？
她最终选择了离开……

美丽的荷叶塘（行政建制为荷叶镇），是衡山支脉紫云山群峰怀抱中的一块盆地。站在紫云山山顶往下看，盆地宛如一片硕大的荷叶，中间流淌的七条小河恰似荷叶的七条叶脉。天公造物，令人称奇。这里的人们似乎也在顺应天意，世代沿袭着开池塘种莲荷的习惯。每逢夏季，花木葱葱，流水潺潺，莲叶亭亭，荷香悠悠，水浴芙蓉如诗如画。

在湘乡县（今双峰县），南北相连的井字镇和荷叶镇一带，自三国时期即人文蔚起[1]，到清朝又出了文武兼备的“中兴第一名臣”曾国藩[2]，一时声名远播。荷叶塘曾氏家族自是人脉兴盛，人才辈出[3]，又通过门当户对的联姻结亲，招引凤凰来仪。

一

光绪十七年（1891年）春天，衡山县新桥乡三吉堂的英武才女唐群英，嫁入湘乡县荷叶塘下宥湾的树德堂，与曾国藩的堂弟曾传纲结为伉俪。这桩婚事是双方父母定下的，但在婚前两人曾经悄悄相看过，彼此都有相当好感。

曾、唐两家关系的渊源，可说是起自唐星照兄弟投奔湘军之时。至唐群英一辈，又有了“扁担亲”的联姻。先是唐维藩迎娶曾传薰（亦为曾国藩的堂弟）之女，之后是唐希范嫁于曾传薰之子曾纪和。群英结婚后，若论曾家的辈分，似乎比二哥和三姐高了一辈，但曾传纲与曾传薰的血缘已在“五服”

[4] 之外，礼规约束也就松了一些，加以姑嫂姐妹都是读书明理之人，相互交往并不拘泥于亲戚辈分，依然平等自如亲切自然。

曾传纲家境殷实。其祖父曾晓峰(同仁公)与曾国藩的祖父曾玉屏(星冈公)，为荷叶乡曾氏家族中勤俭发家的同一辈人，分别建起了考究的家宅“树德堂”和“白玉堂”（曾国藩出生处）。这“树德堂”，是一片砖木结构的建筑群，前后错落，高低有致，主墙与山墙相间，充分展现出白壁黛顶飞檐翘角之美。精心设置的8个天井，把46个房间分隔为4个单元，增加了使用之方便。楼房后倚牛角口山，山坡上林木繁茂，流翠缭绕，是一块远近闻名的风水宝地；楼房前面，方形禾场平坦开阔，半月形池塘波光闪烁。大槽门开在禾场和池塘的左侧，槽门上端书写着“树德堂”名，两侧对联为：“树建资经济，德修企圣贤”。这副蕴含着同仁公对后人殷切嘱望的对联，果然成了树德堂世代传承的优良家风——“树立功业须凭借经世济民之力，德行修炼应仰视古圣先贤之光”。

树德堂（曾志能之孙曾春吾派名纪农，摄于1988年清明节）

曾传纲的父亲曾志能，家学渊源，文质彬彬，是当地颇有名气的士绅。曾母葛氏，心地善良，秉性随和，且能识大体顾大局，是典型的贤妻良母。曾传纲在兄妹五人中居第二。兄长曾传琛已经娶妻，三妹已经出嫁，四弟曾翌朝、五弟曾滌秋（曾公五）尚在少年。树德堂是一个和谐安顺其乐融融的大家庭。

曾传纲的父母对于群英这个刚进门的媳妇，无论家世、人品、才学、妆奁哪个方面，都感到十分满意。群英对于婆家的山水环境、房舍建筑、温和亲情、优良家风，也觉得很是称心。

曾传纲在曾氏严谨家教环境中长大，博学多才，谦恭正直，人又生得英俊魁梧，与清雅灵秀的唐群英在一起，真可谓“天作之合”。

按照当时的流行婚俗，曾传纲比唐群英小3岁，但在两人的小天地里，仍以“陶妹”、“纲兄”互称。性情温和的曾传纲，努力表现他的男子汉风度，传达他对新婚妻子的无限爱怜。多才多艺的群英原本多情，如今遇到倾心的丈夫，处处显示着初为人妇的似水柔情。

20岁的唐群英，在美丽的荷叶塘开始了美丽的婚姻生活。

群英的妆奁中有一把古剑，剑身刻有“龙吟宝剑”四个字。传纲对此剑的来历充满好奇。

“父亲告诉我，龙吟剑乃北宋末年农民起义领袖方腊的佩剑，是方腊自铸的还是从哪里弄来的，不见记载。方腊起事失败后，龙吟剑便下落不明。当然这只是一种传说。父亲参加湘军时，得了这件战利品，上面恰好也刻有‘龙吟宝剑’的字样，觉得很吉利，又传给了我。”群英抚摸着古剑，满怀深情地解释说。

“啊呀，来头不小！怪不得寒光逼人，威风凛凛。真是宝物！”传纲啧啧称赞，忍不住提出：“你何不表演一下剑术，让我们开开眼界呢！”

于是，新婚第三天，群英就在树德堂门前禾场上，给公婆和丈夫作了一次剑术表演。只见她丰神绰约，身手矫健，婀娜中透着刚毅，轻盈中流露英气，左邻右舍和过往行人不由得驻足观赏。公公赞叹“不愧名将之后”，婆婆笑得合不拢嘴。传纲深情地说：

“陶妹，太美了！”

“什么美？”

“春光美，剑法美，人儿更美……”

趁着春光，两人常到溪水边漫步，桃树下赏花，偶尔还到山坡上登高，草地上小憩。传纲乘兴摘下一朵桃花，插在群英的鬓角，增添妻子的妩媚；群英带着她那心爱的洞箫，吹奏出传情的曲调，表达对丈夫的爱意。群英自幼由爱诗词，而喜歌咏，而通音律，进而又学会了吹箫，她常以箫声舒缓身心，抒发情感。

在公婆及家人面前，小两口的表现可谓中规中矩。而到了两人的新房里，年轻人的活泼本性就自然流露出来。看到群英临镜梳妆，传纲俏皮地吟道："妆罢低声问夫婿，画眉深浅入时无?"群英嫣然一笑，故作嗔怪："背得两句唐诗，就在我面前卖弄！"传纲知道，出自唐代朱庆余《近试上张水部》的这个诗句，并非直写夫妻之间的谐趣，而是在进京赶考前向主考官张籍推荐自己并试探深浅的一种借喻。他以诗句的书面之意取悦群英，当然是一种玩笑。

转眼两年过去，他们的女儿出世了。开明的公公让他们自己给女儿取名。两人推让一番之后，群英出了一个新奇的主意：两人各选一个字，合成女儿的名字。奇巧的是，两人相背而选的，居然都是一个"亮"字！在天亮时分出生的女儿，自然就得到了"亮亮"的名字。

"陶妹，两心相印，竟这般巧……"

"纲兄，两心相连，已成一条心……"

二

小小荷叶塘，果然藏龙卧虎，人文荟萃。曾国藩五兄弟叱咤政坛在前，曾氏家族晚辈英杰星光闪射在后。单说十九世纪的最后十年之中，就有一条无形的亲缘之线，把葛健豪、唐群英、秋瑾三位不同凡响的女性牵到了荷叶塘，在1891-1898年之间，又促成了她们多次机缘巧合的相聚。后来，当时势将三人造就成为中华女杰之时，人们无不感叹这段千古佳话。

葛健豪，原名葛兰英，年长唐群英6岁，出生在荷叶塘的桂林堂，她的婶母是曾国藩的侄女。葛健豪从小受到良好的家庭教育，知书达礼，贤慧厚道，既有大家闺秀之风范，又有热血男儿之侠义。16岁嫁到永丰镇富商蔡家，29岁（1894年）随经商的丈夫蔡蓉峰去了上海。因不能容忍丈夫不求上进且又滋长了十里洋场的坏习气，34岁时毅然带孩子返回娘家桂林堂，决计靠自己的力量把子女培养成人，直到丈夫悔悟让步，一家人才在荷叶塘的光甲堂重新团聚。后来，她的小儿子蔡和森和小女儿蔡畅，都成为中国共产党的领导人，她自己也投身革命斗争，并以五旬年龄，随同年轻人远赴法国勤工俭学，被当时的湖南《大公报》称为"勇猛精进难得之人"。这是后话。当年她住在永丰镇时，常常带孩子回荷叶塘看外婆，即使搬到了上海，每年也必定时回娘家探望，于是便有了与唐群英、秋瑾结识的机会。

秋瑾，原籍浙江绍兴，比唐群英年少4岁，其祖父和父亲皆以举人功名出任正五品地方官。秋瑾自幼随家人在祖父任职之地福建厦门生活，15岁随退休的祖父返回原籍，17岁随母亲迁往父亲的湖南任所（初在常德，后调湘潭）。秋瑾天赋颖慧，秉性刚烈，读书敏悟，为文奇雄，有一股超凡脱俗的气概，少女时代即写下了“红颜谁说不封侯”的诗句。这般志向，竟与唐群英“女儿也能光大门楣”的豪言，如同出自同一胸臆。更为巧合的是，秋瑾也跟唐群英一样，从小扯掉了裹脚布，学骑马，学舞剑，学拳术，练就了文武之能。秋瑾21岁时（1896年），奉父母之命与湘潭富商王黻臣之子王廷钧成婚。王廷钧是曾国藩的表侄，王黻臣曾是曾国藩家的管账先生，他们的老家在荷叶塘的神冲（“神冲”为荷叶镇下的村）老铺子。秋瑾婚后，虽与丈夫不甚相睦，但也经常陪其回荷叶塘老家居住，因而得与葛健豪、唐群英相识。

葛健豪、唐希范、唐群英、秋瑾，在历史的这一时刻，在荷叶塘这一隅之地，不仅成了亲缘相连的族亲、相距咫尺的邻居，而且成了琴棋书画的知音、披肝沥胆的挚友。她们个个才学丰厚，情感奔放，有着智慧的财富；她们同声相应，同气相求，有着青春的共鸣；她们感时伤事，忧国忧民，有着心灵的烦恼；她们志存高远，渴望自由，有着精神的追求。跨越天南地北的距离，她们一见如故；舍弃世俗的辈分礼节，她们一律姐妹相称。这一桩荷塘往事，当时看似一首雅致的田园诗、一幅精美的风景画，日后再看，竟然是中华女杰成长史剧中的一幕序曲。

唐希范的家，是荷叶神冲的北斗堂，离神冲老铺子很近。每当唐群英来到北斗堂，只要得知秋瑾正在神冲老铺子，总是忍不住约来相见。这一日，三人刚刚相见，不料葛健豪也像被磁石吸了一样，恰在此时款款而来。四人聚首有如神助。

唐希范的书房，位于宅院边侧，推窗可见楼台边的荷花塘。见塘中亭亭玉立的莲荷正在娇羞含苞，唐希范忽然来了诗兴，兴奋地提议：

“今日诸姐妹有幸在荷叶神冲雅会，试以荷花为题，步韵唱和一番，大家意下如何？”听那说话口气，俨然大观园“海棠诗社”[(5)]社主一般。

“好呀！我恰巧写了两首咏莲的七律，带来请姐姐们指教的，就作为引玉之砖吧！”秋瑾连忙响应。

“那就请瑾妹念来，让我们一新耳目。”“社主”急切地说。

秋瑾掏出诗笺，合辙押韵地念了起来：

咏红莲

洛妃乘醉下瑶台，手把红衣次第栽。
应是绛云天上幻，莫疑玫瑰水中开。
仙人游戏曾栽火，处士豪情欲忆梅。
夺得胭脂山一座，江南儿女棹歌来。

咏白莲

莫是仙娥坠玉珰？宵来幻出水云乡。
朦胧池畔讶堆雪，淡泊风前有异香。
国色由来夸素面，佳人原不借浓妆。
东皇为恐红尘涴，亲赐寒簧明月裳。

秋瑾念完之后，“社主”即催促大家和诗，并安排先和《咏红莲》。

“瑾妹这诗写得如此之好，犹如崔颢题诗黄鹤楼(6)，谁敢步后尘呀！”唐群英听得入了迷，一时没有回过神来。不过，待大家都进入诗境之后，她的和诗还是先出来了：

浓抹淡妆玉镜台，红霞万朵水中栽。
如痴若梦珠光闪，含笑凌波蓓蕾开。
不羡长堤千树柳，偏崇峻岭一枝梅。
各领风骚时各异，心灵相系送香来。

葛健豪也有了一首，但自谦着不肯吟诵。秋瑾抢过诗笺看了一遍，连说“好诗”，随即吟了出来：

岂知今日赋兰台，蜀锦吴绫未敢栽。
怕损洛神衣带舞，甘随湘女画图开。
胭脂不染红如火，浊水虽浸洁若梅。
多谢浣纱人未折，年年自有好音来。

最后，大家都把目光投向唐希范：“现在该你压阵了！”希范又稍思索，即念了出来：

绿塘摇艳接楼台，国色天香倩孰栽。
根是泥中琼玉结，花承露下碧珠开。
秋风乍起先成果，香气永存未逊梅。
藕断丝连情意洽，三湘女杰送春来。

一句“三湘女杰送春来”，引来了一片喝彩声。或许是因为，这情景交融的妙句，暗合了当事人的心境吧。

接着是为秋瑾的《咏白莲》作和。

葛健豪首先声明："你们才思敏捷，倚马可待。我来得慢，以后再交卷。"

唐群英先成一首：

盘心碎点列珠珰，疑是水仙返故乡。
脸傅清霜衣剪翠，手盈团雪发飘香。
湘中不减吴中盛，楚女难超越女妆。
清苦莲心同一格，秋风明月舞霓裳。

唐希范也吟成一首：

岂爱饰金佩玉珰，栖身乐在米鱼乡。
湘妃雨后疑观雪，周子灯前似溢香。
自是风流高雅气，何须粉黛艳红妆。
天仙若羡人间美，应采芙蓉作锦裳。

大家相互品评赏析，诗情友情愈益浓郁。

又一日，葛健豪、唐希范、唐群英、秋瑾相约在河边散步。葛健豪提议大家共同背诵唐诗，唐群英建议背诵杜甫的《自京赴奉先咏怀五百字》。

"杜陵有布衣，老大意转拙。""社主"唐希范带头背出了开头两句。

"许身一何愚，窃比稷与契。"葛健豪背出下面两句。

"居然成濩落，白首甘契阔。"秋瑾接着往下背。

"盖棺事则已，此志常觊豁。"唐群英继续背。

……

"中堂舞神仙，烟雾蒙玉质。"唐希范背。

"煖客貂鼠裘，悲管逐清瑟。"葛健豪背。

"劝客驼蹄羹，霜橙压香橘。"秋瑾背。

"朱门酒肉臭，路有冻死骨。"唐群英背不下去了："唉，'朱门酒肉臭，路有冻死骨'，多么鲜明的对比！过去如此，现在则有过之而无不及啊！"

葛健豪也愤慨起来："这都是慈禧太后造成的！"

秋瑾一跃而起："说得对！腐败的满清政府在中日甲午战争中遭到惨败，举国上下大为震动。烈士家属在痛哭，受伤士兵在呻吟，老百姓在挣扎，有志之士在怒吼！可是西太后呢，却在大修颐和园，庆祝自己的六十大寿！大家想想，历史上有这样荒唐的朝廷吗?!”

听着秋瑾越来越大的声音，唐希范有点担心，见有人走近，她连忙劝秋瑾低声一点。

“我恨不得作雷霆之声，让普天下都听到!”秋瑾情有未已，愈发激昂慷慨。

三

唐群英的女儿亮亮，生得聪明伶俐，活泼可爱，特别是有一对又厚又大的耳垂，像个福气的小菩萨。一家人对亮亮爱如珍宝。与唐群英亲如姐妹的女工小雪做了亮亮的保姆，唐群英和曾传纲兼做亮亮的“家庭教师”。亮亮两岁多，就能用小手指着窗户和地面，奶声奶气地说出“床前明月光，疑是地上霜……”。亮亮给全家带来了无限幸福欢乐。

然而，不幸却常常在幸福之时从天而降。

光绪二十二年（1896年）一个隆冬的深夜，唐群英燃灯醒来，看到身边的亮亮面孔红红的，一摸女儿的额头，果然是发烧了!她连忙披衣起床，叫醒在另室熟睡的曾传纲，又喊来了亮亮的奶奶和小雪等人。大家一致决定：马上去请郎中（中医大夫）。

此时正在凌晨4时左右。曾传纲推开大门，刺骨寒风扑面而来，四面八方漆黑一片。老郎中贺先生住在十几里外，路程要转山过河，必须备轿子去接；而抬轿子的人，却必须等到天亮才能到轿行去请。不能马上出发接郎中，一家人忧心如焚，束手无策之际，只好先用民间偏方尽力帮亮亮清清热。

亮亮奶奶说，烧柴灶膛里的“灶心土”泡了水可以退烧。亮亮爷爷说，莲子心煮水能够清热解毒。这些办法都用过了，亮亮依然烧得发烫。唐群英、曾传纲守在亮亮身边，心里刀绞一般地疼痛。

天刚麻麻亮，曾传纲便安排人去叫轿子接郎中。到了上午10点钟，老郎中贺先生才在一家人的渴盼中来到。

贺先生经过认真地“望”、“闻”、“问”、“切”，断定亮亮得了风寒症，病情已经很重。曾传纲马上安排人，按贺先生开的方子到镇上去“抓药”。

全家人万万没有料到，药抓回来了，亮亮却永远闭上了她那张曾经那么灵巧的小嘴，没来得及服下这救命之药!

失女之痛，痛彻心扉。唐群英、曾传纲悲痛欲绝。

作为母亲的唐群英多日以泪洗面，寝食难安。是丈夫的忍痛劝慰，公婆及娘家亲人的温情体贴，秋瑾等朋友的亲切开导，帮助她逐渐走出了那段愁云惨淡的日子。

命运之神残酷无比，竟然让唐群英遽尔遭受到“祸不单行”的惨痛打击。

光绪二十三年（1897年）一个萧瑟的秋日。吃过早饭以后，唐群英看着曾传纲像往日一样进书房去读书，自己又不由自主地沉入对亮亮的思念……忽然，小雪慌慌张张地跑来，结结巴巴地叫着：“少奶奶……快……大少爷不好……”

唐群英赶忙走进书房，只见传纲歪倒在椅子背上，脸色苍白，目光呆滞，嘴巴无力地张合着，像要说什么话而又说不出来的样子。唐群英一下子惊呆了，吓坏了，心疼极了。她迅速扶住传纲的肩，握住传纲的手，问他哪里不舒服。不料，传纲却有气无力地讷讷着：“陶妹……我……不行了……”当即泪流满面。群英正在不知所措，公公婆婆都赶来了，可是传纲却再也说不出话来了……大家急忙把传纲抬到床上，马上安排去请郎中。遗憾的是，接郎中的人还未出门，传纲就永远闭上了眼睛……

当地乡俗，将即病即死的情况叫做“促症”，可能属于现在所说的“脑溢血”、“脑卒中”一类。曾传纲才23岁，猝然丢下父母妻子撒手而去，家人立刻哭作一团。

失去可爱的女儿不到一年，现在又失去了亲爱的丈夫，26岁的唐群英陷入了深深的哀伤之中，几至痛不欲生。

四

唐群英与曾传纲，不是那种“既嫁从夫”、“夫为妻纲”、“夫唱妇随”的传统夫妻。他们是志趣相投、才学相当、人格平等、感情笃深的一对爱侣。甚至，由于群英稍长，各方面成熟一些，传纲对她还更多一些敬重。亮亮去时，他们尚可期待再结爱果；传纲去矣，群英何处再觅真爱……

寒夜难眠之时，她望着传纲的遗容，述说自己的孤寂和哀思：

孤灯独影绣衾单，万缕哀思夜更寒。
壮志宜酬君忍逝，红颜不幸我偷安。
苍天有眼千山暗，大地无门一枕酸。
风纸招魂难解恨，祈求驾鹤返人间。

爱侣远去，千呼不回，孤灯独影，天昏地暗……

然而，唐群英不是那种沉湎于悲痛而不能自拔的女人，她总能在黑暗中扑捉到指引前路的那一束亮光。她想起了传纲秉烛苦读的情景，想起了夫妻相约报国的志向，一种坚毅刚强的信念油然升起：她誓要代她的纲兄完成未竟之志，以一副肩膀挑起两副人生重担。于是她咬紧了牙关，挺起了肩膀……

她是曾传纲的未亡人，更是具有独立人格的唐群英。只有具有独立人格的唐群英，才能担起实现亡夫遗志的担子。

当时，传统的封建礼俗，虽然在整个中国社会总体上有所松动，但在荷叶塘曾氏家族这样"堡垒据点"似的地方，仍然被奉为不可动摇的宗法正统。对妇女的要求，仍然还是"三从四德"那一套：未嫁从父，既嫁从夫，夫死从子；寡妇无子也要在夫家"守节"。"守节"之人，完全没有自己的独立人格，只能缟衣素裙，青灯孤枕，独守空房，深居简出，即使在家庭乡里范围之内都不允许抛头露面、见客会友，更何谈踏上社会、报效国家、尽国民之责了！

唐群英自幼才识超群，志向远大，认为妇女也应像男子一样担负"天下兴亡"的大任，决心到社会上做一番事业。跟葛健豪、秋瑾结识交往之后，又曾相约在国家民族需要之时，携手同行，展翅而飞。她怎能甘愿套上"守节"的锁链，充当封建礼教的牺牲品呢？

她清醒地意识到，她目前面对的，是一场冲决封建牢笼的斗争，虽然无枪无炮，却有刀光剑影，必须沉稳应对，以智取胜。

办完曾传纲的丧事不久，唐群英即与大姐希孟、三姐希范、弟弟乾一，开始密商自己今后的去留（在湖北任职的二哥维藩、家务缠身的妹妹希欧，未能参与）。当时，希范和乾一支持她回归三吉堂的意向，希孟从古礼出发，主张她在曾家守节。

之后，唐希孟、唐希范、唐乾一同回三吉堂，向母亲禀告各自的想法。母亲起初也认为唐群英应遵古礼守节。希范和乾一引经据典地向母亲和姐姐作解释说：即使按照古礼，也有"大归"之说，即女子在丈夫死后可以归宗娘家，断绝与夫家的一切关系。事实上，繁杂琐细的历代婚姻礼制中，确有"大归"一说，但那一般是针对"被休"[7]或离婚的女子而言，并不包括丧夫女子。希范和乾一深知历代婚制中常有相互矛盾之处，故意作了如此这般一番真假难辨的巧妙演绎。爱女心切的母亲动心了，随即表示："只要不违背礼法，不失曾、唐两家面子，自然要救希陶出苦海！"希孟也想到，陶妹性情刚烈，一定让她困居曾家，若生不测，为时就晚了。四人取得一致，母亲又让乾一写信征询哥哥维藩的意见，自然也得到支持。

患难降临之时，母亲和兄弟姐妹是她孤苦心灵的可归之处，父亲建造的三吉堂是她这片飘零落叶的可归之根。

而曾家这边，原先的温馨幸福似乎已随传纲而去。公公的脸色变得铁青了，婆婆的语调变得生硬了。"唐希陶八字硬，克夫克子"的流言来了，"唐希陶要改嫁"的蜚语起了。唐群英于无边的凄凉之外，又增添了无端的委屈。

腊尽冬残，年关将至。公公向她摊了牌：

"希陶！家门不幸，传纲早逝，你又不曾生育儿子，好在家中薄有祖产，可供你一辈子不愁衣食。现在打算给你抚个崽（即领一个养子），接起一房香火……"

"爸，妈，我不抚崽。"唐群英也想借这个机会表明自己的态度。

"为什么？"

"有人说我八字硬，克夫克子，抚了人家的崽，万一有个三长两短，我怎么对得起人！"

"'不孝有三，无后为大'，你总该知道吧？"

"纲兄早逝，无后的不孝之责，不在我呀。"

"不论在谁，抚个崽不就可以补救了吗。再说，不抚崽，你将来靠谁？"

"我回娘家。靠我自己！"

"希陶！你既不肯抚崽，又不愿守节，一定是打算改嫁了！"公公霍地站起来，手往桌子上猛地一拍："你生是曾家人，死是曾家鬼！"

"我唐希陶知书明理，不甘雌伏，只求自立自主，其余别无他想！"唐群英的声调并不高亢，但是，与公婆针锋相对的态度却十分坚定。

媳妇进家六年多来，公婆终于知道，这个一向和颜悦色的媳妇还有这么强硬的一面，心里暗暗生了几分怯意。

农历新年过去，唐乾一差人给曾传纲的父亲送来一封信。信中说："定于明日过府商谈家姐大归之事”。唐乾一17岁时（1895年）即在长沙“秋闱”（即科举制度中的“乡试”，每三年在各省城举行一次）中中了举人，这时虽然还不到20岁，但已是省内颇有名气的青年才俊。所以曾家不敢小觑这封来者不善的“战书”，当天便叫来传纲的哥哥传琛，另请来几个亲戚，预作应对演习。

次日，唐乾一如时来到曾家，还请了当地保正和两位士绅作为公证人。

双方展开了关于唐群英去留的论战。

“希陶年轻守寡，情殊可怜。不过三从四德，古有明训。尊府若接她回去，只怕于礼不合，有伤风化……”唐乾一刚说明来意，曾父就抢过了话头，想占个上风。

“是的，三从四德，古有明训。但是，大归也属古制，礼法之中已有规定。亲翁饱读诗书，不会不知道吧！”唐乾一不慌不忙，攻其不备。

“你见有几个大归的人？可见其不体面。”曾传琛见父亲张口结舌，忙出来解围。

“夫死之妇，既有守节之规，又有大归之制。守节与大归，都合乎礼法，不在乎人多人少。如有那凡俗之人认为大归不体面，我唐家宽宏大量，不与其计较。”唐乾一反唇相讥。

“我曾家不丢这脸！”曾家理屈，仗着人多吼叫起来。

“亲翁，家姐秉性刚烈，您是知道的。尊府执意强留，倘若发生意外……”唐乾一换了一个角度。

“就算她寻死，正好是殉节，朝廷还要旌表，你我两家都有光彩……”曾父抢着抓的这个“理”，恰好暴露了封建礼教的吃人本质。

“岂有此理！现在亲翁是要逼迫家姐寻死，天理昭昭，国法条条，容你不得！”唐乾一愤怒至极。他猛地起身，向着三位公证人一拱手，“三公！今天之事，三位亲闻亲睹，日后家姐若有半点差池，只求三公做个见证！告辞！”他离席做出要走的样子。

“且慢！坤成先生请坐。”唐乾一请来的保正以手示意。他事先已被唐乾一阐释的道理说服，现在又被其坚定的态度震动，即以劝解双方的语气，转向曾家人开了腔：“曾公和曾府列位！常言道‘强扭的瓜不甜，割下的肉不粘’，人各有志，尊府何必强求？”

话到此处，曾家方面深知大势已去，无可挽回，态度只好慢慢和缓下来。然后双方商议了唐群英的大归之法，并由曾家人翻看历书选定次日为大归的“好日子”。

五

大归之前，唐群英难舍的，唯有睡在冰冷地下的两位至亲至爱之人。

她一身缟素，带着供品及香烛，来到曾传纲的坟前，双膝跪倒，泪如雨下。曾几何时，活生生的一家三口，欢声笑语，柔情蜜意……原指望，天伦永续，比翼齐飞……谁想到，阴阳陌路，天人永隔……

“纲兄啊！这是我最后一次来看望你了……明天，我就要离开树德堂，大归三吉堂了，你能理解我吗，你能体谅我吗……”

“纲兄啊！那一天，你走得那么急，连一句话都没有留给我……你是想让我守节？大归？还是跟你一道走呢？……”

“纲兄啊！你对我的一腔赤诚，一片痴情，永远刻在了我的心上……咱们六年的恩爱，是我一生的幸福宝藏……你在我心里的地位，谁也不能代替，谁也无法占领……”

“纲兄啊！你答应过我，待学业成就之后，咱们一起到广阔的世界，展翅翱翔……你为什么先走了，再也不回来了……”

“纲兄啊！双亲已老，我不能负起为他们养老送终的责任，请你原谅我吧……”

“纲兄啊……”

腊烛已燃尽，纸灰在飘零。群英力竭倒地，喑哑凝噎。

随来的小雪忍不住眼泪：“少奶奶，你这样哭，我的心都要碎了……少爷要是有灵，也会心痛啊……”劝了几次，才把她劝起。

唐群英又来到亮亮的坟前。

“亮亮啊！妈妈以后不能再来看你了，你不要怪妈妈……咱们母女缘份浅，妈妈还没看够你那可爱的小脸，还没教你学更多的唐诗，你就走了……妈妈明天要回外婆家去了，你也想外婆了吧……亮亮，跟妈妈一起去外婆家吧……”又是一场痛哭。

光绪二十三年（1898年）二月十四日，是唐群英大归的日子。

上午10时，树德堂祖堂里，烛光摇曳，香烟袅袅，人们静默，气氛肃穆。

唐群英着青衣青裙，站在香案前，随着三响磬声，向神位三拜致祭。

之后，有人在香案两旁各摆一把椅子，唐乾一礼貌地请曾父曾母分别坐上，唐群英恭敬地向二老三拜敬礼。接受敬拜时，曾父偏着头，眼睛望着地面，显然不愿正视这个即将离去的儿媳，因为在他内心深处仍然有着对“大归”的抵触。曾母则泪光莹莹地看着唐群英，流露着不舍的神情。

这些礼仪程序，都是唐乾一入情入理地提出，与曾父商议而定的。当时唐乾一说：“家姐当日进曾府，是行过庙祭，拜过双亲的；今日脱离曾府，亦应祭告曾家祖先，拜辞翁姑。”

群英拜毕，由乾一搀扶着出了祖堂，登上早已候在门外的轿子。这时，挑着箱笼、抬着床柜的一溜队伍启动，轿子随之起行。唐乾一纵身上马，随轿而去。这些箱笼床柜，都是当年唐群英的陪嫁品，按照曾父的意思由唐群英带回。

树德堂门外地坪上禾场上，从早上起就站满了人。乡亲们前来观看难得一见的大归场面，送别他们喜爱的传纲媳妇亮亮娘，许多人流出了惋惜而又赞许的泪水。

唐群英一行人马离去，曾家众人退入祖堂。曾父颓然跌坐椅子上，曾母忍不住放声大哭起来。猝然与儿子、孙女死别之后，今又与通情达理的媳妇生离，他们有些经受不住了……

三吉堂的祖堂里，也是燃烛点香。一阵噼噼啪啪的鞭炮，迎来了群英大归的队伍。

群英下轿，拜过祖先，拜过母亲。母女抱头痛哭，苦乐同感。姐弟同胞相挽，悲欢共知。

“希陶，你回来好！我老了，正需要你在身边。只是你才27岁，苦啊……往后的日子，你要好好把握，万不可叫人家说闲话……”母亲对寡女说出了体己话。

“妈，我追求的不是单纯的男欢女爱，我的志向是修身养性，在家孝敬母亲，在外报效国家……”群英对担心自己改嫁的母亲，也说出了心里话。

母亲仁慈宽和，博爱子女。兄弟姐妹同气连枝，至诚高节。三吉堂里传承着真诚的孝悌，充满着温暖的亲情。唐群英那颗漂泊无依的心，重新获得了停泊依靠的港湾。

(1) 三国时蜀汉大臣、诸葛亮死后继任丞相的蒋琬，出生于井字镇。

(2) 曾国藩的出生地在荷叶镇。

(3) 曾国藩的四个弟弟中，除曾国潢总管家业外，曾国华、曾国荃、曾国葆先后出任湘军将领，其中曾国荃战功最著，获赏“伟勇巴图鲁”名号和一品顶戴，封一等伯爵，加太子太保衔，官至礼部尚书、两江总督兼通商事务大臣。根据2009年4月8日《南方人物周刊》统计，五兄弟的后裔中有成就者大约240多位，如光禄大夫曾纪官、曾广銮，清末翰林曾广钧，资政大夫曾广江，刑部员外郎曾广镕，女诗人曾广珊，教育家曾约农、曾宝荪（女），翻译家曾宝莼，化学家曾昭抡，考古学家曾昭燏（女），教授曾昭枚、曾昭权、曾宪楷、曾宪柱、曾宪森，园艺学家曾宪朴，全国妇联副主席曾宪植，轻工部造纸研究所研究员曾宪榛，出版家曾宪元，画家曾宪杰，导演曾宪涤等等。

(4) 此处系指，自高祖父一代，两家就已不是直系血亲，血缘关系很远了。高祖父、曾祖父、祖父、父亲至自身一代，刚好是五代。按照古代宗法制度，亲属关系超过五代，相互不再为对方的逝者服丧，叫做“出服”，也叫“出五服”。

(5) 《红楼梦》第37回，大观园众姐妹以及宝玉曾结“海棠诗社”，李纨为社主。

(6) 相传，诗仙李白游览黄鹤楼时诗兴大发，正欲题诗留念，忽见楼上已有崔颢的题诗《黄鹤楼》。诗曰：“昔人已乘黄鹤去，此地空余黄鹤楼。黄鹤一去不复返，白云千载空悠悠。晴川历历汉阳树，芳草萋萋鹦鹉洲。日暮乡关何处是？烟波江上使人愁。”李白看了连称“绝妙、绝妙！”并以四句“打油诗”自嘲：“一拳捶碎黄鹤楼，一脚踢翻鹦鹉洲，眼前有景道不得，崔颢题诗在上头。”

(7) 按照封建社会的婚姻制度，丈夫可以凭借夫权离弃妻子，谓之“休妻”。

第四章 足下青云

登上南岳主峰祝融峰，她替母亲当了一回香客；
走到险峻的会仙桥，她成了身手矫健的侠客。

从荷叶塘的树德堂大归新桥乡的三吉堂，对于唐群英来说，是冲决封建罗网飞到了自由天地。如果说小时候甩掉裹脚布获得一副大脚板那件事可以忽略不计的话，那么这一次就是她生命中反对专制主义的第一次胜利。

按照大归时与曾传纲父母的约定，她要断绝与曾传纲一家的任何关系，甚至连曾传纲和亮亮的墓地也不能再踏上一步。但是，那个已经与她的生命联结在一起的荷叶塘，仍是夜晚梦醒之时恍觉置身其中的地方——那里有她七年婚姻生活中大喜大悲的记忆，有她两位睡在冰冷地下的至亲至爱的人啊……

冲决封建罗网，需要勇气和智慧；走出内心的伤痛，还需要理性和时间。

一

春去春来，花开花落。

此时的三吉堂，早已不是当年那个父母双全、兄弟姐妹欢聚一堂的家了。1878年大姐希孟出嫁（丈夫是衡山白果乡赵家湾的赵艺圃），1887年三姐希范出嫁，1890年父亲唐星照病故，1895年妹妹希欧出嫁（丈夫是湘乡十四都的杨西来）。继承门户的二哥维藩，此时正偕同妻儿远在湖北郧西上津通判[1]任上。尚在省城读书的弟弟乾一，往来于学校和家乡之间。只有母亲曹夫人带领部分童仆守着空落落的宅第。

物是人非，今非昔比。

然而对于唐群英来说，这片留有童年回忆和亲人足迹的热土，恰好是她情感创伤的疗养之地；这个熟悉宽敞的家园，又恰好是她放飞心灵的自由天地。

唐群英重又住回了出嫁前自己的房间，而曾做家塾的“是吾家”书屋则成了她的书房。她把“是吾家”中摆放自己书桌的那一个房间，定名为”吟香阁”（后来”吟香阁”书房迁至三吉堂主楼）。读书之余，她常常站在“是吾家”书屋门口，深情地端详那副陈旧而又新鲜的门联。这副门联，是家中老屋改造为书房时父亲亲自撰写的，每年过年都要请人重新写来贴上，这种惯例保留至今。记得当年塾师刘海屏老先生，解释上联“是足下青云起处”时说，是希望他们兄妹日后青云直上出人头地；而她现在则认为，父亲的意思应该是勉励孩子们学有所成，以便站得高看得远。至于下联，她觉得，父亲最初所写的“吾心中皓月来时”，比后来吸取别人意见改写而成的“吾家中紫气盈时”，情景更见清亮明朗，格调也更高雅脱俗。睹物思人，心绪万千，有怀念，有感悟，更有思想的升腾……

平日里，有诗书陪伴，有箫剑相随，她没有空虚寥落之虞；有母亲疼爱，有童仆照料，她没有寂寞孤单之感。不时地，姐姐妹妹会回娘家来陪伴她，弟弟乾一也会来看望她。每逢过年，二哥维藩一家都要回到三吉堂与母亲和她团聚。

荷叶塘那边，秋瑾、葛健豪等情志相通的诗友姐妹，也不舍得与她相别咫尺天涯。

唐群英大归不久，葛健豪特地到三吉堂来看望她，留下了赞美与鼓励朋友的诗句：“岂甘雌伏守红楼，冲破牢笼雄赳赳”。

应秋瑾之邀，唐群英与唐希范曾到湘潭王家，三位诗友雅兴聚会。

1900年葛健豪在荷叶塘的光甲堂生下小女儿蔡畅、1901年秋瑾在荷叶塘的神冲老铺子生下女儿王灿芝之时，唐群英都曾与三姐前去看望她们。

最使唐群英感到欣慰愉悦的是，由葛健豪提议，曾国藩的儿媳郭筠邀请，她在富厚堂度过了一段读书休养的日子。富厚堂是曾国藩封侯拜相之后在家乡修建的“毅勇侯”府第，坐落在荷叶塘的富托村，四万平米的园林庭院之中，是沿中轴线对称的典型明清回廊式建筑群体，庭院外侧三面环山，山上古木参天，门前开阔平地上小河涓涓东流。郭筠是曾国藩次子曾纪鸿的妻子，本为儒门淑女，自幼喜欢读书，又在曾国藩的指导下，通读了《十三经注疏》和《资治通鉴》，也是当地有名的才女。此时已成为富厚堂第一主人的郭筠，年长唐群英将近30岁，她对于这位年轻有志而突遭不幸的族亲，又是欣赏，又是怜恤，便邀唐群英前来散心调养。唐群英感激郭筠的美意，喜爱富厚堂的美景，但她更为属意的是方记藏书楼的藏书（富厚堂中有公记、朴记、方记3座藏书楼，各有藏书10余万册，其中的方记藏书楼，便是曾纪鸿夫妇的藏书楼）。她在这里享受了沉浸于书海的美好时光。

当然，不论在往返荷叶塘的途程中，还是在荷叶塘流连的日子里，唐群英的心中始终另有一番强行隐忍的情愫，她总是用心灵的眼睛深情瞩望睡在冰冷地下的两位至亲至爱之人……

一层层亲情友情的涟漪，一番番诗书琴剑的旋律，汇聚成温柔的潮涌，抚慰着她的创痛，滋润着她的身心。志在家国社会的她，像一株不屈的大树，经风历霜之后，枝叶更见繁茂，主干更加挺拔。那种咬噬心灵的思念亡人之苦，不知不觉间得到了稀释和缓解。

对于母亲，她极尽人子之孝；对于家事，她不辞主人之责；对于自己的人生之路，她在进行着深深的思索。

二

每年农历七月至九月，是传统的南岳“香期”。香客、信众以及远近百姓，从四面八方来到衡山朝圣进香。八月初一南岳圣帝寿诞这一天，是整个香期活动的最高潮。数万人众成群结队，身着青色衣，头缠青裹头，腰扎红绸带，腹罩红肚兜，手持信香，口唱香歌，直上祝融峰顶的祝融殿，向着圣帝神像三跪九拜，五体投地，或祈福许愿，或祝祷还愿。这种虔诚神圣的民间祭祀活动，自唐朝天宝元年（742年）开始，一直流传不衰。

唐群英大归之初，母亲曾在圣帝面前为她祈福。三四年过去，曹夫人见群英读书舞剑起居有常，待人接物谈笑如初，觉得女儿心已安神已定，高兴之余又动了到圣帝面前还愿之念。光绪二十八年（1902年）南岳香期之时，适逢乾一在家，希范也回娘家来了，曹夫人便提议，让他们陪同群英去南岳烧香还愿。

唐群英姐弟不甚在意烧香还愿之事，但对于同游衡山还是心向往之。于是，按照礼俗“封斋”、“起香”之后，三人带上9岁的堂侄女玉莲，于七月二十八日清晨，拜别留守香案的母亲，分乘三顶轿子出发了。

当日傍晚，唐群英姐弟在衡山北麓涓河之滨的东湖镇歇宿。

望着苍黛迷蒙的河边景色，憧憬着魂牵梦萦的祝融神火，唐群英不禁思绪如潮。夜晚，她以自己当时的所见所闻所念所悟，写成了七律**《游岳途中抒怀》**：

衰梧老柳半欹斜，隔岸渔樵三两家。
水净沙明初过鹢，树摇枝乱暮栖鸦。
湘云缥缈征帆迥，山色迷离客路赊。
回首夕阳增旅思，碧云深处尽昙花。

作为常相切磋的诗友，唐希范看到这幅日暮秋景图，觉得精巧雅致深沉含蓄，很是赞赏妹妹的诗才。但是，作为灵犀相通的姐妹，她又从诗境上面飘浮的那一抹暗色中，感觉到了妹妹心中还有一丝对人生旅途的隐忧。安排小玉莲睡觉后，希范提笔写出了**《步韵和陶妹<游岳途中>》**：

风高路陡夕阳斜，指点浮云不见家。
着力弯弓难射雁，搜肠索句乱涂鸦。
渔歌徐伴笛声起，诗意偏随游兴赊。
莫道霜秋艳色少，停舆携手采山花。[2]

姐姐的诗显然明快爽亮，甚至带有几分俏皮。妹妹对姐姐的情意心领神会，默默享受着柔柔的抚慰和轻轻的激励。

南岳衡山七十二峰，有四十三座在衡山县境内。对于衡山人来说，衡山是家中之山，心中之山，梦中之山，每次登山，都怀着一种崇敬之情和亲切之感。秀冠五岳的衡山，仅自然景观即有三瀑、七潭、八溪、十二洞、二十泉、二十四岩，再加上祭祀文化、福寿文化、宗教文化、书院文化所塑造的数以百计的人文景观，真可谓漫山遍野皆胜景。人们登山哪怕停留三五日，也只能游览部分景点，所以每次都会有兴趣盎然的新鲜感。

多次登临衡山的唐乾一，是此次姐弟游的“保镖”兼“导游”。他们七月二十九日的日程是，游览藏经殿。从东湖镇到藏经殿，他选择了较为平缓的路线：沿东湖溪旁的石路，转道天柱峰与华盖峰之间经过西岭的一条山坳。安排完毕，乾一先自出发打前站。

经过西岭的这条山坳，是连接几个山峰的一条重要通道。山坳中的西岭，则是登山路的一个十字交叉点。铺有石板的登山路曲折蜿蜒，路边石矗岩横，古树幽翠。

近午，唐群英一行在西岭饭铺歇轿进餐。这时，唐群英蓦地见到有诗在壁，举目细看，原来是满弟上次游岳时留下的一首七律。她饶有兴致地念了起来，小玉莲也凑过来谛听。

曲径依稀远寺钟，林涛起伏岭重重。
风摇古树迎金凤，雾卷深山藏玉龙。
五岳神奇夸独秀，三湘绚丽揽从容。
崇侯此日应无憾，记否当年数九峰。

弟弟的诗，引发了唐群英的诗兴，当即应和一首。

过小西岭题壁依坤成弟原韵

何处山僧响午钟，深林未入复重重。
云封岳岭迷归雁，日澈湘流锁卧龙。
小憩得闲心更静，兴酣索句意偏浓。
谁知阿弟曾题壁，愈惹诗情到上峰。

姐弟唱和的诗情画意，把新桥唐家的书香雅趣带到了衡山之上。

午后时分，乾一迎接姐姐来到藏经殿。

这藏经殿隐于祥光峰的幽谷深处，是一座琉璃瓦红墙单檐翘角的宫殿式建筑，始建于南北朝时期南朝陈废帝光大二年（568年），原名“小般若禅林”，后因明太祖朱元璋所赐《大藏经》一部存放殿中，所以更名“藏经殿”。在南岳诸多景观之中，不论撷取“衡山八绝”还是“衡山四绝”，“藏经殿之秀”都名列其中。[3] 藏经殿四周，古木如海，繁花似锦，鸟声啁啾，流泉叮咚，一派盎然生机。举目仰视，却见山环峰绕，云锁雾罩，几分神秘气氛，使人恍然如处世外。

围绕藏经殿，多处史迹景点记述着久远的传说。有萤火虫秋夜飞光“朝圣”的“灵田”；有南朝陈后主的宠妃张丽华在山中钓得活鱼的“钓鱼台”；有明朝桂王的母亲陈太妃整妆的“梳妆台”，等等。

“导游”唐乾一，把“钓鱼台”的故事讲得格外有声有色。据说，南朝陈后主的宠妃张丽华，为避战乱来到南岳，并且削发受戒，皈依佛门。战乱平息后，后主派使者来接她回去。她起誓发愿地说：“如果我的头发即时长满，山中能够钓得活鱼，我就回去。”岂料她发愿之后，头发立即开始长出，十多天后竟是满头黑发，而且真地在山中钓得了一条活鲤鱼。她认为这是

"菩萨安排"，便随使者还宫。

"菩萨使张丽华蓄发还髻，我却宁愿易髻而冠。"唐群英拉起小玉莲的手，眼望着空濛的远方，像是在自言自语。

"头发可以蓄，只是时间问题；山岩里钓出活鲤鱼来，可能吗？可信吗？"唐希范可十分认真。

"姐姐们说得好。其实，张丽华蓄发钓鱼之事，传说而已，无须细究。"唐乾一一笑了之。

姐弟们说笑间来到了藏经殿前的山坡边。见一些游客围着一棵树，其中一人比比划划地说着什么，姐弟们不由得停下了脚步，听得那人讲道：

"这'摇钱树'真名叫'金钱柳'。每到秋季，倒垂的树枝上垂挂着金黄色的果实，就像是一串串古铜钱随风摆动，很有意思。

"说起这'摇钱树'，有一个有趣的故事。从前，这树上长的是真正的铜钱，树的主人是兄弟二人。弟弟忠厚节俭，需要多少钱就摇下多少钱；哥哥却贪得无厌，不摇到落下厚厚的一层铜钱不罢手。后来'摇钱树'恼火了，当哥哥再来摇钱时，铜钱就变成了木钱，劈头劈脸地朝他砸来，砸得他狼狈不堪。从此，他们的财源就断了。"这显然是在劝导人们戒除贪欲。

讲故事的人还要带着他的听众，去看另外两棵奇怪的树。

唐乾一说：那两棵树，一棵叫"同根生"，是同一树根上长出了两株不同的树种，另一棵叫"连理枝"，是有一条树枝弯向树体缠绕树干生长，都不过是自然生成；咱们还是去看雄奇的白玉兰树吧。其实，唐乾一是想到了白居易"在天愿作比翼鸟，在地愿为连理枝"的诗句，怕引起陶姐的伤感。

一行人信步绕到藏经殿后，只见一株径粗一尺多、高达两丈余的白玉兰树巍然耸立，绿油油的倒卵形叶片形成了巨大魁伟的树冠。唐乾一介绍说：这株白玉兰，已有五百多年的历史，开花时节飘香十里，堪称南岳一奇。

说也奇怪，听唐乾一这样一说，初春三月羊脂般硕大花朵如云如雪如香海的情景，仿佛立刻浮现在了大家面前，连那沁人心脾的芳香似乎也飘过来了……

时近黄昏，姐弟们歇息于祝融峰南麓的上封寺。这寺原是一所道场，隋朝大业年间，炀帝敕建改寺。因其位置恰在衡山峰顶之侧，便又修建了较为完善的食宿设施，是香客游人登临峰顶之前极好的休憩之所。

次日即是农历八月初一，南岳圣帝寿诞日，香期活动的正日子。

这一日，天清气朗。黎明时分，东方天际迅速变幻着瑰丽的色彩，由灰而白而黄而橙而红……就在那血红的地平线上，一轮光灿灿的大火球从云海中晃动着跳荡而出，霎时间乾坤豁然开朗，万物金辉闪射……

上封寺后的观日台上爆发出一片欢呼。小玉莲拍着手跳了起来，唐群英也兴奋起来：

“以前从书上读到‘人生不游南岳，游南岳而不观日出，辜负此生’的说法，今日身临其境，才知这话一点也不过分！”

唐群英一行披着朝阳，登上祝融峰顶，来到祝融殿前。

海拔1300公尺的祝融峰，是南岳主峰，在湖湘烟云的烘托和周围群峰的映衬下，确有一种“上观碧落星辰近，下视红尘世界遥”(4)的雄伟气势。矗立在山顶巨岩之上的祝融殿，仰视似上摩苍穹，俯瞰则下临深壑。其建筑奇绝，令人赞叹，浴着朝霞，更显金碧辉煌。唐乾一介绍说：祝融殿的墙壁、廊柱、门框、窗棂，全部采用花岗岩建造，覆盖房顶的材料是加锡铸成的铁瓦，每片铁瓦长两尺、宽一尺、重达30多斤。

进香者汇聚成了一股人流，缓慢而有序地向殿内涌动。进得殿来，只见“南岳司天昭圣帝”，端坐在雕刻精美的须弥座上，金冠黄袍，垂缨正笏，神态威严而又慈蔼，向着他的信众，敞开了“衡山保护神”那种令人信服令人崇敬的胸怀。祝融殿前，正对着南岳神像，锡铸的三足两耳大鼎之中，长明之火熊熊燃烧。

唐群英姐弟顺序进香朝拜，捐献“功德”，又到殿前的香炉里焚化了带来的香封，“即将无限意，寓此一炷烟”。

至此，完成了母亲的一桩心愿。同时，他们自己心中的祝融之火，也燃烧得更炽烈了。

三

祝融峰巅北面的青玉坛下，有一座会仙桥。这会仙桥，又名试心桥，是天公造就恰好架在深谷之上的一条长形岩石。相传，青玉坛是道教第二十四福地，仙人们夜间到这里聚会时，来去都要经过会仙桥。但是世人一般不敢在上面行走，因为桥石极为狭窄，仅可容一个人迈步，稍一不慎，便成千古之恨。“会仙桥之险”，因而成为“衡山八绝”之一。

这一天，唐群英一行在祝融殿进香完毕从会仙桥旁经过时，却听到那里人声阵阵。驻足观望，竟见会仙桥上，站着一位头发散乱泪流满面的少女，嘴里念念有词地说着什么，似有一腔化不开的痛苦。会仙桥两端的大小岩石上，聚集着一些好心人，急切地劝告少女不要寻短见。有个大汉忍不住要上前救人，那少女厉声拒绝：“你们不要来，你上前一步，我就跳下去！”人们紧张得屏住了呼吸，会仙桥上的空气顿时凝固了……那少女用无神的泪眼凝望着虚空的前方，终于发出了人世间最为凄惨的喊声：“爷爷，我没法活下去了，跟你来了……”

眼见得一个如花似玉的少女就要葬身悬崖……

说时迟，那时快，竟有一双手臂拦腰一抱夺回了这条青春年华的生命……

这个救人的人就是唐群英！

刚才，她弄清楚眼前的紧急事态后，当即稳住姐弟，迅速挤过人群，轻巧地走到少女身边两三步远处站定，目不转睛地防备着随时可能发生的险情。当那少女正要纵身一跳时，她一个箭步冲上，双手抱住了痛不欲生的少女……

会仙桥两端的人们，发出了惊讶、赞叹、欣慰之声：

“好身手！”

“斯斯文文的，看不出竟是一位女侠！”

“救人一命，功德无量啊！”

小玉莲挤到唐群英身边喊着：“八姑姑，您真了不起！”

获救的少女，无力地瘫在了唐群英的怀里，几乎是被唐群英拖着，离开人群，来到稍远处一个僻静的地方。两人在一块石头上坐了下来。面对勇敢搭救自己的这位亲切和气的姑姑，少女敞开了心扉，一字一泪地吐出了自己的痛苦和愤懑。

原来，这少女姓刘名琴，今年16岁，家在湘潭县花石镇。七岁时父亲去世，不久母亲改嫁，她牵着双目失明的爷爷在南岳一带沿街讨生活，爷爷给人算命她卖唱。不久前爷爷病死，她正在走投无路之际，又被两个歹徒深夜破门强暴……

唐群英一面听着刘琴的哭诉，一面为她擦眼泪，理头发。

“小琴，我非常同情你的不幸遭遇，但你是红日刚出头，怎么能走绝路呢!?”

“姑姑，感谢你救了我……但是，您叫我怎么活呀……”刘琴又哭了起来。

“小琴，既然你叫我姑姑，我就把你当亲侄女。你跟我回去。你会唱歌，已是认得些字了，我再教你读书，将来给你找个合适的人家……”

“姑姑……”刘琴泣不成声。“您，太好了……不，我没脸见人……”

唐群英知道一个女孩子最在乎的是什么。她凑向刘琴的耳朵，压低了声音，恳切地说：“你放心，那两个歹徒的事，我永远不会向任何人讲！这事，只有你知我知。我要是骗你，天诛地灭！”

“姑姑！您千万别这样讲！”刘琴急得伸手去捂唐群英的嘴，“这个鬼世界，人吃人，还有您这样的好人！只是，我的心已经跟爷爷去了，人还是要跟爷爷去……”

唐群英见一时劝不好刘琴，就顺着她的话说：“如果有一个清清静静，不吃人的干净世界，你愿不愿意去呢？”

“哪里有这种好地方呢？”

“有，这南岳山就是个清净世界。”

刘琴想了一会，最终表示愿意在南岳出家为尼。

这时候，唐希范、唐乾一带着小玉莲过来了，他们已经劝走了会仙桥边的那些人。唐群英向他们简单介绍了刘琴的情况。然后，一行人由唐乾一指点，到了坐落于半山亭侧的“紫竹林”。

“紫竹林”门额上所书楹联为：“紫竹林中观自在，白云深处是道乡”，可见是一处佛道相济的庵观。庵中主祀观世音菩萨，是人们求子的圣所。

唐群英一行进入山门，拜过菩萨，献上功德银二元，随住持老尼到厢房吃茶。唐群英向住持说明来意：与刘琴相依为命的爷爷最近去世了，剩下的一点钱又被人偷走，小姑娘走投无路，痛不欲生，经再三劝慰愿皈依佛门。

这位住持打听得带刘琴来者，是振威将军侃四大人的千金兼曾文正公的堂弟媳，又听说了发生在会仙桥上惊心动魄的一幕，不禁对唐群英肃然起敬。但是她对于刘琴的皈依要求，表态却有些吞吞吐吐：“施主雅命，小庵哪有不从的。只是，佛门清苦，戒律严格，怕刘姑娘……”

唐群英正难以作答，只见刘琴走到住持面前，扑通一声跪倒在地，声泪俱下：“师父，刘琴已吃尽世上的酸咸苦辣，死都不怕了，还怕什么戒律！请师父放心收下我，今后刘琴如果违反规矩，甘愿挨千刀万剐！”说着朝师父磕了三个响头。

刘琴这番话，这番举动，感动了在场的每个人。住持扶起她："阿弥陀佛，善哉！善哉！老尼收下你了。"

唐群英与姐弟商议一下，又拿出10块银元，双手捧给住持："我与刘琴萍水相逢，此次登山又未多带银钱，这点小意思作为刘琴的香烛费，请住持收下。"

住持推辞："施主见义勇为，救了她的性命，又给她指点迷津，已经仁至义尽，怎好再让施主破费！"后见群英姐弟心诚意切，便收下了。

刘琴在紫竹林出家之事，至此基本安排停当。但唐群英心中仍有牵念，又拿出二块银元给刘琴，说是留作不时之需。刘琴含泪婉拒，几经推却才接过银元，转请住持代为保管。大家都放下了心。

一行人辞行，住持率众尼送出山门。刘琴远送到二里之外的半山亭，与大家洒泪而别。唐群英那亲切的话语久久回荡在她的心中：

"小琴，日后我还会来看你……"

---

(1) 上津是位于湖北省西北角的千年古城，清初并入郧西县。通判是在知府下掌管粮运、家田、水利和诉讼等事项的官员，为正六品。

(2) 翌日，登祝融峰观藏经殿后，唐希范将末两句改为："十里飘香游客醉，藏经殿后白兰花"。

(3) "南岳八绝"为，祝融峰之高、藏经殿之秀、方广寺之深、磨镜台之幽、水帘洞之奇、大禹碑之古、南岳庙之雄、会仙桥之险。"南岳四绝"为，祝融峰之高、藏经殿之秀、方广寺之深、水帘洞之奇。

(4) 黄庭坚《衡山》诗：万丈祝融插紫霄，路当穷处驾仙桥。上观碧落星辰近，下视红尘世界遥。螺簇山低青霭霭，线拖水远绿迢迢。当门老桧枝已长，绝顶寒松叶不凋。才到秋初霜已降，每逢春尽雪方消。偎岩老衲针常把，度夏禅僧扇懒摇。龙向池边施雨泽，鸟于窗外奏箫韶。游人未必常居此，暂借禅房宿一宵。

第五章　心中皓月

聪慧温婉的姐姐，情志未遂自焚诗稿驾鹤西去；
侠气豪情的妹妹，心系家国立志换风踏浪东瀛。

唐群英在三吉堂做得最多的事情，就是读书。“是吾家”书屋成了她的“自修大学”。但是书屋里那些偏重于历史文化的藏书，似乎已经不能满足她现在的需求了。经过与秋瑾、葛健豪的心灵碰撞之后，她的视野更为开阔，志向更为远大。此时，清王朝陷入穷途末路，外敌入侵不断，农民起义揭竿，维新思潮澎湃，革命暗流涌动。历来认为“天下兴亡，人皆有责”的唐群英，如同所有爱国志士一样，急切地需要了解国家时政，以便谋划个人投身爱国运动之计。

于是，唐群英为自己开设了一门“时政学”。这“时政学”的教材，主要是一些反映社会现实和介绍西方民主思想的书籍报刊，当时有人管这样的书籍报刊称之为与“汉学”相对的“新学”。

一

经常为唐群英提供“时政学”教材的，主要是弟弟唐乾一和好友秋瑾。

唐乾一才华横溢，能诗善文，20岁前即名闻潇湘。清末名士曾熙有诗赞他“逸才横四海，清度冠时英”。但这位晚清举人，却对晚清政坛的昏庸腐败深恶痛绝，欣然接受并传播维新思想，与黄兴、陈天华等志士长相交游，成为革命团体华兴会的早期重要成员。他于1903年春考入湖南公立法政学堂，1904 年2月留学日本东京法政大学。

唐群英离开荷叶塘之后，一直与秋瑾保持着联系。她们或通信，或小聚，

青年时代的唐乾一

声息相通，情志相连。1901年，秋瑾家中连生变故，父亲去世，母亲开设的钱庄破产。1902年，王廷钧"捐官"得了个"户部主事"的官职，秋瑾携子随夫去了北京。1904年初，志在革命的秋瑾与胸无大志的王廷钧决裂，东渡日本留学并开始革命活动。

唐乾一和秋瑾出国前后不断寄给唐群英的书籍报刊，如同透视镜和放大镜，使唐群英身居三吉堂，看到大世界。这些进步书籍报刊，又如同桥梁和通道，把她的心和外面的大世界连接了起来。

当时正值十九世纪与二十世纪之交，古老的中国已进入封建社会的弥留期。

自鸦片战争始，西方列强以坚船利炮轰开了清王朝闭关锁国的大门，近代中国就翻开了割地赔款、丧权辱国的屈辱历史。第二次鸦片战争，英法联军把号称"万园之园"的皇家园林圆明园烧了个精光，清政府出卖领土主权之外，竟还要"赔偿"强盗们的军费并给予"抚恤"。中日甲午海战，清国北洋海军的广大将士奋不顾身英勇杀敌，清政府却一味妥协退让，终至割让台湾及澎湖列岛并"赔偿军费"2亿两白银。八国联军攻占北京城，连续八天烧杀劫掠，尸骸遍地，鲜血满街，弃城逃避的慈禧太后和光绪皇帝为求自保，不惜给予侵略者驻军权、政治控制权、经济掠夺权，并赔款4.5亿两白银。如此下去，国何以保？民何以生？

早已无法聊生的农民，孕育发展起了声势浩大的义和团运动，他们所高举的大旗从"扶清灭洋"，转化为"扫清灭洋"，最终却在外国侵略者和清朝统治者的合力镇压下失败。清政府内部一些思想开明的官僚，倡导学习西方借以自强的洋务运动，在军事、政治、经济、文化和外交等方面推行了一系列革新措施，终于因为不能触动封建社会的根基而失败。一部分具有爱国思想的知识分子，主张在清朝皇帝主持下，模仿资本主义国家制度实行变法维新，虽然说动了光绪皇帝，“戊戌变法”也只是一场“百日维新”，最终失败于以慈禧太后为首的顽固派之手。

中国的出路究竟在哪里？所有关心中国命运的人们都在思考。

在一个十分偶然的机会，唐群英得到了康有为《大同书》戊部中“妇女之苦总论”的一份记录稿。此时，《大同书》尚未完全脱稿，康有为也只在向弟子讲学或与同道论及“大同”宗旨之时，讲过他的大同思想，听讲者无不印象深刻、反应强烈。书中的一些内容，便在正式出版之前得以传播。记录稿虽然未必准确无误，但可以说基本反映了康有为关于妇女问题的见解。唐群英记住了康有为所说的封建制度对妇女们的七个“之”和十二个“不得”，那就是：“忍心害之，抑之，制之，愚之，闭之，囚之，系之”，“使之不得自立，不得任公事，不得为仕宦，不得为国民，不得予议会，并且不得为学问，不得发言论，不得达名字，不得通交接，不得予享宴，不得出观游，不得出室门”。更有甚者，“斫束其腰，蒙盖其面，刖削其足，雕刻其身”，使妇女们身陷“弥天大冤”、“沉溺之苦”，使男女不平等成为“天下最奇骇、不公、不平之事”。对于封建制度下妇女之苦如此淋漓尽致的痛述，对于男女不平等现状如此尖锐鲜明的批驳，激起了唐群英内心的应和。她觉得，这本书把多年来积压在自己心底的，那些想说又说不清楚、说不透彻的话，都明明白白痛痛快快地说了出来。她从小就认定的男女应该平等的看法，由此得到了理论上的支持。她感到了一种清醒和畅快。

以康有为、梁启超、谭嗣同为代表人物的维新派，在妇女问题上抓住了思想解放与形体解放两个方面，主张“兴女学”、“戒缠足”。当时湖南省流传一本提倡天足的书，书名为《脚说》，著者署名为长沙“痛心人”，写作时间为光绪二十七年（1901年）五月初三日，刊印时间地点为“光绪辛丑，刊于长沙贡院西街同文堂”，发行方式为“同志印送，版不取资”。这本仅有18面4554字的土纸线装小书，以中医科学穴位理论深刻论述了女性裹脚的危害性，为当时湖南的“戒缠足”运动增添了几分生气。将近一个世纪后，湖南省社会科学院历史研究所所长吕芳文先生受托清理一批旧书时，发现了这样一本《脚说》，封底下端已经模糊的字迹依稀可辩，竟是“发唐氏乾一希陶”字样。1901年时，唐乾一已小有社会名气，而唐群英尚未走上社会，维新人士能够将唐群英列为“同志”，可见，她幼年时反对缠足、丧夫后大归娘家的

“叛逆”之举，已经引起了社会进步人士的关注。

十九世纪末二十世纪初，在思想界“西风东渐”的潮流中，关于妇女问题著作的出版，占有十分突出的地位。1902年中国近代第一部关于妇女问题的译著《女权篇》（英国社会学家斯宾塞著，马君武译）出版，1903年中国近代第一部研究妇女问题的专著《女界钟》（作者是兴中会会员金天翮，笔名金一）出版。《女权篇》立足于西方资产阶级关于人类的“自然权利”学说，鲜明指出：“平等自由者，天然法律，固应如是。凡是人类，孰不当均享之”，男女同为人类，“莫不有平等之自由，男人固然，女人何独不然？”“欲知一国人民之文明程度如何，必以其国待遇女人之情形如何为断，此不易之定例也。”《女界钟》崇尚西方民主革命思想，痛感中国妇女的悲惨处境，以“渡苦海以慈航，照漆室之一灯”的历史责任感，发出了“女权万岁”的呼喊：“国于天地必有与立，与立者国民之谓也。而女子者，国民之母也。”“欲新中国必新女子，欲强中国必强女子，欲文明中国必先文明我女子，欲普救中国必先普救我女子。”“权力之于人，犹空气之于天地”。“民权与女权如蝉联附萼而生，不可遏抑也。”当时，争取民权乃是资产阶级革命的重要内容，《女界钟》的分析，无异于把维护女权与进行革命紧紧地连在了一起。

陈天华的《猛回头》、《警世钟》，邹容的《革命军》，以及章太炎在《苏报》上发表的一些文章，更使“革命”一词，在唐群英耳边隆隆响起。邹容说：“巍巍哉！革命也！皇皇哉！革命也！”“我中国今日欲脱满洲人之羁缚，不可不革命。我中国欲独立，不可不革命。我中国欲与世界列强并雄，不可不革命。我中国欲长存于二十世纪新世界上，不可不革命。我中国欲为地球上名国，地球上主人翁，不可不革命。”章太炎说：“公理之未明，即以革命明之；旧俗之俱在，即以革命去之。革命非天雄大黄之猛剂，而实补泻之良药矣。”陈天华说：“要革命的，这时可以革了，过了这时没有命了。”他在《警世钟》中入情入理地劝导中国妇女投身救国革命：“中国人四万万，妇女居了一半，亡国的惨祸，女子和男子一样，一齐都要受的。那救国的责任，也应和男子一样，一定要担任的。中国素来重男卑女，妇女都缠了双足，死处闺中，一点学问没有，那里晓得救国？但是现在是扩张女权的时候，女学堂也开了，不缠足会也立了，凡我的女同胞，急急应该把脚放了，入了女学堂，讲些学问，把救国的担子也担在身上，替数千年的妇女吐气。你看法兰西革命，不有那位罗兰夫人吗？俄罗斯虚无党的女杰，不是那位苏菲尼亚吗？就是中国从前，也有那木兰从军，秦良玉杀贼，都是女人所干的事业，为何今日女子就不能这样呢？我看妇女们的势力，比男子还要大些，男子一举一动，大半都受女子的牵制，女子若是想救国，只要日夜耸动男子去做，男子没有不从命的。况且演坛演说，军中看病，更要女子方好。妇女救国的责任，这样儿大，我女同胞们，怎么都抛弃了责任不问呢？”

“女权”之议，痛快淋漓，醍醐灌顶。曾经亲身反对缠足、反对虐妻、反对守节的唐群英，更加坚定了为争取男女平权而奋斗的决心。“革命”之说，惊雷入耳，振聋发聩。从小立志报国的唐群英，看到了作为一个公民应走的道路。

唐群英了解到，受西方民主自由、博爱平等、天赋人权、个性解放等思想的影响，以推翻帝制建立民国为己任的革命志士，已在中国知识界形成了越来越大的革命派别，开始秘密组织起一些革命团体，并且酝酿进行规模不等的革命起义。1894年孙中山在檀香山创立中国第一个反清革命小团体“兴中会”，1895年在香港成立兴中会总机关，并着手组织广州起义。[(1)] 1903年11月，湖南的留日归国学生黄兴、刘揆一、杨毓麟、陈天华等，发起成立了国内第一个反清革命团体“华兴会”，1904年策划进行长沙起义。[(2)] 1904年初，龚宝铨、蔡元培、陶成章、章太炎等江浙一带的革命知识分子，在上海组建了革命团体“光复会”。另外，在湖北、江苏、江西、福建、安徽、四川、广东等地也出现了一些革命小团体。这些革命组织的成员以及大批革命知识分子，纷纷东渡日本，在那个经过了明治维新、政治环境较为宽松的地方淬砺革命剑锋。

20世纪初，清政府实施鼓励留学的新政措施，日本明治政府设法吸引中国留学生，加以中日两国有着文化渊源深厚、文字习俗相近、地理距离“一衣带水”等方便条件，大批中国学生和革命志士涌向日本，形成了世界留学史上罕见的盛极一时的留日热潮。曾经侵略掠夺，给中华民族造成无限灾难的日本，反倒成了中国革命力量的养成之地，这也是历史上的一次相克相生吧。

唐群英所熟悉的亲友之中，也不断有人东渡日本，投身到了反清革命的洪流之中。

原本自由而又宽敞的三吉堂，突然变得凝滞而又狭小了。唐群英坐不住了，她要循着革命志士的足迹，到那革命的策源地去，追寻自己的人生目标，追寻她与传纲两人的共同理想。

斗室自温酒，钧天谁换风？

犹居沧浪里，誓作踏波雄！

这首写于1900年的《抒怀》诗，是唐群英在“是吾家自修大学”修习期间的代表诗作，其中所表现的，就是她在此期间内心的感悟、升华与飞腾。国家前途兴亡未卜，沧浪之水清浊难辨，人们不能在闲适之中悠悠然打发日子，要下定踏浪劈波的决心，投入改天换地的斗争。

说起这首诗，还有一个小插曲。唐群英初稿的前两句，本为“斗室漫温酒，钧天欲换风”。唐希范看后，提笔将第二句中的“欲”字改成了“谁”。群英觉得这一字之改，诗的境界立见深邃高阔，遂连声叫好。希范又指出，“欲”字既改，前两句就有了不相称之处。群英心领神会，马上把第一句中的“漫”字改成了“自”。经过如此修改，这首诗便成了唐群英的一首杰作。可是应该说，这首名诗之中，也包含着唐希范的心志才情呀！

二

光绪二十八年（1902年）秋天，就在唐群英姐弟同游衡山归来不久，命运之神竟又一次向唐群英投来了装满不幸的炸弹——姐姐唐希范一病不起了！

唐希范一向体弱，此次发病最初的症状是咳嗽，气喘，痰中带血。换了三个郎中，都说是“气血两亏”所致，“温补”即可。可是服了许多补益之药，病情却日见沉重，人迅速消瘦虚弱，到了九月中旬竟至难以起坐，整日卧床却又不能安眠。

唐希范的丈夫曾纪和，亲自求医问药，日夜服侍在侧，身体累，心里急，赶快报告了三吉堂的曹夫人。

老母亲焦急万分。唐群英立即带着母女二人的关切到北斗堂陪护姐姐。

唐希范见到心爱的陶妹十分欣喜快慰。陶妹坐在她的床侧，轻言细语地跟她聊家常话，谈儿时趣事，不时还念出几首她们喜爱的诗。希范听着听着不由得提起了精神气，偶尔也插上几句话，有时还能用被子垫在腰部靠着床头坐起来了。

唐群英知道姐姐喜欢听她吹箫，特地带来了她的洞箫。悠悠的箫声响起，希范轻声念出：“此呜呜然，如怨如慕，如泣如诉……”这是苏轼在《前赤壁赋》里形容友人吹箫的句子，她们在是吾家读书时就会背诵了的。两人相视而笑，四只眼里却噙满泪花……唐群英赶紧换了一只较为欢快的曲子。

乘着兴致，唐希范让唐群英到她的书房取来一个长方形木匣，里面装的是她的大部分诗词书写稿。唐群英一张张拿出来，诵读出声，发自内心地赞叹：

"范姐的诗好，字好，是我的好老师！"

"诗言志，不过是用文字抒发胸臆……"唐希范很用力地说着，那声音仍然十分无力。

"范姐不光抒发自己的志向，还帮助我抒发志向。我的几首诗，若不是范姐指点，都叫不响呢！"唐群英谈到了范姐为她改诗的一个个故事，述说着她的感动，掩饰着她的哀伤。

"而今身子如此，命悬一线，空有志向啊……"唐希范的眼睛湿润了。

"不，范姐，你还得给我改诗哪……"唐群英转过脸去抹了一把眼泪。

唐希范伸出瘦骨嶙峋的手，像爱抚自己孩子的脸庞那样，把一张张诗稿捋得整整齐齐的，放回了那个长方形木匣。

唐希范生有二子一女，次子和小女先后夭折，只剩了长子伯珪。伯珪患有先天足疾，且又体弱多病。或许由于知道弟弟、妹妹都不在了，母亲为此多少次伤心痛哭，这个六岁的孩子特别心疼母亲，他最怕看到母亲流眼泪。这次母亲生病卧床之后，父亲常常安排别人带他到外面去玩。可他总是玩了一会就转身跑回家，趴到床边上看母亲的脸，如果看到母亲脸上有眼泪，他就会拿起母亲枕边的巾帕，给母亲擦去眼泪，还像小大人似地说着："姆妈，不哭，伯珪疼你……"每当这种时候，又感动又欣慰的唐希范，总是用她那双不大有力气的手臂把伯珪搂在怀里，任凭那分不清是喜泪还是悲泪的泪滴滑落在儿子的背上，嘴里柔声唤着"珪儿，我的好孩子……"

现在自知来日无多，唐希范多次对着唐群英说："我要去了，别无牵挂，只可怜伯珪……"她想到，自己去后，于情于礼曾纪和都应续娶，只是，未来的继母能否疼爱并不健旺的伯珪，却不可预知。唐群英明白姐姐的心思，心中也泛起无限辛酸。

将近农历十月，天气渐凉，眼见得唐希范的病体更加沉重，再也不能靠着床头坐起来了。

这一天，趁暂时无人在身边，唐希范把她已经收捡好的诗稿字幅，从那个长方形木匣中取出，用颤抖的双手交给了家中老仆，让他塞进灶膛里烧掉。望着老仆转身而去的背影，她觉得像是送走了自己的灵魂……待曾纪和、唐群英发现时，那些诗稿字幅已经大部化为灰烬，两人顿足哀惋。希范垂泪唏嘘："我原也不舍啊……可是想到，我平生的抱负理想，都要随我而去了，留它们又有何用?!"可惜呀，一方才女的字字珠玑，篇篇锦绣啊……

哥哥唐维藩从湖北返湘接任东安县令，顺路回家省亲，当天就来到了唐希范病榻前。可是此时的唐希范却已经奄奄一息，处于弥留状态……。唐维藩在床前呼唤着"范妹"，只见她的眼睛微微睁开了一条缝，嘴唇轻轻动了两下。她看到了哥哥，却没能与哥哥打一声招呼。

到了半夜，一阵非常艰难的咳嗽并大口吐血之后，唐希范便开始不停地抽搐颤抖。曾纪和早已安排伯珪睡了觉，这时便和唐群英分别握住希范的左右手，他们感到她的手一会用力抓，一会又无力地松开，经受着最后的痛苦折磨……忽然，她的嘴唇挣扎着张合了几次，似要说话又说不出来……

唐群英想起了她多次提到不放心伯珪的话，知道这是姐姐最后的牵挂，连忙跪到床前，哽咽道：

"范姐，放心，伯珪由我抚养，他就是我的崽……"

"范妹，我会把伯珪和建民（唐维藩的儿子）一样看待……"唐维藩也跪了下来发誓似地说。

"希范，我一定会把咱们的伯珪养育好……"曾纪和也跪下了。

唐希范的手渐渐松开，双眼紧紧闭合，眼角的一行泪水凝结了……

日后，曾伯珪果然被接去三吉堂，在外婆、舅舅、姨妈的关爱之下，接受教育，健康成长，成家立业。直到30岁，成了三个孩子的父亲，才迁回北斗堂。维藩和群英的诺言，完全兑现了。

又过数年，当唐希范18岁时所作《赠耀庭、聚斋两叔七律二章并序》诗稿被发现时，唐乾一曾在诗稿后附写一《跋》：

"余七姊希范，自幼勤学不倦，精诗文，工书法。余长随侍研磨，每见姊端坐悬腕，一笔不苟，汗涔涔下。姊尝掷笔叹曰'余将不过颜回之年'，果以三十余岁终！弥留之际，将生平所作诗、文、字付之一炬，今幸觅得此稿，冀璋甥（即曾伯珪，其派名为广璋）珍藏之也。"姐弟之念，倾慕之情，哀挽之意，溢于言表。

堂堂家风，殷殷亲情，昭昭才气，在三吉堂代代传承。

三

秋瑾在北京时，曾有《赠唐姐》一诗随信寄来三吉堂。诗曰：

杨柳中庭月，来宵只独看。
分离从此始，相见定年难。
溆浦灯将尽，窗前泪未干。
明朝挂帆去，谁伴倚栏杆。

唐群英回信时，也附了一首《回赠秋瑾》。诗曰：

荷叶花开夏复秋，西风不识自登楼。
孤灯瘦影难成梦，冷月寒霜不胜愁。
易髻而冠谁解恨，如蚕作茧我何忧。
生为人杰岂无路，且许芳馨结伴游。

一个昭示了即将“挂帆去”的意志，一个期许了定要“结伴游”的向往。一对亦亲亦友的知音，两个剑胆琴心的女杰，既已相约东瀛踏波，聚首之日当在何时？唐群英天天盼望着……

秋瑾又从日本来了信。她说，在东京的中国留学生有几千人，仅湖南人就有四百多，其中女学生也不少，她已在女留学生中建立了“共爱会”等组织。唐群英更是坐不住了……

她已33岁，此时不走，更待何时！只是，哥哥在外为官，满弟已留学日本，家中尚有年老的母亲和年幼的外甥伯珪需人照顾，何况近期母亲又在病中，远赴东瀛的步子一时难以迈出啊！

1904年8月，唐乾一利用东京法政大学暑假之期自日本回家省亲，又因母病请假迟归。在姐弟共同关照下，曹夫人的肠胃炎及坐骨神经痛日渐好转。

直到此时，唐群英才联合弟弟乾一，对母亲展开了心理战，目的是争得母亲的理解和支持，在没有阻碍的情况下去日本留学。

一天晚饭后，姐弟俩摆出一副跟母亲谈家常的样子，可谈的内容却都是去日本留学的事情。母亲听出了名堂，冲着群英说：

“我晓得，我现在病刚好一点，你就想远走高飞了。我几十岁的人了，朝不保夕，说不定……你就忍心离开……”

“妈妈，您知道，我是舍不下您的……但我也想多了解一些世界上的事情……我去留学，寒暑假回来看望您……”群英认真地说。

“妈妈，承欢膝下，我做儿子的是主力！再说还有您的儿媳、孙子……”满儿子乾一则有点淘气，因为他觉得反正母亲也不知道他已经去了日本。

曹夫人道出了心中真正的顾虑：“千里万里，漂洋过海，外国地方，人生地不熟，你一个人出去，我不放心啊……”

“妈，陶姐去留学，顶多不过两三年，她就回来了！”

“妈，秋瑾在日本，炎午（大姐夫赵艺圃的侄子赵恒惕，字炎午）在日本，您有什么不放心的！”

“妈，您知道，陶姐从小就志在四方，总想做花木兰。”

“妈，您要我一生做一个煨芋头，乡巴佬，有哪些好？”

……

姐弟俩你一言，我一语，句句在理，句句含情。

大家闺秀出身的曹夫人，历来通情达理善解人意，只不过年事已高，多了一些对子女的依恋，特别是不放心群英一个人独闯天下。但她也知道，陶妹子决定了的事，是九头牛也拉不转的，何况又有聪明的乾一帮腔，自己再怎么反对也无济于事，只好无可奈何地松了口。

疼爱子女的老母亲，忍住伤感问起了群英打算什么时候走，怎么走，需要带多少钱等等事情。

曹夫人合计着，平日里陶妹子在三吉堂，是细水长流过日子，现在到日本一去两三年，是需要一大笔费用的。家中财产一向由自己统一打理，从未在子女之间进行分配，不如趁此机会将全部230多亩田产一分为三，由维藩、乾一和群英各享一份。因为，她一向认为，群英孤身归宗唐家，应当视同家中男儿，与哥弟共同分享家产；她也了解自己的两个儿子，都是仁义厚道之人，肯定同意她的主张。这件迟早要办的事，趁群英最需要的时候办了，还可以让孩子放心而又方便地前去留学。

主意既定，曹夫人又十分巧妙地安排操作。她先征得幼子乾一的支持，再与长子维藩商议，顺利取得一致。这时才正式提出她的田产分配方案。没想到，持不同意见的竟然是唐群英，她说：哥哥、弟弟均已成家生子，而她只是单身一人，所以只要一份中的一半，另一半作为家中公产。考虑到此事没有先例可循，唯恐引起宗族之中的非议，曹夫人又摆酒请来族中长者和几位亲房兄弟，说明家中分产的缘由，最终得到族人的认同。

由此，三吉堂唐家，由三女唐群英与长子唐维藩、幼子唐乾一同享家产继承权之事，在那个女子没有财产继承权的年代，破天荒地确定下来了。

深明大义的母亲为唐群英解决了留学的经济扶持。

报国志向相同的弟弟为唐群英安排好了赴日的出行方式。唐乾一对母亲说："我陪陶姐到上海，送上船，再拍个电报让炎午去接。您老尽管放心吧！"。

唐群英东渡所需的行李物品都已收束完毕，出发时间也已确定下来。

然而，母亲一想到女儿很快要到那么远的地方去，还是忍不住抽泣起来。

已经把陶姨当作了自己母亲的小伯珪，跑过来抱住了陶姨："您要是走了，我会想姆妈的……"

三代人相拥着哭作一团。

农历十月初二的夜晚，待为她忙碌的家人都已入眠，唐群英独自走出屋外，站在回廊之上，朝着荷叶塘的方向，向她那两位睡在冰冷地下的至亲至爱之人洒泪告别：

"纲兄啊，相别已是七年，我在三吉塘尚能与你隔山坳而相望，此去日本就要与你相隔汪洋大海了……你还记得吗——当年你答应过我，待学业成就之后，咱们一起到广阔的世界，展翅翱翔——现在我就是去追求咱们这份共同的理想，为挽救国家危亡尽一份匹夫匹妇之责。我不敢说能够做出多大成就，但我会尽最大努力，因为我的心里一直蕴含着你的那份尚未施展出来的力量。在异国他乡的日子里，我希望得到你的祝福！"

"亮亮，我可爱的孩子！妈妈就要跨海东去，离你更远了，甚至会忙得连跟你说话的时间都很少了……我的孩子，想妈妈的时候，就到妈妈的梦里来吧……"

这一夜，与唐群英心思一样、目标一致的唐乾一也激动得久久未眠。他写了一首五言歌行诗，为陶姐壮行。诗中所表达的，是姐弟们为共同理想献身的豪情壮志。因此，他毫不避讳地把留学日本比作"破俗从军"、"以身许国"，并且表达了"战死埋丘墟"、"不必曰生还"的顽强意志。诗曰：

宝剑埋深山，明珠沉江畔，剑气与珠光，有时冲霄汉。

人生重少年，春来花灿烂，破产不为家，辞亲裾可断。

绝裾复绝裾，儿去意何如？能以身许国，国强家有誉。
破俗从军行，战死埋丘墟，不必曰生还，生还实辱余！
国强家不危，此语众所知，为何爱国心，不及爱家私。
绕阶花何急，一日发一枝，贫女伤春去，枯坐发长痴。
花发趁佳节，嗟予感岁时，此憾凭谁诉，临淮漂母祠。

光绪三十年（1904）年农历十月初三，唐群英拜别母亲，吻别伯珪，由唐乾一陪同到达上海港。然后独自登上日本轮船“云海号”，驶入了茫茫东洋大海。

---

(1) 1895年，香港兴中会机构成立后，孙中山即与战友陆皓东、杨衢云、郑士良等积极准备反清武装起义，筹划于农历九月初九袭取广州。由于谋事不密，被清政府察觉，未曾起事即遭镇压。陆皓东等壮烈牺牲，孙中山、杨衢云、郑士良等被悬赏通缉。这是孙中山领导的第一次武装起义的失败。从此直到辛亥革命成功，他经历了十六年之久流亡国外奔走革命的艰难岁月。

(2) 1904年初，新成立的华兴会会长黄兴、副会长刘揆一，联络湖南哥老会大头目马福益，策划于农历十月初十慈禧太后七十生辰时，在省城举行武装起义。未料，竟在起义日期临近之时，被马福益手下的一个内奸告官而流产。黄兴、刘揆一辗转走避日本，马福益惨遭杀害。

第六章 东瀛踏波

自费留日女学生是当时最新潮的女性。
在东京结识黄兴、孙中山，使她的人生驶入了别样航程。

孙中山先生在《建国方略》中追溯辛亥革命的历史时指出，二十世纪初年“时适各省派留学生至日本之初，而赴东求学之士，类多头脑新洁，志气不凡，对于革命理想感受极速，转瞬成为风气。故其时东京留学界之思想言论，皆集中于革命问题。……留东学生提倡于先，内地学生附和于后，各省风潮从此渐作。”1923年孙中山在广州全国青年联合会的演说中又讲到，当年在日本组织同盟会的时候，主要依靠的就是一万多留日学生，他们“发起救国，提倡革命的风潮。这万余人不久便回到国内，分散各省，宣传我们的主义。”(1)

唐群英就是这领辛亥革命风气之先的留日学生群体中的一份子。

一

“云海号”海轮的名字富有诗意，只是不知它究竟是航行在云和海之间还是航行在“云海”之中。近处，头顶是云，脚下是海，云和海是分明的；远处，则是无边无际的浑然一片，再也分不出哪是云哪是海，只能称之为“云海”了。

进入这浩渺而又神妙的云海世界，人们往往会产生一种出离了人世的恍惚。

在衡山脚下生活了33年的唐群英，这是第一次登上海轮，第一次进入云海。她的心中涌动着一种渴望已久的喜悦感，一种夙愿得偿的欣慰感，一种驶往理想的踏实感，一种鸟飞鱼跃的振奋感！不是吗，她此刻不是正在临“沧浪”而“踏波”，向着居“钧天”而“换风”的理想展翅腾飞吗……

然而，衡山脚下，毕竟是生她养她的故乡，那里是她的生命之根，有她的心灵之念。她想起了病后初愈的老母亲，想起了相许比翼却过早折翅的曾传纲，想起了含苞未放的亮亮和正在成长的伯珪，她有太多的不舍啊。可是，如果走不出这种种情感的羁绊，她还能飞得起来吗……

唐群英久久站在甲板上，凭栏远眺，思绪万千。

一双清澈的大眼睛，在她的近旁望着她。那个短头发的女学生，打量她好一阵子了。她以友好的目光回应了那束友好的目光。

“姑姑，您是老师吧？”女学生仰视着唐群英，因为她觉得这个姑姑文质彬彬，一定像自己学校的老师那样有学问。

“我不是老师，是去当学生的。”唐群英亲切而真诚地说。

女学生顿时闪出了惊异的目光。唐群英拉起她的手，两人到舱板上坐了下来，慢慢攀谈起来。

这是一个17岁的女学生，也是湖南人。她的哥哥嫂嫂都在日本留学，嫂嫂怀了孩子不久就要生产了，按照父母的安排，她跟学校请了假去照顾嫂嫂。

“幺妹子，你明白了吧，我就是像你哥哥嫂嫂那样去日本留学的。”两个人果然像师生那样谈起了留学之事。唐群英告诉这个具有爱国思想的女学生，到日本留学，不单是学习文化知识，更要学习先进思想和救国之道，使我们的国家文明进步，社会民主自由，男女之间也要人格平等。

女学生听得很入神。两颗原本陌生的心，不知不觉亲近起来。女学生对唐群英说，她以前不知道哥哥嫂嫂留学做什么，这次去了日本，她要向父母和哥嫂要求，今后也留下来学习先进思想，做一个对社会有用的人。

一对年龄差距如同师生的旅伴，有了说不完的话题，她们的赴日航程不再是天涯孤旅。

云海号经过四天的海上航行，于1904年农历十月初七清早，到达日本横滨港。

唐群英下了船，与女学生分手后，就见一个高大的男子从码头上踏阶而下，挥动手臂呼着“陶姨”。赵恒惕如约而来。

24岁的赵恒惕，年初与唐乾一一同在长沙加入华兴会，然后一同来日本留学，现正在日本陆军士官学校第六期炮兵科学习。接到唐乾一电报后，他做好了接应唐群英的周密安排。

赵恒惕为唐群英提着行李，陪她乘车来到位于东京的中国留学生会馆，代她办好有关手续，一直送她到宿舍安顿妥当。

这会馆是专为初到日本的中国留学生开办的，有一座两层楼的西式建筑和一座日式房屋，除食宿设施外，还设有教室、图书馆、阅览室、会客室、音乐室和健身房。初到日本的中国留学生最需要的是，会馆里日语补习班所给予的日语入门指导。

唐群英马不停蹄，次日上午就开始了日语学习。

早几个月来到日本的秋瑾，已经结束了在中国留学生会馆的日语补习，进入了东京青山实践女子学校。她更字“竞雄”，又号“鉴湖女侠”，在学业之余，广泛结交革命志士，开始了作为一个革命者的生涯。她与陈撷芬等改组了女留学生的爱国组织“共爱会”（更名为“实行共爱会”），与刘道一等组织了秘密反清团体“三合会”（任“白纸扇”，即军师），创办了革命刊物《白话》（任主编），创建了运用标准话（即普通话）进行宣传鼓动的“女生演说练习会”（又称“女子雄辩会”），并且开始了长篇弹词小说《精卫石》的创作。她常着男装，戴男帽，绝无脂粉之态；为诗为文慷慨激昂，登坛演说荡人心魄，充满豪侠之气。秋瑾出众的才华和澎湃的激情，在中国留日学生中甚为突出。“秋女侠”名声鹊起。

唐群英来到东京的第一个星期天，秋瑾即来探望。情兼亲友的姐妹，志同家国的知己，一别数年终于遂了在异国他乡“结伴”“倚栏”之愿。如此充满激情的场面，两人却都没有女儿般的缠绵，而是表现出如同壮士般的豪爽。一阵热烈地握手拥抱之后，便是推心置腹地亲切交谈。谈话的内容，有家事，更多的则是国事；有生活上的叮咛，更多的则是对革命形势的分析。

“咱们一起到附近走走，你也好熟悉一下周围的环境。”秋瑾爽快地招呼着，两个人走出了留学生会馆。

这留学生会馆，坐落在东京神田区骏河台神田川，交通便利，环境清幽。秋瑾带唐群英进入一个小巧玲珑的公园，说这是她住在会馆时常来晨读日语的地方。虽然已是秋天，公园里仍然花繁叶茂，景色宜人。情美，景美，理想美，两人都有些陶醉，有些激动。话到动情处，秋瑾情不自禁地吟诵起她来日本途中和初到日本时写的几首诗：

日月无光天地昏，沉沉女界有谁援？
钗环典质浮沧海，骨肉分离出玉门。
放足湔除千载毒，热心唤起百花魂。
可怜一幅鲛绡帕，半是血痕半泪痕。

《有怀·游日本时作》

闻到当年鏖战地，至今犹带泪痕流。
驰驱戎马中原梦，破碎河山故国羞。
领海无权悲索寞，磨刀有日快恩仇。
天风吹面冷然过，十万烟云眼底收。

《赴日途中船过黄海时作》

漫云女子不英雄，万里乘风独向东。
诗思一帆海空阔，梦魂三岛月玲珑。
铜驼已陷悲回首，汗马终惭未有功。
如许伤心家国恨，那堪客里度春风。

《日人石井君索和即用原韵》

忧国忧民忧女界，万里乘风唤梦魂。这是两位女杰共同的心声。

1905年春，唐群英考入了东京青山实践女子学校。

恰在此时，湖南省首批也是中国首批官费留日女学生入读东京青山实践女子学校。这批女留学生共20名，都具有中学毕业文化程度，经过考试遴选录取，但她们的年龄差距却很大，最年幼的14岁，最年长者竟有53岁[(2)]。她们之中有两位醴陵人，32岁的张汉英（字惠芳，号惠风）和24岁的王昌国，都很快成了唐群英的朋友。

湖南省派送首批留日女学生之后，奉天（即后来之辽宁）、江西、云南诸省，陆续派送女留学生赴日。

为了配合中国开拓女留学生教育的需要，日本著名女教育家、东京青山实践女校校长下田歌子，特地开办了中国女留学生分校（速成师范班）。该分校采取有效措施加强日语训练，聘请章士钊等中国学者教授中国文学，允许学生自建组织，参加社会活动，意在促使女留学生全面成长，回国后成为发展中国女子教育的骨干。1901年即开始招收中国女留学生的青山实践女校，逐渐成为清末中国女子留日教育的中心。[(3)]

唐群英如同许多中国女留学生一样，学业上孜孜以求，生活上入乡随俗。

日本东京青山实践女校部分师生合影

课堂上她认真听讲，课余时间则跑书店、会文友，力求将中国传统文化、日本文化以及传入日本的西方文化融汇贯通，形成新的知识结构和思想体系。在服饰装束方面，女留学生们也常常身着日式和服，梳成日本妇女的发式，形象酷似日本女青年，但这些优秀中国妇女的气质却又迥异于日本的普通妇女。

下田歌子曾经在《述教育中国妇女事》[4]一文中评价中国留日女学生：聪明伶俐，锐意进取，善娴交际，巧于应对，其性情气质与美国妇女相似，不是追求温顺贞婉的日本妇女所能比的。

二

1905年，是近代中国民主革命进程中具有里程碑意义的一年。唐群英刚刚度过来到日本后人地生疏的阶段，便急切地把自己融入革命潮流之中。

她久已仰慕的湘籍革命家黄兴，这一年正在日本。黄兴，1902年被湖广总督张之洞选派赴日留学，1903年为抗议沙皇俄国侵占我国东北而在日本组织拒俄义勇队，后回国创建了国内最大的反清革命团体华兴会，1904年11月组织长沙起义事泄后再次来到日本。这位具有雄才大略且又敦厚质朴的革命家，正致力于筹建全国性革命组织，在旅日热血青年和革命志士中有着很高的声望。

闻名海内外的中国民主革命先行者孙中山先生，这一年也到了日本。孙中山，1894年创建以“振兴中华”为宗旨的革命团体兴中会，1895年发动反对清朝统治的广州起义，之后一直不懈地奔走于香港、南洋、日本、欧洲、美国，宣传革命思想，发展革命组织，筹集革命费用，发动武装起义，英勇无畏，百折不挠，被当时革命志士尊为“近今谈革命者之始祖，实行革命者之北辰”(5)。这一年7月19日，孙中山结束了将近两年的“一走九洲”之旅，第六次来到日本，筹划革命力量的大联合。

历史的精妙，常常出乎人们的预想。就在中国革命先驱者认识到革命联合之必要与迫切之时，两位民族豪杰，于1905这一年，在日本东京，天缘巧合地风云际会，促使中国革命的一股股支流汇聚成了浩大的洪流。

1905年初，唐群英由赵恒惕陪同拜见黄兴。不久，由黄兴、赵恒惕介绍加入华兴会。同期结识了华兴会的宋教仁、陈天华、刘揆一、刘道一等一批湘籍革命志士及华兴会的其他成员。

这年寒假开学，在湖南老家滞留了半年的弟弟唐乾一，赶回了东京法政大学继续读书，姐弟得以会聚东京。

7月23日，包括刘揆一、唐群英、唐乾一、赵恒惕在内的一批旅日华兴会员，正在位于东京神乐阪附近的黄兴寓所聚谈，寓所的日本主人末永节忽来通报说有人求见黄兴。黄兴请大家继续交谈，说他“去去就来”，遂与末永节及华兴会战友张继一起离开了寓所。

约莫过了两个小时，黄兴转了回来，兴奋的面容上带着一丝飞扬的神秘色彩。他让一直等待他的朋友们猜猜，刚才来的是谁？接着便自问自答地说：“他不是别人，正是孙中山先生！”

原来，刚才日本朋友宫崎寅藏(6)引着孙中山到了黄兴寓所大门外。黄兴等三人迎出去后，约请孙中山和宫崎寅藏，到附近的“凤乐园”中餐馆叙谈。黄兴与孙中山一见如故，相互倾慕，热烈而郑重地交谈了中国革命的许多重大问题，并且取得了基本一致。

聚在黄兴寓所的革命同志们，对于孙黄的历史性会见，一致感到欢欣鼓舞。但当听说孙中山提出了联合兴中会、华兴会、光复会为统一革命大同盟的主张时，却产生了不同的看法。有人认为，兴中会组织比较分散又多在国外，不及华兴会集中于国内且力量较强，因而不愿与之合并。唐群英却不这样看。她认为，凡是革命团体目标都是一致的，目标一致就应联合起来，联合起来力量就大，联合的组织越多革命的力量就越大，革命的力量越大胜利的希望就越大。所以她态度鲜明地表示支持孙中山与黄兴关于建立革命大同盟的主张。

当时，在东京的华兴会员中，有兄弟俩刘揆一和刘道一，姐弟俩唐群英和唐乾一。而在是否赞成华兴会与兴中会合并的问题上，刘氏兄弟中哥哥不同意、弟弟同意，唐氏姐弟中姐姐同意、弟弟不同意。两家长幼态度相反的这种情况，给郑重的议题增添了一点幽默。

黄兴感到，这位唐大姐加入华兴会时间虽然不长，但对于中国革命发展形势却看得比较深远，有着比较敏锐而又沉稳的政治见解，是可以信赖和依托的革命战友。

此后一段时间，黄兴和孙中山马不停蹄地奔走斡旋，终于促成了革命团体的大联合。

7月24日，孙中山到黄兴寓所，两人再次畅谈。

7月28日，孙中山到《廿世纪之支那》（当时为华兴会会刊）杂志社，与华兴会骨干宋教仁、陈天华等会晤。下午，黄兴向孙中山引荐唐群英，孙中山对于唐群英的革命意志和政治眼光极为称赞。

7月29日上午，黄兴在寓所召集华兴会骨干，商议参加革命大同盟事。因仍有加入与不加入之不同意见，最后议决：不以华兴会组织名义“并入”新的革命同盟，而以会员个人身份自愿加入。下午，孙中山、黄兴与宋教仁、陈天华、张继、程家柽等聚会商议成立组织的具体事项。

7月30日，由孙中山、黄兴、程家柽、冯自由等分别邀约，共有79人[7]于东京赤坂区桧町三番地黑龙会本部，举行新的革命组织的筹备会议。会上确定新的组织名称为“中国同盟会”，接受孙中山建议的“驱逐鞑虏，恢复中华，创立民国，平均地权”为同盟会宗旨，并且拟定了入会誓词，推定黄兴等八人为章程起草人。参加会议的人群情振奋，纷纷要求立刻加入中国同盟会。最后，筹备会议变成了第一批会员的入会宣誓仪式，与会者逐一亲笔签名并且郑重宣读了誓词。

8月13日，黄兴、宋教仁等，出于为革命力量大团结造声势的目的，也是出于即将推举孙中山为同盟会领袖做铺垫的盛意，组织了规模盛大的留日学生欢迎孙中山大会。设在麴町区富士见楼的会场，容纳不下踊跃而来的1300多名热血青年，许多人簇拥在会场之外。孙中山为时四个小时的演讲，内容深刻广博、声势奋发昂扬，激起会场内外一片火山迸发般的热烈气氛，形成了同盟会成立前的一次群众性动员誓师大会。

8月20日，中国同盟会成立大会在赤坂区灵南坂日本友人坂本金弥（时为日本众议院议员）的住宅举行。出席大会的同盟会员已有百多人，他们都是7月30日筹备会议以来22天之内入会的。会上通过了黄兴等人起草的同盟会章程；确定同盟会本部暂设东京、在国内国外分设支部；公推孙中山为总理，黄兴为执行部“庶务”（实为协理，总理缺位时全权主持会务），并且选举产生了本部所属执行部、议事部（又称评议部）、司法部的负责人。

以孙中山、黄兴为轴心的中国同盟会宣告成立，一个有政治纲领、有组织机构、有公认领袖的全国性革命政党，从此出现在了中国近代民主化的进程之中。

由于当时国内外政治环境艰险复杂，在异国他乡成立的中国同盟会尚处于秘密状态，会员入会都要履行严格的手续。首先要有介绍人，要在介绍人和主盟人面前庄严宣誓并在具盟书上亲笔签名，还要掌握特定的联络方式和“秘密口号”。

同盟会会员的入会誓词是：

联盟人**省**府**县人***，当天发誓，驱逐鞑虏，恢复中华，创立民国，平均地权。矢信矢忠，有始有卒。如渝此盟，任众处罚。

天运**年*月*日 [8]

中国同盟会会员***

据档案记载和当事人回忆，成立大会之前入会的同盟会会员，从原属革命团体看，华兴会员居多；从籍贯看，湘、鄂、粤籍者居多，但除甘肃之外，内陆十八省 [9] 籍人士皆有，因而代表性很强；从性别看，女会员只有唐群英、何香凝两人。

成立大会之后，同盟会组织在日本迅速发展，男会员之外，陆续有秋瑾（前已加入光复会）、方君瑛、陈撷芬、燕斌、曾醒、胡灵媛、刘青霞、吴弱男、吴亚男、王颖、林宗素、张汉英、王昌国、廖冰筠、吴木兰、李元、李自平、马秋仪、郑萌等女会员加入。

当时，孙中山先生总是在新会员宣誓完毕时，郑重而亲切地向其握手道喜：“自今日起，君已非清朝人矣！”

是的，自唐群英加入同盟会之日起，她就成了名副其实的反清斗士，开始了矢信矢忠，有始有卒的革命之旅。

同盟会机关报《民报》于1905年11月创刊时，唐群英慨然捐洋200元。《民报》的前身是《廿世纪之支那》杂志，一向经济拮据，众会员勉力扶持。唐群英捐出的，是自己节衣缩食省下来的生活费[10]，更是她献身革命的赤诚心意。

1906年同盟会总部增设“实行部”（实为“暗杀部”，女会员方君瑛曾任部长），在横滨设立研究制造炸药炸弹的机关，一大批男女会员参与其间，由擅长化学技术的喻培伦指导操作。在投入这项危险工作的女会员中，唐群英年纪最大，被称为“唐大姐”。她的认真态度和刻苦精神，深为各位“小妹妹”赞服。

唐群英考虑到，作为同盟会员势必要参加推翻满清统治的武装斗争，应该在武艺方面早作准备。她找到东京神乐坂武术会，要求入会练武，没想到武术会却只收男会员。她并不气馁，而是自报家门并当场展示剑法。当年湘军将军父亲亲传的剑法，征服了在场练武的会员和武术会负责人，她被破例接纳为神乐坂武术会会员。在学业和革命活动之余，她常常到武术会练武学艺，重点学习了手枪射击，曾在该会射击比赛中获奖。

三

同盟会成立刚过两个月，中国留日学界就发生了一场风波。

1905年11月2日，日本文部省颁布《关于清国人入公私立学校的有关规程》（中国留日学界通常译为《清国留学生取缔规则》）。《取缔规则》对于中国留学生的社会活动、通信联络、住宿迁徙、品行认定等方面，做出了一些限制性的规定，引发了中国留学生由不满、抵制乃至反对、抗议的罢课罢学风潮。

《取缔规则》公布之初，中国留日学生总会研究后认为：“此项《规则》，大旨在整饬营利之学校，惟第九、第十两条，有碍学生之自由，并损学生之人格。”遂于11月28日具《学生公禀》，以全体留学生的名义呈清国驻日公使杨枢，要求公使向日本政府文部省进行交涉，请日本政府文部省对第九、第十两条附加说明，或予修改取消。

在此期间，留日学生纷纷以留学生会馆、学校班级、同乡会等为单位，组织集会，演说交流，大家的情绪在相互激发中日见激烈。12月4日，宏文书院、经纬学堂、成城学校、东斌学堂等八校开始集体罢课，抗议《取缔规则》。5日，300名留日学生代表聚会于东京富士见楼，决议实行各校同盟罢课，以迫使日本政府取消《取缔规则》。自6日起，17所学校8000余名中国留学生相约总罢课。

当时的中国留日学生，有官方选派的公费留学生，有自费而来寻求救国之道的热血青年，也有流亡革命的志士仁人，大家对于抗议《取缔规则》的认识和态度，自然会有所不同。即使在加入了同盟会的革命党人之中，遇突发事件也难免发生临事处置的仓促，群情激愤时又难免忽略对《取缔规则》个别译文的误读（例如，将日文《清国人ヲ入学セシムル公私立学校ニ関スル规程》，译为《清国留学生取缔规则》，就与原意有所不符）。所以，在一致表示抗议的基础上，又产生了“激烈派”和“平和派”之分歧。以宋教仁（同盟会司法部检事）、胡瑛（同盟会评议部议员）、秋瑾（同盟会浙江主盟人）为代表的一派，主张全体罢学归国，是激烈派，组成了“各校联合会”；以汪兆铭（即汪精卫，同盟会评议部议长）、胡汉民（同盟会评议部议员）、朱执信（同盟会评议部议员兼书记）为代表的一派，主张罢课抗议但继续留学以完成学业，是平和派，另组了“维持留学界同志会”。

激烈派中，最为活跃的当属女留学生代表秋瑾，其言辞和举动屡屡惊人。在富士见楼的大会上，“女学生秋瑾演说，发挥女子爱国心，至痛哭，哭已复演说”[(11)]。在浙江同乡会上，“秋瑾发言，力主回国，词意激昂，随手以靴筒取出倭刀插在讲台上说：‘如有人回到祖国，投降满虏，卖友求荣，欺压汉人，吃我一刀！’”[(12)]并指名若干意见不同者，当场宣告死刑[(13)]。在各校联合会的会议上，总代表胡瑛问：“有不归国者，奈何？”秋瑾毋庸置疑地说：“胆小怕事之流，应置之死，毋留害群之马！”众人亦曰：“杀之可矣！”[(14)]秋瑾还组织了敢死队，带头与日本政府交涉。一些激进的学生，甚至身藏倭刀逡巡于各校附近，监督拒绝回国者。

平和派中，尚有当时在日本留学日后颇具声名之文化名人，如林长民（林徽因之父，当时为早稻田大学政治经济科学生，留日福建同乡会会长）、周树人（即鲁迅，1902年考取留日官费生，进东京弘文学院，1904年初转入仙台医科专门学校）、江庸（法学家，当时就读于早稻田大学法制经济科）、许寿裳（教育家，1902年官费留学日本，入东京弘文学院与鲁迅认识，成为终身挚友）等等。

当时孙中山和黄兴都不在日本（孙中山赴越南开展革命活动，黄兴去广西与之配合呼应），两派之间争吵激烈，一时无法达成一致。原留日学生总会总干事杨度感到左右为难，提出辞职，又使罢课运动陷入群龙无首的局面。

这一天，已决心退学归国而离开了学校的秋瑾，与东京青山实践女子学校的同学兼朋友唐群英、张汉英、王昌国等，在海边进行倾心交谈。

秋瑾旗帜鲜明："这个《规则》，是日、清两国政府相互串通的结果，欲借此限制我们的爱国活动，剥夺我们的自由权利，侮辱我们的人格，是可忍孰不可忍！我们只有罢学回国，表示坚决彻底的抗议！"

张汉英主张："我们无限期罢课，《规则》一天不取消，我们就一天不复课，来他个誓不罢休！"

王昌国犹豫："我们是为学业而来，学业有成才能报效国家，若中断学业回国，岂不前功尽弃了吗！"

唐群英考虑了几种意见之后，坦诚地说出了自己的看法。她说："回国与罢课，是反抗的两种形式，目的是一致的。回国，确实显得更坚决。不过仔细分析一下，咱们此时回国，不仅学无所成，而且有落入清廷魔掌的可能；如果日本方面无动于衷，继续'取缔'，再来留学者仍然会受损失。回不回国，完全是一种策略和方法，不回国不等于向日方屈服妥协。依我看，我们应该选择以罢课方式表示抗议，要求日本当局修改或者取消这个不合理的《规则》！但我也不同意无限期罢课，那样反倒会产生涣散和松懈的情绪，于斗争不利。……"

这时有人问："要是日本政府坚持不取消《规则》，我们该怎么办呢？"

唐群英分析道："斗争结果目前还难以预料。如果他们完全不理睬咱们的要求，《规则》固然会限制我们的爱国活动，更会激发我们的爱国热情。公开活动被限制，我们可以用隐蔽的形式进行活动……"

秋瑾听不下去了，冲口说了一句："好一个冠冕堂皇的中间派！"

唐群英不愠不怒，姐姐似地说："瑾妹！你我相知多年，我是了解你的。你刚毅顽强，敢作敢为，是我们女同学的代表，我们大家都拥护你。你说我是中间派，我能理解，我也不会计较。如果反唇相讥，我是否可以说你是极端派呢？"说着，她温婉地笑了。

秋瑾回应了难以捉摸的一笑。

后来，唐群英与秋瑾为此事又交谈过几次，仍是谁也说服不了谁。

就在主张罢学回国和主张罢课抗议的两派，各执一端互不相让之时，有的日本报纸幸灾乐祸地贬称中国留学生是“乌合之众”，《朝日新闻》更说“此盖由于清国留日学生对文部省命令之解释过于褊狭而生不满，以及清国人特有之放纵卑劣性情所促成，惟其团结之力则颇为薄弱。”

就在《朝日新闻》发出这种诬指之词的12月7日，写出过《猛回头》、《警世钟》、《狮子吼》等警世作品的民主革命家陈天华，忧心如焚，愤懑难消，夜不能寐，痛不欲生，终于下定决心，以自己30岁的华彩生命，最后一次发出“狮子吼”，最后一次敲响“警世钟”，激励中国留日学生从目前分派对立的状态之中“猛回头”，“坚忍奉公，力学爱国”。于是，他连夜手书万言“绝命书”，第二天在东京大森海湾蹈海自尽。

陈天华“绝命书”中的热切呼唤和警励呐喊，可谓惊天地而泣鬼神：

……近该国文部省有清国留学生取缔规则之颁，其剥我自由，侵我主权，固不待言。鄙人内顾团体之实情，不敢轻于发难，继同学诸君倡为停课，鄙人闻之，恐事体愈致重大，颇不赞成。然既已如此矣，则宜全体一致，始终贯彻，万不可互相参差，贻日人以口实。幸而各校同心，八千余人，不谋而合，此诚出于鄙人豫料想之外，且惊且惧。惊者何？惊吾同人果有此团体也。惧者何？惧不能持久也。然而日本各报，则诋为乌合之斥，或嘲或讽，不可言喻。如《朝日新闻》等，则直诋为“放纵卑劣”，其轻我不遗余地矣。夫使此四字加诸我而不当也，斯亦不足与之计较，若或有万一之似焉，则真不可磨之玷也！

“……我不自亡，人孰能亡我者？惟留学而皆放纵卑劣，则中国真亡矣。岂特亡国而已，二十世纪之后有放纵卑劣之人种，能存于世呼？鄙人心痛此言，欲我同胞时时勿忘此语，力除此四字，而做此四字之反面：坚忍奉公，力学爱国。恐同胞之不见听而或忘之，故以身投东海，为诸君之纪念。诸君而念及鄙人也，则毋忘鄙人今日所言。但慎毋误会其意，谓鄙人为取缔规则而死，而更有意外之举动。须知鄙人原重自修，不重尤人。鄙人死后，取缔规则问题，可了则了，切勿固执，惟须亟讲善后之策，力求振作之方，雪日本报章所言，举行救国之实，则鄙人虽死之日，犹生之年矣。(15)

陈天华的蹈海行动，更属史上罕见的从容坚定。他是从岸边下水，由浅滩而深海，一步一步走向死亡的……

陈天华之死，极大地震撼了旅日中国留学生，刺痛了旅日中国留学生，警醒了旅日中国留学生。他们抬尸游行，洒泪公祭，爱国热情更加汹涌澎湃，罢课风潮趋向理性有序。

关注《取缔规则》风潮的孙中山，从越南发来电报，不赞成留学生“全体归国”，希望大家从长计议，学成报国。这封电报，也触动并提醒了一些持激进态度的学生。

同盟会党部召开会议，约请各校留学生代表及各省同盟会员代表到场。经过深入讨论，决议“各校联合会”和“维持留学界同志会”都予解散，仍以“留日学生总会”为协调联络机构，选举胡瑛为总干事，确定抗议活动以罢课示威方式为主，基本统一了大家的思想。

然而，在抗议《取缔规则》的斗争尚未突破僵持状态之时，原本主张罢学返国的一些留学生，仍然选择了返国。12月17日，220名留日学生离开日本。到12月31日，陆续返国和已经订票返国的留学生不下2000人。返国学生皆不坐日本人的船，表现出了一种坚决的态度。

秋瑾定于12月25日乘中国轮船“长江号”从横滨回国。回国前夕，她特地到照相馆，拍了一张身穿和服、横握出鞘战刀、闪射坚毅目光的照片。这幅日后成为秋瑾代表性的肖像照，所表现的，正是“已置吾生命于不顾，即不获成功而死，亦吾所不悔也”[16]的烈士豪情。

女留学生唐群英、燕斌等多人来到横滨码头为秋瑾送行。大家还集体写成一首《俚句六章敬呈秋姐大吟壇斧正》的诗，表达对秋侠的依依惜别之情。

“陶姐，你我相交这么多年，今日一别，再见可能很难了……”秋瑾握着唐群英的手，壮别的豪情伴着惜别的柔情。

“你莫非要我老死在扶桑三岛吗？”唐群英忍住内心的激动，故作轻松地笑着说：“不过两三年，我也要回国的，见面的日子长着哩。”

“我决心回国搞武装起义，成功与成仁很难预料。以身许国，杀身成仁，是我的夙愿。陶姐，咱们再见自然难了……”

“瑾妹，不要这样说。革命成仁的决心是必不可少的，更重要的是要有成功的信心。我敬佩你，赞同你回去搞武装起义，希望你一定要谨慎从事，绝不可急于求成。我们的目的是成功，不是成仁！”唐群英更加用力地握了一下秋瑾的手，似乎是要传达一个重要信息：“我也是要搞武装起义的。你做先锋官，我回去与你并肩作战！”

启航的铜锣敲起，秋瑾面向大海走去，忽又转身吟出被她改造了的荆轲诀别歌：“风萧萧兮海水寒……”

唐群英赶忙接上“秋侠此去兮待我还”，挡住了秋瑾马上就会说出的下句“壮士一去兮不复还”。

一代爱国女杰，互道珍重，挥泪壮别，期待战场重逢。

四

中国留学生反对《取缔规则》的斗争，持续了一个多月，经过了多次抗议示威斡旋交涉，终使有关当局以让步的姿态来主动平息学潮。日本政府对《取缔规则》作了相应的解释，增加了两条说明附文。清政府应驻日公使杨枢之邀，派大员前来日本安抚劝导学生。结果是“取缔规则，遂无形打消，学界以安”。1906年1月15日各校复课，中国留学生怀着胜利者的心情继续学习并进行各种活动。

来到日本一年、加入同盟会五个月的唐群英，经历了她革命历程中第一次的“沧浪”“踏波”。她理解同学们反《规则》的斗争热情，但认为只有冷静慎重才能推进斗争的发展；她有救国的志向，但想到只有学而有成才能更好地报效国家。所以她看事眼光远，临事有主见，表现出了一种坚毅而又沉稳、执着而又宽容的品格。这种品格的魅力，使她赢得了周围同学和同盟会战友衷心的敬重。

不久，湖北籍女留学生李元（女子第一高等学校学生）发起成立留日女学生的组织，于暑假期间奔走联络，得到热烈呼应。当时的中国留日女学生，仅东京一地已有百人之多，首批签名加入中国留日女学生会的达到70多人，遂于9月23日正式成立“中国留日女学生会”[(17)]。这是在“共爱会”之后，留日女学生的第二个组织。李元担任会长，燕斌、唐群英为书记。[(18)]该会“以联络情谊、交换智识、推广公益为宗旨”，提倡“远渡重洋，游学异国”的姐妹之间互助互励，共同为提高女权、振兴中华而努力。成立大会上，会员们郑重宣告：“愿共牺牲个人之私利，尽力至死，务为我女同胞除奴隶之徽号，革散沙之性质，以购取最尊严最壮丽无上之位置，勿使至二十世纪之

日本东京成女高等学校校舍

中，犹不入世界优胜民族之列也。”

1906年10月18日，革命刊物《洞庭波》在上海出版的创刊号上，赫然登载着唐群英的八首七言绝句。她在诗前小序中说：“黄公克强组织同盟会于日本，与宁君太一等设立报馆，颜曰《洞庭波》，征集党人诗文，于课余拟绝句八首以附刊”。其诗如下：

其一

莽莽乾坤何处家，两年栖息走天涯。
文明未播中原种，美雨欧风只自嗟。

其二

三条烛尽钟初动，九转丹成鼎未开。
世界汹汹人扰扰，不知谁是济世才？

其三

霾云瘴雾苦经年，侠气豪情鼓大千。
欲展平均新世界，安排先自把躯捐。

其四

精卫难填东海恨，女娲犹补奈何天。
年来怕听伤时事，热到胸头受煮煎！

其五

中原逐鹿亡消息，巨海龙蛇苦大千。
撮得罗兰真种子，灵苗催放九华巅。

其六

胡酋何日始魂消，百计窥人等禳枭。
煮豆燃萁情更惨，媚狐威假虎狼骄。

其七

仇雠未报子孙忧，况复新仇益旧仇。
四万万人沉梦觉，早将遗恨雪千秋。

其八

孰煮黄粱梦未醒，九重恩重许朝廷。
愿身化作丰城剑，斩尽奴根死也瞑。

唐群英虽自14岁开始写诗，且多佳品力作，但公开呈现于报章，这还是第一次。在这八首七言绝句中，她表明了，作为一个革命党人，对于国家危厄命运的忧虑，对于人民悲惨生活的痛心，对于同盟会事业的信念，对于自由平均世界的憧憬，特别是期待国人梦醒早雪遗恨的渴望，以及“安排先自把躯捐”的战斗意志。满腔激情，一片丹心，催人奋进，令人感佩。这一组将“咏絮之才、阳刚之气、钧天之志、爱国之情”[19]完美融合的诗作，当即为革命党人广泛传诵。孙中山读了此诗之后曾说：“凡我同盟会员，都应该是丰城剑，都应该有‘斩尽奴根死也瞑’的雄心壮志！”[20]人们赞赏这位侠气豪情的女战士，这位才华横溢的女诗人。

1907年夏，《中国新女界杂志》第二期又登出了唐群英抒发革命者胸襟的《感怀》诗三首。

其一

感时抚事意徘徊，美雨欧风海上来。
会见铜驼陷荆棘，英雄遮莫动悲哀。

其二

满目河山一望收，夕阳凭吊古荒丘。
离骚声断天无际，屈子终怀万古愁。

其三

痼疾羌夷患已成，哀鸿血染杜鹃声。
那堪重读神州记，方寸灵台活水烹。

革命志士投奔同盟会如同百川汇海，“不期年而加盟者逾万人，支部则亦先后成立于各省。从此革命风潮一日千丈，其进步之速，有出人意表者矣！”(21)

然而，与革命风潮一日千丈相伴的，便是革命者的流血牺牲。

1907年2月，东京同盟会本部为在武装起义中壮烈牺牲的刘道一举行追悼大会。

同盟会本部书记刘道一，1906年9月受派赴湘赣边境“运动新军，重振会党”，12月组织萍浏醴起义，不幸失败被俘，“……坚不吐实，法司严刑拷打，至肌肤尽裂，流血遍地”，被砍四刀后头断，年仅22岁。富有外交才干的刘道一，是同盟会员中为革命牺牲的第一人，也是我国近代留学界为革命牺牲的第一人。孙中山、黄兴都有诗挽他。唐群英也曾有挽诗献于灵前，可惜未能传下来。

同年7月，又传来了秋瑾英勇就义的消息。

秋瑾回国后，曾在绍兴南浔镇浔溪女校任教，后到上海创办《中国女报》，1907年2月，应光复会领导成员徐锡麟之邀，正式接任绍兴大通师范学堂督办（校长）之职。自此她以该校为基地，奔走沪杭之间，联络反清会党，策划武装起义。4月，光复军正式组成，公推徐锡麟为首领、秋瑾为协领；决定于7月6日由徐锡麟、秋瑾分别指挥，在安徽、浙江两处同时起事。不料，安徽计划事泄，徐锡麟仓促提前起事，刺杀巡抚恩铭后被俘牺牲，浙江形势立即紧张起来。秋瑾催促战友们转移隐蔽，谢绝为她提供的安全撤离安排，抱着“牺牲我一人，减少后来千百人牺牲”的信念，独自坚守大通学堂。被绍兴知府抓捕后，秋瑾大义凛然：“革命党人不怕死，要杀便杀！”留下“秋雨秋风愁煞人”七个凝结着无限痛惜和忧愤的血色大字，慷慨赴死。

唐群英从《民报》上看到秋瑾殉难的噩耗，悲愤填膺，悲痛欲绝，一泓悲泪潸然而下。一瞬间竟然双手发抖，眼冒金花，几乎晕倒，幸好被恰在身边的宋教仁扶住。

唐群英怎能不悲伤？亦亲亦友的姐妹，同忧同乐的知音，终于圆了结伴东瀛的梦想，可是还未实现并肩作战的心愿呐……秋瑾，那么一幅超凡脱俗的英姿，那么一潭绝伦逸群的才华，那么一腔荡人心魄的豪情，那么一付威武刚烈的侠骨，竟在敌人的屠刀下魂飞魄散……对亲人的怀念，对战友的痛惜，对英雄的景仰，以及对敌人的仇恨，在唐群英心头纠结，交织，碰撞，激荡，化出了一幅深情重重的挽联：

革命潮流是秋风吹起

自由花蕊要血雨催开

唐群英结束了东京青山实践女子学校的学业之后，于1907年春考入东京成女高等学校速成师范科，年底毕业。在毕业典礼上，唐群英作为毕业生代表，发表"纪念文并歌"。

唐群英的纪念文，有对毕业典礼盛况的描绘，有对教育事业重要意义的议论，有对学校师长感激之情的表达，有对毕业后归国兴教之志的表白。古今中外旁征博引，深刻生动令人称颂。

关于毕业典礼的盛况，她说："时明治四十年十二月十日举行毕业式，校室精洁，嘉宾毕集。诸先生登台演说，慰诲殷勤，以期我邦女学之发达，以国民母教为基础，扩张东亚文明之进步，与欧美并驾而齐驱。其用意至周，其措辞极切。维时同学齐声歌唱，庆祝无量。……"

关于教育的重要意义，她说："英儒赫胥黎以学问为完全之常识，故近世言学问者，率皆以大同平等之物视之。然其精微、奥妙、幽邃、宏博，亦非可以一二言罄者。盖自二离鼓铸洪钟，阴阳变生世界环球之表，民族各分一派，其间斗新奇以演成世界之一舞台者，莫不外此脑力之团结以为竞争。故觇国势之于今日，恒以教育之盛衰为隆替。"她又谈到中国，"自古为文明开化之国，于女学亦未尝稍有逊步"，然而"三代以还，此旨浸废……轻视女学"，致使"积瞆不振，女权陵夷，学识幽闭，遂成斯世困顿之形"。

她对于成女学校校长山根正次以及水谷直孝、宫田修诸先生，极为敬重，称他们"学识渊懿，道德深厚，洵可谓日本教育家之翘楚"。她代表同学们说："英等忝列门墙，学习速成师范，越一年告竣。""既承诸先生期望之深，复蒙奖誉过当，莽莽前途，惟蕲不负赏誉，以尽其力之所能者而为之。"

她将毕业后归国兴教的志向，看作是恰逢其时的历史使命。"溯国运盛衰之际，又岂非我辈担负女教责任之时耶？""倘或神州有幸，教育成时，与环球争美，以显我东亚文明之盛……"

精彩的纪念文后，更有一首声情并茂的骚体诗歌。歌曰：

维瞻盛国兮，文物炳麟。

历艰越险兮，涉彼重瀛。

宝镜初磨兮，形影玲珑。

吸收声灵兮，竣我研精。

大陆沉沉兮，伊回首而流连。

仰荷教育兮，怅有意以难宣。

勿负栽成兮，誓勉着乎祖鞭。

愿放兹之万丈光芒兮，普照于神州众生沉醉之混沌身前。

这一幅绘声绘色的《唐群英光绪丁未阴历十一月初六日毕业于日本东京成女高等学校师范科纪念文并歌》，是唐群英对母校的献词，也可以看作她在日本学业历程的写照和总结。

---

(1) 王晓秋:《20世纪初中国为何掀起赴日留学热潮》，《人民政协报》2010年10月25日。

(2) 实践女学中国留学生分校的教师坂寄美都子曾对1905年20名湖南女子前来就读之事回忆说:“首先使我们大吃一惊的是这二十名新留学生的年龄差距。最年少的仅十四岁，而最年长的是五十三岁的母亲。”(《日本实践女子学园八十年史》)。据考，这位53岁的女留学生，应是留学生王时泽的母亲谭莲生。

(3) 《西安晚报》2009年3月9日《清末女子留学寻踪》一文：“截止1911年，实践女校、女子美术学校、日本女子大学等招收中国女留学生的五所学校共毕业了116人(包括私费)，其中实践女校就培养了94人。”

(4) 下田歌子：《述教育中国妇女事》，载1907年1月12日《顺天时报》。

(5) 章士钊:《大革命家孙逸仙》。

(6) 宫崎寅藏(1871-1922)，又名宫崎滔天，日本熊本县人。1897年8月结识孙中山并成为至交，加入兴中会。1905年介绍黄兴与孙中山会晤，并加入中国同盟会。次年7月与萱野长知等创办《革命评论》，支援革命派与改良派的论战。是一位终生支持孙中山、黄兴和中国民主革命的日本革命家。

(7) 关于参加同盟会筹备会议的人数，有几种说法。以下三种说法大体一致。其一，宋教仁日记中记载：(7月30日)“未初，到赤版区桧町三番黑龙会，赴孙逸仙会也。既至，则已开会，到者七十余人。其二，曾经长期任职于国民党中央党史委员会(原名中国国民党中央党史委员会)的台湾著名民国史学者蒋永敬教授，依据党史馆典藏《中国同盟会成立初期(乙巳丙午，即1905、1906两年）之会员名册》等大量珍贵的原始档案，最先提出参加同盟会筹备会议的名单，共有73人（包括3名日本人）。其三，陈锡祺编、中华书局1991年8月出版的《孙中山年谱长编》，称与会者79人（包括3名日本人）。

(8) "天运"本为《庄子·天运》的篇名，犹言天命。孙中山自创立兴中会到组建同盟会时，一直沿用民间反清洪门的"天运"年号。他曾解释说："胡人无百年之运。满族占据华夏将三百年，其运作应已告终，此后即为汉族中兴之运。'天运'二字即汉兴满亡之表示，其意义极为深长。而且，明亡以后，中国各地秘密会党如天地、哥老、三合诸会，都沿用这个年号，可谓由来已久。我们用它做同盟会的年号，更可以吸收全国各个秘密会党与我们合作共事。"1912年"中华民国"成立，孙中山就任临时大总统，遂废止"天运"年号，改用阳历。

(9) 清初，在长城以南地区共设十八个省，长城以北地区不设省。后来西北、东北地区陆续设省，仍沿称原十八省为内地十八省或内陆十八省。

(10) 秋瑾1905年11月6日致秋誉章函称，"每月须三十元之谱，尚不敢奢侈一点"，200元约为当时中国留日学生7个月的生活费。

(11) [日]实藤惠秀：《中国人留学日本史》，三联书店1983年版第389页。

(12) 徐双韵：《记秋瑾》，载《秋瑾年谱及传记资料》，中华书局1983年版第27页。

(13) 张篁溪：《1905年留日学生罢课运动始末》，载《文史资料选编》第33辑第107页。

(14) 《中国公学的建立及早期发展》。

(15) 陈天华：《绝命书》，载《辛亥革命前十年间时论选编》，三联书店1963年版。

(16) 王时泽：《回忆秋瑾》，载《辛亥革命回忆录第四集》，中华书局1963年版。

(17) 谈社英：《中国妇女运动通史》，1936年9月1日版第14页。

(18) 1907年2月5日《中国新女界杂志》第一期所载《留日女学生会》一文称，中国留日女学生会1906年9月23日"在中国留学生会馆开了第一次大会，公举黄华女士为庶务（即会长），杨女士庄为书记，余外还有几位职员，这会就才成立了。正待要登报发布，忽然黄女士因事辞职，杨女士因要回国，故也辞职，遂于西历十一月二十日开第二次大会于会馆，补选干事。当场公选李元女士接任庶务，燕斌女士接任书记……。今将留日女学生会现任干事开列于后：……书记二人　燕斌　唐群英……”。

（19）蒋薛：《南社杰出的爱国女诗人》，载台湾《艺文志》1993年总号281期。

（20）曾启球：《诗话唐群英》，载《唐群英诗赞》1997年版。

（21）孙中山《建国方略》，载《孙中山选集》上卷，第176页。

第七章 潇湘唤风

文人做武将，转身并不华丽。
体会了初战告捷的振奋、再战惨败的痛悔，
还有错失战机的遗憾……

在日本东京成女高等学校师范科毕业时，唐群英责无旁贷地说过："溯国运盛衰之际，又岂非我辈担负女教责任之时耶？"她认为，当此"积瞶不振，女权陵夷，学识幽闭，遂成斯世困顿之形"的中国社会，献身女子教育事业，乃是她理应担当的历史使命。而恰在此时，朋友转来的孙中山写给她的一首诗[1]，使这位中国同盟会女会员，随即改变了投身革命的战斗方位。

一

孙中山写给唐群英的一首诗是这样的：

此去浪滔天，应知身在船。
若返潇湘日，为我问陈癫。

孙中山此时正活动于越南、新加坡一带。他是在1907年3月份，由日本政府以"三年后可以重新回来"为条件"礼送"出境——实际是应清政府之要求将其"驱逐"出境的。那时以来，他一直与黄兴内外呼应，联络广东、广西、云南的会党和新军，策动或直接领导反清武装起义。

诗中提到的"陈癫"，指的是历经革命起落、富有斗争经验的老革命党人陈荆（字树人，绰号陈九癫子，湖南湘乡县人，日本士官学校骑兵科毕业生）。早在1894年孙中山途径上海倡导革命时，陈荆即"投袂而起，慨然往从"。他曾设计营救革命党人龚超出狱，亲身协助黄兴越狱，徒步千里化装潜入监狱巧妙取出同盟会员禹之谟的血写遗书《告在世同胞书》。他自己也曾因结“碧蝶诗社”鼓吹种族革命，遭湖南巡抚逮捕将处极刑，幸被救出。加入同盟会后，又因参加1906年的萍浏醴起义被悬赏通缉，逃往香港；因参加1907 年孙中山、黄兴领导的广西钦州、防城起义和镇南关起义，被法国海关拘押；经孙中山营救出狱后，便协助黄兴组织“中华国民军”，策划钦州马笃山起义。这位几度出生入死的革命战士，身体受到很大损伤，在孙中山、黄兴的力劝之下，暂且回乡休养。

对于同盟会里的唐大姐，孙中山十分熟悉，十分敬重。对于功绩卓著的老战友陈树人，他十分器重，十分惦念。听说与陈树人同为湖南人的唐群英即将回国，孙中山便以诗代信，对归航战斗的女战士以及在家乡休整的老战士致以关怀慰勉，同时在“为我问陈癫”的背后暗示唐群英，回到湖南之后的活动可与陈荆联系计议。

孙中山一生诗作不多，这一首在频繁武装起义间隙写给唐群英的诗，可以看作是对出征战友的慰勉鼓励，也可以看作是对出征战士的“书面授机宜”，因而弥足珍贵。唐群英从这首诗中，感到了领袖的关切、期望、嘱托和指点，同时感受到了革命党人之间真挚的革命情谊。

唐群英此次回国，并没有直接领受组织武装起义的具体任务，但她本着作为一名同盟会员的天职，明确了在“驱逐鞑虏，恢复中华，创立民国，平均地权”斗争中，自己当务之急的使命所在。她把孙中山的这封信视为羽檄，时时悬于眼前；当作号角，时时系于耳畔。

二

1908年（清光绪三十四年）初，唐群英回国。她先到三吉堂省亲。曹夫人率领家人欢天喜地迎候阔别三年的陶妹子。

在日本的日子里，唐群英只是从往来书信中关照母亲，今天看到母亲的鬓角添了白发，额头添了皱纹，顿感自己没有在母亲面前尽孝，反而让母亲为自己牵肠挂肚，几多愧疚，几多怜惜，一起涌上心头，冲上喉头，她哽咽着扑进母亲的怀抱……一向因子女心愿已遂而神清气定的老母亲，见到日思夜想的爱女也忍不住喜泪纵横……

10岁的小伯珪，喊着“姨娘”兴冲冲地跑过来了。唐群英一把抱住了他。看到孩子长高了长胖了，红扑扑的脸上闪着亮亮的光，唐群英好不欣喜宽慰。但是想到自己没有做好对希范姐姐的许诺，把照顾伯珪的担子都留给了母亲，心里又是一阵愧疚自责。这些年，曹夫人安排小伯珪进私塾读书，分派专人照顾小伯珪的饮食起居，她自己则是日夜操心，一有时间就把孩子接到身边亲自抚慰教诲。小伯珪完全没有失去母亲的悲哀，在三吉堂生活得十分欢乐。

哥哥唐维藩偕嫂子及侄子、侄女，回三吉堂欢迎唐群英。唐维藩在武昌起义后响应革命支持共和，此时供职于湖南省道县，是一位思想开明、处事公道、能够体恤民情的县知事。他对于胸怀报国之志的唐群英，不仅理解，而且赏识。嫂子贤惠大方，敬老孝亲，侄辈彬彬有礼，年轻活泼。一家人难得的大聚会充满欢乐喜庆。

姐姐希孟、妹妹希欧也都来看望唐群英。姐姐妹妹都已儿女满堂，成为大家庭里相夫教子的女主人。她们虽然没有争取男女平等的迫切要求，但都是讲求人格独立的要强女人。姐妹相见，谈幼年时的趣事，谈分别后的思念，谈亲友的近况，谈东瀛的见闻，浓浓的亲情使她们仿佛又成了当年三吉堂里那些快乐的孩子。

但是，即使如此，唐群英的情感版图似乎也还不够完整。她还有未能见到的人，还有未能抒发的情啊——这就是对传纲和亮亮的思念……至亲至爱的人啊，生死相隔已十年，平日里尚且不期然幽梦相会，当此即将投身革命斗争之时，她多么渴望能够与之执手倾谈啊……然而，她只能朝着荷叶塘的方向，对着传纲和亮亮的魂灵，点燃心之香烛，鞠躬默祷，洒泪遥祭……

听着唐群英谈在日本的情况以及回国后的打算，明智的曹夫人看出了，这个女儿果然是胸怀天下的大才，不逊于任何一个男儿，肯定能够做出一番事业来，为此她感到兴奋而又骄傲。然而，细心的曹夫人却想到，这个女儿在社会上是个有头有脸的强者，回到家中依然是无儿无女的孤人，现在年富力强不觉得，将来老了谁来接续她的香火，谁来照料她的生活？她虽将伯珪视同己出，但是伯珪毕竟有自己的生父和继母啊。

其实，曹夫人心中早就萦绕着对于三女儿的这种隐忧。1907年9月8日（农历八月初三）小儿子唐乾一夫妇生下了第二个孙子唐遂九之后，她渐渐萌生了解决这个问题的一个大胆设想。这就是，将小遂九过继于唐群英名下，作为姐弟两人的“兼祧子”——“一子顶两门”，兼承两门的宗祧。

唐群英一身英雄气，也有满腔女儿情。她并不在意什么接续香火之事，甚至也不担心照料生活的问题，但是如果能够有一个属于自己的孩子，那就填补了她作为一个母亲失去独女后内心的巨大空白，从而得到情感上的无限慰藉。所以她十分感激母亲为她所做的精心安排。

唐乾一也是兼有豪侠气概和慈悲情怀之人，对于陶姐又兼有姐弟之爱和战友之义的双重情谊，在哥哥唐维藩只有一个儿子的情况下，母亲提出这个方案，他也表示完全赞同。

在孝悌之家三吉堂，这件堪称人伦美谈的大事又顺利定下来了。

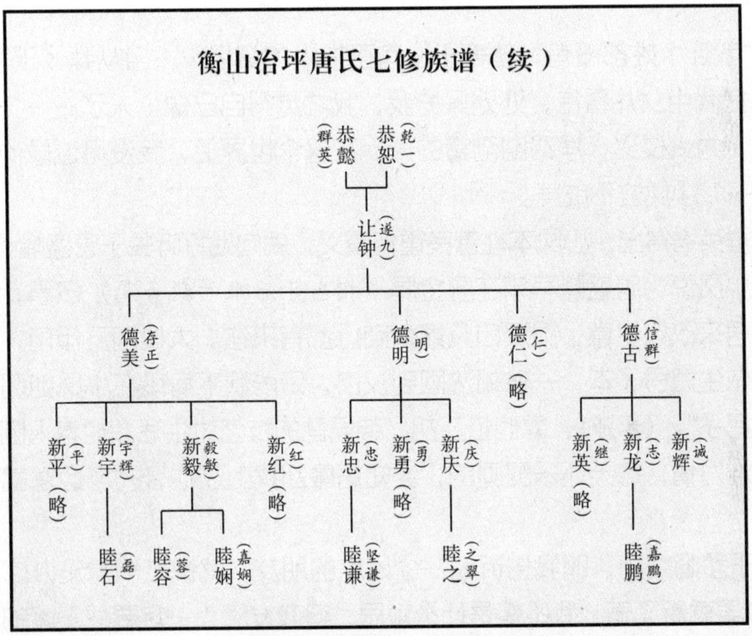

衡山新桥唐氏家族世系图（续）

过继手续郑重而又充满亲情。由曹夫人和唐维藩到场见证，唐群英怀着夙愿得偿的幸福心情，到弟弟唐乾一和弟媳廖淑媛住处，兴奋激动地接纳了血脉相连的小遂九。从此，唐群英就名正言顺地拥有了自己的孩子。半岁多的小遂九十分活泼可爱，而且因为“长相酷似祖父”，唐群英对其更加爱不释手。只是因为唐群英马上要奔走革命，幼小的遂九仍由其生母廖淑媛抚养，唐群英负担他的生活费用。

唐群英回到三吉堂不久，就遇到了一件奇事。

有一位唐氏族兄，名叫唐盛隆，年轻时即才气不凡，诗词歌赋、吹拉弹唱样样皆能。23岁时，因为夫妻失和屡屡争吵，他竟然在准备参加乡试（以秀才身份参加的全省科举考试）的前夕愤而出走，十多年来音信杳然。之后，其妻削发为尼，这一家族支脉就断了人丁香火。最近，忽然有一个自称是唐盛隆干女儿名叫小凤的女人，托人带信来说：唐盛隆前不久在汉口病逝，她将扶干爹灵柩归葬祖茔。震惊不已又感恩不已的唐盛隆兄弟们，盛情接待了一路劳顿的小凤，按照当地习俗办理了迎灵安葬的一应事宜。

这小凤，20多岁，一身素装，满面忧戚，提起干爹唐盛隆就连称“恩人”。原来她身世悲惨，一出生就被父母丢弃，后来又被养父母卖到了班子（2）里。

“我连个姓都没有，就等于没有正常人的资格……自从拜了干爹之后，干爹真把我当女儿看待，处处保护我，我才觉得自己像个人了……”“干爹心肠好，为人仗义，净帮助倒霉的人。在这个世界上，我没见过像他这么好的人……”小凤泣不成声。

唐群英看得出，小凤本性善良重情重义，就向她打听关于唐盛隆的情况。

据小凤说，唐盛隆早年在厘金局（相当于后来的税务局）做事，手头很阔绰，后来改做生意，跟汉口几家大商行都有来往。大概四五年前，唐盛隆去上海做生意亏了本，一贫如洗回到汉口，只能低下身段在小凤她们班子里当“四把子”（琴师），靠他拉二胡、弹琵琶的技艺讨生活。他本人倒不觉得丢面子难为情，每天还乐呵呵的，谁知病魔却找上了他，一场伤寒就要了他的命！

“干爹临终前，叫我告诉他一个姓焦的朋友，就说‘事情没办成，他死了’，说罢就断了气。我不懂是什么意思，但我发愿，一定要把干爹的话传给他那位姓焦的朋友……”小凤说着又泪流满面。

小凤的话引起了唐群英的注意，她连忙问小凤，有没有记下那位姓焦的朋友的地址？

小凤回忆着说：“当时心里悲痛，干爹说的地址我也没写下来，只记得是汉口法租界什么里……”

唐群英更加惊讶：“是不是法租界长清里？”

小凤恍然记起了：“啊，是的，正是长清里焦先生！陶姑，你怎么知道？”

“哦，我也认识焦先生。小凤，这件事你就不用牵挂了，我替你去告诉焦先生。”

原来，这位焦先生正是在湖南会党中很有名气的革命党人焦达峰。焦达峰是湖南浏阳人，1902年16岁时即加入民间会党“洪福会”。1905年赴日本留学，加入同盟会，从事会党联络工作。1906年回国参加萍浏醴起义，失败后重返日本学习军事。1907年担任新成立的同盟会调查部部长，并与两湖地区的革命党人共同组建“共进会”。“共进会”作为同盟会的外围组织，同时吸收了许多会党人士参加其中。1908年焦达峰等人回国谋划两湖军事暴动，设共进会总机关于汉口法租界长清里。

根据唐盛隆临终遗言分析，他应该与同盟会或共进会有着密切联系，或许就是其中成员，到上海“做生意”、回汉口当“四把子”，都是受焦达峰派遣执行某项任务……。唐群英想着想着，觉得跟这位从未谋面的堂兄竟然很是亲近。她站在唐盛隆灵前默祷：“隆哥，没想到我们还是革命同志！安息吧，不必带着没有完成任务的遗憾赴黄泉，革命一定会成功的！”

三

唐群英的留日学友、同盟会战友张汉英，已经先于唐群英回到了醴陵老家。她是为了营救她的丈夫而急促回国的。她的丈夫李发群，也是留日学生、同盟会员，萍浏醴起义失败后受派回国策应某项暗杀事宜，事泄后作为重犯陷入狱中，且又罹患重病。张汉英情急之下，以“门生礼”求见两江总督端方（张汉英乃端方任湖南巡抚时所选送的20名留日女学生之一），表示愿代夫入狱，换李发群出狱就医。得端方允诺，李发群被解除桎梏，移至另外监狱拘押就医。自此张汉英便千方百计筹措药费，往来探看李发群（李发群于1910年8月才得出狱）。

唐群英到醴陵看望张汉英。她深情拥抱着这位忍痛屈己面对困难的坚强战友，无法抑制自己内心的激动之情，两人的眼泪洒在了一起……唐群英对张汉英说，“以后李发群那里有什么事情，咱们两人来办”。张汉英表示，她关照李发群的狱中治疗，并不影响参加同盟会的革命活动。于是两人商定，先找到陈荆，跟他一起商议在湖南策划武装起义之事。

1909年（清宣统元年）初春，唐群英和张汉英来到湘乡（今双峰）县青树坪镇十竹山长塘大屋，会见陈荆。此前两人虽与陈荆从未谋面，但从同志们的介绍中已感到对其非常熟悉了。此次见到这位被孙中山直呼绰号的“陈九癫子”，觉得果然名副其实。

陈荆年长唐群英两岁，年长张汉英三岁。刚到40岁的人，已是须发飘逸，且又嗜好饮酒、敢于骂座，真格是不修边幅、不拘小节之人。

1907年末，经孙中山、黄兴力劝，他离开广西前线，走到汉口即被人告密，险些落入清廷之手。他隐姓埋名到堂馆里当“四把子”，后又改头换面潜入清军里当兵，借以掩护自己并讨口饭吃，几经辗转才得回到家乡。为了革命事业，他典当了百亩家产，还搭上了自己的健康，不愧是需要时可以万死不辞、平静时可以退居田舍的那种鄙薄虚荣、从容洒脱之人。

现在陈荆正在休养身体期间，又与乃兄陈翰笙在附近青树坪镇办起了“三育高级小学堂”。

见到唐群英转来的孙中山的诗，这位铮铮铁汉内心也漾起了绵绵柔情。

唐群英趁机激他：“树人同志，你现在是韬光养晦，还是颐养天年？”

陈荆历来幽默，并不流露内心的激情，反而故意说：“麻公子（当地对青蛙的一种称呼）跳三步也要歇口气吆……”

唐群英是有备而来，当然一不做二不休。她微微笑道：“只怕岑春煊（当时的湖南巡抚）未必容你歇气，他对你出的那三千两银子的悬赏并没有撤销啊！不要以为你这十竹山是安全寨，还是早日出山吧！”

陈荆向二位发问：“你们从东京来，同盟会总部有没有什么具体指示？”

唐群英说：“总部的精神是，会员各回本省，鼓吹革命主义并伺机组织武装起义；各省配合，把反清革命运动推向高潮。”

三位曾经发誓“矢信矢忠，有始有卒”的革命党人，怀着对革命事业由衷的责任感和忠诚心，决定立即行动起来，尽快在当地组织武装起义。因为他们看到，当前全国已经形成了一种“山雨欲来风满楼”的局面，革命党人频频暴动，反清帮会群起响应，人民群众自发的反抗斗争层出不穷，致使满清皇帝的上谕中都充满着恐怖的声音：“现值时势多艰，人心浮动”，“近年各省时有匪徒啸聚，……事起一隅，动关全局”；“现在人心不靖，乱党滋多。”(3) 同时他们也看到，对于整个革命事业来说，位于全国腹心地带的湘鄂两省具有优越的地理优势，一旦举义便于四方呼应。所以他们要抓住这良好的天时地利条件。

四

湘乡县城西行90里，是涓水之滨的永丰镇。湘西与长沙之间的客货运输历来在此水陆转换，乾隆年间又在此设立了县丞（县丞为县令之下的佐官，官称“县右堂”）衙署，其政治经济地位都很重要。永丰镇与其西侧的古镇青树坪一带，民风强悍，崇尚武术，帮会组织哥老会非常活跃，1894年曾爆发过反抗清朝统治的“劳田起义”。

唐群英建议就在永丰镇发动起义。她说：“我已经打听好了，设在永丰镇的县丞衙门和团防局共有百十人枪，搞好了，这可就是我们的本钱了！”

陈荆思索一下也马上兴奋起来：“好！永丰有个万和尚，是天符庙的住持，又是哥老会的大头领，此人武艺高强，对官府不满，党羽很多，徒弟也不少。永丰起义，要他来放炮！”

次日一早，陈荆出发去接万和尚，午后两人就来到了十竹山长塘大屋。陈荆向万和尚介绍唐群英是“陶玉梅”，张汉英叫“江冬英”，说她们受同盟会派遣，从长沙来此策动武装起义。

万和尚早就想起义反清，只是恐怕孤掌难鸣，故而迟迟未动。此次有同盟会策动呼应，他表示愿意赴汤蹈火，一马当先。

唐群英感动而又感慨。她说：“永丰有幸，有陈老师和万师父这样的起义领袖！陈老师是日本士官学校毕业生，军事上是行家，又有多次起义的经验；万师傅是武林高手，又是会党首领，手下好汉众多。此次同盟会与哥老会联手起义，我们抱定了必胜的信心！”

四人慎重商议之后，确定了此次起义的步骤。第一步，是要拿下永丰县丞衙门和团防局的百十条枪；永丰得手之后，避开官方的防务重点，出其不意地西取宝庆县城；拿下宝庆之后，即与江西、贵州的会党联系，到处点火，同时争取同盟会从长沙方向驰援呼应。

“到那时候，说不定许多地方的起义军也取得了胜利，大家互相配合共同发力，就能形成全国规模的革命大浪潮，还怕它封建帝制不垮台……”唐群英憧憬着革命胜利的情景，万师傅却提出了一个很现实的问题：

“永丰这一炮一定要十拿九稳！但是，敌方有百十条枪，我们只有刀棍，武艺再好也抵不过枪弹啊！若能有几只手枪，配合我们弟兄们的武艺，便能拿稳。不然就只有六成把握，四成是冒险呀！”他的意思是，希望同盟会方面能支援几只手枪。

“万师傅的意见很有道理，我们应该做万无一失的准备。”陈荆默默点头却面带难色，接着转身向着唐群英和张汉英：“这事可得有劳两位了，你们跟同盟会的同志们比我熟悉。”

“这家伙眼前没有，我们尽量设法去搞！”唐群英做出一个扣扳机的动作，一边思索一边说：“请以半月为期好吗？”

万师傅也正需要时间联络会众和徒弟，自然同意唐群英的意见。

唐群英与张汉英火速出发，取道长沙直奔上海，去争取同盟会中部总会的支援。

没想到，她们走后第八天，永丰镇这里却发生了一件始料未及的变故。

事情起自一个名叫谭义生的人。谭义生是个技术精良的篾工，本地哥老会的另一个首领，人称“永丰第二条好汉”。他与万和尚各有各的“山堂”，不相隶属但长相往来，关系处得很好，而且都是在县丞那里挂了号的“不安分的强人”。这一天，谭义生与邻居王乙友因两家小孩打架闹起了纠纷。王乙友挟嫌报复，向县丞衙署密告谭义生是哥老会的人，县丞衙署立即差人逮捕了谭义生。谭义生为人侠义，思量自己必死，而且料到万和尚必能闻风躲避逃过劫难，所以受审时只承认是哥老会成员、万和尚的徒弟，再也没有牵涉任何人任何事。

果然，县丞差人去捉拿万和尚时扑了空，其他任何人也没有受到连累。

陈荆听到谭义生被捕、万和尚逃跑的消息，大吃一惊，以为起义事泄，连忙避匿亲戚家观察动静。又过几日，打听得谭义生丝毫未涉及起义之事，才放心回家。

待到唐群英和张汉英忙匆匆从上海返回十竹山时，永丰起义的计划已经意外流产。好在事情的变故只是一场虚惊，准备参加起义的人员并未受损，特别是已经得到了同盟会支援的五只宝贵的手枪，三位同盟会员的内心还是感到一些宽慰。他们决计重整旗鼓，重举义事。

五

万和尚得知县丞衙署抓了谭义生，断定他们下一个要抓的必是自己。原想到青树坪知会陈荆，又怕反倒连累了陈荆，只得一个人急忙走避，辗转躲到了湘潭县花石镇哥老会首领黄大鹏家里。这时已经到了1910年（清宣统二年）农历二月。

这花石镇去年天旱歉收，过了年不少人家就断了粮。前些日子，几百个揭不开锅的穷人到大财佬袁老三家“吃排家饭”，被袁老三勾来团防局的团总周正祥，抓走了为首的四个人。被抓的四人之中，有两个是黄大鹏手下的人。黄大鹏急了，便约着万和尚，于农历二月初八，到衡山县白果乡赵家湾，求“赵大老爷”赵艺圃向周团总说情放人。

事有凑巧。这赵艺圃，就是唐群英的大姐夫，而万和尚和黄大鹏来到赵艺圃家时，唐群英又恰巧在赵家与大姐唐希孟聊天。

当时，赵艺圃不在家，唐希孟对来客不甚热心，而唐群英对于邂逅万和尚很是兴奋。

当天下午，唐群英就与万和尚、黄大鹏一起到了花石镇华祝堂黄大鹏家，仔细了解团防局抓人之事。原来，万和尚曾劝黄大鹏夺下花石镇团防局的三十几条枪，杀了那个团总，就此起义；而黄大鹏担心势单力薄，不敢动手。唐群英向黄大鹏反复讲说了当前的形势，她打着比喻说：现在的局面就像是到处布满了干柴，一个地方点火，许多地方都会烧起来，还有同盟会策应，绝对不会孤军作战。

黄大鹏下定了起义的决心。三人的见面会，立即变成了花石起义的部署会。唐群英建议黄大鹏，派一个精明强干的人到湘潭县城去打探清军情况，派一个走路快的人到湘乡十竹山去请陈荆；委托万和尚到衡山三吉堂去取她放置手枪的那口黑皮箱。

唐群英与万和尚、黄大鹏本想，待陈荆来到后即择日起义。到了农历二月十一，陈荆还未到，团防局那里倒有了动静：周正祥已定第二天一早把所抓的四个人押送县城。唐群英与万和尚、黄大鹏一合计，不能等了，必须当机立断，当晚夺取团防局的枪支，营救被抓的弟兄！

唐群英取出她那口黑皮箱中的三支手枪，给万和尚和黄大鹏各一支，她自揣一支。

晚上9时，黄大鹏手下的38个人聚齐，每人手执刀棍。大家分头行动。

唐群英在团防局外面放哨警戒。万和尚悄悄走到团防局门前，迅速解除了卫兵的武装。黄大鹏带领他的人冲进团防局抓住了周正祥，缴了团丁的枪，释放了被关押的农民。不一会儿，袁老三也被绑着拉到了团防局。周正祥、袁老三还没明白过来，已经成了瓮中之鳖。

农历二月十二，花石镇召开动员起义大会，参加的群众有两千多人。在震耳的铳炮声和雷鸣般的掌声中，升起了一面红底黑字的“花石起义军”大旗。唐群英报告了昨晚为民除害的胜利行动，号召大家参加起义军，有钱出钱，有力出力。最后她宣布："花石起义军指挥官是陈荆同志，副指挥官是黄大鹏同志和万国栋（万和尚的名字）同志！"

刚刚赶到花石的陈荆走到台前，叫人把五花大绑着的周正祥和袁老三带了上来。场上群众异口同声地要求枪毙这两个罪大恶极的家伙，两人噗通跪下磕头求饶。陈荆趁机当众审问他们，并给他们指出赎罪之路，见他们认可出粮出钱，便转向群众说："革命需要用钱用粮，如果他们真心赎罪，也可饶他一命。暂且将他们收押，看他们立功赎罪的表现再作处理！"

会后报名参加起义军的有五百多人，编为五个队，每队一百一十人。接着便开始了训练、警戒、侦察等军事活动以及救护、后勤等准备工作，并且制定了三条纪律。起义军和老百姓情绪高涨。

农历二月十五，起义军迎击约有一百二三十人的湘潭县巡防队官兵，打死敌兵四十八人，缴获机枪一挺、步枪五十四支。起义军仅死一人、伤两人。首战大捷。

祝捷大会后，当地士绅和殷实人家纷纷捐钱献粮，加上周正祥和袁老三交的赎罪钱谷，共得银洋四千余元，谷子近三百担。唐群英和陈荆、万和尚、黄大鹏商议后，请地保配合，给当地老百姓发平粜谷一百担，其余留作军需。起义军每个队都分到了十多支枪支，每个战士获得银洋五元。军心民气更为昂扬。

首战告捷之后，败走的湘潭县巡防队官兵退守不远处的盐埠，一派死不罢休的架势。

唐群英与陈荆、万和尚、黄大鹏及起义军各队长，紧急商议如何迎接更加严酷的大战恶战。一致认为，花石一带的地势乃一坦平原，没有障碍物可以凭借，不能沿袭上次打埋伏的战法，于是决定挖一条贯穿涓河南北两岸的战壕，作为奔袭的通道。而要挖这条战壕，就得挖穿涓河及与河平行的大道的底部，工程量是很大的。

湘潭县令接到巡防队败军的求援报告后，飞报湖南巡抚岑春煊。岑春煊命令巡防军统领黄忠浩，急派一个巡防营加一个炮队，务必"剿灭乱民"。巡防营管带何得彪率领巡防营五百人，很快就到了盐埠，随即对花石起义军发起强攻。两军相持两日，双方伤亡都不少。

何得彪见起义军的战壕尚未挖到涓河南岸，第三天夜晚便派人迂回到了涓河南岸，第四天他们的炮队也赶到了。起义军兵器不足，无路可退，腹背受敌，全线崩溃。后来，跟随唐群英、陈荆和万国栋且战且退的二三十个战士，死的死，逃的逃，最终一个都不见了。再往后，万国栋也在砍倒四个官兵后，中弹倒地。

唐群英和陈荆侥幸脱险。两人踉踉跄跄地来到一块石板前，再也走不动了。

陈荆愣楞地发呆，满脸涨红，泪如泉涌："我……对不起花石，特别是……万师傅呀！"唐群英也无法抑制内心的伤痛和悲愤。

唐群英劝说陈荆到赵家湾歇息了一晚。唐希孟派到花石去的人回来说，花石"造反"的人被打死一百多，被抓了几十人，黄大鹏不知去向。唐群英和陈荆听了，心中更加沉痛。

次日，唐群英和陈荆转去三吉堂，在唐群英的书屋里，深刻地检讨此次起义失败的原因。

陈荆悔恨地说："首战大捷，冲昏了我们的头脑……殊不知，没有受过严格军事训练又没有严密组织基础的群众，革命的热情虽高，打仗却难以过硬，更何况，五百多人就有四百多人手中连支枪都没有啊……而我却指挥他们和强敌打阵地战，怎能不失败呢……我对不起花石死去的几百个弟兄呀……"

唐群英也反思着自己："树人同志，昏了头脑的是我……从劝说黄大鹏起义、团防局夺枪、成立起义军、筹得粮款，到首战告捷，似乎一帆风顺，心想事成。这使我不由得踌躇满志，自以为有多么了不起，完全没有从不利的方面去考虑，结果造成了这么大的损失！中间我让黄大鹏派人去长沙跟同盟会同志联系过，也没有什么消息。如果我的头脑清醒，在明知大捷之后必有大战的时候，不去与敌硬拼，而是避实击虚，保存实力……这是血的教训呀，必须一辈子记取！"

两人共同总结了经验教训,决计踏着烈士的血迹继续前进!他们商定,稍事休整之后,约上张汉英,一起到发生过萍浏醴起义的江西去投身革命运动。

六

由于前一年遭遇特大水灾，稻米几乎颗粒无收，而外地洋商仍然来湘大肆粜米、黑心粮商也趁机囤积居奇等原因，素称“鱼米之乡”的湖南闹起了前所未有的饥荒。长沙一带的米价一日数涨，早晚不同价。家无存粮的百姓，过了1910年春节即已啼饥号寒难以聊生，被逼到了生活的绝境。四乡饥民纷纷涌进当地大户“吃排饭”，城乡饥民不断汇集省城，一场不可知的风潮正在酝酿之中……

农历三月初三（1910年4月12日），唐群英到了长沙，找到位于落星田的同盟会员招待所“定忠客栈”，对上暗号入住其中。她是按约定来与陈荆会合的。沿途所见使她触目惊心。

“定忠客栈”的“老板”、同盟会员袁剑非，跟她讲了几个老百姓痛苦挣扎的事例。

昨天，南门外以挑河水为生的贫民黄贵荪，让妻子拿着八十文钱去买一升米，没想到其中有几文是刚刚不能通用的‘制钱’，粮栈拒收。这妇人忙向人借了几文凑足钱数再去买，不料就这一转眼的功夫，米价竟又涨了几文。家中已断粮，买粮又不成，这妇人痛感没有活路，投水自尽。那黄贵荪再也拿不出买米的钱，一狠心，抱起一儿一女也投了水……

今天，善化县（长沙市属县）一个老婆子拿着七十四文钱到碧湘街粮栈去买米，粮栈老板说，一升米刚刚涨到了七十六文；老婆子赶忙回去又取了两文钱，可是米价却又涨到了七十八文！那老婆子气急得破口大骂：‘你们这些狼心狗肺的奸商，吃人也不能这样吃啊！我们穷人横直是个死，我今天就死在你这里了……’围观的人愤愤不平，一声喊“打”蜂拥而入，把那粮栈砸了个稀巴烂。一时之间聚集起来的九百多人又一窝蜂冲到了鳌山庙巡警分局（属善化县），要求平粜救灾。急忙赶来的善化县令郭中广，在群众压力下，不得不假意答应明天中午发平粜……

唐群英马上敏锐地说：“一个县令自食其言，那就犯了众怒，群众岂肯善罢甘休！这倒是个好机会……”

袁剑非心领神会：“你说的是——乘机起义……”

农历三月初四上午，得到善化县令郭中广连夜密报的岑春煊，即令巡防所长龚培林率部前去捉拿“闹事乡民”。龚培林把木匠刘永福抓去巡警公所拘押。城乡群众被进一步激怒，团团围住了鳌山庙巡警分局。愤怒的人群不断汇集，瞬间即达数千之众。事态正在扩大之中。

到下午，长沙协副将杨明远、善化县令郭中广、长沙县知县余屏恒，先后带队前来镇压群众，反被群众来了个反包围。后来，长沙巡警道赖承裕带兵勇赶来，刚下轿就被群众扭住，一顿拳脚几乎打死。他的几个护兵，脱去“号子”服，混到群众中假意呼喊“把他押到巡抚衙门去”，这才救了他一条命。

不肯罢休的群众，呼啦啦跟踪到巡抚衙门，方知赖承裕被保护了起来。大家受了欺骗，自然更加愤慨。天渐渐黑了下来，抗议的队伍却滚雪球似地迅速扩大到一万多人，巡抚衙门被围了个水泄不通。

惊恐万分的岑春煊，使出的仍然是欺骗手段，空口承诺什么“五日内发平粜，每升米六十文”、“明日发平粜，每升米五十文”、“释放刘永福”……对官府失去了任何信任的群众，愤怒到了极点，潮水似地涌进巡抚署衙，捣毁了辕门和照壁，直冲内堂……

岑春煊气急败坏，下令巡防营向群众开枪，当场打死十四人，打伤四十多人。但是，枪弹并未吓退愤怒的群众，他们分头奔向城厢内外的各个碓房、堆栈，把能够找到的米粮抢了个精光……

这一天，唐群英一直在焦急之中坐卧不宁。

一早她就让袁剑非跟她一起去联系长沙的秘密同盟会员。他们先到清泰街文昌祥成衣店，找到了店主身份的刘大禧。刘大禧马上安排徒弟罗富年，以送军衣为名到新军四十九标第二营，秘密通知了管带陈强和排长陈作新。

傍晚时分，陈强和陈作新悄悄来到文昌祥成衣店，与唐群英和袁剑非密谈。二陈非常赞同唐群英提出的乘机起义的意见，并且表示：“新军四十九标第二营是靠得住的，如果起义愿作先锋，赴汤蹈火在所不辞！”但是他们又考虑到，新军的其他队伍之中也有同盟会员，或者也受到了同盟会员的影响，如果起义，必须全面发动，统一步调，光靠他们这一个营恐怕徒作牺牲得不偿失。

陈强和陈作新的思路，提醒了唐群英和袁剑非：关于起义的事，必须先向同盟会湖南分会提出建议，由分会安排部署。他们当即在骚乱重重、危机四伏的黑夜里走街串巷，到了分会所在地——位于福源巷的文明女校。袁剑非回“定忠客栈”照看，唐群英留下与分会主持人之一曾杰（另一人是龙养源）商谈。

“群英同志，上次接到你们在花石起义的报告，我们非常高兴，计议马上……”曾杰开始了有板有眼的谈话。

“上次我们考虑不周密，行动太仓促；这一次我看长沙的起义时机已经很成熟了……”唐群英打破了按部就班的谈话常规，把她两天来的所见所闻一股脑地倒了出来，迫不及待地问：“这么好的机会，我们湖南分会怎么没有一点动静?”

“我和龙养源同志也觉得是个大好机会，可是分会里军事方面是焦达峰同志负责，而他这些日子没在会里，我和龙养源又摸头不知脑……”曾杰说出了他的难处。

“焦达峰同志不是还兼着‘共进会’的职务吗，我们到共进会湘省总部去找他！”唐群英急不可耐。

两人到了共进会湘省总部，才知道焦达峰已于一周前去了汉口。唐群英只得请曾杰给焦达峰发加急电报，促其速即返湘，自己暂回“定忠客栈”。

长沙市城乡人民差不多都卷进了抢米风潮。农历三月初五，全城群众奔走相告，所有商家全面罢市，社会秩序几近瘫痪。

岑春煊下令长沙知府、县令，召集城乡各都团及士绅开会商议，尽快拿出解决方案。然而，都团及士绅内部，有顽固保守的，也有比较开明的，众说纷纭，议而不决。岑春煊黔驴技穷，无计可施。

起事的群众没有组织领导，没有行动计划，凭着火山烈焰般的愤怒情绪，一人招呼万人即上。巡抚衙门成了一片火海，岑春煊气急败坏下令开枪，又欠下二十几条人命血债！群众还是不屈服，继而把怒火烧向外商洋行和外国教会。英商的怡和、太古，美商的美孚，德商的瑞记，日商的三井、东信等等洋行的办事机构和码头、趸船、堆栈等设施，法、英、美等国的一些教会房屋等等，都被焚毁或捣毁。长沙城郊火区处处，浓烟滚滚……

新军四十九标第二营奉上司之命入城警戒，恰是将群众怒潮转为革命起义的天赐良机。但是，陈强和陈作新得不到唐群英传来同盟会的指令，想动作怕得不到友军配合，不动作又怕坐失良机，很是为难。陈作新按捺不住，几次想联络群众冲击巡抚衙门，“捉住岑春煊，把刀架在他的脖子上，强迫他向群众投降”；陈强却主张谨慎忍耐。

起义良机果然稍纵即逝。焦达峰一时回不到长沙（因当时粤汉铁路尚未修好，走水路绕远费时），群众的革命情绪得不到组织引导。清政府却迅即临阵换将，由凶神恶煞的庄赓良（原任湖南布政使）取代岑春煊暂时出任湖南巡抚。庄赓良挥动“铁手腕”，抡起“三板斧”，整顿了本省的军队，争来了湖北的救兵，对“闹事乱民”“格杀勿论”“就地正法”！转瞬之间，长沙城乡竟又血流成河，泪飞如雨……

不久湖北布政使杨文鼎正式署理湖南巡抚，在“尽法惩治，以警刁顽”的同时，也不得不采取了一些善后措施，以息民愤。例如，通过提取税银、借款、筹款等，从外省及越南西贡购买米粮，以每升四十文卖给老百姓。此是后话。

长沙起义错失良机，唐群英心如刀绞，难以自已。农历三月初五下午，当她见陈荆来到长沙，竟然孩子似地怪罪他晚来了两天，那情景就像是陈荆若能早来，起义就能告成似的。陈荆分析说，长沙范围大，情况复杂，不比花石，“我早来了也只能和你一样干着急，因为你我在这里没有基础”。提到焦达峰，陈荆说他们在萍浏醴起义时共过事互相了解，“此人若在长沙，断不会错过起义机会的”。

唐群英和陈荆觉得，继续留在长沙，徒增烦恼之外已无任何意义，于是决定迅即离开。

农历三月初七上午，当他们与袁剑非告别，提着行李走到“定忠客栈”门口，不想焦达峰竟然迎面匆匆而来，曾杰和龙养源陪着他。

焦达峰刚下轮船，还没来得及吃早饭就赶来“请罪、送行”。他说：“我们和新军各营都有联系，抚标各营之中也有我们的人，这本来是很好的基础。但由于保密的需要，联络线索都由我掌握。这几天我去了汉口，就没有抓住这次起义的绝好机会！我非常后悔，非常难过，我对革命有罪……”

唐群英和陈荆心里本来有些怪罪焦达峰，这样一来只好反转来安慰他了。他们说，现在清廷和各级官吏已经尽失民心，就像是遍地埋下了地雷，随时随地都有爆发的可能，我们失去了这次的好机会，肯定还会有别的机会，何况我们也可以制造机会……

大家互相安慰，互相鼓励，心情才觉得好受一些。

唐群英对于自己没能够向陈强和陈作新解释“有始无终”的原因，感到很是抱歉。焦达峰马上接过去说，他会去对二陈做解释和检讨。

与焦达峰握别之时，唐群英忽然想起了唐盛隆之事。焦达峰惋惜地说：“令兄是个好同志，他把做生意的钱全部捐给我们做活动经费，自己过得很清苦，还担负着艰难的任务，把身体搞坏了……可惜，事情没办好，他就离开我们了……”

想起许多为革命牺牲的同志，焦达峰又一次激动地表示，此次未能抓住长沙的机会，这个罪责他一定要补救过来，请大家看他的行动！

几个把生命交给了革命的同盟会员，在革命的危机时刻，誓与革命同生共死。

---

(1) 此诗于上世纪五十年代初，从《孙中山文集》编辑之一、衡阳籍老同盟会员王祺收藏的手抄本中发现。初次发表于1981年《双峰文化》。手抄本没有注明此诗写于何时何地。

(2) 当时对地方小剧团的称呼。

(3) 《光绪朝东华录》第五册，总页5768、5770。

第八章 辛亥挥戈

广州黄花岗起义之日，她创刊《留日女学会杂志》；
武昌首义之后，她到上海组织起了“女子后援会”。

长沙之行，没有影响唐群英坚持革命斗争的信念和热情，但却改变了她从事革命活动的地点和方式。因为，她从同盟会湖南分会那里，得到了黄兴的一个口信：黄兴希望她再次东渡日本，继续在女留学生中进行革命发动工作。革命领袖黄兴，奔忙于武装起义第一线，谋划着反清斗争的全局，他十分看重当时作为中国同盟会本部所在地的东京，在培养输送革命后备力量方面无可替代的作用。

于是，1910年夏，年近四旬的唐群英，离开时刻牵记的老母和一直未能亲自照料的抚子（湖南方言，称“继子”为“抚子”）遂九，又一次到了日本，进入东京音乐专科学校。她从小喜爱音乐，一支玉箫常常不离其身，但她并没有精研音乐的夙愿；再说她早已完成了在日本的学业，也没有进一步深造学问的计划。这一次东渡，完全是为了革命事业的需要。

一

自1905年之后，旅日中国留学生人数显现了逐年减少的趋向，留学生中的革命宣传也有所减弱。

女留学生方面的情况是，同盟会女会员大多回国投身革命，倾向革命的女青年也陆续回国从事女子教育。鼓吹民主革命、妇女解放的女留学生报刊《女学报》（前身为1899年由陈撷芬在上海创办的《女报》，后更名为《女学报》，1903年至1904年之交，在日本一度复刊）、《女子魂》（1904年创刊，潘朴主编）、《白话》（1904年创刊，秋瑾主编）、《中日女学界》（1906年创刊，燕斌主编）、《中国新女界杂志》（1907年创刊，燕斌主编）、《天义报》（1907年创刊，何震主编，带有无政府主义色彩，但主张男女平等很坚决）、《二十世纪之中国妇女》（1907年创刊，田桐主编）等，都已先后停办；主张发扬女权、自强互助的女留学生组织“共爱会”（1903年由胡彬夏等创建、1904年又经秋瑾重建）、“女子雄辩会”（1904年由秋瑾创建）、“女子复权会”（1907年由何震创办，带有无政府主义色彩，但主张男女平等很坚决）、乃至唐群英参与领导的“中国留日女学生会”（1906年由李元创办）等，也都无形解体。这种状况，与当时东京作为反清革命力量养成地在促进女战士成长方面的使命，显然是很不相称的。

唐群英感到身上的担子很重。

西方列强打开中国的门户后，张开了蚕食鲸吞的血口，老大中国时时面临瓜分惨祸。1910年滇越铁路全线通车后，早已强行在我云南蒙自开设通商口岸的法国，大大加快了掠夺我国锡产的速度；1911年1月，侵缅英军向北扩展占领我云南省的片马地区；2月，俄国边境驻军悍然进犯我新疆伊犁……真格是“瓜分瓜分，震破耳幕，枪雨弹烟，频频入梦，刀光剑影，咄咄逼人。”(1)

《留日女学会杂志》封面

为了抗议列强瓜分，随时准备回国报效，1911年2月26日，留日男学界组织了“留日中国国民军会”；3月5日留日女学界成立了“留日女学会”。

在百余人参加的“留日女学会”成立大会上，作为发起人的唐群英，当选会长，并被推举为随即创办的《留日女学会杂志》主编兼发行人。

诞生于反清革命风起云涌特殊年代的“留日女学会”，以号召中国妇女积极救国为宗旨，一成立就显示出鲜明的政治倾向。恰在黄兴领导的广州黄花岗起义爆发之日——4月27日创刊的《留日女学会杂志》，一面世即表现出了英武的战斗姿态。

“我最亲爱的二万万女同胞呀，你们也都知道我们的祖先，为我们辛辛苦苦挣得出的土地财产，都要被外人占去么？我们最亲爱的父母兄弟姐妹，都要去为人的奴隶么？并且近来数月，风声日紧，瓜分祸迫：外边是，俄国占了我们的伊犁，英国想要我们的片马，法国又在云南地方进兵，各国的报纸上，都载得有列强在法国巴黎密议瓜分我们土地的事；国内是，在上的政府大老，只顾保住自己的势位，不管国民的死活，又不绝的天灾、水旱鼠疫，弄得差不多一半的国民，家败人亡。又是饥饿，又是寒冷，一天也要死去百把个人，你说可惨不可惨呢！

“国亡而不能补救，则匹夫与匹妇，皆与有罪。而国将亡而思补救，则匹夫与匹妇，皆与有责也。

“女界同胞，正宜当此国家多难危急存亡迫在眉睫之秋，与男子奋袂争先，共担义务，同尽天职，则不失天职，即能得自由之先声。

“欲与男子共图发达，……唯有发顽起冥，震聩启聋，尽鼓吹之能力，采开导之方针。沉沉酣梦，唤以金钟；恹恹沉疴，苏以药石。此女学杂志之所以刻不容缓者也。

“诸姑姊妹，有鉴于此，爰趁时机，大集同人，分留学之光阴，发救亡之愿力，共竭绵薄，期以远大。……断绝依赖，人自为学，发爱国之忱，谋独立之道，勿云巾帼无能，但须娥眉有志，及时勉励，养成毛羽，东亚天地，任我飞翔。……我四千年祖宗创立之国基，将于是赖，岂女界之光也。”

《留日女学会杂志》为综合性季刊，“以注重道德、普及教育、提倡实业、尊重人权为宗旨”，设有论说、译著、科学、文苑、小说、诗词、图画等10个栏目，对于中国的政治制度、社会生活以及妇女解放问题，展开了大视野、广角度、深层次的分析探讨。其中的许多观点，历经百年仍不失其锐利和深刻。

例如，关于中国的政治制度，该刊指出，“我中国席雄厚扩大之版图，介寒温热三带间良好之位置，民族繁衍四万万，对于世界反无完全独立之资格者，固皆谓我民族咸呻吟痛苦于压制政体之下，而不能自由故也。”

又如，关于中国社会的痼疾，该刊指出，“国家之亡，由于政治腐败者半，由于社会之腐败者亦半”；“中国风俗之弊，固言之不能悉数，若迷信则其一端也"；"重男轻女为世俗之谬见，绝非公理之正"，"呜呼，世教衰而女学废，三纲之说兴而女权摧。学废则知塞，权催则位卑"；"婚姻专制之弊，急宜改革也。中国主婚之权，实在于父母，而无子女容喙之余地，此其弊之最大者也"……

更如，着墨最多的妇女解放问题，该刊指出，"一国之人民，女子居其半数，其能直接以活动于政治上，其裨益于国家者固无穷，即间接以活动于政治上，其裨益于国家者亦无穷"；女子是"国民之母"，"母教贤而国民良"，"欲使女子能尽此责任，必先开通女子之知识"，"女英雄，女豪杰，若欲使混沌女界放一线光明，莫若习师范，以求教育之普及"；"实业兴而女子之生活足矣，女子之生活足而男子之负担轻"；"女子的性质绵密，天性又厚，富于慈善心"，所以女子要学习医护，在"中国男儿义勇从军，为国亡命的时候，我们女子也编起赤十字会来，随地救护"；女子"既为社会一分子，自当为社会尽一份义务。将来自立立人，方足以自立于天地之间"……关于妇女的地位、作用、独立的途径、当前的使命诸多方面，尽皆谈到。

这样一份既具革命号召力又有实践指导性的女界杂志的出现，不啻在平静多年的留日女学界重新擂响了战鼓鸣起了号角，极大地振奋了年轻留日女学生的革命热情，为辛亥武昌起义前夕众多留日女学生回国参战奠定了思想基础。

《留日女学会杂志》创刊号一出，即受到革命党人的好评。革命诗人、报人宁调元（即1906年创办《洞庭波》杂志的宁太一，当时担任北京《帝国日报》主编），读了该刊创刊号即写下《留日女学界之新刊》一文，称颂该刊"大旨在提倡职业，尊重人权，输灌德育。其《女权正说》、《女子复权论》诸篇，尤为全书精神所在，谊正而词明。前此诸女界杂志，得未曾有，是为全国二万万女同胞下一当头棒喝矣"。

该刊流传到国内后，在女学生中产生了相当影响。据《民立报》1911年8月25日《淑女遭冤》一文报道，贵州有个姓任的女学生读了《留日女学会杂志》创刊号后，即"醉心于男女平权，结婚自由"，勇敢反抗包办婚姻；父母将其赶出家门，官府将其拘押，"摧抑不遗余力"；可是这位女学生"誓不受男子压制，媒妁结婚之野蛮拘束"，当众宣传男女平等婚姻自主；受此事震动，贵州官府下令各女学堂，严禁女学生谈论婚姻自主，更不准集会议论。

及至七十年后，由中国社会科学院近代史研究所报刊史专家丁守和主编的《辛亥革命时期期刊介绍》[2]，也对该刊作出较高评价："从女界各类报刊的比较来看，《留日女学会杂志》也是质量较高、影响较大的杂志之一。"

二

唐群英擅长写作格律诗。小时候只是一种爱好，接受革命思想后成为一种抒怀的方式。创办号召国内外女学生投身革命的《留日女学会杂志》以来，她想把诗词作为一种战斗的武器，这就需要适应广大读者的接受状况，考虑普及推广的效果，改格律诗为通俗易懂的白话诗。她试写的第一首白话诗《望月台》[3]，是借刘琴跳崖的故事，表达对于封建社会妇女悲惨命运的愤懑，以及对于获救后在紫竹林当尼姑的刘琴姑娘的怀念。诗曰：

刀削怪石，耸入云天，云蒸雾绕，难辨容颜。
你吞噬了多少可怜的人，年年岁岁，岁岁年年。
伫立在你的头顶上，万千思绪可曾间断？
巨险的望月台，告诉我，亘古以来你是獠牙狼犬?!
紫竹林里的木鱼声声，缓缓地为你催眠；
祝融峰的烟雾缭绕，轻轻地带你进入梦幻。
善男信女的虔诚之态，点点滴滴可入心田？
仙境的望月台哟，告诉我，他们心里的秘密可曾窥见?!
山风呼呼，野草茵茵，云雾里酝酿的阴谋又要重演：
含情脉脉的姑娘，眺望远方许久，纵身跃入深涧。
南岳山上，处处风光令人醉，唯有你却令我阵阵心酸。
残酷的望月台，告诉我，他们摆脱了什么忧烦?!
天地悠悠，栏杆拍遍，死人的灵魂何处显现？
但见野狗狺狺，鸱鸮翩翩，
多少人发自肺腑的呼叫：解决丑恶岂能靠那一纵瞬间。
可悲的的望月台哟，告诉我，何日你才是登临人的感叹！

这首准备登在《留日女学会杂志》第二期上的白话诗，引发了唐群英对于革命文学界发展动态的关注，并促成了她与革命文学团体"南社"的结缘。

20世纪初，以上海为中心的江南数省，涌现出了一批先进的知识分子。

他们反对清王朝的专制统治和御用文化、提倡民族气节和民主精神，呼应中国同盟会艰苦卓绝的武装起义，酝酿成立了中国近代史上第一个鼓吹反清革命的文学团体，也是中国近代史上最大的一个文学团体——“南社”。据《南社社友姓氏录》的编号，社友总数达1667人。所以称为“南社”，既表示了与“北廷”清王朝“分庭”的政治态度，也是其“操南音不忘本”的诗魂所在。

“南社”由陈去病、高旭、柳亚子等知名诗人（他们也都先后加入同盟会，高旭并为江苏支部长）发起，最初酝酿于1907年，正式成立于1909年。其成员普遍受到孙中山思想的影响，不少人是孙中山的亲密战友，总人数的十分之一为同盟会员。其存续的十数年中（1923年停止活动），虽经历了由备受摧残而至衰败的过程，但在1909-1911年的全盛时期，以社友“雅集”、写诗著文，办报办刊的方式，向着封建帝制口诛笔伐，成为辛亥革命时期一支卓有成效的文化大军。时人多称“南社”与“同盟会”构成了一文一武的“犄角之势”，甚至有“南社”为“同盟会宣传部”之说。

早在1908年7月“南社”酝酿成立之时，身陷囹圄的革命诗人宁调元，便曾致书高旭推荐唐群英入社。他说：在留日女学生中“有张君汉英、唐君群英能诗文，然又以唐君为最优，弟均当嘱其入社。”显然，宁调元认为她们已符合南社“品行文学两优者许其入社”的条件。1911年8月19日，由“南社”社友傅屯艮、黄梦蘧、阳惕生介绍，唐群英在东京填写“入社书”，与其挚友张汉英同时加入“南社”。唐群英的“入社书”为193号，张汉英的“入社书”为194 号，她们都是“南社”早期社友。

“南社”早期女社友有62人。大多都是才学双全的进步知识分子，才华横溢的诗人、作家与教育家。柳亚子在1944年曾经不无自豪地写道：“从晚清末年到现在，四五十年间的旧诗坛，是比较保守的同光体[(4)]诗人和比较进步的南社派诗人争霸的时代。但有一种怪现象，在同光体诗人中间，没有一个出名的女诗人。……在南社派中间，举得出名字的，却有旌德的吕碧成，湘乡的张默君，和崇德徐自华、蕴华姐妹，足以担当女诗人之名而无愧。”唐群英当时正以主要精力投入革命实践活动，在《南社丛刻》（相当于南社会刊）上发表诗作不多，但仍被同为南社社友、后来成为著名文史掌故作家的郑逸梅称为“南社社友之杰出者”。谈及她的诗才，郑逸梅说：“民初各报附刊纷载其诗，亦不类巾帼口吻。”[(5)]

三

同盟会成立以来将近六年时间之内，革命党人此起彼伏的武装起义，已经成为清政府的心腹大患。1911年4月黄兴直接领导的黄花岗起义，算起来是革命党人的第10次武装起义。这次起义虽然又失败了，但以七十二烈士为代表的革命战士所表现出来的英勇气概和不屈精神，却大大鼓舞了广大革命党人和反清民众的战斗意志。孙中山在《黄花岗烈士事略》序言中满怀深情地写道："是役也，碧血横飞，浩气四塞，草木为之含悲，风云因而变色。全国久蛰之人心，乃大兴奋。怨愤所积，如怒涛排壑，不可遏抑。不半载而武昌之大革命以成，则斯役之价值，直可惊天地，泣鬼神，与武昌革命之役并寿。"(6)胡汉民也评论说："由是而满廷上下，震恐失措，民众万万，愈有'曷丧偕亡'之志，至武昌振臂一呼，而天下皆应，则正以三月二十九（即公历4月27日）之役为先声。"(7)

就在革命风云激荡之际，唐群英与苏淑贞、苏洵贞、林演存、林贯虹、钟进英、吴墨兰等留日女学生，于1911年9月上旬自日本回国，直接投身革命大潮。1912年9月21日，唐群英在《创办女子白话报意见书》中回忆此时的情况说："去夏，伊犁片马受逼英俄，旅日同胞谓战而失地，犹胜于不战而割地，于是有国民军之发起。群英亦于同时发起女学会于东京，编辑女学杂志，按季出版，欲发启女子爱国之热忱，以尽后援之义务。一期出版，颇受社会欢迎。二期稿甫脱，而武汉之义旗将高举矣，群英遂回国，奔走于长江流域，尽力革命事务。"

回国之后，唐群英先到三吉堂探望亲人。母亲已老，遂九尚幼，伯珪虽已入读长沙法政专门学校，也才只有十五岁。想到连心亲人老的老小的小，一时之间她的内心也充满了无限怜惜和牵挂，巴不得留下来安安稳稳地尽为人子为人母之责。然而，既已立誓献身"创立民国"事业，自然要挣脱亲情的羁绊，这是一个革命者唯一的选择。

自从写了《望月台》那首白话体的诗，唐群英对刘琴的那份怀念之情，越发频繁地涌上心头。现在来到了衡山脚下，她更加急切地要去看看那个在紫竹林为尼的刘琴。

一别十来年，紫竹林旧貌依然，刘琴却完全改变了模样。当年悬崖边的刘琴，尽管衣衫褴褛、神情悲痛，仍难掩少女的清纯和灵秀；今日庵观中的刘琴，整洁的青衣与平和的举止之中透露出来的，却是一种特殊境况所给予的沧桑和淡漠。唐群英在稍远处打量了好一阵子，才抑制住内心的激动，上前招呼刘琴。

刘琴一见唐群英，似乎忘记了自己的道姑身份，表现出了从未有过的惊喜，急忙拉住唐群英的手，高声叫道："姑姑！我好想你啊！你把我忘了吗？"

唐群英动情地说："姑姑哪能忘了你呢！那年在半山亭分手的时候，我答应来看你，这不是来了吗……"

两人牵手来到一个僻静处，细细交谈。

刘琴说，当年收留她的住持老尼两年前归西，现任住持是从观音庵来的，性情乖僻，心胸狭窄，处处善待她带来的人，排挤原来的人，使紫竹林里分成了新旧两派，极不和睦，受排挤的人中有几个已经到别处去了。

"姑姑你知道，我是把这山中佛门看成比山外鬼世界清净的地方，才留在人间的，谁知如今也有这等麻烦可恼的事……"刘琴忍不住流下了怨愤交集的泪水。

"那么，你怎么打算呢？"唐群英也不曾料到会有这样的事情，但她更关心刘琴的安置。

"我恨这个鬼世界，竟没有我立足的地方……"

"当初你不肯跟我去，现在既然这里不相安，还是跟我走吧！给你找个合适的婆家……"唐群英为她盘算着。

"阿弥陀佛！作孽作孽！"刘琴习惯地双手合掌，斩钉截铁地说："不，姑姑，我服侍您一辈子！"

"真的？"

"我的命都是您救下来的，我还能跟您说假话！ 紫竹林我不想待了，嫁人我更不想。今天您碰巧来了，只要您不嫌弃，我就跟您走，服侍您一辈子！这也是我的福缘！"

"我不要人服侍，如果你愿意跟我走，可以和我一起干……"

"干什么？"

"干革命！"

"我不懂……"

"就是打翻这个吃人的鬼世界，建设一个美好的新世界。"

“能行吗?”

“当然能行，已经有千千万万的人在干这个事哪！不过，要打仗，有危险，你怕不怕?”

“顶多不过是死吧？我是个寻过死的人，还能怕什么！”

说到这里，两颗心完全连在了一起。

刘琴离开紫竹林的事情办得很顺利，住持果然毫不阻拦。唐群英让刘琴稍微改变一下装束，就带她下了山。

从此唐群英身边多了一位坚定的革命战士。

四

反清革命发展到1911年10月，尽管同盟会的起义计划中并未将“九省通衢”的湖北省作为重点地区，但由于六年以来革命火种的播撒扎根，“长江一带民气飞腾”，武汉“人心愤发”，辛亥革命的第一枪还是在武昌打响了。

作为武昌枪声的共鸣与回响，月余时间15个省市举行光复起义，宣告脱离清政府而独立。其后各省起义连续不断，会党和下层群众的自发反抗层出不穷，革命潮流虽有波澜回荡，却呈现一派不可阻挡之势。

这场席卷中华大地的革命潮流，激荡起了中国妇女的战斗热情和勇武精神。她们中的先进分子纷纷行动起来，组成具有一定规模的队伍，或直接参军参战，或赴战地救护伤员，或为义军募集粮饷，形成了革命党人武装起义历史上女子参战助战最为壮观的场景，史称“辛亥女子军运动”。

同盟会发动领导的历次武装起义中，都有女战士的身影。在1910年广州新军起义之际，女会员徐宗汉、陈淑子、卢桂平、李自平等，冒死往来于香港、广州之间，参与制造炸药、运送枪弹。在1911年黄花岗之役前后，徐宗汉三姐妹（徐宗汉、徐慕兰、徐佩瑶）、卓国华姐妹（卓国华、卓国兴）、宋铭黄、陈淑子、胡宁媛、何少卿等女会员，或化装运送弹药，或坐镇秘密据点，或参与放火助攻，或掩护伤者转移，其英勇表现“实足与参加这次起义，冒锋镝，掷头颅，与清军浴血搏斗的热血男儿同垂青史”。[8]

武昌起义后的女子军，首先出现在湖北。19岁的女青年吴淑卿，在武昌首义第三天即主动请缨参战，由湖北都督黎元洪授权，组建起一支约

200人的女子军，经过短期军事训练即投入汉口战事。湖北女子军威风一时的雄姿，开启了辛亥女子军运动的序幕。

上海、江苏、浙江一带，是同盟会中部总会直接影响的地区，也是光复会集中活动的地区。11月4日上海起义胜利，11月5日江浙两省宣告独立。在节节胜利的历次战斗中，妇女战士展示了雄姿，发挥了作用。上海起义中，光复会女会员尹锐志、尹维峻姐妹[9]，坐镇起义指挥中心"锐峻学社"，负责军事联络工作，尹锐志更亲随光复军敢死队参加进攻闸北警察局和江南制造局的战斗。光复浙江的战斗中，尹氏姐妹与光复会男将领一起，率领敢死队进攻浙江巡抚衙门，年仅17岁的尹维峻策马冲在最前面，投出第一颗炸弹，立了第一功。

浙江光复后，尹氏姐妹与光复会女会员林宗雪、张馥真（张馥真为林宗雪之妹，随母姓）、薛素贞等组建了"浙江女子国民军"（又称浙江女子先锋队）；上海宗孟女校校长陈婉衍和教师童同雪等，奉光复军司令李燮和之命，招募了"女子北伐光复军"（又称女子荡宁队，后改称女子北伐队）。这一时期南方独立诸省的女子军事团体还有：沈警音、葛敬华等18人发起、推举为苏州光复做出杰出贡献的同盟会女会员张昭汉[10]为团长的"女子军事团"（又称"上海女子北伐敢死队"，1911年11月18日成立）；同盟会女会员沈佩贞创办的"女子尚武会"（1911年12月24日成立于上海）；同盟会女会员徐慕兰、宋铭黄等率领的"广东女子北伐队"（1911年末成立）；同盟会女会员吴木兰组织的"同盟女子经武练习队"（1912年1月12日成立于上海）；以及江西"女界军事协进会"、福建"北伐学生军先锋队"中的"女子敢死军"等等。各女子军事团体，加紧练兵习武，随时准备随同革命军参战北伐。

为了抢救前线伤员的需要，医务界的进步女性很快建立起了战地救护组织。上海医院院长张竹君女士发起的"中国赤十字会"，是创建时间最早、规模最大、业绩最为显著的女子战地救护组织。张竹君亲自率领的"中国赤十字会"第一团（120人中有女性54名），于10月28日到达汉口前线，后又在汉阳、武昌设立战地医院。在两个月的时间里，冒着枪林弹雨抢救治疗伤员1300多人。张竹君率团自上海开赴武汉之时，还曾冒险掩护黄兴化装抵达前线就任起义总指挥。受"中国赤十字会"第一团的感召，上海部分上层妇女又于11月初组织起"中国赤十字会"第二团，分赴苏州、杭州、嘉兴、崇明等前线，实施战地救护。

以劝捐集资接济民军为目的的妇女筹饷组织，也陆续建立起来。1911年

12月，“上海女界协赞会”由上海著名官绅士商伍廷芳、吴畹九、沈漫云、唐露园的夫人以及妇女活动家单士厘、唐金铃、程颖、姚蕙等发起成立，特请张昭汉担任干事长。该会还在杭州、无锡、苏州、常州等许多地区设立了分会，筹饷活动开展得有声势有成效。当时南方诸省妇女纷纷捐款、献首饰、搞义演义卖、缝制军需衣物，形成了为革命尽力的高潮。

就在辛亥女子军蓬勃兴起之时，唐群英带领刘琴来到了上海。她向同盟会中部总会报到之后，随即投身光复运动。这位能文能武的同盟会资深女将，很快成为辛亥女子军中一位重要的组织者和领导者。

唐群英与同盟会战友张汉英等一起，联合上海及江浙地区一些女界名流和女校师生，先于“上海女界协赞会”创建了妇女筹饷组织“女子后援会”。1911年11月23日《时报》报道，“昨日有东京女留学会会长唐群英与河南女师范学堂监督张汉英二女士来沪，以武汉事起，大局糜烂，满目疮痍，不忍坐视，拟召集女界热心之士，组织女子后援会，开往各处调护民军受伤军士；一面派人至各省筹款，接济饷糈。……闻已择定本月初五日（此处指农历十月初五，即11月25日）开会，选举办事人员。一俟各项办妥，即将随沪淞军队出发云。”几天后，新成立的“女子后援会”，即在《神州日报》发表《女子后援会意见书》，诚恳呼吁：“国不独立，则失所以为国，民不自由，则失所以为民。欲购此最大之幸福，必先掷最大之代价；此代价非他，赤血而已矣，黄金而已矣。……今者义军云集，胡虏夺气，我伯叔兄弟慎毋逸此机会，富者速输巨款，贫者亦当节衣缩食，集腋成裘，众擎易举，军费虽繁，咄嗟可办。……今吾女界俊秀，亦既有仗剑从军与夫献身看护军人者，吾多数之诸姑姐妹，虽纤弱不能任此，顾独不能输此区区之财乎？使能人尽捐私蓄，或出其贵重服饰，以犒民军，义声所树，士气必有百倍者。……呜呼！自起义以来，未及二月，光复者已十余省，天意人心，亦可知矣。捷音所播，万众欢呼，间有小挫，不足自馁。今日之事，有进无退，但能勇者效力，富者效财，最后胜利必在吾族。”在《女子后援会意见书》后签名的“发起人”，有张昭汉、马相先、李沅芷、张汉英、汤学兰、苏本嵒、吴玉镜、朱光皓、唐群英、尹锐志、欧阳雅文、李苏英、盖仁志、陈富云、朱程颖、赵履贞、苏本楠、袁希澔、沈竹书等19人。

当时，南方各省的革命党、新军和会党纷纷举行光复起义，随又准备出师北伐，筹集军饷是首当其冲而且十分艰巨的后援工作。“女子后援会”成员，在会长唐群英亲力亲为的带领之下，怀抱光复国家的志向，放下知识分子的身段，跋山涉水深入千家万户，苦口婆心劝捐劝募，筹饷成绩十分突出。

由于工作目标一致，“上海女界协赞会”干事长张昭汉作为“女子后援会”的发起人；“女子后援会”会长唐群英担任“上海女界协赞会”干事。两个影响较大的妇女筹饷组织，领导成员互有交叉，工作开展相互协作，形成了良好的互动局面。

唐群英等在积极为南方革命军筹集军饷的同时，又组织了“北伐军救济队”，于12月5日在《神州日报》登载开办简章：“本会专为北伐军而设，随赴战地医救受伤战士，故定名为北伐军救济卫生队。……本会以医救受伤民军为宗旨，俟此次战事终局，即改为赤十字会，并设医院，造就女界医学人才，以为世界慈善事业之预备。”黎元洪、张振武、宁调元、宋教仁、刘揆一、黄兴、胡汉民、谭延闿等15人应邀作为组建该组织的“赞成员”。唐群英、张汉英四处奔忙，延聘中外高等医师（计划共6名），招募以女性为主的熟练护士（男女护士共为60名），亲自讲课进行革命教育，聘请教官实施军事训练，培养出了一支既精通医疗业务又具有一定军事素养的女子军，准备随时开赴前线实施战地救护。

至此，在唐群英麾下，就有了一文一武两个组织、两支队伍，为辛亥女子军增添了重要力量。

1911年11月24日，南方光复各省响应上海都督陈其美通电所组建的各省联军，以驻守南京新军中的起义将领徐绍祯为总司令，开始会攻清军在长江下游的最后堡垒南京城。

“浙江女子国民军”抽调战斗骨干组成30人的精干女军，由尹锐志、尹维峻、林宗雪等统率，编入江浙联军的义勇队。联军总司令徐绍祯11月25日在致《民立报》的电文中说：“今日已派兵攻取幕府山，兵气甚壮。现编义勇队五百人，又有女子国民军三十人来投效。同胞奋勇，已属可嘉，女子从戎，尤足以见巾帼须眉之气，业已编入行间，以资鼓励，且示未来者。”徐绍祯11月30日在致陈其美等的电文中又说：“我军苦战六昼夜，女子国民军亦入战线。”

陈婉衍率领的“女子北伐队”，亦选拔“女子敢死队五十名，今早由高资赴前敌。”11月26日《神州日报》登载这一则“十月初五未刻高资电”文时，曾加编者按语称：“吴淞李燮和总司令，于前日派出吴淞军政府中女子敢死队，驰赴金陵助战。闻此队女子，勇猛异常，一洗柔弱之习，以攻取金陵为目的，故又称为荡宁队云。”

唐群英组建的“北伐军救济队”，一经成立即“随沪淞军队出发”，冒着枪林弹雨担任后勤服务，实施战地救护，十分勇毅顽强。

唐群英与尹维峻、尹锐志、林宗雪、陈婉衍等女军统帅一样，都是身先士卒投身南京会战的女英雄。

辛亥女子军总体数量虽然不多，存续时间也不长（南北议和告“成”，北伐停顿，女子军活动即告结束），但女战士们表现出来的坚毅勇武，充分展示了革命妇女为国立功的国民意识的觉醒，以及他们对民主共和与独立自由的追求。这种冲破几千年封建宗法制度束缚所获得的觉醒与追求，是辛亥革命的一种驱动力，也是妇女团结战斗的一种驱动力。

女子军的英姿和功绩，受到了广泛的关注和称颂。老百姓夸奖她们是当代花木兰、穆桂英。报刊报道她们“军纪风纪，肃然可观，巾帼须眉，中外特色”[(11)]，军政大员赞扬她们“以纤弱女子之身，有慷慨兴师之志。军歌齐唱，居然巾帼从戎；敌忾同仇，足使裙钗生色。”[(12)]

中华民国临时大总统孙中山，对于辛亥女子军更是给予了亲切关怀和充分肯定，并且力所能及地做出了切实的支持。

刚刚任职百务缠身的孙中山，1912年1月3日，“下午亲临绿筠花圃‘浙江女子国民军’驻地阅视女军，女子国民军司令林宗雪及张馥真、辛素贞等率领女军出队恭迎。孙中山与女军晤谈一时许，方兴辞而出。”[(13)] 1月13日应约与“女界研究政治学代表”张馥真、辛素贞谈话，极口称赞她们的政治谏言《新政条陈五事》，并将她们所“历举诸贤”一一记录在日记本上，准备派人招聘录用。1月30日，又接见了辛亥女英雄徐宗汉以及徐岳女士，与她们进行了亲切交谈。[(14)] 及至后来随着政治形势变化女子军不得不停止活动时，孙中山仍以临时大总统身份批示教育部，拨借绿筠花圃作为浙江女子国民军开办女子蚕桑学校校址、拨付女子北伐光复军开办复心女学校经费。[(15)]

2月1日，孙中山在大总统府接见“女界协赞会”和“女子后援会”代表张昭汉、陈鸿璧、唐群英、程颖。四位代表专程从上海来到南京，向大总统递交为革命军募集的义款（“女界协赞会”二万元，“女子后援会”数千元）。四位代表中，孙中山对于唐群英最为熟悉，当他与这位同盟会的老大姐热情握手时，环视四人由衷地说："你们都不愧是创立民国的巾帼英雄啊！"孙中山认真听取了四位代表的意见，阅读了她们提交的致书及有关文稿，对她们的行为和贡献极表嘉许。事后孙中山又回信致谢："集腋成裘，有此巨款，皆由贵会员不辞艰苦，沿门劝募所得，深为嘉尚。以此补助军饷，益可作三军之气。扫平索虏，女界亦与有功焉。"(16)

孙中山对于辛亥女子军乃至同盟会女战士在辛亥革命中的功绩，给予了高度赞扬："女界多才，其入同盟会奔走国事百折不回者，已与各省志士媲美。至若勇往从戎同仇北伐，或投身赤十字会，不辞艰难，或慷慨助饷，鼓吹舆论，振起国民精神，更彰彰在人耳目。"(17)

1911年，这个作为从封建帝制走向民主共和转折点的辛亥年，已经深深镌刻在中国历史的丰碑之上，镌刻在世世代代中国人民的心中。

在这个辛亥年，慷慨悲壮的黄花岗起义时，唐群英以《留日女学会杂志》为阵地，挥笔呼应；在催生民国的武昌首义后，她率"女子后援会"和"北伐军救济队"，勤恳募军饷，挥戈上战场。同盟会老战友张继后来写诗赞她："烽烟看四起，投袂自领兵"。这诗句，恰好成为这位同盟会老会员、女子军领导者在这个辛亥年光辉作为的写照。

二等嘉禾章

民国政府于1912年7月设立嘉禾奖章，授予那些有勋劳于国家或有成就于事业的人。嘉禾即生长得特别茁壮的禾稻，自古以来被视为吉祥的象征。奖章嵌嘉禾造型，标志着受奖者成就辉煌，功勋卓著。

据1935年（民国二十四年）编修的衡山治坪唐氏七修族谱记载，唐群英曾经荣获二等嘉禾章。这应该是对她为创立民国所作贡献的褒奖。

---

(1) 摘自《留日女学会杂志》发刊词。

(2) 人民出版社1982年出版。

(3) "望月台"在衡山祝融峰顶祝融殿西侧，登台俯视，可见当年刘琴跳崖的"会仙桥"。

(4) "同光派"为晚清重要诗歌流派之一。"同光"二字取自"同治"和"光绪"两个年号。

(5) 郑逸梅：《南社丛谈》，上海人民出版社1983年版。

(6) 孙中山：《黄花岗烈士事略序》，胡汉民编《总理全集》第一集，上海民智书局1930年版第1054页。

(7) 《胡汉民自传》。

(8) 黄汉纲：《黄花岗起义二三事》，《纪念辛亥革命七十周年史料专辑》（上）第56页。

(9) 一说，尹锐志与尹维峻二人为姑侄。

(10) 张昭汉（1884–1965），即张默君，湖南湘乡人，近代著名妇女活动家、教育家、翻译家、报人、诗人。1906年加入同盟会。1911年武昌首义后，毅然从上海圣约瑟女子书院退学，随父亲张伯纯（同盟会员）赶赴苏州，成功策动江苏巡抚程德全起义，旋应程德全之邀，创办《江苏大汉报》，宣传革命。民国初期，领导"神州女界共和协济社"，积极投身女子参政运动和各项爱国运动。1918年赴美国哥伦比亚大学教育学院学习，曾为纽约中国学生联合会主席。后遍历欧美各国，考察社会和妇女教育。1920年回国，任江苏省第一女子师范学校校长，并主持《神州日报》、《上海时报》工作。1921年，担任中国教育改进社女子教育组组长及交际主任，为首发起"中国平民教育运动"。之后历任杭州市教育局长、南京考试院考选委员会专门委员、国民政府立法委员，到台湾后任考试院委员兼国民党中央监察委员、国民党中央译审委员。

(11) 《女子军事团出发》，《民立报》1912年1月30日。

(12) 1911年11月29日陈其美对"女子军事团"呈文的批示，载《辛亥革命在上海史料选集》。

(13) 《孙中山阅视女国民军》，《民立报》1912年1月7日。

(14) 刘巨才：《中国近代妇女运动史》，中国妇女出版社1989年版第401页。+

(15) 刘巨才：《中国近代妇女运动史》，中国妇女出版社1989年版第399页。

(16) 《临时政府公告》第九号，1912年2月6日。

(17) 《孙中山全集》第二卷，中华书局1982年版第53页。

第九章　南京惊雷

民主共和的阳光并没有真正照亮中华大地。
男女平等这项天赋之人权，找不到扎根的土壤……

1912年伊始，华夏神州天地翻覆。

1月1日，中华民国临时政府在南京成立，孙中山就任临时大总统。2月12日，清朝隆裕太后携七岁小皇帝宣统（溥仪）洒泪退位。

尽管，中华民国临时政府暂时只能松散地统辖南方半壁江山，国家的财政、外交大权仍然由一心想登临大位的袁世凯把控，全国政局处于南北对峙的胶着状态，革命、立宪、复辟各种势力盘根错节，封建主义的社会基础根深蒂固；毕竟，结束专制政体、走向民主共和，已是“世界潮流，浩浩荡荡，顺之则昌，逆之则亡！”(1)

初生的中华民国，挟带着中国同盟会成立以来蕴蓄的革命雷霆，冲破了严密笼罩几千年的封建阴霾，把中国的天空撕开了一道大口子。民主共和的曙光透了进来，三民主义的大旗飘了起来。向往民主自由的革命者，以及盼望安居乐业的广大人民群众，无不为之欢欣鼓舞。

一

辛亥革命召唤并造就了一批进步的女性公民。这些进步的女性公民，对于民国新政的欢欣和期望，可以说是更为强烈，更为迫切。相较于渴盼挣脱君权统治的男性公民，她们更加渴盼一并挣脱男权的压制，希冀中国历史上第一个民主政权能够真正实现男女平等，保障男女平权……

她们虽然生于封建社会，但是接受了中国传统文化中爱国主义、英雄主义思想的熏陶，并且受到了西方自由平等、天赋人权、个性解放观念的影响，因而具有了爱国情怀、民主追求、进取精神，以及女性国民意识。在同盟会成立以来发动的历次反清起义中，特别是在武昌首义后的光复运动中，她们主动担当起“天下兴亡，匹夫有责，匹妇亦当有责”的历史使命，无畏地参加宣传鼓动，秘密联络、武装斗争、战地服务、筹饷集资等等革命活动，做出了“与各省志士媲美”的业绩，为催生中华民国尽了爱国公民的职责。进步的女性公民认为，当国家危亡迫在眉睫之际，女界同胞应与男子共担义务，同尽天职，而“不失天职，即能得自由之先声。今日义务，即他日权利之张本。”[2]

她们大多是中国同盟会会员，信任并且拥护闪烁着自由、平等、博爱精神的同盟会纲领。1905年同盟会成立之初发布的《军政府宣言》中，即鲜明地提出：“我汉人同为轩辕之子孙，国人相视，皆伯叔兄弟诸姑姊妹，一切平等，无有贵贱之差、贫富之别；休戚与共，患难相救，同心同德，以卫国保种自任”。孙中山也曾提出：“改革专制政体，完成共和，四万万人都有主权来管国家的大事。”[3] 1912年3月3日，当同盟会由秘密革命团体改组为公开政党时，又将“主张男女平权”作为正式条文写入了党章。这种“男女平等”、“男女平权”的性别观念，颠覆了在中国延续几千年的封建伦理纲常，契合了来自社会“卑下”地位的进步女性的内在渴求。

她们又大多有国外留学的经历，从而具有一定的国际眼光。她们看到，在西方世界民主革命大潮推动之下，伴随着经济的社会化、政治的民主化，妇女的社会地位逐步得到了提升。到20世纪初，新西兰、澳大利亚、瑞典、芬兰、挪威、丹麦等国家，以及英国、美国的部分地区，妇女开始获得选举权。为了达到完全意义上的妇女参政，“万国妇女参政大会”[4]、“国际妇女协会”[5]、“国际妇女参政同盟”[6]等国际妇女团体，活跃于欧美各国，影响远播全球。那么，正在进行民主革命的中国，自然应该汇入世界潮流之中，推进妇女解放进程，实行男女平等平权。

经历了民主思想磨砺和革命战火锻炼的辛亥女杰，作为中国历史上最早最大的一支觉醒女性群体，站在国家民族命运和妇女同胞命运共同的转折点上，观察着，思考着，期待着，行动着。

二

还在1911年12月20日，辛亥革命后最早要求女子参政的组织“女子参政同志会”，就在上海成立了。这个组织由同盟会早期女会员、后成为“中国社会党”[7]党员的林宗素发起，以“普及女子之政治学识，养成女子之政治能力，期得国民完全参政权”为宗旨，在其成立会上就提出了女子可以旁听国会会议、妇女团体可以选举国会议员等项主张。

1912年1月5日，林宗素以“中国社会党”和“女子参政同志会”代表的双重身份，到南京谒见临时大总统孙中山，报告“中国社会党”组织状况和“女子参政同志会”成立情形，要求承认女子有完全参政权。“孙总统异常忻慰。面允‘将来必予女子以完全参政权，惟女子须急求法政学知识，了解自由平等之真理。’林言：‘本会现正办理法政讲习所，拟为将来要求地步，但此事总统虽极力赞成，仍恐不免有横生阻力者’。孙言：‘我必力任排解保护之责。’林谓：‘本党女党员若联络上书要求参政，能否有效力？’孙言：‘我甚承认贵党可以为全国女同胞之代表而尊重之。’林言：‘总统既承认，我将宣布此言，为他日之证据。’孙曰：‘甚善’。凡谈二十五分钟乃退。”[8]

然而，当时在中华民国范围内的保守势力，对于女子参政却极为不满。林宗素谒见孙中山的消息刚一见报，旧官僚和立宪派人士组成的“中华民国联合会”[9]即在《中华民国联合会复临时大总统书》中趾高气扬地说：“女子参政之说，果合社会良习否，虽未敢知，取舍之宜，必应待于众议。乃闻某女子以一语要求，大总统即片言许可……古人有言，慎而出言。愿大总统思此良箴也。”并同时攻击要求参政的妇女：“当浮议嚣张之日，一得赞成，愈形恣肆。”附议该上书中观点的，甚至包括一些曾经主张男女平等的反封建主义的人士。

此时的临时大总统孙中山，在处理中华民国纷繁复杂开国事宜的同时，必须时刻警惕北方势力花样翻新的强力攻击，还要随时应对营垒内部不同派别虎视眈眈的挑剔摩擦，真可谓压力重重，矛盾重重，困难重重。当此境况之下，不知是出于委曲求全的策略考虑，还是因为性格中固有的软弱所致，一向主张男女平权的他，竟在《临时大总统再复中华民国联合会书》中表示：“至女子参政，自宜决之于众论。前日某女子来见，不过个人闲谈，而即据以登报，谓如何赞成。此等处亦难于一一纠正，慎言之箴，自当佩受。”[10]

女界人士正欲抬头欢呼大总统对于妇女参政的支持，不料却挨了如此沉重的当头一棒！

直接当事人林宗素，当即发表《女子参政同志会林宗素宣言》，矛头直指中华民国联合会："该会指宗素为一女子谒见，孙总统亦谓为他人闲谈，将置全体会员公举代表之名义于何地乎？要求参政权，乃女界同胞同具之心理……。大总统毅然许可并允登报宣布当时问答之语，亦为行政上之活动……。在总统固谦而且慎，用防流弊，在该会亦老成持重，足备他山，惟总统以为个人闲谈，该会以为片言许可，殆未免鳃鳃过虑也。……至该会以为本会一得总统赞成，更形恣肆……正专制时代鄙夫陋劣男子则足仕途者或者有此现象……但以小人之心，度君子之腹……亦不禁为该会惜也。"[11]《宣言》所言痛快淋漓，就连对总统的不满之意也隐含其中。

广泛当事人——当时的先进女性，刚刚从广东省参议会确定了10个女性参议员名额一事[12]中，隐约看到了某些乐观的光影，此刻马上被这件事情震惊了，震怒了，震醒了！还没有出民国政府，没有出革命营垒，天经地义的女子参政问题即已被践踏如此，岂是能够容忍的吗?！对于闯过枪林弹雨的她们来说，此一棒喝反倒成了一种激励，决计一不做二不休，再接再厉据理力争女子参政权。

一时间，十几个女子参政团体，和着"女子参政同志会"的脚步，如同雨后春笋勃然兴起。例如，"中华女子竞进会"（由邵汉英、陈复等发起，1912年1月初成立于上海）、"中华女子共和协进会"（由杨汉民、朱广明发起，1912 年1月上半月成立于上海）、"女子同盟会"（1912年2月2日由"同盟女子经武练习队"改建而成）、"男女平权维持会"（由沈佩真、武向梅等发起，1912年2月成立于浙江）、"湖南女国民会"（由欧阳宝珍、王昌国等发起，1912年3月1日成立）、"广东女权研究会"（由陈玉亭、胡坤一等发起，1912 年3月2日成立）、"神州女界共和协济社"（由上海女界协赞会及其各地分会改组而成，1912年3月16日成立）、"浙江女子策进社"（1912年4月成立）等等。一直没有停止活动的"女子后援会"和"女子尚武会"，也转向而为女子参政团体。

参政热情昂扬的先进女性，其实也明白当时争取女子参政权利的艰巨性。男尊女卑社会根基十分深厚，国家政局的混乱复杂以及革命营垒内部的矛盾困难，她们也是能够看到的。按照"南北议和"的约定，民主革命领袖孙中山，在清廷退位的第三天，即1912年2月14日，即提交了辞去临时大总统的呈文（继续留任一段时间），而封建专制制度的子嗣袁世凯，则于2月15日由临时参议院选举为临时大总统（择期就任）。

女子参政团体的领导者们深深感到，在这种愈来愈不利的形势下，如果每一个女子参政团体各自为战，必然势单力薄收效甚微，“应该联络全国女界，各举代表来宁组织统一机关部，以厚团体而利进行”（唐群英语）。于是，在妇女界已经颇有声望的唐群英，以“女子后援会”会长又兼“女子参政同志会”骨干[13]的身份，联络“女子参政同志会”、“女子尚武会”、“女子同盟会”、“湖南女国民会”等妇女参政团体的领导人林宗素、张汉英、吴木兰、王昌国、沈佩贞、陈鸿璧、蔡蕙等，倡议成立“中华民国女子参政同盟会”，以便抓住中华民国临时政府和临时参议院尚在南京、孙中山虽然辞职但尚未解职的时机，大力推进女子参政的进展。

1912年2月20日，上述五团体在南京召开发起成立“中华民国女子参政同盟会”大会。到会女界代表二百余人、男性嘉宾八十余人。大会临时主席徐清女士讲明组建“女子参政同盟会”事宜后，唐群英代表发起人报告开会宗旨，“湖南女国民会”代表王昌国、“女子后援会”代表张汉英等数人相继慷慨陈词。大家所表达的共同心声是，“参政权为男子份所应得，亦即为女子份所应得，无待于要求；今日之所以不得不出于要求者，则以四千年来此权被彼男子劫夺，我女子放弃耳。……然则今日所创之局，胡虏大去，谬政扫除，宁惟彼男子之力，我女子亦实有造于国家。故共和者，女子所同有之共和，非男子所独有之共和也。……值此宪法改订之际，须从根本上要求解决，若待其编定宣布，又恐沿洮袭謬，再铸九州之错。时乎时乎，我女同胞乎幸急起直追，一致进行，勿失此可乘之机势，勿惮此创造之艰难，为全女界光复女权之先进，放一特别异彩。则吾国国势之强，必蒸蒸日上，不难位为五大洲之第一，非特女界实受其福，即男界亦与有荣。……今请与诸同胞宣告：决心势必达此完全目的而后已。……盖我女子必有独立之精神，绝大之能力，造成此美满之世界。”[14] 1912年3月2日上海《天铎报》所载《女界参政同盟会纪事》一文，称赞此次大会“猗欤盛哉，洵为我国四千年来未有之钜观也”。

当时中国妇女界的先进份子，可以说已经掌握了女子参政的理论武器，也具备了奋力争取的坚定意志。但是这场开中国历史先河的大事，既无先例可循，也无经验可以借鉴，视野所及只有某些国际妇女团体的某些过激做法，诸如打断官员演说、质问内阁大臣、不服从法律、拒绝纳税、焚烧车站、捣毁会场、毁坏商店橱窗等等，尚不知可否参照。[15]然而机不旋踵，“中华民国女子参政同盟会”正在筹组之中，还没有做好队伍组建和运作准备，便被推上了不得不全力投入的风口浪尖。

三

南京临时参议院于1912年1月28日正式成立后，首当其冲的使命便是制定《中华民国临时约法》。女界人士认为，男女平等的原则，理所当然地应该纳入代行《宪法》的《临时约法》之中。于是，张汉英、蔡蕙、葛文媛、陈碧姻、唐群英、张昭汉、王昌国、张嘉蓉、童文旭、徐清、程颖、周英水、吴芝瑛、岳珏、裘贵仙、张群英、周文洁、施瑞仙、陈鸿璧、沈佩贞等二十人，以积极态度建言献策，于2月27日，联名发出《中华民国女界代表上参议院书》，请参议院议员欧阳振声、张继、平刚为介绍人，递交参议院。书曰：“兹幸神州光复，专制变为共和，政治革命既举于前，社会革命将踵于后。欲弭社会革命之惨剧，必先求社会之平等；欲求社会之平等，必先求男女之平权；欲求男女之平权，非先与女子参政权不可。”因此“请于宪法正文之内，订明无论男女一律平等，均有选举权及被选举权。或不须订明，即请于‘本国人民’一语，申明系包括‘男女’而言，另以正式公文解释宣布，以为女子得有参政权之证据。”

3月11日，《中华民国临时约法》由参议院议决、大总统正式公布。而其中却完全没有关于男女平等的明文规定。其第二章第五条，于“中华民国人民一律平等”之下，只称“无种族、阶级、宗教之区别”，恰恰不提“无男女之别”，显然是对于女界上书之事作了模糊处理。女界人士明白，参议院所以不能明确确认妇女参政权，是因为大多数议员仍深陷男尊女卑观念之束缚，马上转而求助于思想开明的大总统。3月18日，唐群英、张汉英、张昭汉、王昌国、徐清、陈鸿璧、林宗素、蔡蕙、张嘉蓉、童文旭、裘贵仙、周文洁、程颖、岳尧、施瑞仙、周其永、葛文媛、沈佩贞、李俊英、张佳宾、沈明范、陈英、王道宏、李思贤、吴木兰等25人联名发出《女子参政会上孙中山书》。上书认为，“此约法者，虽属临时，为期甚暂，然与宪法有同等之效力，亦即将来成文宪法之张本，国家组织、人民与政府之权利义务系焉，胡可轻易出之？苟有疵戾，非国家之福也。……吾女子之要求参政权也，既已一再上书于参议院，求其将女子与男子权利一律平等明白规定于《临时约法》之中。

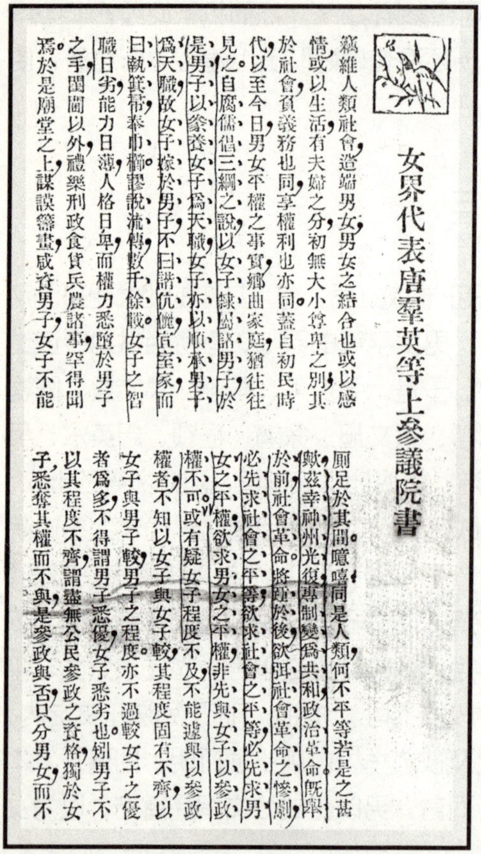

女界代表唐羣英等上參議院書

竊維人類社會，造端男女，男女之結合也，或以感情，或以生活，有夫婦之分，初無大小尊卑之別，其於社會，負義務也同，享權利也亦同。蓋自初民時代，以至今日，男女平權之事實，鄉曲家庭，猶往往見之。自腐儒倡三綱之說，以女子隸屬諸男子，於是男子以豢養女子爲天職，女子亦以順承男子爲天職，故女子嫁於男子，不曰諧伉儷，宜室家，而曰執箕帚，奉巾櫛。謬說流傳數千餘載，女子之智識日劣，能力日薄，人格日卑，而權力悉墮於男子之手，閨閫以外，禮樂刑政食貨兵農諸事，罕得聞焉。於是廟堂之上，謀謨籌畫，咸資男子，女子不能厠足於其間。噫嘻！同是人類，何不平等若是之甚歟！茲幸神州光復，專制變爲共和，政治革命，既舉於前，社會革命，將踵於後，欲弭社會革命之慘劇，必先求社會之平等，欲求社會之平等，必先求男女之平權，欲求男女之平權，非先與女子以參政權不可。或有疑女子程度不及，不能遽與以參政權者，不知以女子與女子較，其程度固有不齊，以女子與男子較，男子之程度，亦不過較女子之優者爲多，不得謂男子悉優，女子悉劣也。矧男子不以其程度不齊，謂盡無公民參政之資格，獨於女子，悉奪其權而不與，是參政與否，只分男女，而不

原载《民权报》1912年2月26日

今观此项条文，不独不为积极的规定，反为消极的取消。是参议院显欲与吾侪女子为意气之争，而不暇求义理之正。”故而诚恳建议：“或请删去‘无种族、阶级、宗教之区别’一语，以为将来解释上捐除障碍；或即请于‘种族、阶级、宗教’之间，添入‘男女’二字，以昭公允。……呈请大总统据情提议，以重法律，以申女权，无任迫切待命之至。”

3月18日，临时参议院开始讨论女界关于修改约法案审查报告。该报告以冠冕堂皇的说辞，将女界这项入情入理的要求予以敷衍推诿。称：“查女子请求参政，风动欧美，尚未见诸实行，吾国若能开创其例，亦属历史之光荣。据来书所称，世界潮流日趋平等，各国女子之有参政权，特迟速之问题，非有无之问题云云。本审查会一再讨论，多数认为吾国女子参政亦应有之权利，惟兹事体重大，非可仓促速定，应俟国会成立，再行解决，以昭慎重。”

3月19日上午，因闻听参议院今日会上将对女界修改约法案进行“二读”（复议，并作出正式决议），唐群英等20多名女界人士，8时就赶到了参议院，要求通过该法案。议长林森令招待员引导她们入座旁听席。她们不予理睬，直入议事厅，与诸议员杂坐，并发出激烈言论。11时许，经多位议员婉劝，方才离去。下午，正当议长摇铃招呼议员入席之时，女士们又来到了参议院。这时，因议长早已“传谕守卫司令，谕各守卫军兵严加防守”，议事厅门口增加了把守的警卫，她们便将议员拦住，在议事厅门口与之辩论起来，个别性急女士甚至冲动地“执议员衣袂”。议长无奈，只得命警卫将她们拉入旁听席。女界人士这些不冷静的行动，看似于规矩不符，也确实影响了参议院的

活动日程和议员们的议事心情，但究其实质，不过是在正常渠道不通畅的情势下，弱势群体对强权势力的一种无奈的抗议，类似于西方女权运动者的请愿示威等等。大权在握的参议院，自然又把女界人士的这种抗议行为抓来作了威压妇女的托词。议长派出议员到旁听席，将否决女界修改约法案的责任，当面归罪于女界代表自身，说什么“该院对于此事，原无必不赞同意思，惟拟俟国会成立，然后解决。今见如此举动，确知程度不齐，现已全体反对。”[16]

3月20日下午，女界代表20多人再次前往参议院。汲取昨日教训，她们采取了较为平和的做法，按规矩求见议长林森，要求列席旁听，打算伺机再行据理力争。不料在参议院门口即遭警卫阻拦。几位不冷静的女士冲出队伍，推倒了前来阻挡的警卫，推搡之间撞破了几扇玻璃窗，大家涌入议事厅之旁听席。唐群英安排女会员坐定并嘱告务必冷静沉着后，因另事与张汉英一同离开了会场。唐群英离开后，由于某些议员在发言中出语不逊，有辱女性尊严，坐在旁听席上的王昌国、沈佩贞等忍不住提出抗议并与之争辩，双方互不相让，会场上一度出现紧张冲突局面，会议不欢而散。鉴于此等情况，当日唐群英、蔡蕙随即求见孙大总统，并上第三次请愿书。孙中山恐生不必要之乱，遂婉言劝诫：“此事未有一经提议即行通过者，倘能坚忍耐劳至再三，将来或能达此目的，幸毋为无意识之暴举，受人指责。否则，殊非本总统赞成女子参政权之始意。”[17]唐群英、蔡蕙领会其意，表示要对过分激动的女同志予以劝说疏导，有组织地进行请愿，同时请求大总统亲自就妇女参政问题提出议案。

3月21日，请愿女子增至60余人，排着队来到参议院。参议院已由持械军人驻守，把请愿女子挡在了大门之外。唐群英等随即转道总统府，又一次谒见孙总统，指斥参议院以武装人员拒绝请愿群众入内，请求总统出席议院，出面排解。孙总统允诺代向参议院斡旋，并令其女公子陪同唐群英等前往参议院。北京某报代表陈绍唐当时恰在总统府采访，亦表示反对参议院对请愿妇女的做法，当即与孙女公子以及卫戍参谋官一起，前往参议院暂行排解。结果，参议院允许由女子参政同盟会再具一呈，作为议案重行审议。[18]

谁知3月22日《亚细亚报》等多家报纸上，竟然出现了耸人听闻的“妇女大闹参议院”的报道。报道极尽夸张渲染之能事，甚至施展无中生有的伎俩，致使全国舆论哗然。一次女同胞的小规模请愿活动，竟被说成“河东狮吼”般的政治闹剧：唐群英率领众妇女，身带武器闯入参议院，盛怒大闹，打碎玻璃门窗，踢倒警卫人员；议员闻之竟有惧而逃去者，议长无计只得电请总统救援；总统派卫戍参谋官带200名近卫军前往排解云云。一段时间之内，诋毁要求参政女性的声音不绝于耳，竟至攻击说“咆哮争论是不知法律也；击破玻璃窗，足踢警兵仆地，是不知道德也；与议员杂坐坚执议员衣袂……是不知名誉也”[19]，等等不一而足。其实，正如日本学者小野和子在其《中国女性史——从太平天国到现在》一书中指出的那样，“中国妇女们打破议会玻璃窗户，闯进参议院表示抗议的行动，十分清楚地表明，她们是在向英国妇女学习”[20]，不过是在尚无经验而急需上阵时的仓促之举。

本为合理要求、和平请愿，偶有过激也非大闹。但“大闹”的不实之词传播出去，自然不利于争取社会的同情和舆论的支持。唐群英深感不安。于是，她于3月22日，与蔡蕙一起再次求见大总统，禀明所谓“大闹参议院事件”真相，恳请大总统代向参议院斡旋。3月25日，唐群英又到《亚细亚报》社提出口头质问，并发表书面声明郑重宣告：“大闹参议院一节，鄙人当日旁听祇一饭之久，有事回寓，沈君佩贞听之终席，因意见不合，大起冲突，鄙人次日经王君昌国来说，始悉其详。贵报新闻栏内，谓系鄙人主使，不知何所见，何所闻而云？然信口开河，含沙乱射，此岂有道德者所为乎？”

孙中山践行了“代向参议院斡旋”的承诺，《亚细亚报》也登载了唐群英的书面声明，但女子参政之事，在南京政府存续期间始终毫无进展。

南京政府总共存续三个月，期间自2月14日孙中山宣告辞去临时大总统职务时起，又基本处于“收拾残局”的局面。立宪派、复辟派和其他保守势力在革命派内部和外部设置了重重障碍，南京政府任务之繁忙、困难之沉重都是显而易见的。但是，由革命派主导的临时参议院，在《临时约法》中订明男女平等的原则，是不需要什么政治、经济、外交等方面的实力的，也不需要非得得到袁世凯方面的默认。所需要的，只是参议院成员真正摒弃男尊女卑的封建意识。可是议员们明明知道，未来的“国会”未必能够继续由革命派掌控，却并不抓住当前有利时机，加强《临时约法》中符合三民主义的内

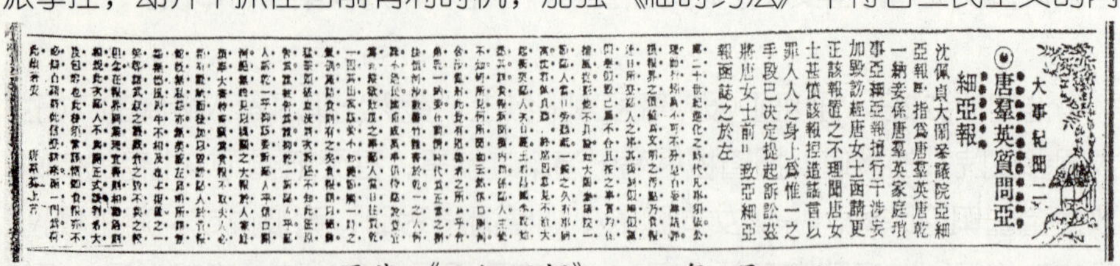
大事記四二

唐羣英質問亞細亞報

沈佩貞大鬧參議院亞細亞報□指爲唐羣英唐乾一納妾係唐羣英家庭瑣事亞細亞報擅行干涉妄加毀謗經唐女士函請更正該報置之不理聞唐女士甚憤該報揑造謠言以罪人人之身上爲惟一之手段已決定提起訴訟茲將唐女士前□致亞細亞報函誌之於左

原载《亚细亚报》1912年3月25日

容，反而一再漠视女战友的合理要求，不惜丢弃曾经遵行的男女平等原则，不负责任地把民主共和政体之中天经地义的男女平等要义推向了乌有。可见，即使在革命派营垒内部，扫除封建意识依然任重道远。

四

1912年4月1日，孙中山正式解任临时大总统，南京临时政府解散。第二天，临时参议院决定迁往北京。辛亥革命的成果，至此就完全落入了袁世凯的手中。

此前，南京当局面对政治困境虽然态度保守而又软弱，大总统也无力掌控大局，但是对于要求参政的妇女来说，基本还是在革命阵营内部进行请愿斗争，何况她们背后尚有能够予以婉言劝导、真心支持的孙中山。而今后她们面对的，却将是集结在袁世凯旗下的诸种反对势力和倒戈势力，形势将会更加艰巨复杂，甚至会处于孤立无助的状态。

无论前瞻还是后顾，进步的女性公民都明白，虽然民主共和已经建立，但是争取妇女参政的道路仍然艰难而又漫长。

自女界发起参政运动以来，她们听惯了由反对、指斥、贬抑、嘲讽合成的“混声大合唱”。可是没想到，在形势更趋严峻之时，却连续传来亲切温暖的关怀鼓励之声。先是，孙中山解任临时大总统的第二天，亲到唐群英等驻地与女子同盟会话别；接着，“伦敦女子政治及社会联合会”从遥远的欧洲发来一封热情的贺电。

4月2日下午，孙中山在卫戍总督暨胡汉民、汪精卫、吕天民、钟俊德、朱立冈，以及吴女士木兰等七八人陪同下，来到南京四象桥湘军会馆。“此事亦出该会意料之外，诸事未曾筹备，仓促间略具肴酌为之饯行。……言谈间，中山先生备极欢畅，并云：此次身虽返粤，而心仍不忘民国，屡嘱该会极力振兴女学，以期与男子并驾争雄，共维中国前途。席散时已十一时矣。”(21)

4月5日“伦敦女子政治及社会联合会”发来的电报，是请章士钊夫人吴弱男（吴曾在英国生活过）转交的。电文曰：

“上海静安寺路念九号章夫人转支那女子参政团鉴：全英激进女子参政团对于支那妇人之苦战奋斗，敬申祝意。并愿彼辈防止男子垄断政治权利，速见成功，使妇女政治上之平等，首为支那妇人得，开世界女子参政之新纪元，作全球文明各国之模范。伦敦女子政治及社会联合会。”[22]

女子参政同盟会当日即盛情复电曰：

“伦敦女子政治及社会联合会鉴：远隔二万里，蒙以一致之同情，来电慰藉，敬代同人深表感谢。现在同人等均誓以死力达目的，速改约法条文。尚求海外各团体联络一致，以谋进行。南京女子参政同盟会本部。”[23]

以奋争女权为己任的女子参政同盟会，本就具有不屈不挠的精神，现又得到了国际妇女组织的声援，当即秣马厉兵，整队誓师，以备再战。

1912年4月8日，“中华民国女子参政同盟会”在南京四象桥湘军公所召开正式成立大会。大会由唐群英主持，登台报告及发表演说者十数人，气氛十分热烈。会议通过了《女子参政同盟会简章草案》、《女子参政同盟会宣言书》、《女子参政同盟会致各省都督等电》。会议选举唐群英为会长；选举张汉英、林复、唐群英、王昌国、沈佩贞、徐素贞、蔡蕙、李芝等分管总务、交际、政事、教育、实业、财政、审查、文事等八部门事务。[24]

《女子参政同盟会简章草案》，确定了自己的宗旨和纲领。

其宗旨是“实行男女平等，实行女子参政”。

其纲领有十一条：一、实行男女权利均等；二、实行普及女子教育；三、改良家庭习惯；四、禁止买卖奴婢；五、实行一夫一妻制度；六、禁止无故离婚；七、提倡女子实业；八、实行慈善事业；九、实行强迫放脚；十、改良女子装饰；十一、禁止强迫卖娼。[25]

这言简意赅的条文，于通俗之中可见其深刻之意，于平和之中可闻其激越之声，于所倡导的具体措施之中可以感到其积极的理性思索。综合女子参政同盟会的宗旨和纲领，其意义远远超越了一个群众组织的奋斗目标。从它所涉及的内容来看，差不多相当于民主共和国关于妇女问题的系列社会政策；从它设定的目标来看，虽仍带有那个时代的印记，也无异于近代妇女解放运动的行动纲领。

关于会员条件，《简章草案》规定：“民国成年以上之女子，具有普通知识、赞同本会宗旨，由本会会员介绍，经审查部认可，得为本会会员。”这种较为贴近普通妇女的条件，很快吸引来了几百名会员，扩大了女子参政运动的队伍。章程还放宽视野，从争取有识之男士支持女权斗争的角度，作了这样的规定：“男界中有赞同本会宗旨，辅助本会之进行者，得为本会名誉会员。”

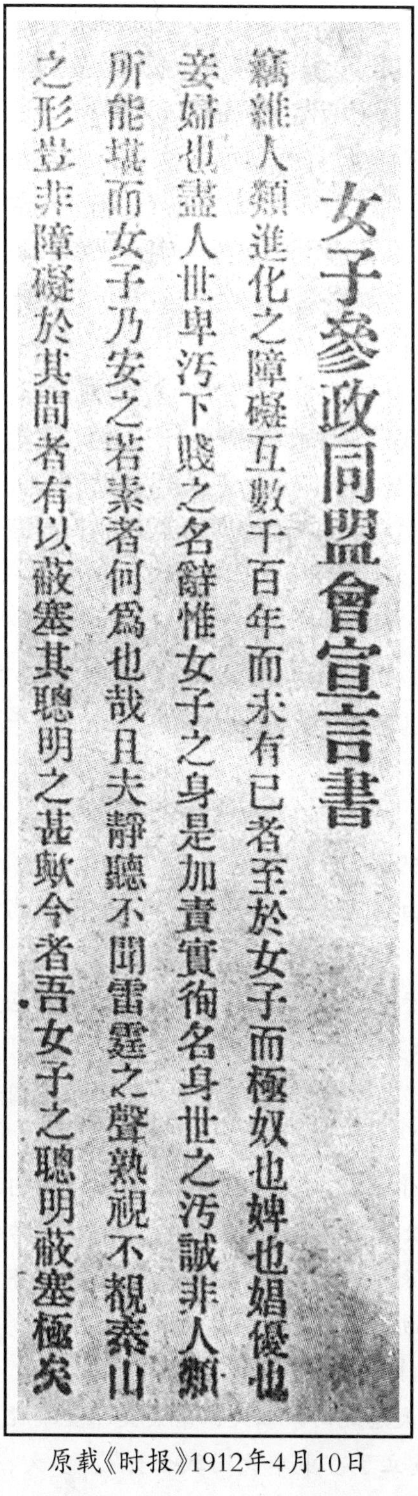

女子參政同盟會宣言書

竊維人類進化之障礙亙數千百年而未有已者至於女子而極奴也婢也娼優也妾婦也盡人世卑污下賤之名辭惟女子之身是加責實循名身世之污誠非人類所能堪而女子乃安之若素者何爲也哉且夫靜聽不聞雷霆之聲熟視不覩泰山之形豈非障礙於其間者有以蔽塞其聰明之甚歟今者吾女子之聰明蔽塞極矣

原载《时报》1912年4月10日

《女子参政同盟会宣言书》，实为对全国女同胞的“号召书”。开宗明义即鲜明指出：“窃维人类进化之障碍，亘数千百年而未有已者，至于女子而极。”接着，概括地历数妇女在习惯、教育、财产、法律等方面所遇到的种种障碍，痛切地指出“障碍愈多，痛苦愈甚。”“政治上之不平等，即吾女子最先受病之处也。”由此，便向广大妇女发出了响亮高亢的召唤：“吾侪对于上言诸障碍，其必扫而去之也，固当挟决心、持毅力以赴之，不去不止。”“吾女子即居全国公民之半，吾等今日冲决罗网，扫除障碍，其第一步之事业即在争此公民之地位耳。”“吾侪回复权利，当以今日为其始期。”继而分析到，“吾等今日所争者在此，而所最难达目的者亦在此。”但仍然充满信心地表示：“吾等今日之进行，惟先求得此政治上之地位，庶几登高一呼，众山响应，数千年层叠之魔障，不难次第推翻于语言文字之余。……道高一尺，魔高一丈。吾等当挟雷霆万钧之力以趋之，苟有障碍吾等之进行者，即吾等之公敌，吾等当共图之！”[26]

《女子参政同盟会致各省都督等电》，相当于对参议院的宣战书。电文曰：“各省都督、各政党、各报馆公鉴：民国初奠，百度维新，宣布政纲，宣昭公允。乃南京参议院派充之议员，规定《临时约法》，剥夺女权，群英等迭次上书要求改附条件，诸议员纯以专制手段欺我同胞，意欲将二万万之聪颖黄裔，永远沉沦于黑暗世界。忍心害理，一至于此！不图民国成立之日，犹有压制之毒焰。所有南京参议院所布之《临时约法》，我女界绝不承认。特此申明。女子参政同盟会公叩。”[27]

电文中“绝不承认”《临时约法》的态度并不可取，因为《临时约法》是孙中山及革命派为防备未来袁世凯滥权复辟而制定的，颁布《临时约法》是攸关民主共和大方向的一种保障性措施。但是电文中对于参议院“剥夺女权”的控诉和批判，鲜明尖锐，淋漓尽致，充分显示出了女界先进份子那种威武不屈、百折不挠的战斗精神。

“中华民国女子参政同盟会”的正式成立，标志着中国历史上第一个勇于向一切封建传统势力宣战的妇女组织横空出世，中国历史上第一次有纲领、有组织、有领袖人物的女子参政运动浩荡登台。其光焰如满天朝霞，其声威如电闪雷鸣，其锋芒如丰城之剑，其意志如泰山之基。

---

(1) 1916年9月15日，孙中山到海宁观看钱江大潮，回上海后写下的千古名言。

(2) 摘自《留日女学会杂志》发刊词。

(3) 《国父全集》第二册，台湾版第69页。

(4) “万国妇女参政大会”，1878年由法国妇女倡导成立，有法国、瑞士、英国、美国、意大利等国妇女参加。

(5) “国际妇女协会”，1888年成立于美国华盛顿，会员较多，活动范围较广。1898年在伦敦开会时，清政府曾派吴金英为代表出席。

(6) “国际妇女参政同盟”，又译作“万国女子参政会”，1902年由美国嘉德夫人发起成立，会员陆续扩大到21个国家。

(7) 中国社会党，1911年11月5日成立于上海，以“不妨害国家存立范围内主张纯粹社会主义”为宗旨。是中国第一个以“党”命名的政治团体。曾积极宣传男女平等，支持女子参政，是民国初年各党派团体中最早“有女党员，且其义务权利完全平等”的一个党。1913年被袁世凯政府取缔查禁，8月被迫解散。

(8) 王耿雄：《孙中山史事详录（1911—1913）》第100页。

(9) 1912年1月3日，孙中山就任临时大总统的第三天，章太炎即宣布脱离同盟会，以一部分光复会会员为骨干成立了“中华民国联合会”。不久，

"中华民国联合会"与立宪派名流张謇、汤化龙等人以及旧官僚程德全等人联合组成了"统一党"。

(10) 《统一党第一次报告书》附录之《临时大总统再复中华民国联合会书》，转引自《中国妇女运动历史资料(1840-1918)》，中国妇女出版社1991年版第563页。

(11)《女子参政同志会会员林宗素宣言》,《天铎报》1912年1月23-24日。

(12) 1912年初广东成立临时参议会时，165名临时参议员中的10个名额划给妇女界,妇女社团遂推举出庄汉翘等10名女议员。此时欧美仅有少数国家承认妇女的选举权,广东此举曾令中外惊叹。然而，10名女议员尚未正式就任，广东省临时议会即利用转为正式参议会之机，取消了妇女界议员名额,致使原被选10位女议员全部落选,她们提交的联名请愿书也遭到省议会否决。

(13) 据《天铎报》1912年3月3日《女子参政会纪事》一文记载，女子参政同志会于1912年3月2日正式选举会长，"林宗素得十二票，当选为会长；程颖、唐群英均得五票，复用抽签法，程当选为副会长。"

(14) 摘自张汉英在女子参政同盟会发起大会上的演讲，载1912年3月2日《天铎报》。

(15) 十九世纪末兴起于欧美各国争取参政权的妇女运动，到二十世纪初发生了渐趋激进的趋势。例如,1903年，英国出现了以班霍斯德夫人为首的"战斗的参政派";1912年前后,英国的妇女组织开始采取激烈手段争取参政权。

(16) 《东方杂志》第八卷第十一号。

(17) 《女子参政之捷音》，《天铎报》1912年3月24日。

(18)《女子参政同盟会力争参政权》,《时报》1912年3月23日;《女子参政之捷音》,《天铎报》1912年3月24日;《女子要求参政权》,《民立报》1912年3月23日。

(19) 梦幻:《论女子要求参政权之怪象》,天津《大公报》1912年3月30日。

(20) 严昌洪：《唐群英与民初女子参政运动》，《贵州社会科学》1998年第4期。

(21) 《女子参政同盟会公饯孙中山》，《民立报》1912年4月5日。

(22) (23) 《时报》，1912年4月5日。

(24) 《女子参政同盟会纪事》，《神州日报》1912年4月11日。

(25) 《女子白话报》第三期，1912年11月。

(26) 《时报》1912年4月10日。

(27) 《民声日报》19120年4月12日。

第十章　北京怒涛

北京参议院公然否认女子有选举权，
同盟会改组成的国民党又取消了男女平等的原则。
女权斗士们怒了，要与他们武力相拼。

北京是清王朝的统治中心。但是到了十九世纪末二十世纪初，即使在皇宫近畿，乃至皇帝龙床之侧，也已经失去了往昔的安宁。呼吁朝廷拒签《马关条约》的“公车上书”雪片般飞到都察院（1895年），“戊戌六君子”以“我自横刀向天笑”(1)的气概喋血菜市口（1898年），义和团将士用大刀长矛抗击侵略者洋枪洋炮的浴血死战（1900–1901年），八国联军造成鲜血满街尸骸遍地的野蛮屠城（1900年），无不震撼并痛击着北京民众的心灵，播撒并培育着民主自由爱国进步的种子。

从妇女界的情况看，虽然维新派兴女学、办女报、结女子团体、戒缠足等活动发轫于上海，革命派女性参加辛亥革命的活动起源于广东和日本东京，但到了二十世纪之初，北京地区的妇女活动也明显活跃起来。1904年有了第一个妇女组织“中国妇女启明社”，1905年有了北京第一份女子报刊也是全国第一份妇女日报《北京女报》，同年有了史上第一批私立女学堂（振懦、豫教、淑范、育和等），原本被禁锢于家庭之中的妇女迈开了走上社会的步伐。中国历史上第一个妇女慈善团体“中国妇人会”及其衍生出来的“中国妇女会”，积极开展了1906年美国旧金山大地震受灾华侨和我国长江水灾难民的救助活动，成为当时社会上影响较大的妇女社团。它们各自创办的会刊《中国妇人小杂志》和《中国妇女会报》，以“增进智识，鼓动热血”（《中国妇人小杂志》）、“联合女界，保存国粹”（《中国妇女会报》）为宗旨，都成为当时富有特色的妇女报刊。1909年清廷学部顺应形势奏准成立的京师女子师范学堂，又使女子教育的层次有所提升。随着女学、女报、女子团体的不断发展，一批女界活动家成长起来。

一

压制女权的临时参议院北上了。确认女权的同盟会总部北上了。誓死争回女子参政权利的“中华民国女子参政同盟会”，自然也要北上，要到那云谲波诡却又无法绕开的地方去开展更加艰巨的斗争。《大公报》1912年4月10日登出消息披露：“前要求参政之女子团，已结合团体，亦拟伴同议员北上，继续要求，以期必达完全之目的。”并且预计：“将来北京参议院，必将重演一出改良新剧矣。”

袁世凯知道这些女斗士的厉害。她们不是软弱的革命派，她们天不怕地不怕，对于认准了的道理有一股咬定青山不放松的劲头。心怀鬼胎的阴谋家袁世凯，绝对不敢面对女斗士们的剑指锋芒，即使他把重登皇帝大位的野心巧妙掩盖，也怕自己一妻十五妾的丑陋家事为主张一夫一妻的女斗士所诟病。所以当他听说女子参政同盟会人员正在准备进京的消息后，便紧急密告尚在南京的老朋友唐绍仪（时任国务总理）：“请即询诸南京该女子等确否有来京之意，如果确有此事，应准其举定代表一、二人来京，不得令其全体北上，以免种种窒碍。”(2)

唐群英不是政府官员，不是政党领袖，谁也不能约束她的行动。她是为真理而斗争的无畏战士，是妇女运动中涌现出来的领军人物，从来没有惧怕过任何权贵，没有屈服过任何压力。1912年5月，安排张汉英留守南京之后，她与王昌国、沈佩贞等女子参政同盟会的领导人以及部分年轻会员，抱着“明知山有虎偏向虎山行”的勇气到了北京。

二

唐群英和她的战友们，在北京城南外地会馆密集之处的粉坊琉璃街安下了营盘。她们走访女学、女报、女子团体，联络女界知名人士，并在同盟会员和参议员中广交朋友。只一两个月的时间，就在北京妇女界叫响了男女平权、妇女参政的口号。到8月初，围绕在唐群英等女子参政同盟会领导人周围的女界先进份子，已达百余人。其中包括陆续从南方追随而来的女权斗士，以及北京当地愿为争取女权而奋斗的新战士。大家时常聚在一起，互通信息，分析局势，研究如何开展女子参政运动，对外则以“女子联合会”的名义自称。正在致力于创办女子法政学堂的京师女子师范传习所毕业生张寿松等参与了“女子联合会”的领导工作。

当时，迁来北京并进行了改组的临时参议院（议长已由同盟会员林森更换为统一共和党人吴景濂），正在加紧制定参议院和众议院的选举法案。这选举法案，是关乎女子参政权的关键所在，自然是女子参政运动首当其冲的关注点。迁来北京后由宋教仁主持党务的同盟会，此时正在忙于自身的扩大改组。同盟会本是唐群英等女子参政运动领导者的政治后盾，改组之后状况如何，对于“男女平权”的态度如何，更是她们目不转睛的关注点。这种局面决定了，当时女子参政运动必须面对两条战线。两条战线，两层风雨，必须一腔热情，一往无前。

然而，两条战线上传来的，却是两件悖逆历史潮流、排斥妇女参政的反向消息。临时参议院通过的选举法只承认男子有选举权；同盟会改组为国民党时在党纲中删去了“男女平权”的条文。这就如同往刚刚点燃的火苗中，加注了强劲的燃料，使那火苗无法遏制地燃放出熊熊烈焰。

三

事实上，临时参议院北迁之前就已开始起草并讨论《国会之组织及选举法大纲案》，该案明确规定了国会议员的选举人与被选举人资格，其第一项就是“年满25岁以上之男子”，断然将女子排除在外。“临时参议院北迁后，讨论国会组织法及选举法是其中心议题之一。关于国会议员的选举人资格问题，参议院在7月3日和8日的第31、35、36次会议上展开了激烈的讨论。完全由男性把持的参议院议员们就年龄、财产、纳税额、教育程度等方面的资格限制问题进行了反复辩论，根本没有涉及性别问题。”[(3)]

女界人士闻知此情，即以“女子联合会唐群英、张寿松等”名义上请愿书于参议院，要求“于国会选举法条文内申明，民国人民无论男女若干岁得有选举权及被选举权；或即不申明男女，但以人民二字概括之，以泯畸重畸轻之迹。庶与《约法》人民平等之条文相符，而共和之真精神亦于是乎在。”[(4)] 该请愿书经介绍人（按照规定，介绍人皆为参议员）呈上之后[(5)]，参议院一味敷衍推诿，并不提出讨论，只复书于介绍人，“称本院对于人民请愿，初经却下者，二次即视为无效，今女子请求理由虽甚充分，但前在南京已经批复候国会解决，兹援前例，亦仍须候国会解决，不能提出。”[6] 唐群英、张寿松等的请愿书就这样被搁置了起来。

女界不服，“连日开会，讨论进行方法。宣言如参议院不赞成其议，即以兵戎从事。闻请愿书已经参议院认为无提议之价值，乃推举女子沈佩贞等六十余人，于昨日（8月6日）到参议院请见议长吴景濂，代表女界欲以革命要求参政权之意见，大有不达目的不肯甘休之势。吴议长鉴于河南枪伤议员、甘肃劫杀议长之故事，今又闻女子革命兵之事，奇奇怪怪之语气，更不能测其浅深，只得含糊敷衍，并不敢表示赞否之主见。”[7]

8月10日，只确定男子有选举权利的《参议院议员选举法》和《众议院议员选举法》由临时参议院正式公布后，唐群英等“会同女界再三会议”商讨对策，经过充分酝酿反复斟酌，再上《女子参政同盟会参政请愿书》。由覃振、江辛、陈家鼎、彭占元四位临时参议院议员作介绍人，呈递临时参议院。[8]

《请愿书》开篇即表示了“闻命之余，深为惊骇”的义愤。书曰：“参议员诸公阁下：前者女子联合会唐群英、张寿松等，因院内选举法案颁布只有男子之规定，而于女子缺如，故特上书要求确定女子选举法案，公布施行到院。乃诸公不为提出，只复书于介绍人……此种冒昧判词，宁非诸公之大偵而吾女子之大痛耶？”接着明确指出，参议院将女界向南京参议院的请愿书与向北京参议院的请愿书混为了一谈：“原群英等之南京上书也，乃请修改约法第五条字面……，后寿松、群英等之上书者，乃请确定女子选举法……，终不容相混也。”又尖锐指出了参议院在女子参政问题上的明显倒退：女界南京上书时，参议院尚且口头答复“所称无种族、阶级、宗教者，原浑言中华民国人民，并未专言中华民国男子，实则已概括女子在内……”；而现在的选举法案，“其规定中华民国男子有选举权、被选举权云云，则又舍人民而换称男子，将概括的有含公名词一变为列举的无含专名词”，“独伪用无含的专名曰男子，摒我女子于人民之外”。请愿书据此深刻分析道：“各种之私权、公权等，实天赋人之原权，无论男女人人本自有之，无待他人之畀予或吝于也”；“今女子此权既被剥夺，虽忝然生存，实不得为权利主体，即不得为完全人格，简质言之，即不得为人”；“此乃切肤之利害，所以不能不疾首痛心出死力以争于此日者也。”作为《请愿书》，行文至最后仍恳切期望：“伏乞深加查核，速将女子选举案提出，遵照约法颁布实行，庶亡羊补牢，亦足为违法之救济，免惹起人道上不平之潮流焉。”[9]隐忍愤怒、透彻说理且又委婉请求，充分表明了女权斗士们的顽强坚毅与柔韧不屈。

然而，临时参议院一仍历次之武断，强调“今国会尚未成立，本会即不能以该会之要求，再行提出，重事讨论；况国会选举法业经议决，咨送政府公布实行，碍难提付院议。”[10]

对于女子之参政请愿案，临时参议院上推至南京参议院，下推至未来的国会，看似工作态度上的敷衍塞责，实则包含着内心世界对于女权斗士的意气用事。端坐于民国政坛之上的参议员们，或指斥“妇女程度之低下”，或强调女权斗士言行之偏激，从而将“妇女”与“童孺”并提，列入不应享有选举权之范围。他们并非不知道男女平等、妇女参政乃世界民主潮流之中的应有之义，而是他们头脑中根深蒂固的男尊女卑观念仍在作祟。

在性别意识上彻底觉醒了的女权斗士们，洞悉参政道路上的深层滞碍，决计不停息，不止步！

四

同盟会元老之一的宋教仁，在民国政体问题上，推崇议会民主，倡导政党政治。在民国肇始政党林立之时，他极力主张将同盟会改组扩大为国内第一大党，以求在未来国会中取得多数席位，组成责任内阁，从而钳制袁世凯的势力。为此，在孙中山解任大总统、专注于兴办实业之时，宋教仁积极推进并促成了同盟会改组为国民党。

新组建的国民党，系由同盟会与有一定反袁倾向的统一共和党（党首为吴景濂）、国民公党（党首为岑春煊）、国民共进会、共和实进会四个党团合并而成。起草国民党政纲和宣言时，急于求成的宋教仁，在基本保留同盟会纲领革命精神的同时，也迁就了四个党团的某些妥协倾向，削弱甚至牺牲了同盟会纲领中的一些革命内容。例如，“平均地权”被改为“注重于民生政策”，“立谋国际平等”被改为“维持国际和平”，而“男女平权”的原则竟然被删除抛弃。

正在全力以赴向参议院争取选举权利的女界斗士们，并不理解宋教仁的着眼点和为难之处，她们闻知此讯后所感到的，既有对“湮灭同盟会革命光芒”的义愤，更有一种类似“后院起火”、“被娘家人出卖”的悲愤。这种愤慨之情的沉重和强烈，大大超出了她们的承受能力。

8月14日，宋教仁等认为五党并组国民党的谈判工作已经完成，于是召开同盟会本部会议，选举筹办合并事宜的临时干事。或许恐怕删除“男女平权”一事招致麻烦，此次会议并未通知女会员参加。然而会议进行中女将们却杀了过来。先是女会员唐群英、沈佩贞等数人到会，登上主席台大声质问："此次同盟会合并，何以不知会女会员，擅由一般男会员作主？且合并之后，何以擅将党纲中男女平权一条删去？显系蔑视女会员，独行专断。此等合并，吾辈女会员绝不承认。”并且进一步指出宋教仁“受人愚骗，甘心卖党”，表示要以武力对待。正在“一般男会员垂头丧气，无敢争辩之时”，又有王昌国等数人到会，立地厉声痛斥：“同盟会为无数同胞血泪构成，汝辈丧心病狂若此。”说话中不觉痛哭流涕，竟至扬手示威要“为二万万女同胞出气”，致使会场秩序大乱。后经张继再三劝慰，并许以“从长计议”，“俟孙中山先生到后再商办法”，各女子才悻悻而去。[11]

当日晚，唐群英、沈佩贞等召集紧急会议，指出：同盟会改组“变更政纲，以求利禄，既负革命死难烈士，今日又复削除男女平等，竟将女界捐资助饷之义抛于九霄，陷女界永受专制，殊堪痛恨”。为此，决定致电女子参政同盟会各省支部“迅筹对待办法”。女子参政同盟会浙江支部与之呼应，于8月31日，致电国民党本部，“诘问何故削除男女平权，请剖理由，并速更正，免为女界公敌。”[12]

8月25日，是同盟会改组为国民党的日子。

上午，同盟会本部在湖广会馆举行欢迎孙中山抵京仪式（孙中山接袁世凯“共商国事”之邀，再三推托之后于8月24日到达北京）。在此仪式上，唐群英等即毫不客气地当场指斥国民党不应将同盟会政纲中男女平权一条删除。

下午，国民党成立大会正式举行。唐群英等人再到会场，更加激烈地严词诘问痛加指责，认为此举“辜负昔日女同盟会员之苦心”，“蔑视女界，亦即失同盟会旧有精神”，强烈要求在国民党政纲中重新加入男女平权一条。她们情绪激动，“怒目戟手，势甚汹汹，全场秩序被其扰乱。”张继等随即“出为调停，书写‘男女平权’四字，请赞成入政纲者举手，乃得少数”。唐群英等“犹不甘服，谓男子挟私把持，压制女子”。忽然，大会上出现了中国政坛历史上从未有过的一幕：唐群英怒目疾步冲上主席台，走到宋教仁座席前，举腕扬手狠掴宋教仁面颊；邻座林森起而劝阻，尚未开言也挨了唐群英的耳光。这突如其来之举，令宋教仁、林森瞠目结舌，引全场哗然沸腾。直到孙中山莅临会场，一场轩然大波才告平复。[13] 孙中山在随即发的表演讲中说，“男女平权，本同盟会之党纲。此次欲组织坚强之大政党，既据五大党之政见，以此条可置为缓图，则吾人以国家为前提，自不得不暂从多数取决。然苟能将共和巩固完全，男女自有平权之一日。否则，国基不固，男子且将为人奴隶，况女子乎?”“男女平权，实属天经地义。但现在国势危急，当先设法巩固政府。盖有国家，不患无平权之一日。若有平权而无国家，虽平权将无所有。惟本人亦深望诸君赞助女界达此目的，并深信吾国女界必终能达到此目的也。”[14] 刚刚当选国民党理事长的孙中山的这番话，是对全党讲的，当然更是对激进的女党员讲的。

然而，唐群英等女斗士并没有当场听到孙中山这番语重心长的话，因为她们被劝解走下主席台后，就愤而离开了会场。之后，她们又在社会上广泛散发《驳诘同盟会传单》；结队前去质问张继“何以无视女子的平等权利”。9月1日，女子参政同盟会又召开了200多人参加的联合会议，唐群英为主席，沈佩贞发表演说。继续谴责宋教仁、张继，号召女界切勿动摇，继续努力，甚至表示不惜以武力手段，“必达到男女平权，女子参政而后已”！大家情绪异常激烈。

五

唐群英等觉得，孙中山关于“男女平权”“可置为缓图”的态度，是迫于客观局面而并非他本人的初衷本意，所以还是希望孙中山能在停留北京的紧凑时间内，给予女界以支持。8月27日，唐群英与沈佩贞拜见孙中山，并面呈专函一件。“经中山婉言事实上之困难，两女士争执甚烈，而沈女士则哭声震屋，并言我姊妹二人前奔走于炸弹队，志在救国，无非争自由、争平权，我同胞得人人享其幸福。今国基已定，所要求者既不能达其目的，则从前之尽瘁何为？实事至此，宁不伤心？中山亦颇为所感动，抚慰至再……”[15]

9月2日，孙中山派人送复函至粉坊琉璃街唐群英等驻地。复函全文如下：

“同盟会女同志公鉴：来函敬悉。男女平权一事，文极力鼓吹，而且率先实行。试观文到京以来，总统府公宴、参议院公宴，皆女客列上位可证也。至党纲删去男女平权之条，乃多数男人之公意，非少数可能挽回。君等专以一二理事人为难，无益也。文之意，今日女界宜专由女子发起女子之团体，提倡教育，使女界知识普及，力量乃宏，然后始可与男子争权，则必能得胜也。未知诸君以为然否？更有一言奉献，切勿依赖男子代为出力，方不为男子所利用也。此复，并期努力进行。孙文谨启　九月二日”(16)

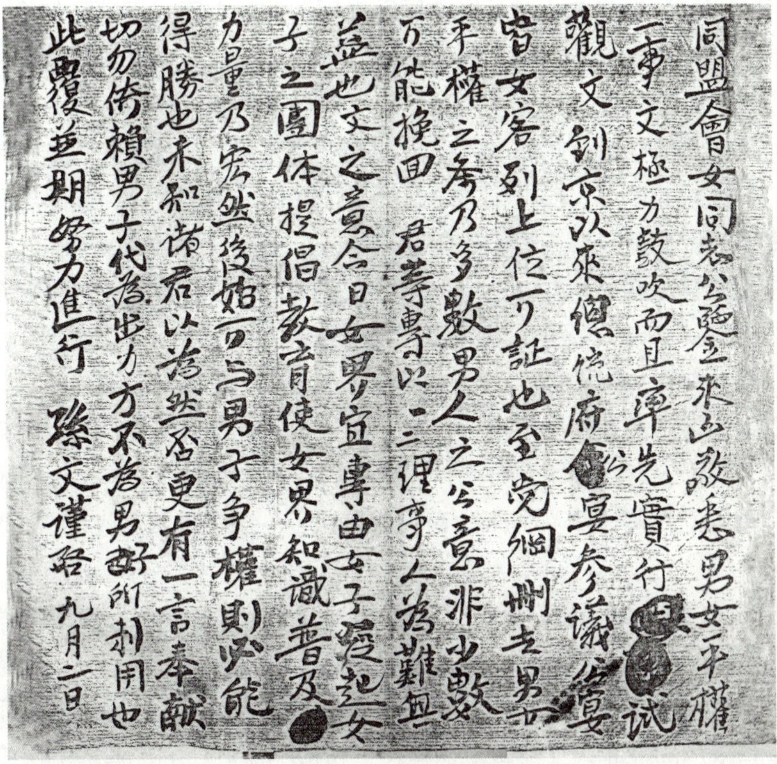
同盟會女同志公鑒來函敬悉男女平權
一事文極力鼓吹而且率先實行試
觀文到京以來總統府公宴參議院公宴
皆女客列上位可證也至党綱刪去男女平
權之條乃多數男人之公意非少數
可能挽回君等專以一二理事人為難無
益也文之意今日女界宜專由女子發起女
子之團體提倡教育使女界知識普及
力量乃宏然後始可與男子爭權則必能
得勝也未知諸君以為然否更有一言奉獻
切勿倚賴男子代為出力方不為男子所利用也
此覆並期努力進行　孫文謹啟　九月二日

1912年9月2日，孙中山给唐群英等女会员的复函

孙中山的这封亲笔复函，完全没有领袖人物教诲群众的居高临下，而是如同革命战友聊天般的亲切自然，平实质朴的语言中，透出了他对“男女平权”“可置为缓图”的缘由分析以及他个人的无能为力，表明了他对女界的希望以及对妇女参政“必能得胜”的信心。唐群英反复阅读，又请诸位战友一起细细体味，从中受到了内心的触动和思想上的点拨。自年初开展女子参政运动以来，大半年已过，这场斗争如何往下进行呢？女战士们认真沉思起

来。

9月4日的《民国新闻》，发表了《女子参政同盟会代表唐群英宣言书》。这篇《宣言书》依然慷慨激昂："圆颅方趾，群焉生息，无男无女，一切平等，以其人焉耳。法律自由，共同享有，男之所得，女亦宜然，以其权焉耳。乃有数千百年违背人道，灭绝公理，对于同等之权利日以其法律、政治、习惯剥之削之，著为令典，垂为条教，如我民国今日之女权者，盖其亡不绝如缕矣。是可不大声疾呼，为我四万万男女同胞泣涕告知哉！""呜呼，我二万万同胞女子，独非堂堂大共和国之国民者乎？资居人后，何委靡若是，何放任若是，何锢蔽若是，抑何不自知其耻若是？且此非独我女界之耻也，亦男界之耻也，而亦民国之耻也。""嗟乎！嗟乎！不自由毋宁死。……身可杀，此心不可死，头可断，此权不可亡。"这篇《宣言书》依然有理有力：不仅提出了"盖人权之伸缩，恒视国家之政体为转移；政体之良否，恒以法律之规定为根本。民国新立，正宜破除前日之积习，伸张固有之民权"的论断，而且以主要篇幅从四个方面（约法上、现行法上、我国社会上、当今世界趋势上），深入且又中肯地分析了"我女界对于参政权其不能不争之理由"，环环相扣，面面俱到，精辟透彻，犀利睿智。

这篇《宣言书》的基本精神，可以说与女子参政同盟会此前所有文稿一脉相承，然而较之此前所有文稿，它又有其独到之处。首先是，提出了"理想上有莫大之希望，事实上未免有暂时之让步"这个较为理性的策略思想。《宣言书》从当时妇女的实际情况出发，客观指出："因女界程度幼稚，……故不要求政府法律上积极的保护，而必结合我辈全体挟全力以要求其消极的保护"。所谓"积极的保护"，是指要在法律上明确妇女有参政权；所谓"消极的保护"，则是指法律上不必明确妇女有参政权，但是不能将参政权作为男子的专有权从而限制妇女参政。这种将"积极的保护"与"消极的保护"相区分的提法，则是对于"暂时之让步"策略思想的灵活运用方式。其次是，对于妇女参政必能成功的信心更形坚定。《宣言书》满怀信心地指出："专制之毒焰以为民国所廓清，我辈诚能同心一志，充足实力，不患不有夺回我女权之一日也。""毋谓人强，自立即强，毋谓人智，多学则智。"

这些独到之处，或者可以说即是其发展之处。从中不难看出，孙中山9月2日亲笔信函之精神已经幻化其中。《宣言书》是否是在接到孙中山信后连夜写成，已经无从考证；而此时的唐群英，对于孙中山指导妇女运动的思想已经心领神会，则可以认定。

六

1912年4月8日在南京成立的“女子参政同盟会”，还没来得及在南京扎下大本营，唐群英、王昌国、沈佩贞等主要领导人就转到北京开展活动，许多成员陆续追随来到北京，北京当地众多进步女性也纷纷集结到女子参政同盟会的行列之中。妇女运动实际形成了以北京为重心的局面。而留在南京四象桥会所的“女子参政同盟会”，实际上只相当于它的一个支部。

要适应妇女运动这种变化了的格局，就得在北京重设“女子参政同盟会”的领导机构。于是，在唐群英、王昌国、沈佩贞等主要领导人的筹划下，“民国女子参政同盟会本部”在北京成立。

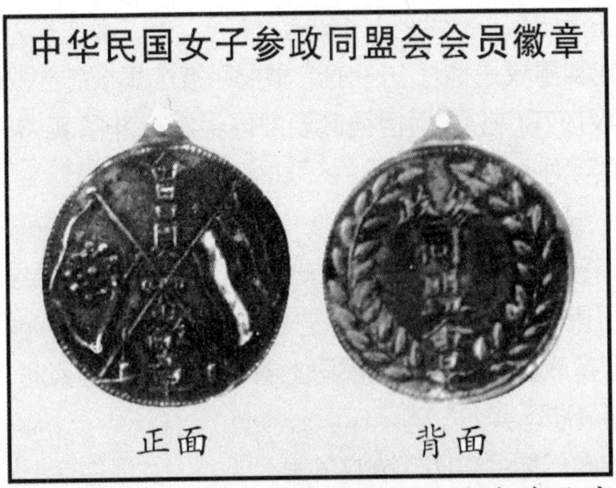

1912年10月女子参政同盟会本部在北京成立时设计制作的会员徽章

10月20日，“民国女子参政同盟会本部”成立大会，在中央蒙养院举行。会议规模盛大，气氛热烈，女宾之外还有许多男宾参加。“那些女同胞一个个都是坚韧健全的样子来了，就凭众举定职员，分担责任。”推举黎元洪夫人吴汉杰为名誉总理，唐群英为总理，继识一、王昌国为协理。

唐群英登上主席台，面对200多双充满信任和期盼的眼睛，做了发自肺腑的演讲。她说：

“我们的参政同盟会何以要早日成立呢？因为明年二月间便要开正式国会，我们的会再迟一两个月，纵然成立也就没多大益处了。……女子既为中华民国的国民一份子，国民所有的责任，是应该担当的，国民所有的权利，也是应该享受的。难道国民两个字，划开女子单就男子讲的吗？……参议院既不订定女子选举法，便是不承认女子有完全人格，便是不以人类对待我们。

……女界被数千年的压制，外面什么事都不能讲求，现在参政的程度实在不够，这也是不必遮掩的。被选举权暂且不与他们男子争，难道选举的资格都不够吗？无选举资格，便是无人权，既无人权，便称不得是人。……参议院不认为我们女子为完全国民，我们便甘心受参议院的欺负吗？既不甘心参议院，便要组织团体，坚持到底，上书参议院，要求女子的参政权。一次争不到，二次再争，二次争不到，三次四次以至无数量次，不达目的是万万不能止的。……面前最要紧的，就是急选代表，分赴各省组织支部，以为本部的后援……至若我们的参政权想完全达到目的，必须先准备实力，一件是要有参政的知识，一件是要有独立生活的能力。这两件事，便是从教育上着手，多开些法政学校与那实业学校，令那有常识的女子讲求政治、练习实业。五年十年之后，程度日高，便可与男子并驾齐驱了，事事不仰给于男子，那时参议院想再剥夺女子的参政权，也就没得借口了……”(17)

从这篇演讲中不难看出，作为民国初年女子参政运动的领导者，此时的唐群英，已经不再把争取女子参政权仅仅当作一场一次性的斗争，而是作为一项长期性的事业来把握。她实事求是地将女子的选举权与被选举权做了切割，明确地提出将争取选举权放在首位；而且强调要发展组织、准备实力、提高妇女的知识和能力，力争与男子并驾齐驱。

“民国女子参政同盟会本部”的成立，对于如火如荼的民国初年女子参政运动来说，不仅是一次队伍重整和军威重振，更是一次具有转折意义的战略调整。在继续向参议院争取参政权的同时，本部马上着手办报办学办实业，逐步把更多的力量转向为女界“准备实力”的工作。

10月21日，“民国女子参政同盟会本部”成立的第二天，《女子白话报》在北京面世，明确提出“本报专为普及女界知识起见，故以至浅之言，引伸至真之理，务求达到男女平权的目的为宗旨”。11月16日，杂志体的《亚东丛报》又在北京出版，也明确提出“以提倡女权，发挥民生主义，促进个人自治为宗旨”。唐群英是《女子白话报》和《亚东丛报》的创办者，也是两报最初的经理兼总编辑。两报虽未直接标明为女子参政同盟会的会报，实际就是该组织的言论机关和宣传阵地，在南北各地拥有众多读者。

唐群英还亲自为女子参政同盟会设计了会徽。会徽为铜质圆形挂式。正面图案是：两串饱满麦穗环绕边缘，中间书有“参政同盟会”字样；背面图案是：中华民国的五色国旗与象征中国统一的十九星旗(18)左右交叉，空隙

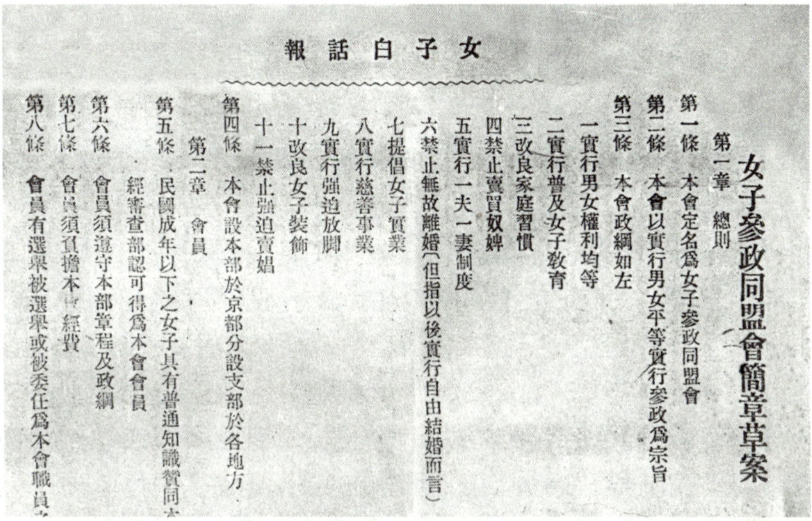

女子白話報

女子參政同盟會簡章草案

第一章 總則

第一條 本會定名爲女子參政同盟會

第二條 本會以實行男女平等實行參政爲宗旨

第三條 本會政綱如左

一實行男女權利均等

二實行普及女子教育

三改良家庭習慣

四禁止賣買奴婢

五實行一夫一妻制度

六禁止無故離婚（但指以後實行自由結婚而言）

七提倡女子實業

八實行慈善事業

九實行强迫放脚

十改良女子裝飾

十一禁止强迫賣娼

第四條 本會設本部於京都分設支部於各地方

第二章 會員

第五條 民國成年以下之女子具有普通知識贊同

經審查部認可得爲本會會員

第六條 會員須遵守本部章程及政綱

第七條 會員須負擔本會經費

第八條 會員有選舉被選舉或被委任爲本會職員

原载《女子白话报》第三期

中书有“会员徽章”字样。当时的会员，都以佩带这样一枚意义非凡而又造型美观的徽章为荣耀。

经本部领导人和各地积极分子的努力推动，到1912年底，“民国女子参政同盟会”的湖北、上海、天津、广东、山西、湖南等省市支部先后建立，有些省份的支部也在筹备之中。

为提倡女子教育，女子参政同盟会也在着手筹建中央女学校和女子法政学校。

至此，女子参政同盟会，作为一个全国性的女权运动组织，具有了比较成熟的形态和相当的规模。

七

9月份送达临时参议院的《女子参政同盟会参政请愿书》，在参议院的请愿委员会躺了将近两个月。期间，请愿女子曾经结伴到参议院探问，被驻守参议院的巡警总厅特别稽查员张清澄，以接待为名实施了阻拦。后经女子参政同盟会代表王昌国亲向议长提出敦促建议，《请愿书》才被提交大会讨论。

11月6日，参议院讨论女子选举权案。女界代表破天荒地被邀旁听此次会议，她们亲眼目睹了会场的情景。“不料到那开会的时候，请愿委员王鑫润刚将这件议案报告完毕，便有李国珍同谷钟秀两个议员出席反对。……李国珍说，这件议案在南京已经否决了，我们北京的参议院，现在可不必提议吧！况约法只大总统有交复议的大权……若是复议，便是以总统的大权交给女界了，岂不是长女子的气焰吗？谷钟秀又说，这请愿书的内容有许多侮辱参议院的话，是万万不能讨论的。……当时有两位议员，平日是最尊重人权的，见他们所说的太不对，恐怕这似是而非的话，淆乱天下的听闻，便将他们的荒谬处，一一驳正出来，直驳得落花流水似的，一位是谭珍（疑将“覃振”误为“谭珍”）君，一位是杜潜君。谭君说：女界在南京所上的请愿书，是要求将约法第五条作字面修改，这次所上之书，是要求将女子选举法案议决，截然两个问题，并不是复议的议案，况南京并不曾将她们的请愿书否决……杜君又接连说道：谷钟秀所说侮辱的话，本席极不赞成……至若女界的请愿书中，恨议员不主持公道，将她们的议案通过，未免有些过于激烈的话，并没有一语侵犯议院的……议长见这件议案，也有赞成的也有反对的，只得宣告公付表决，不料赞成起立的，仅得少数。……”[19]

据《参议院会议速记录》及当时报刊所载，此次会上“有十余名议员发言，覃振、陈家鼎、杜潜、江辛等人表示赞成，李国珍、李素、孙孝宗、谷钟秀、赵世钰、李槃等人表示反对……双方针锋相对，相持不下。最后由议长宣布就此案应否开二读会进行表决，结果赞成者仅6人，相对于出席此次会议的66名议员来说，可谓绝对的少数。此案终被打消。”[20]

临时参议院否决女子请愿案的第二天，女界代表数人即到参议院，打算与那些反对妇女参政、堪称“民国的妖孽，女界的蟊贼”[21]的参议员展开辩论。不想参议院却只派招待员出面敷衍，一般参议员都不露面。

一场场假借民主之名进行的压制，突破了妇女们忍受的极限，他们掀起了又一次抗议怒潮。12月9日下午一时，唐群英、沈佩贞与女同志数人，前往参议院求见议长吴景濂。吴景濂强调开会时间到，辞而不见。至三点钟议会休息时间，一直在特别旁听席静候的女同志，赶到议长必至的秘书厅楼下再次求见，吴景濂无法躲避，但仅与她们晤谈数分钟，又借故匆匆返身进入议事厅。女士们忍无可忍，遂冲着议事厅大声指斥：

“议员亦女子所生。当民军起义时代，女子充任秘密侦探、组织炸弹队，种种危险，女子等牺牲性命财产，与男子同功，何以革命成功，竟弃女子于不顾！”“女子亦组织中华民国之重要份子，二万万女同胞，当然与男子立于平等之地位。凡反对女子参政权者，将来必有最后之对待方法。即袁大总统不赞成女子有参政权，亦必不承认袁为大总统！”“三日后当再来参议院，为最后之解决。将来中华民国之民法，凡关于女子之能力，若不采用德国制，女子等必用武力解决此问题。”(22)

当女子们“娇艳含恚，声色俱厉”地痛斥之时，“有巡警多人，立于秘书厅，亦莫能维持秩序。参议员静听女子之辱骂，亦莫可如何。痛骂已毕，诸女士特将情状告知参议院警察长，令其详细转达议长。至四点多种，诸女士始出参议院，而余怒未已……”(23)

当时，一些尚未挣脱男尊女卑传统观念桎梏的报刊，常用含有贬义的“英雌”“群雌”来称呼女权斗士，用“大闹”“大骂”来描述女界的请愿活动，用“声震屋瓦”“声震厅堂”来形容请愿妇女的哭诉声、痛斥声、呼吁声，抗议声，乃至打人耳光声。其实，女界要求参政的正义之声，何止“声震屋瓦”“声震厅堂”，那简直是声震华夏，声震四海，声震寰宇！因为她们表达出来的，正是觉醒了的中国女性向封建男权挑战的勇猛气概。不必讳言，在情绪极为激愤之时，她们也曾发出过极为激愤之音，例如“必用武力解决”、“将修我长矛，整我甲兵，凭我一腔血与诸男子相见”等等。其实，这不过是弱势群体反抗强权势力的一种激烈表达，即或言词和行动上未免偏颇失当，也不过属于反抗方式上缺乏经验。事实上她们的所谓“武力”，充其量也就是动了几下手，而促使她们使用“武力”的，恰又是对于天经地义之男女平权的蛮横压制。

应该肯定地说，从总体上看，民国初年由女子参政同盟会发起的女子参政运动，确实无愧为“五千年来女权之曙光”，“中国妇女运动的第一声”！

---

(1) 谭嗣同《狱中题壁》诗：“望门投止思张俭，忍死须臾待杜根。我自横刀向天笑，去留肝胆两昆仑。”

(2) 《袁世凯电阻女子团北上》，《大公报》1912年4月14日。

(3) 李细珠：《性别冲突与民初政治民主化的限度——以民初女子参政权案为例》，载《中国社会科学院近代史研究所青年学术论坛2004年卷》

(4) 《英雌又出风头》，《民立报》1912年6月15日。

(5) 从《民立报》1912年6月15日所载《英雌又出风头》一文，以及中国第二历史档案馆所藏《女子参政同盟会参政请愿书》看，在《女子参政同盟会参政请愿书》之前，曾有一封以“女子联合会唐群英、张寿松等”名义上参议院之请愿书。只是，至今并未见到此书原件，因此无法确定其上书的具体时间以及转呈临时参议院的具体介绍人。但《唐群英评传》、《唐群英年谱》等书，都将此书与中国第二历史档案馆所藏《女子参政同盟会参政请愿书》混为一谈，实不妥当。

(6)(9) 均见《女子参政同盟会参政请愿书》，中国第二历史档案馆藏件。

(7) 《女子要求参政权》，《太平洋报》1912年8月7日。

(8) 关于《女子参政同盟会参政请愿书》发出之时间，《唐群英评传》、《唐群英年谱》、《唐群英史料集萃》等的说法，与中国第二历史档案馆馆藏件后写的日期，形成了错乱。前者写明发表于1912年8月10日，后者写明为“中华民国元年九月　日”。现查阅多种史料认为，《参议院议员选举法》、《众议院议员选举法》于1912年8月10日由临时参议院公布，该《请愿书》当发于8月10日之后，不应是8月10日当天。又据阴阳历换算，1912年8月10日，为阴历六月二十八，不论阴阳历日期都与中国第二历史档案馆馆藏稿所署时间相去甚远；而当年阴历八月初十，为阳历9月20日，与中国第二历史档案馆馆藏稿所署时间尚相吻合。所以，若说本请愿书写于1912年阴历八月初十，即9月20日，比较贴近事实。

(10) 《女政客之失望》，《民立报》1912年8月26日。

(11) 《同盟会女会员之愤激》，《大公报》1912年8月16日；《女子大闹同盟会》，《民立报》1912年8月18日；《燕支虎大闹同盟会》，《时报》1912年8月19日；《五政党合并改组续闻·女会员大展威风》，《申报》1912年8月20日。

(12) 《女子参政同盟会浙江支部致国民党本部电》，《民立报》1912年8月30日。

(13) 《国民党成立大会纪事》，《神州日报》1912年8月28日；《孙中山先生入京后之第一大会·国民党成立》，《民立报》1912年8月31日；《二十五日之湖广馆》，《申报》1912年8月31日；《国民党成立大会纪略》，《盛京时报》1912年8月31日；《国民党成立大会纪略》，《时报》1912年9月1日。

(14) 孙中山：《在国民党成立大会上的演说》，《孙中山全集》第2卷，第409页。

(15) 《唐沈两女士之墨泪》，《申报》1912年9月3日。

(16) 此信一直由唐群英收藏，直到1951年由其抚子唐遂九献给了中国第二历史档案馆。

(17) 《女子参政同盟会成立志盛》，《女子白话报》第二期。

(18) 1906年冬，中国同盟会讨论未来国旗之样式时，有人主张用铁血十八星旗（图案为18个小星组成两个大圆环，因每个大圆环有9个小星，又称九角旗），以代表十八行省；武昌起义后，湖北、湖南、江西等省光复军使用过该十八星旗；南北统一后，十八星旗改为十九星旗（在两个大圆环中央加了一颗等同的金色圆星），表示统一了的中国，一度被定为陆军旗。

(19)(21) 《参议院之黑暗》，《女子白话报》1913年3月30日。

(20) 李细珠：《性别冲突与民初政治民主化的限度——以民初女子参政权案为例》。

(22)(23) 《女士大骂参议员》，《爱国报》1912年12月11日。

第十一章 波澜壮阔

有滚滚浪涛，有层层浪潮，有闪闪浪花，

民国初年的女子参政运动，起伏跌宕，波澜壮阔，自成一番景象。

实行男女平等平权，是当时先进女性的共同要求和呼声。因而，民国初年的女子参政运动，遍及全国多个省份，显示出了波澜壮阔的声势。其中，激进的女子参政同盟会，可谓是活跃在主战场上的主力部队。与之规模和影响力不相上下的，当属稳健的“神州女界共和协济社”（亦常简称“神州女界协济社”）。此外，还有一批各具特色的姊妹军团。

一

“神州女界共和协济社”的前身，是辛亥女子军时期的募饷组织“上海女界协赞会”。

中华民国宣告成立之后，“上海女界协赞会”干事长张昭汉认为，“共和告成，百废待兴”，“破坏之期既终，而建设伊始”，欲将“以协助军饷为宗旨”的“上海女界协赞会”，扩建而为“以联合五族女界，普及教育，研究法政，振兴实业，提倡国货，养成共和国高尚完全女国民，协助国家进步为宗旨”的“神州女界共和协济社”。(1)

1912年2月1日，张昭汉在亲向孙中山递交所募义款时，即说明了欲扩大组织的意向。孙中山在回信中即表示了赞许：“闻贵会与神州女界共和协济社联合为一，扩充团体，自能相得益彰矣。”(2)

3月4日，“神州女界共和协济社”发起人再次致函孙中山，表明了她们争取女子参政权的基本态度以及具体请求。“某等窃思共和国既建设矣，国内必无不平等之人，男女平权，无俟辞费。此番改造，女子幸能克尽天职，或奔走呼号，捐募饷糈；或冒枪烟弹雨，救护军士；或创立报章，发挥共和，鼓吹民气；或投笔从戎，慷慨杀敌，莫不血诚奔涌，视死如归，侠肠毅力，奚让须眉。……民国初立，万政更新，非全国努力，无以善后。兹特联合女界各团体组织大会，命名神州女界共和协济社，……首当创办女子法政学校，及发刊女子共和日报，协力进行，勉为将来参政之预备。际兹宪法将定，国会未集，敢代表全国女界，专诚请愿，乞赐赞成，于参议院存案，俾国会决议时，为女界预留旁听及参政一席，数载后女子之政治知识既具，资格已备，乃可实行。”[3]“神州女界共和协济社”发起人中，张昭汉、程颖、陈鸿璧等都是2月27日《中华民国女界代表上参议院书》的参与者，以及3月18日《女子参政会上孙中山书》的联署者，但她们这种认为女子当有参政权、但须逐步实现的看法与态度，相比女子参政同盟会显然温和稳健得多，也较容易被当时社会人士所接受。

孙中山对筹建中的“神州女界共和协济社”给予了极大的支持。除指示有关部门拨款5000元资助该社“扩充公益”之外，还发出了热情的《复女界共和协济社函》。函曰：“女子将来之有参政权，盖势所必至。贵会员等才学优美，并不遽求参政，而谋联合全国女界，普及教育，研究法政，提倡实业，以协助国家进步，愿力宏大，志虑高远，深堪嘉尚。……该社员等宜力行无倦，以光吾国，而促进步。”“至女子应否有参政权，定于何年实行，国会能否准女界设旁听席，皆当决诸公论，应咨送参议院议决可也。”[4]函中虽不免有含混之处，但显然赞成女界共和协济社“不遽求参政”的主张。

“神州女界协济社”，于1912年3月16日正式成立。在上海爱尔近路纱业公所举行的成立大会热烈隆重，到会会员及男女来宾各有百余人，张昭汉报告成立宗旨及组织设置，十多人相继发表演说。大家有一个共同认识：妇女要求参政，“须以坚韧实在之志，而行以郑重之动作”，“不应抱浮躁之宗旨”。这一点，似乎显示了该组织与女子参政同盟会在行动风格上有所不同。成立大会推举孙中山夫人（此时为卢慕贞女士）、伍廷芳夫人、刘青霞女士[5]为名誉社长，张昭汉为正社长，杨季威为副社长，谈社英为书记，钱新才、陈鸿璧、汤国梨、舒蕙桢、唐金铃分掌教育、实业、编辑、评议、会计等部门。

此时，女子参政同盟会虽然尚未正式成立，但唐群英与张汉英事实上已经成了女子参政同盟会的领军人物。或许是沿袭此前妇女组织多交叉任职的惯例，神州女界协济社仍然推举唐群英与张汉英分别担任该会编辑部和评议部领导职务。

既注重争取男女平权又致力于社会事业的神州女界协济社，很快成为南方地区一个活跃而且享有声望的妇女团体。

孙中山正式解任临时大总统后，身体力行于“民生主义”、“经济革命”。受其感召，南方地区的爱国人士随之掀起了兴办实业的新热潮。神州女界协济社，立即由实业部长陈鸿璧筹集股份，具体操办，“赁土地一十亩于江湾车站对面，以八亩种大豆、黄豆及麦，以二亩蓄羊、鸭、鸡，及为佣工住所茅屋三楹，广田在望，俨然有农家风味。……女界蓄植实验所，以振兴实业、扩充女界生计为宗旨。”(6) 此外，还在北四川路开办了专门销售国货的爱华公司。神州女界协济社所办的女界蓄植实验所、爱华公司，与女子尚武会创办的中央女子工艺厂，中华女子实业进行会兴办的手工传习所，中华国货维持会开办的女子兴业公司，林宗雪、张馥真姐妹创办的女子植权物产公司，以及由江苏昆山张凤如女士发起、得神州女界协济社支持的中华女子国民银行，等等，汇成了这一时期女子兴办实业的热潮。女子兴办实业热潮的兴起，究其实质，无异于参政受挫后妇女自身发展的一条途径。例如，女子兴业公司就曾自拟过这样一副对联：“初学经商，愿维国货；未能参政，聊隐世廛。”(7)

临时政府迁往北京后，“南京留守”黄兴通电号召开展“国民捐”活动，汇聚人民力量解决政府财政困难。神州女界协济社随即行动起来，在5月17日上海各界讨论国民捐实施办法的会议上，张昭汉亲自出面倡议成立“国民捐劝导会”，得到广泛响应。她说：“同人椎心泣血发起国民捐劝导会，内容分编辑、宣讲、演艺三部。撰刊歌词，所至散布；派演说团赴内地苦口婆心广为劝导；编辑醒世新剧，现身说法，激发国民爱国心……努力同心，危局可挽。”“国民捐劝导会”举行的各项活动，参加者动辄五六百人，莫不为之动容当场解囊。例如7月3日在纱业公所的演艺会，先由张昭汉等演说，后有乐器演奏、诗歌演唱，更有《爱国女童》等话剧演出，每个节目都扣人心弦，感人肺腑，“观众一时向台投币者如雨下。”(8)

神州女界共和协济社一成立，即按最初之计划，创办了以“灌输女子政治及实业之思想”为宗旨的《女子共和日报》。到10月份，《女子共和日报》

更名为《神州女报》。这《神州女报》的名称，是涂染着革命色彩的——1907年12月，革命报人陈以益为纪念壮烈牺牲的秋瑾而创办的报刊即名为《神州女报》（后停刊）。现神州女界共和协济社以此报名命名自己的会刊，其意义不言自明。改刊时祝颂文字甚多，孙中山的祝词为“发达女权”，“同进文明”。张昭汉所作《神州女报发刊词》说：“今本社同人，既殚精竭力于教育、实业之预备，故鼓吹平权之道及参政之理，崇实黜华，惟德是蹈。应而和者，遍于南北。”《神州女报之宣言书》说：“其宗旨则发挥共和真谛，代表社会言论，导启女界政治及实业思想，鼓吹国民道德与尚武精神。”

孙中山为《神州女报》复刊的题词

这样一张影响广泛的报纸，对于女子参政同盟会争取参政权的斗争，始终发挥着紧密配合的作用。临时参议院否决了女子参政权时，该报连续发表文章痛加斥责：“今日者，共和开幕，五族同仁，而独屏我女子于种种权利之外，此可忍孰不可忍！”同时深切指出，妇女当前应当积极创造参政条件，学习政法、财政、国际法等知识，“苟能致力于此数者，则举凡政治之措施，男子所为者，吾女子且优为之”；否则，即使争得参政权，也只是装点门面而已。后又从社会实际情况和妇女利益出发，提出了争取女子财产继承权的主张：“承袭遗产问题为人人所应争者，女子同为人类，何能独自放弃。论男女平等亦当争之，论人权天赋亦当争之。”(9)

该报初为旬刊，由张昭汉任经理，汤国梨任主编。1913年3月改为月刊，由杨季威、谈社英主编。这段时间，唐群英虽然正在北京全力以赴于女子参政同盟会以及《女子白话报》的工作，但作为神州女界协济社编辑部负责人之一，对于《神州女报》的创刊及编辑工作，也当有所贡献。

为普及女子教育，神州女界共和协济社因陋就简租来了20余间窄小平房，又经教育家吴稚晖介绍，获得了一所停办学校转来的一批桌椅教具，创办了神州女学。神州女学为“两等小学”（即包括初等小学班和高等小学班），另设有专收程度较高、年龄略长者的“专修科”，于1912年秋季正式开学。张昭汉任校长，杨季威任教务长。

此外，当上海第一所由中国人自办的女子学校务本女塾“以经济支绌宣告停办”时，神州女界共和协济社“悲女学之中辍，痛教育之凌替，不禁公义激发，遂告该校校长，慨然以维持务本为己任。乃由该总社派专员四人至宁，具禀孙总统及教育部长、卫戍总督等，请发款维持”(10)。孙总统、唐总理、徐总督等皆嘉佩该社之热诚，或慨然捐助，或许以资助，使务本女塾这所“资格甚深，成绩甚美”的女子学校得以维持并继续发展（1928年改归市立，更名为上海市立务本女子中学校，以后几经迁改，现为上海市第二中学）。

1912年11月，全国南北掀起了声势浩大的反对《俄蒙协约》的群众爱国热潮。起因是，沙皇俄国政府勾结外蒙古库伦叛国集团，以外蒙古“独立”为由头，实施对我国主权的侵犯。各地妇女团体纷纷举行集会表示抗议，妇女报刊纷纷发表文章予以批判，许多女界爱国人士纷纷组织起演说团、筹饷团、救护队、侦察队，准备抗击沙俄侵略。辛亥女子军时期的英杰尹维峻、吴淑卿等，甚至决心“誓师漠北，与决死战”(11)。12月14日，上海各界救蒙会成立，神州女界共和协济社承担了组织筹饷团的任务。该会迅速发出通电，发布广告，并在《神州女报》上连续发表《劝女子节糜费以助军饷》、《救蒙会女会员泣告各界》等震撼人心的文章，对于推进反俄救蒙热潮发挥了积极作用。

从在民国初年妇女参政运动中的地位和作用来看，人们常常以“北有民国女子参政同盟会，南有神州女界共和协济社”予以概括。

二

女子参政运动，虽然只是民国初年变化多端政坛上一片小小的波澜，却也着实风生水起，如同大海潮汐般起伏跌宕，自成一番独特的景象。

前曾介绍，中华民国建立之初，女子参政团体如同雨后春笋勃然兴起。其中有多个团体，并未加入女子参政同盟会的组织，也未纳入神州女界共和协济社的系统，而是各自独立地在或长或短的时间内坚持进行着争取参政权的斗争。如果说，具有全国影响力的女子参政同盟会和神州女界共和协济社，或如激越的浪涛，或如舒缓的潮涌，那么这些规模较小各自独立的参政团体，则就如同奔腾的浪花和闪光的涟漪。它们共同构建了民国初年那场的史无前例的女子参政运动。

1912年2月3日成立于上海的“中华女子竞进会”，可以说是一个预备参政的组织。发起者邵汉英、陈复、李爱华、陈卓、钟秀岩等女士认为：“惟天生民，各有天职，虽赋性有殊，而人权则一。况同是国民之一分子，则是艰巨之任，兴亡之责，女子不能推诿之。国事之赞襄，公民之权利，女子尤不能放弃之。……今者民国初建，政体聿新……吾女界同胞所当急起直追，各抒智能，各尽心力，顺自然之趋向，发天赋之权能，以遂我参与政治之希望，此盖最好之机会，刻不容缓者。”她们根据“吾国女子，久困于黑暗社会之中”的情况，将其组织的宗旨定为“研求政治上及军事上之智识，以期养成人才，发达女权”。设政治部“研究中外政法纲要，以为将来参政之地步”；设军事部“研究普通军事学识，以为从戎之备”。并且号召妇女：“战争未息，则进而荷戈于军队之间；共和告成，则进而效力于政客之列。生命何足惜，要当为国捐躯；权利所应争，自当当仁不让。”[(12)] 革命精神可嘉可佩，只可惜成立不久即因经费所限而解散。

与“中华女子竞进会”同时同地成立的“中华女子共和协进会”，以“联络中华女志士，以军事上之协助及政事上之维持，并发达种种实业，助成完全共和民国为宗旨。”发起人杨汉民、朱广明女士在报刊上发表文告恳切陈述：“吾二万万同胞数千年来压服于专制政体之下，几同残废，思之可哭。今则流多数志士之血，推翻专制政府，建立共和新国，……洗我积耻者在此时，为国分忧者亦在此时。……某等不揣愚陋，急组织此会，征求意见，扫彼专制之毒，护我共和之花。”“世界共和，凡我女同胞应得平等之权利。然须有平等之学识，方可享受平等之利益。夫女学肇兴已久，政治法律群英辈出，苦未能普及，大以为恨。”[(13)] 该组织内设军事部、政事部、实业部，并于1912年春季开办了女子平权速成学堂。

与一般女权团体不同，“男女平权维持会”是男女同志都可以参加的，以“破除一切专制，尊重人道主义，维持男女平等，抵抗强权恶习，使男女享负对等权义为宗旨”的组织。1912年2月，由沈佩贞、武向梅、叶惠哲、陈振志、陈光誉等人发起，在上海组建。由于新成立的中国社会党主张男女平等、支持女子参政，其党员多有加入“男女平权维持会”者，所以该会总部最初设于社会党本部。后因沈佩贞参加女子参政同盟会工作，武向梅（会长）赴杭州活动，该会总部迁至杭州。该会对于男女平等平权的认识颇为深刻：“前日之中国，专制国也，君权压抑，官吏摧残，四千余年以来，无所谓民权之说。……中国又一男子专制国也，纵观历史上之政策，既纯为男子所计划，社会上之事业又仅有男子可设施，女权之名词更为历史所未见。……今者，民国光复，专制之毒焰灭，自由之旗帜张，……然而民权复矣，女权犹未也。女子亦国民之一分子，女子无权，不特为文明国之缺点，即揆诸民权二字，亦有不完全之处。”(14) 该会拟议中的女子实业学堂、女子工艺传习所、女子市场、女子医院等，虽然未能实现，但其宣传活动在沪杭两地产生了较大影响。

在浙江，还活跃着“以唤醒女界，策进完全国民为目的”的“浙江女子策进社”。该社在其《缘起及草章》中说：“女界受男界专制沉埋于幽暗黑霾之中，二千余年如一日，积习相沿，遂演成无才便是德之恶剧。……究之女界不幸，即男界之不幸，即全国之不幸。中国之萎靡，外族之侵凌，古今缺点可为痛哭流涕者，未有若此之甚者也。兹何幸革命成功，民国基固，孙大总统又特许将来国会成立女界有完全参政之权，以激励我女界。……惟是摧残已久，束缚初捐，有参政之权恐无参政之力，则手权何有?”所以提倡女同胞“好自为之”，“社员互相讨论，交换智识，以资策进”，“俾得角逐中原，争雄大陆，以稍分男子之仔肩，以共享久长之幸福，无负大总统之希望”。为此，该会开办讲座，组织演说会，编纂印刷品，还创办了周刊《复报》，“文笔皆似成于女子之手，其所主张类皆稳健，足以实行……”(15)

“女子同盟会”，是一个在组织体系上较为特殊的团体。她是女子参政同盟会最早的五个组成单位之一，但实际上一直保持着相当的独立性。该会宣言书指出："东西各国，男女平等，凡女子亦有参预政事之权。我中国数千年来，女子深处闺中，几成废物，是四万万同胞半归废弃。虽为女子自行放弃，亦由专制国体不容稍有越俎使然。本会之设，以助民国促进共和、发达女权、参预政事为宗旨。"[16] 该会会长、老同盟会会员吴木兰在成立大会上演说指出："本会长对于今日之会，心中所欲言者，不过男女平等四字。但是这四个字，近日已成口头禅了。……我们女同胞须要晓得，世界上讲自由平等，当于法律之中求之，不是任情直行可以做得到的。……我们女同胞处现在的时候，固应以不自由毋宁死为一定之宗旨；亦当知遵循法律，恪守礼教，以完我女界无上之荣耀。"[17] 该会1912年2月2日在上海成立后，会长吴木兰晋见孙中山，得到大总统的赞许，黄兴、蔡元培等南京政府诸多政要也都给予支持。该会后来迁至南京活动。

以上所举，仅是影响较大的几个地方性妇女参政组织及其活动。其实可以说，此类组织或大或小地，此类活动或多或少地，在各省差不多都有发生。

三

在民国初年各省的女子参政运动中，最为起伏跌宕的当属广东省。

广东是中国民主革命的重要策源地。武昌首义前六年时间里，由同盟会员和受同盟会影响的革命分子发动的11次较大规模武装起义中，有5次发生在广东。1911年10月10日武昌首义后，12月9日广东宣布独立，10日成立军政府。在老同盟会员胡汉民（时任都督）、朱执信（时任总参议）、邹鲁等的力促下，广东省起草临时参议会选举法案时，从165名临时参议会员额中分配给妇女界10个名额。妇女社团随即推出庄汉翘、伦耀华、易粤英、李佩兰、文翔凤、张沅、廖冰筠、邓惠芳、黎金庭、汪兆锵10名女议员（当时称议员为"代议士"），其中包括女同盟会员、女界学人及华侨妇女等，"代表妇女各方面势力，称盛一时"[18]。当时世界上承认妇女参政权的仅有新西兰、澳大利亚、芬兰等少数国家，广东此举"开千古未有之先，为中华首倡"，曾令中外惊叹，极大地激发了广东女界的参政热情。

然而，广东省女议员的椅子还没坐稳，椅子下面就发生了地震。

随着孙中山的回国、中华民国的正式成立，力促妇女参政的胡汉民、朱执信等先后赴南京政府任职。这时，作为行政机关的广东省民政司，竟趁机自封“民意代表”，出面进行所谓代议士选举资格的调查；而调查之后竟又故态复萌地提出，选举人资格应该“仍限于男子”，还美其名曰“与南京参议院一致”。这条由掌权男士自诩圆满的陈腐条规，随即为广东省临时参议会认可。这显然是不甘心分权给女性的男权人士无须排练的一场戏。戏场锣鼓轻轻一敲，10名女议员的身份无形中便被搁置，随之提交的《广东女代议士李佩兰对于女界要求参政权意见书》也遭冷遇。

愤怒的广东女界，为抗议政界违法剥夺女子选举权，于1912年3月2日，联合成立“广东女权研究社”。开幕大会“到会者千数百人，公推陈玉亭主席”。主席解说该社宗旨，宣布员宣读各团体祝词，女代议士张沅、庄汉翘等演说，与会数位男士发言之后，一致通过了上大总统电文及致省民政司和省议会的请议书。

女权研究社上孙大总统电文云：

“南京孙大总统、上海神州女界共和协济社、各报馆各团体钧鉴：粤省会本有女代议士十名，现民政司调查选举资格，仅限男子，剥夺女界固有公权，擅更法律，冬日大会，全体悲愤。乞维持。来宾代表，续开大会公举。女权研究社暨全省女界公叩。”

女权研究社致省民政司请议书曰：

“社长陈玉亭、胡坤一等，暨全省女界为咨请事：窃维民事长官，固任调查选举之务，而行政各部万无变更法律之权。广东临时议会组织之初，公民聚而议决，许女子以参政权利，与之代议士员额十名，由女界自行举出。此实属民国公权之规定。绳以法学之界线，且应归宪法上条件，……既为公权规则，尤非行政官厅所得更变。现贵司通饬各调查选举人资格，只限于男子，而女子不与焉，是贵司显不遵照此法律，而欲以命令暗为更变，以剥女子固有之公权也。如是，贵司当负法律上之责任。不然，则是左右奉行不谨，办法多遗，至其事不举，而贵司当负行政上之责任。本社有维持女子权利之责，不能熟睹不言，相应咨请贵司，从速宣示，切实答复，以释群疑，实为公便。须至咨者。”(19)

女权研究社致省议会的请议书，内容与致省民政司的请议书大致相同。

在当时情势下，上书发电当然不可能得到预想的效果，10名女议员仍处于不上不下的尴尬状态。她们不甘心被违法违规地扼杀代表妇女参政的政治使命，却无法名正言顺地履行参议员的职责。

南京政府解散后，经孙中山亲自向广东省议会提议，1912年4月27日胡汉民复任广东都督兼民政长。这使广东女界重新点燃起了希望。无奈，胡汉民政务缠身，矛盾缠身，且按照政治体制，作为都督又不能直接干预议院事，所以女子参政的形势仍然十分不利。结果，1912年9月4日公布的省议员选举法，毫不犹豫地正式取消了妇女的选举权。

广东的女权斗士，受到北京女权斗士的鼓舞，决意继续争取合法权益，多次进行请愿斗争。

9月18日，省议会举行议事会议，讨论李佩兰事先提出的《电争女子参政权案》，代议士97人出席。李佩兰、伦耀华等以请愿人身份参加。李佩兰在提案中据理力争："本会简章原规定女子有参政权，自不能昨是今非，反生阻力。就以美国而论，亦有一二省会有女议员之例。今参议院尽行取消，实属故意抑压女界。我粤东首倡授女子以参政权，想诸君必无不赞成之理，望诸君协助向参议院情愿力争。"伦耀华当场发言慷慨激昂："数千年来，女子受专制之苦，已达极点。今者共和告成，男女平等，男子既能参政，女子何独不然？……又革命未成之日，何尝不利用女子？今革命成功，竟取消男女平权，不准参政，唐女士（即指唐群英）在京愤极，因而有殴打宋教仁之事。……本议士以目下女子平权之说，已深入脑筋，倘不略予参政之权，恐风潮一起，势不可遏……"[20]会上也出现了某女士痛恨"男子压制女权"，"大肆詈骂，继之以哭，声泪俱下"的情景。但此次会议无果而终。

11月4日，女代议士李佩兰、女留学生苏淑贞、女界代表邓博倩等人再次向临时省议会提出请愿书，结果因出席议员不足法定人数而未能表决。

11月8日，就在北京参议院否决女子选举权案的第三天，广东省临时议会以65票对38票之多数，最终否决了广东女子参政权请愿案。

原来，曾经"称盛一时"的广东省10名女议员，只不过是人们幻觉中的一现昙花。

四

正在中国的女子参政运动风急浪高、电闪雷鸣之际，"万国女子参政会"会长嘉德夫人作了一次访华考察，开启了中外妇女组织交往的历史，架起了东西方妇女运动之间沟通的桥梁。

二十世纪初，以争取妇女参政权为核心的女权运动已经遍及欧、美、澳、亚洲的多个国家，但就其所取得的成果来说，总体上尚处于非常不理想的初级状态。已有几十个会员国、具有强大影响力的“万国女子参政会”（1902年成立于华盛顿，又译作“国际妇女参政联合会”），为了推进各国女权运动的发展，特地进行了一次全球大考察。此次访华考察，是其全球大考察的一个环节。

参加此次考察的有“万国女子参政会”会长嘉德夫人（美国人，又译作卡特夫人）、“万国女子参政会”荷兰分部长解古柏斯女博士，以及“万国女子参政会”会员斐恒夫人（美国人，或称马克维夫人）、盘德夫人（美国人）等。

嘉德夫人一行，1912年8月31日由香港抵达上海，在华停留一个月的时间。

嘉德夫人一行，首先到访女子参政同盟会。而女子参政同盟会在上海的组织仅为一个支部。女子参政同盟会上海支部遂将嘉德夫人一行介绍于神州女界共和协济社。

神州女界共和协济社社长张昭汉，当即会同张文馥、杨季威、陈鸿璧、陈撷芬、边境宏、舒蕙桢、查文桢等上海女界知名人士，专程到嘉德夫人一行驻地惠中宾馆热诚拜望。中方女士大多知晓英文，张文馥更能胜任现场口头翻译。双方的交流不仅亲切友好，而且十分顺畅。对于妇女参政的重要意义、进展情况、经验教训等等，大家都能直言不讳。交谈中，嘉德夫人等对于中国妇女争取参政权的运动，深表嘉许。

9月4日，神州女界共和协济社、女子参政同盟会上海支部等妇女团体，盛会欢迎嘉德夫人一行。地点选在位于公共租界区的张园。这张园，是一座具有英国建筑风格的大型私家园林，又是一座被称作“时尚之源”的社会公共空间，园中的“安垲第”是当时上海的最高建筑，可容纳千人聚会，一些爱国宣传、赈灾募捐、各界议事、要人到访等重大活动常在这里举行。这天到会来宾800多人，半数以上是女士。

张昭汉代表全体人员致欢迎词，称“中国现虽为极新之共和国，然财政困难，教育未发达，吾人极宜一力协助进行，而参政问题尚属一小部分。吾人对嘉德夫人之言，以为有关四万万同胞之存亡。因国家之存立，在有地土，……国土不能保全，则人人虽有参政能力，亦无所用之。愿同胞极力为国家出力，先尽吾人义务，然后再得权利。嘉德夫人言，中国妇女欲争参政，第一要提倡女子教育，予最为钦佩。今以少数有智识女子与多数有智识男子比，本觉自惭，故吾人宜反躬自省，从根本上着手，养成实在能力。凡男子所知者，吾女子无不知，男子所能者，女子无不能，则要求参政，男子亦无所借口，而女子始当之不愧矣。嘉德夫人又言，英国要求参政以激烈手段，美国出以和平，故英国所得甚少，而美国则大著成效，可为吾女同胞一最良模范也。”[21]

嘉德夫人发表演说。这位国际妇女界的政治活动家，首先表示了对中国人民的祝福、对中国民主革命成果的祝贺，大胆批评了美国政府不承认中华民国新政权的错误态度。她重点介绍了世界各国妇女参政运动的情况，她还提出，发展女子教育，创办女性参加的经济实体，改良社会风气，禁烟禁赌等等，也应是妇女运动所当注意的方面。她以由衷之情，盛赞中国妇女的智慧勇毅，祝愿中国兴盛发达。她说：“中国女子者，全世界最有能力之女子也。试观数千年来屈伏男子专制之下，甚至闭置一室，足不出户，偶然外出非车即舆，重重四围，……使各国女子受此等之压制，必无知无识，永永不能腾跃，而中国女子竟仍能保其天赋之能力，得非世界之最奇乎！”“余见中国事事每出人意表，为各国所不及，如此次之革命，时未半年即能成此新共和国。例此，以往则女子参政虽萌芽在各国之后，其发达必在各国之前。余最后之一语，即祝中国女子为全世界最高尚之天民，中国为全世界最高尚之天国。”[22]

解古柏斯女博士、斐恒夫人、盘德夫人相继作了热情洋溢的讲话。

神州女界共和协济社的代表，擎出一幅朱红色缎质横额，上面绣着“同心共济”四个白色大字，郑重地献赠万国女子参政会；张昭汉等又向嘉德夫人一行每人赠送一把制作精美的中国传统折扇。

在随后的茶话会上，嘉德夫人无限感慨地说：“今日来中国，男女界表同情者如是其众，临此盛会诚有生以来之第一快意事。且夙闻中国女学不昌，今见女界情形及一切办事，实出西人意想之外。迨归国后当极力以醒其国人，勿谓中国无人也。”[23]

次日，嘉德夫人一行即启程北上。神州女界共和协济社为她们开了两封介绍信，请她们到南京时与吴木兰接洽，到北京时与唐群英接洽。

嘉德夫人一行到达南京后，受到吴木兰及女子同盟会等妇女组织的热烈欢迎；到达北京后，受到唐群英及女子参政同盟会的热烈欢迎。

女子参政同盟会欢迎嘉德夫人一行的大会，于9月19日在北京烂漫胡同湖南会馆举行。唐群英致欢迎词，嘉德夫人等发表演说，沈佩贞、王昌国、傅文郁等都作了热情的讲话。沈佩贞介绍了女子参政运动的由来，“去岁革命时，女子已组织北伐队，而促中华民国之成立。是今日之共和，女子亦出代价以购之，并非男子一方面独构成之者也。去岁革命时，既未尝以我等为女子而摈于革命同志之外，岂今日共和告成我等女子不能享受共和之幸福耶?”王昌国阐述了女子参政运动的要旨，“略谓女子之要求参政，应先从教育着手。”傅文郁则说明了女子参政同盟会开展活动的设想，“我等今日之所以为积极进行者，实于宪法未定以前，早运动焉而收其效果耳。若宪法既定，我等虽欲运动，不已迟乎?”(24) 嘉德夫人等听得仔细，深表赞同，会场上洋溢着中外妇女同心协力共同争取平等新世界的友好气氛。

大会之后，嘉德夫人一行与唐群英等，又就妇女参政问题深入进行了交流研讨，双方看法大致相符。嘉德夫人希望唐群英将争取女子参政权的情况及时通报与万国女子参政会，“并说政府若有碍难的时候，尽可用函电磋商，自当竭力协助。”(25) 她还勉励中国女界联络起来，结成一个大团体，以早日加入万国女子参政同盟会。嘉德夫人的这种态度意味着，万国女子参政会已经接纳了中华民国女子参政同盟会。

11月3日，嘉德夫人从东京致信张昭汉：“鄙人等于11月游日本，开大会演说，告以中国女界程度之高尚，性情之诚挚，为欧美人所倾服，将来女子参政之成绩，必以中华为最完美。”(26)

嘉德夫人的此次访华之行，是国际妇女组织与中国妇女组织之间的第一次直接接触，是东西方妇女运动之间的第一次直接交流。当时中国妇女国民意识的觉醒和奋争女权的勇气，大大出乎嘉德夫人等国际妇女组织领导人的预想，使她们感到震惊；嘉德夫人对中国妇女运动的赞扬，使中国妇女受到鼓舞，更加振奋。

---

(1)《神州女界协济社章程》，《神州女报》第四期，1912年12月。

(2) 《临时政府公报》第9号，转引自《孙中山史事详录1911–1913》第151页。

(3)《神州女界协济社上孙中山书》，《时报》1912年3月4日。

(4) 《民立报》1912年3月4日。

(5) 刘青霞（1877–1923），辛亥革命时期著名女革命活动家。出生于河南安阳官宦世家（其父为两广巡抚马丕瑶），嫁于河南尉氏县号称“刘半县”的富豪之家，丈夫早逝后她即捐银放粮大行善举。1907年曾赴日本考察，加入中国同盟会，自此以全部精力、财力投入革命事业。出资创办《河南》、《中国新女界杂志》等革命刊物，设立同盟会河南分会秘密联络机关“大河书社”，开办近代河南省第一所私立新式女学尉氏华英女校，资助尉氏高等学堂、中州女学堂、中州公学、北京女子法政学校等等，在南北各界有很高声望。曾被聘为北京女子法政学校校长、北京女子学务维持会会长、北京女子参政同盟会会长、河南“国民捐”总理等。刘青霞两次赴沪面见担任全国铁路督办的孙中山，表示愿捐出全部家产修建铁路报效国家，孙中山嘉纳其意，捐资之事却终未成行。直到1922年冯玉祥出任河南督军，为了治理黄河、修桥梁、办贫孤院，接纳了刘家大部资产。孙中山曾亲自题写“天下为公”、“巾帼英雄”匾额赠与刘青霞。

(6) 《神州女界协济社经营女界蓄植实验所》，《神州女报》第四期，1912年12月。

(7) 上海《时报》，1912年11月14日。

(8) 《国民捐劝导会成立后的活动》，《神州女报》第五期，1912年12月。

(9) 《辛亥革命时期期刊介绍》第3集，第407–409页。

(10) 《神州女界共和协济社维持务本女塾》，《民立报》1912年4月3日。

(11) 《尹维峻致袁世凯等电》，《神州日报》1912年11月21日。

(12) 《创设中华女子竞进会启》，《天铎报》1912年2月3日。

(13) 《中华女子共和协进会征求女子意见书广告》，《民立报》1912年1月11日；《女子共和协进会创办女子平权两等学堂广告》，《天铎报》1912年3月1日。

(14) 沈佩贞：《男女平权维持会缘起》，《天铎报》1912年2月25日–3月1日。

（15）《浙江女子策进社缘起及草章》，《民立报》1912年4月14–16日；《女界复报》，《民立报》1912年2月24日。

（16）《女子同盟会宣言书》，《申报》1912年2月22日。

（17）《吴木兰在女子同盟会上的演说词》，《天铎报》1912年2月2日。

（18）王鸿鉴：《清末民初的广东议会政治》，中国人民政治协商会议广东委员会文史资料研究委员会编《广东辛亥革命史料》第428页，广东人民出版社1981年版。

（19）《女权研究社上孙大总统电》及《女权研究社致省民政司请议书》，皆见《女子参政大热闹》，《天铎报》1912年3月10日。

（20）《粤垣英雌之威风》，《民立报》1912年9月20日。

（21）《张昭汉在神州女界协济社欢迎万国女子参政会会长嘉德夫人与荷兰分部长解古柏斯女博士大会上的演说词》，《民立报》1912年9月5日。

（22）《补记东西女子政党握手盛会》，《万国女子参政旬报》第一期。

（23）《本社纪事》，《神州女报》第五期。

（24）《女子参政同盟会欢迎万国女子参政会代表大会》，《民立报》1912年9月27日。

（25）《女子参政同盟会成立志盛》，《女子白话报》第二期。

（26）《嘉德夫人致张默君女士书》，《神州女报》第五期。

第十二章 雾海潮落

这场女权运动，有根有源却无花无果。

作为辛亥革命的伴生物，最终成为辛亥革命的殉葬品。

但它却是如今妇女运动的源头激流。

民国初年女子参政运动的激流，狂涛怒浪般汹涌澎湃了整整一年。

1912年1月5日，林宗素代表女子参政同志会晋见临时大总统孙中山要求女子参政权的举动，不经意间成了这场运动的序曲；而12月9日，唐群英等女子参政同盟会成员痛斥临时参议院最终否决女子选举权案的声浪，竟然成了无可奈何的休止符。

一

其实，任何震撼人心的音乐都是不会休止的。她那绵长的余音会久久萦绕大地，她那悠远的回声会久久荡漾长空。

冰封雪冻百花残，疏影横斜独傲寒。

岂乞春风添色彩，香飘四野自开颜。

12月9日怒责参议院的义举之后，唐群英写下了这首《咏梅》诗。诗中所表现的，既是她个人也是女权斗士们此时“寒梅傲雪”般的共同情怀。

然而，要求在临时约法上订明男女平等原则的正义呼声，已经石沉大海；吁请制定女子选举权法案的正当要求，也已遭到拒绝。女子参政运动该向何处去？

在这攸关妇女解放前景的关键时刻，唐群英召开女子参政同盟会本部紧急会议。历经风雨的女权斗士们坚信，男女平等平权是历史发展的必然，是时代潮流的趋向，目前遭遇的挫折，只不过是滚滚长江中的一段回流，不可能阻挡滔滔江涛奔流到海的大势。大家互相勉励：不要丧失信心，不要等待恩赐，在任何艰难困苦的情况下都要坚持奋斗下去。但是鉴于袁记政坛已经弥漫着浓浓的戾气，需要改变策略，调整部署，暂把工作重点转向地方，去扎根乡土，到妇女群众中去做强基固本的工作，然后待机再起。唐群英决定，一部分人员留守本部，一部分人员隐蔽待命，自己率先到湖南去开展地方工作。

唐群英安排好同志们的撤退事宜，交代好《女子白话报》和《亚东丛报》的编辑发行工作之后，到照相馆拍了一张照片，作为北京八个月战斗岁月的纪念。这张冬装坐姿全身照片上的唐群英，头戴男式皮帽，身着中国男式翻领皮大衣，坐在一个玲珑的茶几旁，手抚着一部翻开的书本，眼睛凝望着高阔的远方。年已41岁的她，面庞圆润，神情淡定，没有妇人的柔弱姿态，没有遇挫的哀怨情绪，从容之中流露出一种英武的女将风度。

随后的一段时间，中国政局充满着袁世凯制造的黑暗恐怖。宋教仁被刺杀，国民党的“二次革命”被粉碎，孙中山、黄兴被以“暴徒”通缉而暂且避走日本待机再战……。无畏的女权斗士们，虽然避开了袁世凯的直接矛头，也从未停歇过战斗的步伐。

美国宾州狄根森学院教授全大伟，将唐群英全身照，面交其长孙唐存正先生

1912年12月中旬唐群英回到湖南。在省城长沙，深入群众，扩建组织，宣传鼓动，办报办学，搞出了一番风生水起的气势，坚守住了一块妇女运动的阵地。

1913年4月，张汉英等在上海建立“万国女子参政会中国分部”，并且出版《万国女子参政会旬刊》。5月，万国女子参政会中国分部接到万国女子参政会会长嘉德夫人来电，邀请派代表出席定于6月15日在匈牙利首都布达佩斯召开的代表大会。张汉英先与神州女界共和协济社社长张昭汉联系，张昭汉转请张汉英与唐群英磋商，终因政局不稳、经费无措而未能成行。中国妇女参政团体，虽然失去了第一次可以登上国际妇女大会的难得机会，但民国初年女子参政运动的影响确已实实在在地远播全球。

这段时间之中，神州女界共和协济社及南方地区的一些妇女参政团体，也都在力所能及的范围内坚持开展活动。

为其“皇帝梦”发狂的袁世凯，于1913年10月6日以阴谋手段胁迫国会“选举”他为正式大总统，转身就于11月4日下令解散刚刚失去国会第一大党地位的国民党，废止《中华民国临时约法》，取消国民党方面全部国会议员的资格，通缉一切反袁革命分子。

女子参政同盟会曾经公开叫板“即袁大总统不赞成女子有参政权，亦必不承认袁为大总统”，又曾在其会刊上直言讽刺“袁大总统”的政府“蝇营狗苟”，自然逃脱不了袁世凯的狠毒打压。11月13日，内务部罗织出“该团附设学校煽惑无知妇女，开堂演说，实属大干法纪”、“于国家政法大有影响”的罪名，以“法律无允许明文”为借口，勒令解散女子参政同盟会，封闭女子白话报馆，并将唐群英列入了100人的通缉名单。

随之，为袁世凯复辟帝制服务的《选举法》、《戒严法》、《新刑律》、《报律》等律令一一下达，形成了笼罩于全社会的一张黑网。神州女界共和协济社、女子同盟会、广东女权研究社等进步妇女组织，也都受到不同程度的打压，她们所办报刊陆续被迫停刊。

至此，作为辛亥革命伴生物的女子参政运动，终于又成为辛亥革命的殉葬品。正如中国共产党早期妇女运动领袖向警予所说：“中国女子参政运动随辛亥革命成功而发轫，其时颇有组织，有领袖，有行动，因而亦激起少数群众，然北洋军阀第一首领袁世凯掌握政权，民党失败，政治上之反动日甚一日，此新茁之嫩芽不旋踵而与民权同斩。”(1)

二

发生在1912年的这场女子参政运动，开中国历史之先河，应世界潮流之趋向，其所以落了个无花无果的结局，是因为在历史的那个时刻，在中国的这块土地，能够开这种花结这种果的大树还没有长成。

民国初年的政局，波谲云诡，刀光剑影，一派历史大转折时期纷繁复杂扑朔迷离的乱象。革命派的软弱退让，袁世凯的阴谋诡计，诸种势力的错综变幻，西方列强的偏颇行止，致使有了民国之名，却无民国之实。一切政治、经济、社会制度以及思想、道德、伦理观念，基本还是封建专制社会的老一套。

袁世凯，这个中华民国的屠杀者，必然也是女子参政运动的屠杀者。民国建立以来，不论是主张南北议和，还是迫使清廷退位，以至后来邀约孙黄北上共商国是等等貌似以国家利益为重的招数，实际都不过是用以掩盖其恢复帝制登临大位的野心。他骨子里尊奉的，从来就是封建专制主义，就是三从四德、三纲五常那一套封建道德伦理。

唐群英等自南京北上之前，袁世凯对于女子参政运动即曾有过表态："……查女子参政问题，已经呈说帖于参议院，此项办法可否遽行于中华民国，自应听候参议员全体核议，该女子等不得有强制行为。"(2) 女子参政同盟会到京后的一切活动，直指专制制度和封建礼教，更成为他的一块心病。北京参议院否决了女子选举权案后，他竟至将手无寸铁的女权斗士当成被激怒了的洪水猛兽，特饬内外总厅守卫参议员寓所，对参议员加以"缜密保护"。(3)

袁世凯政府教育总长汤化龙关于女子教育的奇谈怪论，所代表的便是袁世凯们对男女平等问题的看法和态度。汤化龙说：

"民国以来，颇有一派人士倡导一种新说，主张开放女子之界限。其结果致使幽娴女子，提倡种种议论，或主张男女同权，或倡导女子参政，遂至有女子法政学校之设立。虽属一时风潮所驱，为过渡时代势所难免之现象。然以余观之，则实属可忧之事也！即如教育部此次禁止私立女子法政学校者，盖谓该学校在今日，不但毫无利益，而反有巨害。余对于女子教育之方针，则务在使其将来足为良妻贤母，可以维持家庭而已。"(4)

1912年9月起，袁世凯借尊孔之名掀起复古逆流，强令"尊崇伦常"，"恪循礼法"。到1914年初，更是明目张胆地全面取消了妇女参加任何政治活动的权利。例如，1914年3月2日《政府公报》所载《治安警察条例》规定，女子"不得加入政治结社"，"不得加入政谈集会"。3月11日《政府公报》所载《褒扬条例》规定，"妇女节烈贞操，可以风世者"得受褒扬。1915年颁布的《国民学校令》，又对男女同校、女学生规范等等作了许多限制。相随而来的是，社会上男女大防更加严格，节妇烈女的宣传重又回潮。

孙中山，这位心系中华、足遍欧美的民主革命家，在男女平等问题上，不仅是一位坚定主张者，也是一位身体力行者。作为中国同盟会的创始人，他把男女平权写进了中国同盟会的政纲；他在中华民国临时大总统短短的任期之中，曾颁发过取消“贱民”身份、禁止买卖人口、禁止缠足、禁止蓄娼、允许小学校男女同校等等维护人权特别是女权的政令。然而，当他接见林宗素谈及“将来必予女子以完全参政权”的消息受到“中华民国联合会”攻击时，他随即表示今后须“慎言”；在同盟会改组为国民党时放弃他所主张的“男女平权”原则问题上，他也认为“乃多数男人之公意，非少数可能挽回”。孙中山所表现出的这种左右为难的态度，固然有他自身软弱性的因素，却也真实反映了即使在革命营垒内部，当时实施男女平等平权也是十分艰难的。

曾经为创立民主共和国而流血奋斗的革命派，本来应该为男女平等之树培垫丰厚的土壤。然而，他们之中的大多数恰恰在民主思想上先天不足，并没有从根深蒂固的封建传统观念中获得自我解放。即如章太炎、王宠惠（民国第一位留美法学博士）等老同盟会员对妇女参政问题也持存疑或反对的态度。他们重视发挥女战士在革命中的积极作用，却并不重视女战士在革命后的应有权利；他们主张实行三民主义，却忽略了作为“民权主义”之中应有之义的“女权”；他们从理论上承认男女平等平权，一遇到现实的政事矛盾便会将妇女权益“置为缓图”。同盟会改组为国民党时放弃“男女平权”原则，即是一个典型事例。

南京临时国民政府和临时参议院，表面上是由革命派主导，实际上“革命派”中包容了许多改头换面的立宪派、旧官僚、大商绅等。这种包容，固然是新生革命政权维持大局的需要，但那些从未为创立民主共和国奋斗过的人士，不仅头脑中满装着原封不动的封建思想，而且对于先进妇女为辛亥革命做出的牺牲奉献完全没有亲身感受，他们甚至会自然而然地站到反对妇女参政的立场之上。例如，南京参议院有的议员，在煌煌政坛之上，竟然说出“女人懂什么？只知柴米油盐，生儿育女，管好家务才是正事”这等村夫式的话语。再如，1912年3月，女界共和协济社曾就女子参政权问题与临时大总统孙中山有过信函往复。女界共和协济社的参政要求十分温和：“俾国会决议时，为女界预留旁听及参政一席，数载后女子之政治知识既具，资格已备，乃可实行。”孙中山的回复也十分委婉：“女子将来之有参政权，盖势所必至。……定于何年实行，国会能否准女界设旁听席，皆当决诸公论，应容送参议院议决可也。”然而，“就在孙中山对‘神州女界共和协济社’的复函在《临时政府公报》第九号公布不久，在《临时政府公报》第十一号就刊出了一个‘正误’，声称孙中山的复函，‘系未经核定之稿，合亟取消’。轻轻几个字便勾销了孙中山的承诺，表现了守旧势力的强大影响力与对女子参政运动的冷漠和抵制。”(5)

作为同盟会·国民党机关报的《民立报》，在1912年2月—6月曾经安排了一场关于女子参政问题的“讨论”。2月28日（即《中华民国女界代表上参议院书》的第二天）发表记者空海的文章《对于女子参政权之怀疑》，从男女之程度、男女之特性、社会之秩序三个方面，认为女子不可有参政权；3月9日发表《张纫兰致空海函》，攻击“今之沪上诸姊妹”，“逞其炎炎不惭之大言，而演其光怪陆离、非中非西、非男非女、非僧非尼之异象”；6月7—8日发表广东女士欧佩芬写的《敬告争选举权之女同胞》，讽刺说“我国女界不患无急进之雄心，而患乏自治之能力，不患无参政之权，而患乏参政之学”；6月10日发表杜有秋的《男女平权足以救国论》，曲解“男女平权”的意义就是将社会上“兴工艺、创实业……此等事务均可归于女子”。而正面论述女子参政意义的文章，只有3月21日的《张汉英复张纫兰函》一篇。若不是《妇女时报》连续发表杨季威、江纫兰、张侠魂等人支持张汉英观点的文章，几乎就是《民立报》诸篇质疑、讽刺、攻击女子参政论调一边倒的态势了。从这个事例可以看到，当时不少报刊甚至进步报刊对于女子参政大多采取不予支持的态度。1912 年9月4日《民立报》甚至发表署名文章《敬告女界协济社》，公然声称：“若近日北京有一部分女子为激烈之运动，及上海有一部分女子恒假参政急进名词及协济会名义，以行其猥琐卑劣之事，皆足为参政进行之累”，对于激进派的女子参政同盟会及稳健派的神州女界共和协济社，一概予以恶毒的指责和攻击，即是因为两者都是主张女子参政的团体。

《民立报》态度如此，《申报》、《大公报》等国内大报的态度亦大多如此。客观报道已算客气，已属难得。常常是，非攻击谩骂即冷嘲热讽、就连常用词汇也做了改动，“女权”被讥为“女拳”，“英雄”被贬为“英雌”，“女权斗士”被戏称为“女伟人”……。可以说，除去女子参政团体所办报纸之外，大多数报纸对于女子参政问题基本都采取了不支持的态度。

另据统计资料显示，在民初312个政治性的党会中，专为争取女权者仅15个；而在35个具有政纲的重要政党中，只有统一国民党、中华民国竞进会和中国同盟会3个政党主张“男女平权”。[6]

在男女平等平权问题上的这种逆向舆论，正是当时社会上普遍存在的封建男权思想的顽固反映。这种状况充分说明，羸弱的中华民国，不仅在军政实力上而且在社会意识上，都没有从封建帝国中真正脱胎而出；而在充斥着封建毒素的土壤上，是不可能长出民主自由男女平等大树来的。

三

就妇女群体内部而言，民国初年的女子参政运动，实际上只是一场上层精英运动。

女子参政运动，争的是女性作为国民参与国家政事的正当权利。可是当时的中国女性，正处在国民意识觉醒的初期，二万万女同胞之中树立了国民意识并且有了参政要求的，仅为极少数精英份子。资料显示，民国初年不同程度参与参政运动的女性约略数千人，有姓名可查的不足400人，核心人物不过数十人，充其量也只是凤毛麟角。绝大多数妇女群众，仍然受限于宗法制度、传统观念、生活方式和经济条件等等，闭目塞听于家庭小圈子之中，尊三从四德为天经地义，以贤妻良母为生命角色，安于“无才为德”的状态，乃至追求“以命殉夫”的所谓“贞操”，独立的人格意识尚且薄弱，更谈不到关心国家政事的国民意识。这就出现了妇女群众中上层与下层脱节的现象，极少数精英份子敢为天下先，勇于打前锋，却根本带不起群众队伍，形不成群众运动。

辛亥革命史专家、华中师范大学中国近代史研究所教授严昌洪，在谈及民国初年女子参政运动时分析道：“概括起来说，就是这样一场具有重要意义的社会运动遭到了男人的压制，也受到了女人的冷遇，成为少数勇敢分子的行动，是其失败的直接原因。”[7]

在上层女界精英份子群体之中，绝大多数有着争取女子参政权的共同追求。但是并不排除也有极少数甘做男权附庸的贤惠淑女，上述在《民立报》公然攻击女子参政运动的“女才子”即是其代表。

而在以争取女子参政权为共同追求的精英份子群体之中，又由于对参政的标准、条件、步骤、时机等方面有着认识与把握上的不同，一直存在着激进派与稳健派的区分。两派组织虽然能够在大目标上相互支持，但始终未能高度集中有效力量，形成统一的队伍。

这一场女子参政运动，既没有突破女界上层精英份子的范畴，又没能发挥出女界上层精英份子的整体优势，其规模、声威和成效必然受到很大限制。

四

作为这场运动主力军的女子参政同盟会，虽然有核心人物，有机构设置，但整个组织变动性较大，紧密性不够。最初共同组合的五个团体之中，“女子参政同志会”与“女子同盟会”的成员，基本一直留在南京活动；唐群英、王昌国、沈佩贞等北上后的活动，又是临时联络北京当地妇女组织进行的。地方支部中，除南京、湖南、浙江外，其宗旨多与本部并不一致。有的以“实行参政之预备”为目的，有的以慈善事业相号召，还有的不曾进行任何实际活动而名存实亡。当时就曾有人尖锐指出：女子参政同盟会虽今日开联合会，明日开演说会，不遗余力，奔于南北，费若许之金钱，耗若许之精神，不但能力不齐，恐怕人心亦不能齐，因此难结团体。

女子参政同盟会的领军人物，最初对于“男女平等平权”的期许，有些简单化、理想化的倾向。似乎不须经过深刻的社会革命，只在《临时约法》中做出规定，妇女就有了政治上的地位，所以她们发出了“吾等今日之进行，惟先求得此政治上之地位，庶几登高一呼，众山响应，数千年层叠之魔障，不难次第推翻于语言文字之余”的高亢呼声。同时，她们对于初生“民国”的大局要务，认识上也有所欠缺。南京政府时期，开国事宜纷繁复杂，所处局势危难艰险，妇女参政权固然重要，客观而论尚非当务之急；而革命派急于制订《临时约法》，用以制约即将掌权的袁世凯，确是出于保卫共和体制的根本大计。民国政府北上之后，革命派着力于将同盟会改组扩大为议会第一大党国民党，用以对抗阴谋称帝的袁世凯，也是保卫共和体制的应急之策。而女子参政同盟会则宣称：“所有南京参议院所布之《临时约法》，我女界绝不承认。”“此次同盟会合并……显系蔑视女会员，独断专行，此等合并，吾辈女会员绝不承认。”(8) 此类言论的矛头所指，显然有些混乱，原因则是没有把握好大局与局部的主次关系。

认识上的偏颇，难免带来情绪上的急躁和行动上的偏激。闯议院，冲会场，砸玻璃，掴耳光等，虽是被逼无奈之举，毕竟带有太重的情绪化色彩，不是政治斗争中应该采取的手段，必然会引人诟病，招致障碍。更有，在北京女界联合大会上指宋教仁、张继之名，公然表示：“应将我辈去年组织之暗杀团、先锋队以与彼等相见。盖男既杀女，女自宜杀男并不为过。……我辈定以手枪炸弹对待之。”[9] 在欢迎万国女子参政同盟会代表的大会上，公然提出“我等今日如不能达参政之目的，急宜有一种手段，以对待男子。手段为何？即未结婚者，停止十年不与男子结婚；已结婚者，亦十年不与男子交言。”[10] 此类个别领导人的偏激言论，虽然获得满堂掌声，却实实在在授人以柄，失去了许多原本赞成男女平权的社会同情。近世清醒的学者分析道：“毋庸置疑，争取参政权的失败，主要原因不在争取参政权女性的激烈斗争，包括唐群英个人言行，而是中国根深蒂固落后思想的影响和社会保守力量的存在。但是，唐群英个性的过度张扬，直率、简单、意气用事的个性，有时会遮蔽对一些事物本质的认识。激进的方式、急躁的情绪、议场中的不礼貌行为，对争取参政权也带来不利的影响，至少使顽固势力找到某种口实。”[11]

此外，对于争取参政权与投身群众爱国运动两者关系的把握上，也有所偏颇。在女子参政运动风起云涌的民国初年，中华大地上掀起过兴办实业活动、响应“国民捐”活动、反对沙俄策动外蒙“独立”活动等几次大规模的群众爱国热潮。神州女界共和协济社等妇女组织，张昭汉、陈鸿璧、杨季威、谈社英、张馥贞、刘青霞、尹维峻等女界知名人士，都积极参与其中，并做出了显著成绩。而女子参政同盟会，虽然在《女子白话报》上发表过相关文章，且有“沈女士佩贞看护南会，唐女士群英组劝捐演说团”两句话见于《民立报》的一则综合短消息[12]，但整个组织的主要精力，一直集中于上书请愿抗议示威，疏忽了在这几次爱国热潮中更多地发挥作用，显然与其在全国妇女界所处地位不够相称，从而招致了一些社会人士的非议。

1912年5月24日《民立报》登出同盟会女会员马秋仪《致女子同盟会电》。电文曰：“《民立报》及各报馆转中国女子同盟会（应为“女子参政同盟会”）诸君鉴：近年以来，吾国女界大进文明，凡有义举，莫不争先提倡，不落男后。去岁革命事起，亦多毁家助饷，持戟从戎，卒收排满之效果。乃民国初建，需款孔殷，不借债则国亡于内忧，借债则国亡于外患，黄克强先生国民捐之提议，实救我四万万同胞唯一政策也。男界英杰，此唱彼和，不数日全国风从。而我最亲最爱日争参政权之女同胞，寂然无闻，秋仪窃兹惑焉！盖国民捐不成，中国必亡，彼虎视眈眈者方奴隶我同胞之不暇，参政权从何处赚得耶？秋仪才力虽弱，愿尽一份义务，在烟台发起女子国民捐会，恳我女同胞移金粉之资救国家之急。中国不亡，女子参政权应不能终不我与也。我女同胞尚权其轻重而为先导焉，则是秋仪所馨香以祝者也。中国同盟会女会员马秋仪叩。”

这封诚挚恳切的电文，既表现了原本希望女子参政同盟会带领女界投入国民捐活动的期望，又流露了对其未能做到的不满，代表了当时不少社会人士对于女子参政同盟会的态度。这与女实业家张凤如创办中华女子国民银行时，寻求神州女界共和协济社支持的态度，适成对照。

五

女子参政同盟会的局限性，是时代造成的。民国初年那个时代，催生了史无前例的女子参政运动，又使这场运动先天不足无果而终。任何人物的作为，任何事物的发展，都无法超越自己所处的时代。

然而，民国初年女子参政运动的意义和影响，却远远超过了当时的时代。它是中国先进妇女挣脱几千年封建枷锁、为维护自身独立人格起而奋争的第一次集体觉醒！它是中国历史上第一次以妇女为主体的、以争取参政权为核心目标的女权运动！作为中国妇女解放运动浩大洪流的源头激流，它将永远彪炳史册！作为中国早期觉醒女性向封建男权勇猛挑战的光辉展现，它将永远铭刻在中国妇女心上！

民国初年女子参政运动的领军人物唐群英，不仅是妇女运动的理论家，更是妇女运动的实践家。中国近代以来，主张男女平等的理论家，可以上溯到孙中山、秋瑾、金天翮等民主派人士，康有为、梁启超、谭嗣同等维新派人士，乃至明末清初的思想家李贽、俞正燮等。同一时期，带有男女平等色彩的活动，有太平天国的建女军、设女馆、任女官等；体现男女平等精神的活动，有维新派人士（特别是维新派妇女）的办女报、兴女学、戒缠足等。但是，将近代男女平等理论演为轰轰烈烈的实践，在中国大地上高高举起男女平权大旗，身先士卒领导女子参政运动的，唐群英则是当之无愧的第一人。她以深邃的思想，高阔的视野，威猛的气概，不屈的奋争，被推戴为民国初年女子参政运动的领袖。她那杰出的才智、品格、意志、风采，铸成了中华民族的“一代女魂”！

（1）《向警予文集》第84–85页。

（2）《袁世凯电阻女子团北上》，《大公报》1912年4月14日。

（3）《要闻》，《神州女报》第1期，1912年11月。

（4）《教育总长汤化龙谈女子教育》，《教育杂志》第6卷第4号，转引自《中国妇女运动历史资料（1840–1918）》第712–713页。

（5）经盛鸿：《辛亥革命后女子解放运动述评》，《衡阳社会科学》2011年第5期。

（6）参见张玉法《民国初年的政党》第36–38页，台北中央研究院近代史研究所专刊（49），1985版。

（7）严昌洪：《唐群英与民初女子参政运动》，《贵州社会科学》1998年第4期。

（8）《同盟会女会员之愤激》，《大公报》1912年8月16日。

（9）此为沈佩贞所言。见《平民日报》1912年9月7日所载之《女子参政同盟会召开联合大会》一文。

（10）此为沈佩贞所言，被人讥为“拒夫主义”。见《民立报》1912年9月27日所载《女子参政同盟会欢迎万国女子参政同盟会代表大会》一文。

（11）萧宗志：《从参政权诉求运动看唐群英个性特征及其影响》，《衡阳社会科学》2011年第5期。

（12）见1912年11月29日《民立报》所载《全国民气之奋发》一文，文中仅此两句。另，1912年3月13日《民声日报》虽有《中央女子工艺厂出现矣》一文，但文中所提之中央女子工艺厂，乃沈佩贞以“女子尚武会”会长身份所办。

第十三章 暮鼓晨钟

“夫暮鼓晨钟，而入人之耳鼓者，以其音之清醒也。
稗官野史，而为人所乐闻者，以其言之浅显也。”

唐群英自幼习文，练就了一支刚柔自如的笔。这支笔，是她弹奏心曲的琴弦，是她描绘情怀的彩墨，是她进行战斗的武器，是她鼓舞士气的号角。怀亲忆友时，她用这支笔抒写幽思远念；霾云瘴雾中，她用这支笔一展侠气豪情；面对专制强权，她用这支笔擂响冲锋战鼓；遭遇冰封雪冻，她用这支笔点燃傲寒火炬。

匆促出击的民国初年女子参政运动逐渐落潮之际，这场运动的主帅唐群英意识到，男女平权的实现，乃是整个社会变革的一个方面，其过程无异于漫长的持久战，需要从长计议。眼前急需做的，是启迪女界觉悟，提高女界程度，努力改变几千年封建制度造成的妇女弱势，力求达到男女实力的并驾齐驱。于是，她挥起那支饱蘸历史责任和时代使命的大笔，把主要精力转向了女子报刊和女子教育事业。

一

中国近代妇女报刊，发端于戊戌维新运动时期。第一份妇女报刊，是1898年7月由维新派妇女在上海创办的《女学报》（女主笔有康同薇、李惠仙、潘璇等30余人）；第一位女报人，是1898年5月创办《无锡白话报》、7月被聘为《女学报》主笔之一的裘毓芳。此后，随着民主革命思想的传播，妇女报刊进入初步勃兴时期。据不完全统计，1899-1911年期间，全国各地相继出版的妇女报刊有30余种；著名妇女报人有陈撷芬（1899年创办《女报》）、秋瑾（1904年创办《白话》、1907年创办《中国女报》）、吕碧城（1904-1908年为《大公报》第一支名笔）、燕斌（1906年创办《中日女学界》、1907年创办《中国新女界杂志》）、何震（1907年创办《天义报》）等。1911年4月创办《留日女学会杂志》的唐群英，当之无愧地名列中国报刊史上早期女报人之榜。

1912年，随着中华民国的建立，近代妇女报刊进入新的发展时期，到1913年4月的一年多时间之内，即有14种妇女报刊应运而生，可谓妇女报刊史上的第一个高潮期（其后，1914-1918年的五年间仅有13种妇女报刊创刊）。这14种报刊是：《大汉报》（张昭汉、陈鸿璧在苏州创办）、《国民女报》（刘舜英等在上海创办）、《女子国学报》（潘连璧、郑毓秀等在天津创办）、《北京女学日报》（沈佩贞等在北京创办）、《中华女报》（汤云秋等在上海创办）、《女权》（张亚昭、姜帼英等在上海创办）、《女权月报》（文典、乐勤等在上海创办）、《女界报》（曾兰等在成都创办）、《女子白话报》（唐群英、沈南雅等在北京创办）、《神州女报》（张昭汉、汤国梨等在上海创办）、《亚东丛报》（唐群英等在北京创办）、《扬州女子公学女子月报》（郭坚忍等在扬州创办）、《女权日报》（唐群英、张汉英等在长沙创办）、《万国女子参政会旬报》（张汉英、任丽璠等在上海创办）。可以看出，这一时期14种妇女报刊中，由唐群英创办的就有三种。(1)

二

1912年10月21日，“女子参政同盟会本部”成立的第二天，《女子白话报》在北京正式发行。

《女子白话报》的经理兼总编辑唐群英，在《女子白话报》的“启事”和“简章”中，明确宣告了该报的宗旨及要务：“鄙人于京师创办《女子白话报》，

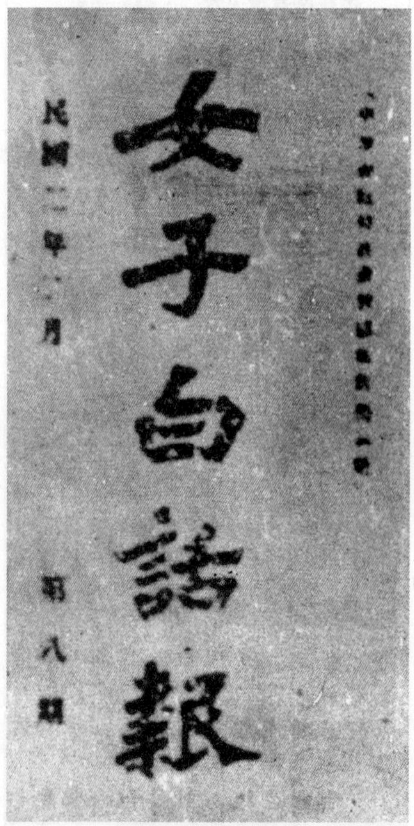

《女子白话报》刊头

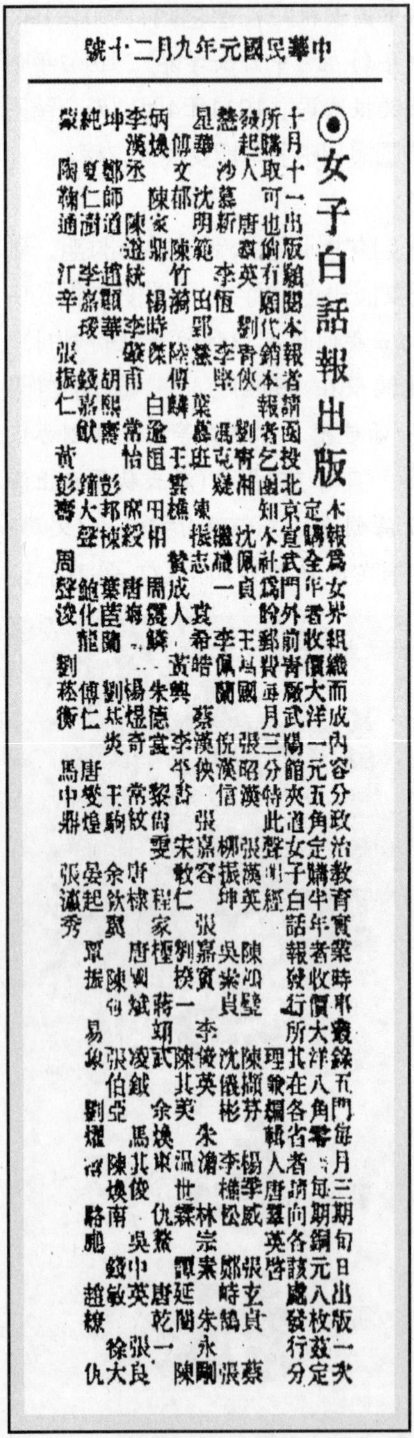

中華民國元年九月二十號

◉女子白話報出版

本報爲女界組織而成內容分政治教育實業時事叢錄五門每月三期旬日出版一次

原载《申报》1912年9月20日

专为开通女习而设。凡关于女界事实，无不广辑搜罗，编成俚语，以补我女同胞阅报之不逮”；“本报为民国女界组织而成，故定名为女子白话报”；“本报专为普及女界知识起见，故以至浅之言，引伸至真之理，务求达到男女平权的目的为宗旨”。在《创办女子白话报意见书》中，她又进一步论述：“夫暮鼓晨钟，而入人之耳鼓者，以其音之清醒也。稗官野史，而为人所乐闻者，以其言之浅显也。钜制鸿篇，高而难读，杂家小说，浅而易知。故社会之转移，习俗之改变，收功于深远之文章者少，收功于浅近之小说者多。……当兹女学未发达之日，女权未伸张之时，示以高文则难达，演为白话或易懂。不必拘于文义，须为彼所乐观。不贵尽我之聪明，而贵开彼之新智，使听者如闻暮鼓晨钟，观者如见稗官野史。俾吾二万万女同胞，智识增进，能力扩充，于女界或不无少补欤。”在这里她所表明的，就是以白话文为妇女办报的缘由和意义。

此时在北京，尚没有影响广泛的女子报刊。《女子白话报》，由唐群英、刘青霞、王昌国、沈佩贞、张昭汉、张汉英、陈撷芬、陈鸿璧、蔡蕙、林宗素等女界知名人士41人为“发起人”，由黄兴、宋教仁、刘揆一、陈其美、谭延闿、蒋翊武、陈家鼎、覃振、田桐、程家柽、温世霖、李汉丞、仇鳌、江辛、唐乾一、郑师道等政界及文化界知名人士69人为“赞成人”，一出世便容光焕发，声威灿然，十分引人瞩目。尤其因其切中时弊而广为进步人士关注支持，以致该报收到的祝词、贺诗，须逐期增加彩色插页陆续刊载。发来祝词、贺诗的各界人士，包括唐绍仪（民国首任内阁总理，因不满袁世凯，于6月15日愤而辞职）、宋教仁（民国首任内阁的农林总长，因不满袁世凯于7月愤而辞职，时任国民党代理理事长）、张根仁（《民立报》主编）、谢寅杰（著名报人）、李汉丞（著名报人）、袁德宣（交通史专家）、温世霖（国民党燕支部总干事、众议院议员）、陈圣任（报人）、郭坚忍（扬州妇女界著名领袖）等31人，另有寰球大同民主党一个单位。

这些知名人士的祝词、贺诗，自然充满对《女子白话报》的祝贺与期望，充满对女子参政运动及其领袖唐群英的赞扬与歌颂；同时，这些大家巨笔的历史眼光和全球视野，也真实反映了那个时代的先进分子对男女平等问题的高瞻远瞩。赞颂之词固然难免溢美过誉（例如，称中华民国“共和肇建，专制扫空”，称唐群英为“女界孙黄”等），但充盈其中的大义大理时至今日仍会使人受益匪浅。特引述其中几件。

唐绍仪的祝词：

大钧播物，厥惟阴阳。秀美清淑，禀气维皇。孰质不美，孰才不长。孰智不瞻，孰谋不藏。世道交丧，专制豪强。以此坤柔，役彼乾刚。蜷伏蛟龙，屈蛇蛰藏。垂四千载，女界无光。卓哉女士，创设报章。词达理举，言浅义彰。热心进化，锐意改良。精神发达，权力扩张。凡我同胞，继续进行。毋习汝聋，毋安汝盲。教由首善，以及僻乡。道德知识，人人发扬。男女平权，前途可望。

宋教仁的祝词：

惟天生民兮，曰男与女。厥权维均兮，群类攸处。叔世不道兮，卫言昌举。视女为奴兮，视男为主。天秩紊乱兮，人理丧沮。有大人起兮，反厥本首。女权是尊兮，与男絜矩。跻众生于平等兮，无差别之可语。颂大道之为公兮，庶太平之可睹。祀兹偏兮，载斯大义，不胫而走。

张根仁的祝词：

秋瑾去后，巾帼萧条，女界无主，旗鼓飘摇。赖有唐君，幽闭静穆，推阐女权，昌明女学。言论恬淡，金口木舌，画舞散花，妇儒歌泣。纸贵汾洛，价重连城。千秋万岁，大报唯华。

谢寅杰的祝词：

世界万国，日进文明。民愚则弱，民智斯雄。天演公例，不二法门。
翳我女界，二万万人。同具耳目，同此见闻。同为人类，同是国民。
当此民国，共和告成。权利义务，理应持平。为男玩物，为国蠹虫。
几疑人格，不足重轻。俨然男子，具备万能。俨然女子，事事皆庸。
回首往事，历历堪陈。即论革命，曾著奇勋。鉴湖秋侠，咸仰高风。
即论军事，曾作先锋。申江振臂，四海同声。即论筹饷，私囊先倾。
苦口劝慕，百计经营。惟政界事，严禁与闻。如总统府，如顾问官，
如参议院，如代表团，如颁爵赏，如派出洋。选举被举，概夺其权。
自去手足，自撤篱藩。为公理蠹，贻世界讪。茫茫前路，设想何堪。
我唐女士，恺恻慈祥。女中人杰，女界孙黄。志愿宏大，普渡慈航。
创设旬报，力为提倡。尊重人道，判辟鸿荒。原本真理，发为文章。
词力求显，义不厌详。黑暗女界，顿放光芒。女权万岁！女道大昌。

李汉丞的祝词：

顾亭林曰：天下兴亡，匹夫有责。李汉丞补之曰：国家安危，匹妇有责。
同是心思，同是智力。何男独优，何女独劣。四千年前，女界幽黑。
教不及施，政不能饬。无非无仪，中馈是职。专断压制，长此缄默。
嗟我女子，宁不爱国？惟其化浅，遂成锢塞。伟矣唐君，女中之特。
伸张女权，启牖女识。凭兹真理，演为浅说。始布京师，渐传四域。
教育风行，醉心道德。平等自由，卒达目的。

温世霖祝词：

天赋人权，男女平等。雄飞雌伏，惑人闻听。推原祸始，专制作俑。
贵报出现，振聩发聋。为夫子铎，为警世钟。女权人道，从此昌明。

陈圣任祝词（部分）：

千古女豪杰，彤史俱流芳。谁谓女子弱，不及男子强。
群英唐志士，灵秀钟衡湘。渊源承家训，学博东西洋。
方之苏菲亚，志趣逾坚刚。比之罗兰氏，才气相颉颃。
客年大革命，奔走呼号忙。或馈关中饷，或列驷铁行。
功成无懋赏，俯伏各自伤。不自由宁死，不平权宁亡。
创设日报社，苦心先提倡。女子二百兆，同心齐改良。
学堂开知识，实业振工商。天足健身体，自立免依傍。
嘉德渡海来，晓日出扶桑。不得参政权，寝馈毋或忘。
醴泉出幽涧，芳阑生道傍。天地同覆载，颅趾同圆方。

岂忍女同胞，长此居晦盲。出语裂金石，摛藻成圭璋。

见猎我心喜，聊贡篚舆筐。敬祝雌伏凤，咸作雄飞凰。

袁德宣祝词：

一声霹雳，响彻亚东。女界既振，英雌而雄。

报林崇拜，民国之功。罗兰出现，慑彼那翁。

甘华黼祝词：

贵报出版，撞自由钟。可以发聩，可以振聋。首重女学，次及女红。
实业世界，惟商与工。二十世纪，竞争场中。优胜劣败，男女皆同。
孰为雌伏，孰为飞雄。苟不自立，殊负我躬。安坐而食，如寄生虫。
天演淘汰，人不我容。共和肇建，专制扫空。临时约法，宪典是宗。
无分男女，一秉大公。权利义务，本无重轻。正式选举，女忽区分。
事出意外，理不折衷。参政团内，无女迹踪。可耻孰甚，贻笑邻封。
乃有英杰，判群鸿蒙。发行女报，教育正宗。参政同盟，慎始谋终。
苦心孤诣，唤醒愚蒙。愿我女界，自扪心胸。无为奴隶，无安尊荣。
急起直追，择善而从。无才为德，说殊惑人。一洗此耻，一挽颓风。
人格完全，教育斯崇。驾凌欧美，光我亚东。恢复女权，惟贵报功。

郭坚忍祝词：

女权不振，种由斯弱。女教不昌，何由强国。

懿与贵报，如鸣天铎。警醒伏雌，启开黑幕。

出幽冥界，无拘无缚。免半开化之讥诮，革专制之残恶。

懿与贵报，功深再造。婆心苦口，尊崇人道。

是男是女，谆谆善导。先觉觉人，简明录要。

化除陈见，宗旨和平。联合全球，利权平均。

预祝前途，必进文明。开自由之花，达参政之盟。

我姑姊妹，其速进行。

唐乾一祝词：

白话传真理，赤心卫女权。

寰球大同民主党祝词：

庆我寰球，人道乔迁。男女平等，同参政权。有声有色，白话名言。
相彼西欧，只二千年。嗟我民国，溯纪轩辕。近五千载，文化在先。
专制传染，蒙蔽地天。革命开导，黑幕全掀。邑姜布化，国脉绵绵。
协和万邦，种族无编。倾心祝颂，世界新鲜。

《女子白话报》最初设有“政治”、“教育”、“实业”、“时事”、“丛录”五个栏目。五个栏目围绕一个中心，力图从多方面帮助妇女“智识增进，能力扩充”。“政治”栏旨在传播关于国家的知识，促使妇女树立国民意识；“教育”栏探讨女子教育问题，以图推进女子教育事业；“实业”栏着力灌输实业思想，引导妇女逐步走向自食其力之路；“时事”栏重在介绍国内外政坛及女界大事，意在开扩妇女眼界；“丛录”栏主要登载女子参政运动的资料以及妇女问题的专著。该报后又增设了“谐谈”、“小说”、“时评”等栏目，内容更为丰富生动。

作为女子参政同盟会的言论机关和宣传阵地，《女子白话报》的内容和风格，如同女子参政运动的声威气势一样，鲜明，尖锐，深刻，不畏权势，具有很强的思想性和战斗性。

其第一期的《女子参政同盟始末记》一文，首当其冲地介绍了女子参政运动的来龙去脉。“世界上的女子，几千年来都受男子的压制，不知道参政是怎么样……女子有政治的思想，是由法兰西起首。法国当大革命之后，主张平等自由，女子的权利思想可就发达了。争参政的议论，一天比一天激烈，风声所到各处，女子没有不打算参政事情的，像那德、意、英、美各国的女子就起来学样，也想参政了。现在，这样的潮流已经到了我中华民国……像那同盟会五大政纲，本有男女平权一条……南京政府成立，叫做共和政体。面子上虽说是男女享平等的幸福，骨子里国民参政权女子丝毫没有……由这么着就发起女子参政的同盟会……由这么着女子参政可就大活动了。”

第二期的重点消息《女子参政同盟会（本部）成立志盛》，全文引述了唐群英那篇铿锵有力的演说，表示了争取参政权的女杰们“一次争不到，二次再争，二次争不到，三次四次以至无数量次，不达目的是万万不能止的”战斗精神。

第三期《参政院之黑暗》（作者开云）一文，毫不留情地指出，“临时政府成立的时候，那参议院的议员，都是由各省仓猝选举出的，所以，参议员的程度，很是参差不齐。他们反对女子参政，开口便说程度不够。试问，参议院的那班人，有几个够参议员的资格。……不料崭新的民国，竟有这昏昏沉沉、奇奇怪怪的参议院，真是可为痛苦流涕了。……人民是国家的原素，人民的组织半是女子，约法上所载的国民，便概括男女在内，可见女子与男子立于平等地位……民国的法律，人民非有犯罪的行为，没有剥夺公权的道理。参议员剥夺女子的选举权，便是看待女子和罪犯一般了……我二万万女同胞呀！还不齐心起来，大家负点责

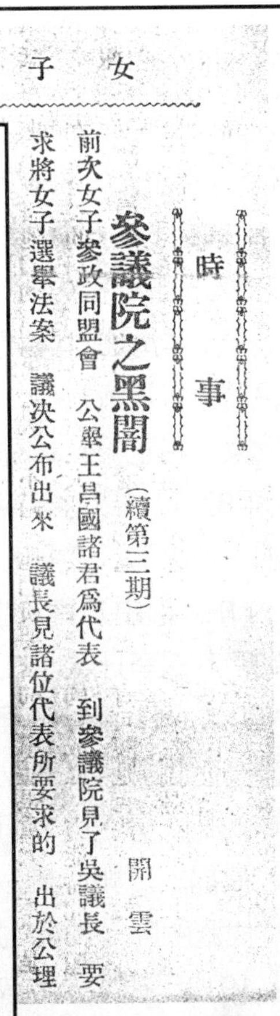

女子白話報

時事

參議院之黑闇（續第三期）　開雲

前次女子參政同盟會　公舉王昌國諸君爲代表　到參議院見了吳議長　要
求將女子選舉法案　議決公布出來　議長見諸位代表所要求的　出於公理

女子白話報

第七期　叢錄　三十八

關於女子參政之意見　王祖緯

自有夫爲妻綱之說世人遂誤爲女子之性劣於男子習焉不加察蓋新千年於茲矣究之非性質問題乃教育問題也男子有教育者多女子有教育者少固矣而其少數女子之有教育程度者而範圍所限但及於家庭其知識必不能遠大也明矣故遇家庭以外之事必得夫之許可然後奉行非得夫之許可而竟一不能行非謂女子無自動力也毋亦未受社會教育使之然耳苟爲之夫者毫無社會教育而其妻之社會教育程度甚高果爾則雖謂妻爲夫綱亦未嘗不可是夫爲妻綱原則也妻爲夫綱例外也而其原則例外之分則又以教育爲原素是夫妻之原則有規定夫妻之例外無規定古來法律多不完備也類如此者哀哉女子既無社會教育於是知識日劣能力日薄人格日卑男子豢養女子女子專仰給於男子相沿成習視爲固然然究竟女子何由而致如斯雖因有事實上障礙習慣上限制性情上所近之種種理由所致亦實因無社會教育使然耳近數年來女界之社會教育自諸女

《女子白话报》内容选登

任，恐怕这凉血动物的议员，就要鱼肉我们了……”

第九期所载鲁克煜的长文《男女革命是增进社会的幸福》，则是从社会学的角度深入浅出地论述了性别平等的意义，其中观点可谓历久弥新且四海皆准。该文认为，要实行男女平等，“此事研究起来，在学术上，是要养成女子自立之能力；在真理上，是要破伪道德之迷信。大家知道，君民之不平等是强权所致，就知道男女之不平等，也是强权所致。……专制君主用愚黔首的手段，强权男子就用愚女子的手段，实在同一强的欺弱。……看来，女子要得真自由，自能自立始；能自立，自与男子平权利始；平权利，自破强权除伪道德始。”

对于袁记政府种种倒行逆施，《女子白话报》或直接抨击或嬉笑怒骂，笔锋所指毫无顾忌。给人印象最为深刻的是刊登在第六期上的《蝇营狗苟》一文。其文曰：“不蝇营，不狗苟，不伺候，不奔走，何以有总统？不蝇营，不狗苟，不伺候，不奔走，何以有总理？不蝇营，不狗苟，不伺候，不奔走，何以有总次长？不蝇营，不狗苟，不伺候，不奔走，何以有大一二勋位？……乃读昨日大总统命令，自今以后，不许人蝇营狗苟！大众听着：前之政府国务员，可以蝇营狗苟；而今而后，决不许你们再蝇营狗苟！”其尖锐犀利，直刺官场腐败丑行。

《女子白话报》因每月1日、11日、21日出版，最初曾名《女子白话旬报》。第8期起，改为半月刊，正式更名《女子白话报》。因唐群英事务繁忙，在她的主持之下，该报第4期（1912年11月21日）起由沈南雅担任总编辑；又因她转赴湖南开展地方工作，第8期（1913年1月1日）起由陈圣任担任总编辑。该报在北京、天津、上海、太原、西安、沈阳、营口、哈尔滨、南昌、南京、武昌、广州、杭州、衡州等地设有“代派所”（代销所），一时影响颇大。1913年初女子参政运动落潮之后，该报面临极大困难，仍坚持出刊至5月，共出11期。[2]之后，该报馆专门办理湖南《女权日报》在京发行事宜，同年11月被内务部勒令封闭。

原载《女子白话报》第十一期

《1905-1949北京妇女报刊考》[3]一书在其“总述”中，称民国初年（1912-1918）是北京妇女报刊“萌芽时期的持续”，“资产阶级妇女解放理论及女子参政运动的宣传，既为前此所未有，亦构成此期之基调。女权运动先驱唐群英创办的《女子白话旬报》，既标志着本期的开始，也可推为此期的代表。”该书在关于《女子白话旬报·女子白话报》的专题介绍中说：“《女子白话报》作为女子参政同盟会的宣传阵地，以女子参政为中心内容，用浅显的白话文字，向女界灌输新思想、新观念，是一份进步的妇女刊物。”

三

《女子白话报》创刊不足一个月，1912年11月16日，唐群英又在北京创办了杂志体的《亚东丛报》，“以提倡女权，发挥民生主义，促进个人自治为宗旨”。

这《亚东丛报》系由已经停刊的《亚东新报》改版而成，而《亚东新报》则有着特殊的来历和相当的社会知名度。它是宋教仁1912年4月27日就任民国首任内阁的农林总长后，因不满袁世凯的政治倾向，在从政之余与同盟会老战友仇鳌等人共同创办的一份日报，目的在于“监督政府，指导国民，巩固共和政体，注重民国主义”。宋教仁常以“桃源渔父”的笔名，在报上发表长篇论文，宣传他的政党政治主张。该报被认为是当时革命派在北京的四大报刊之一。随着时局的变迁，《亚东新报》计划停办，社长仇鳌因为赏识唐群英的胆识和才华，便将报馆的全部设施转赠于女子参政同盟会，以备她们建立宣传阵地之用。

唐群英为表示《亚东丛报》与《亚东新报》的传承关系，以及对老战友的感激之情，特在《亚东丛报简章》中说明：“本报原名亚东新报，日出三张，嗣以内部变更停刊多日，现改组为杂志体，名曰亚东丛报。”并且明确了《亚东丛报》与《女子白话报》的从属关系：“本社附设女子白话报，自民国二年正月起，白话报大加改良。”

《亚东丛报》每月底出一厚册，内容包括社论、译著、选论、法令、人事记闻、时评、专辑、女子教育、女子实业、选瑜、文苑、谈丛、小说、图画、广告等栏目。编辑人员方面，除聘请专门名家主持笔政外，还寄语海内外宏达，延聘通才，分任编造，立志为杂志界放一异彩。

对于志向不凡的《亚东丛报》，各界人士也发来不少祝词、贺诗，表示赞许寄予厚望。

黄兴祝词：

> 湘衡女杰，震旦之灯；悬之女界，发大光明。

宋教仁祝词：

> 四千余年，黑暗专制，女族沉沦，甚于男子。
>
> 振聩发聋，女士任之；女士而外，谁期扶之？

刘揆一祝词：

惟我衡岳，挺生女杰。中外流通，新旧合辙。

推翻专制，与有伟烈。愤兹女界，沉汪悲黑。

乃撞黄钟，大声发皇。景仰女士，乡里之光。

周永庭贺诗：

血花飞舞事如烟，大好河山胜昔年。

唤醒女胞二万万，竞恢天赋自由权。

遗憾的是，1913年11月在袁世凯对革命派的全面打压下，女子参政同盟会的报馆被封闭，《亚东丛报》与《女子白话报》同遭扼杀。

四

1912年12月中旬，女子参政运动在北京受到致命打压之后，唐群英怀着把工作重点转向地方的战略思考，回到了妇女运动基础较好的湖南。她首先整顿扩建了女子参政同盟会湖南支部，继而便着手筹建湖南支部的宣传阵地。

当时，有留学日本经历的湖南支部骨干丁佩兰，正与其夫丁云龙一起谋划创办《女权日报》，苦于经费掣肘，一时难成。唐群英决定在丁氏夫妇创意的基础之上，竭尽全力把《女权日报》作为女子参政同盟会湖南支部的会刊创办起来。恰好，不久张汉英来到长沙，打算用她筹集到的一笔资金开办女子法政学校。唐群英当即与她商议，先以这笔资金创办报纸，容后再计议开办女校之事。两位老战友一向灵犀相通，此次又是一谋即合。于是1913年2月16日，《女权日报》正式出版。张汉英、丁云龙、丁佩兰等志同道合的朋友，在分工合作的前提下，一致敦请唐群英总揽《女权日报》的编辑及经营工作。但唐群英还是力主由丁佩兰担任经理。

《女权日报》是湖南有史以来第一家妇女报纸，每日出版两大张，大力宣传“男女平权、并参国政”的主张，给长沙舆论界吹进了一股清新之风，也开创了一个敢与官办《长沙日报》抗争的民众喉舌。经过几场破除《长沙日报》造谣中伤的争斗之后，许多政界人士看到了唐群英及女子参政同盟会湖南支部坚持真理的精神，转而采取对《女权日报》支持的态度。不少省议员提议，按照乙等标准，每月给《女权日报》600元津贴。

然而，《女权日报》的办报条件仍然十分艰难，每月600元的经费根本无法支撑。在湖南支部担任职务的女会员就拿出个人月薪的百分之十补贴报社，在报馆工作的女会员则不取报酬甘作奉献，应聘而来的多位编辑记者挤在一张方台上集中办公节省开支。当时在该报工作的陶菊隐回忆说："该报对编辑员只供膳宿，不给薪水，甚至开饭时间已过，想吃一碗蛋炒饭，也须付费二角。"就这样坚持了几个月，终因经费拮据而停刊。

在《女权日报》正式出版前的1913年1月4日，唐群英曾给革命派报纸《民主报》作过这样的题词：

彰伟烈兮，诛孔壬兮，狂澜之砥兮，大雾之针兮，威武不能屈兮，富贵不能淫兮，作政客之后见兮，居舆论之中心兮。

这是对兄弟报纸的祝贺之词，也是她作为报人的自勉之辞。她正是以"狂澜之砥，大雾之针"为目标，发扬"威武不能屈，富贵不能淫"的精神，为了民主革命、为了妇女解放而敢"居舆论之中心"。这样才使寿命不长的《女权日报》，在湖南的妇女运动历史和报刊发展历史上，都留下了自己独特的足迹。

1913年3月2日《湖南演说报》，登载《本报致女权日报的祝词》。祝词曰：

女权不振，文明不进。欲进文明，非报不行。女权不张，人道不昌。
欲进人道，惟报最好。今兹贵报，女权自号。言论自由，开导女流。
能为贤妻，家道乃齐。能为贤母，民智自剖。既笃家庆，并参国政。
男女平权，欧美并肩。日新又新，祝女国民。大开智慧，女权万岁。

这篇祝词，既代表了当时人士对男女平等的认识，也可看作《女权日报》历史印记之一斑。

《女权日报》上也曾登载过读者对其赞颂之词。词曰：

茫茫大陆兮，攘攘神州。人权隳落兮，女权其尤。登高一呼兮，昆仑之巅。
树兹健帜兮，岂仅立言。众生懵懵兮，女德沦湮。厥维斯报兮，发彼光明。
吾侪翘首兮，若望云霓。钜任斯责兮，舍汝其谁？晨钟木铎兮，振聩发聋。
启彼黑暗兮，警彼愚蒙。灌输知识兮，恢挽女权。千秋万岁兮，遗惠绵绵。

九十多年后，李抱一所著、纳入《湖湘文库》[4]总目（甲编）的《长沙报纸史略》一书，对《女权日报》做出了精当的评价：

"民国二年间，女界运动参政，飚发之诵，《女权日报》实为其言论机关，……日出二大张，内容亦颇完整……是湖南新闻史上之异彩，不可不特书一笔也。"

---

(1) 关于14种妇女报刊的资料，引自刘巨才：《中国近代妇女运动史》，中国妇女出版社1989年出版。

(2) 《辛亥革命时期期刊介绍·女子白话报》称，该报“1913年5月停刊，共出11期”。

(3) 《1905-1949北京妇女报刊考》，北京市妇女联合会编，光明日报出版社1990年出版。

(4) 《湖湘文库》是由湖南省委、省政府主导并组织实施的一项大型文化工程，是一套以整理和研究湖湘文献为主，以供人们全面了解湖湘文化的大型丛书，是湖南省有史以来规模最大的编辑出版工程。从2006年8月正式启动，2012年完成。

第十四章 长沙风云

“其时一般社会虽给唐、张加上些‘叫嚣’‘猖狂’的徽号，而长沙妇女偏有一部分爱戴她们，在她们的旗帜之下。”

湖南省革命根基很深，武昌首义后12天即起而响应，成为最早脱离清廷而独立的省份。湖南妇女界革命气氛也很浓烈。

中华民国成立两个月，1912年3月1日，欧阳宝珍、林徐守圭、王昌国等热血女士，就将一封激昂慷慨的《湖南女国民会宣言书》“上书于热心诸姑姐妹之前”。书曰：“当此铁血时代……凡我刚肠侠骨之奇男子，谿谷山泽之莽英雄，莫不攘袂而起，效命疆场，为国家出死力，为同胞造幸福。我女界同胞享人民共和之优利，而独袖手旁观，安然无事，偏累于我男界同胞热心军士，问之于心，何以自安？……同是人也，彼一肝胆，我亦一肝胆，彼一耳目，我亦一耳目，彼一手足，我亦一手足，又非天厚于彼而薄于我。我女界同胞，宜各自勉，从兹捐弃数千年脂粉恶习，尊重亿万年神圣人权。……但求万众之幸福，莫计一身之牺牲……我女界之兴衰，民国之强弱，皆自今日起。”(1) 这感人肺腑催人奋进之呼吁，吸引数以百计的潇湘女儿加入到了“湖南女国民会”的行列。不久“湖南女国民会”与“女子后援会”等共同组成了“女子参政同盟会”，王昌国等领导人与许多骨干随同到南京、北京等地活动，但该组织一直扎根于长沙，其所提倡的女性国民意识也一直在湖南妇女心中流传了下来。

后来，在女子兴办实业活动中，有组织女子工艺用品生产经验的王扬庄女士，为开拓女界生计，在长沙恢复扩建了女子工艺厂。在响应“国民捐”活动中，“湖南女国民会”在省教育总会召开二千余人参加的动员大会，获得价值洋银千余元的捐输(2)，并组织储收机关，公推劝捐员和收捐员，以期切实进行。在反对沙俄策动外蒙"独立"活动中，湘籍女学生唐家伟，特地从上海爱国女校返回家乡，发起组织"女子征蒙团"，准备请缨出征，以壮国威。

一

1912年12月中旬，女子参政运动在北京受到致命打压之后，唐群英怀着把工作重点转向地方的战略思考，回到了妇女运动基础较好的湖南。

12月16日，长沙女界在省教育总会举行盛大会议，热烈欢迎女子参政运动领袖、湘籍女权斗士唐群英归来。18日，女子参政同盟会湖南支部隆重成立，推选唐群英为支部长。长沙各阶层妇女普遍感到了更有"奔头"的畅快，以及"主心骨"更加硬朗了的欣喜。

此前，女子参政同盟会骨干何步兰接受唐群英、王昌国委派，先行自北京来长沙筹建湖南支部。经她的初步努力，湖南支部的名份树起来了，也发展了一部分会员，但会址等却迟迟未能落实。唐群英担任支部长后，凭着她的名望和魄力，湖南的妇女运动很快展现出了新的局面。以"湖南女国民会"为组织基础的"女子参政同盟会湖南支部"，会员很快发展到800余人，何步兰、丁佩兰、周天璞、刘亚兰、王钰、郑业竟等当选为执事。不久，张汉英结束了万国女子参政会中国分部在上海的工作，来到长沙加入了湖南支部的领导工作。关于支部的会址问题，经与有关方面斡旋也得到了解决，设在长沙南门外的天妃宫。

女子参政同盟会湖南支部所在地旧照

湖南支部正式成立后，常常举行范围不同、规模不等的妇女集会，宣传男女平等的道理，演说女子参政的意义，指出三从四德等封建礼教对妇女的残害，提倡女子剪发、放足、上学读书、反对包办婚姻等等权利。有些大姑娘小媳妇受到媒人的欺骗或者公婆的虐待，常常会找到湖南支部来诉委屈，求帮助，觉得这里比自己的娘家还能解决问题，因而更加亲切，更加值得信赖。

向警予曾经这样叙述女子参政同盟会湖南支部与当地妇女水乳交融的情景：

“记得民国初年唐群英、张汉英等所领导的女子参政同盟会，她们最肯替女界打抱不平。长沙妇女或受丈夫蹂躏，或被别人侮辱，都哭哭啼啼告在唐、张跟前，她们居然成为女界的裁判官，替女界判决了不少的案件，激动了不少的群众。其时一般社会虽给唐、张加上些‘叫嚣’‘猖狂’的徽号，而长沙妇女偏有一部分爱戴她们，在她们的旗帜之下。”[3]

来湘之后，唐群英仅只抽暇回过三吉堂一趟，探望老母、幼子以及对其负有抚养责任的姨甥伯珪。她的心思、精力和全部时间，都投入了女盟支部的工作。

为了建立妇女的言论机关，女子参政同盟会湖南支部创办了《女权日报》。为了逐步普及女子教育并培养妇女人才，她们历尽艰难集资兴办了“长沙女子法政学校”、“长沙自强女子职业学校”和“女子美术学校”。一块妇女运动的阵地，在她们的努力耕耘和坚守之下正在稳步发展。

在此期间，唐群英和张汉英还办了一件可以记入中国妇女教育史的事情，这就是促成湖南省考送了一批官费留学日本的女学生。当湖南当局采纳了她们极力争取的建议之后，唐群英和张汉英都被聘到选拔考试现场监考。参加初试的女学生达数百人，录取数十人，复试录取四人。被录取的四人是，童锡桢、陈俶、陈韬、胡仲敬。

二

在长沙城内黄泥塅（现为蔡锷中路）双鸿里，有一座秋瑾烈士纪念祠，是1912 年秋瑾就义五周年时正式建立的。

在烈士的鲜血中诞生的中华民国，没有忘记为其流血奠基的英烈豪杰。1912年上半年，得到民国政府及浙江省府准允后，浙江“秋社”[4]代表陈去病、秋瑾之妹秋珵等来到湖南，欲将葬于湘潭昭山的秋瑾灵榇迎回浙江归葬西湖。[5]由于秋瑾夫家坚持反对，同盟会湘省支部同人，提出了移葬长沙岳麓山烈士陵园的方案。就在陈去病、秋珵滞留湖南期间，由秋瑾生前好友王时泽[6]主持，抓紧办理了建立秋瑾纪念祠事宜。

纪念祠所用的建筑，原是陈翼栋的家产。陈翼栋曾任浙江候补道台，对于秋瑾遇难负有罪责，应该受到惩罚。[7]湖南都督谭延闿，特准浙江“秋社”、同盟会湘省支部以及秋瑾亲友之呈请，将陈翼栋所置之黄泥塅房产一律查抄充公，内中之祠堂改作“秋女烈士祠”，其它房屋用作开办女子学校，以承女侠遗志。

1912年7月19日（阴历六月六日），为秋瑾烈士就义五周年纪念日，长沙隆重举行了烈士追悼大会暨女侠遗照入祠仪式。1912年年7月27日，《民主报》以《湘省秋女士成仁纪念》为题作了详细报道：

“湘省政学军警工商各界于女烈士祠开追悼大会，到者合男女数千人，祠中左方为男宾席，右方为女宾席，左廊为军乐队，中庭为陆军队伍，各界挽联千余首，遍罗祠壁，男女入祠者，各给自由花缝带襟间，耀眼夺目，于上午十时由发起人迎女士主及遗照入祠，出迎者为军乐全队、女国民会会员、三育女子学校生、湘×女学校生，体育团及各校留省学生。安主毕即继续开会，由公推临时会长王时泽君报告开会次序：首军乐队奏乐，次鼓风琴男女宾合唱悲秋词，次来宾及发起人行三鞠躬礼，均由女士子王沅德答谢，次体育会会员开跳舞会，次某君演说女士之历史，次王沅德致词谢各界诸君光顾之盛意，遂复奏军乐散会。以后男宾发起人及代表，女宾招待员及代表，各摄影以志纪念。”

7月29日，《时报》也发表了湘浙两省追悼秋侠的报道：

“今阴历六月六日为（秋瑾）流血五周年纪念，湘省诸君特开追悼大会，由秋君奉秋女士神主入祀。湘祠俎豆盘香永资崇拜。闻浙省亦于是日举行入祠大典，湘水西湖同为佳话，洵千古未有之盛事云。”[8]

唐群英回到曾经与秋瑾共同生活过的湖南，不久便去参拜“秋女烈士祠”，瞻仰遗容，祭奠英灵，与自己崇敬怀念的亦亲亦友的英雄姐妹进行天人对话。

令她没有想到的是，纪念祠建立才半年时间，由于疏于管理，已显零落冷清。整个纪念祠中仅有一两个守祠人，每天敬奉香火之后便扃锁而去。唐群英觉得这种氛围与英烈纪念圣地很不相称，随即与张汉英计议，尽快于祠中开办女子学校。

谁知，早已有人盯上了这座几近空置的“秋女烈士祠”。长沙的一批官太太，排挤了“湖南女国民会”的创始人欧阳宝珍，捧出谭延闿的太夫人做招牌，另起炉灶地搞了一个“女国民会”，经谭延闿批准后，趾高气扬地进驻了“秋女烈士祠”。

这样一来，原来庄严肃穆的英烈纪念圣地，不仅改变了面貌，而且改变了性质。大门外高悬的祠额“秋女烈士祠”，被凿改为“女烈士祠”；祠堂中，秋瑾烈士遗像被移至左侧，一个所谓的“女烈士”陈某的遗像置于中间位置，右侧增设了所谓“女烈士”之夫罗某的遗像。祠堂院中的左右廊房，还廉价租赁给一些伤兵及其眷属居住，又增添了环境的杂乱。

这位被封为“女烈士”而奉在纪念祠堂正位的陈某，不过是正在病中骤闻夫亡而晕倒气绝的猝死者。其夫罗某为某县学校教员，是与人争校址遭击打的误死者。“女国民会”挖空心思找来这样一位所谓的“女烈士”，并堂而皇之地取代秋瑾的位置，无非是借以为“三从四德”旧礼教招魂而已。其实，这位陈姓“女烈士”的“事迹”，即使按旧礼教的标准也并不那么相符。

如此不伦不类的荒唐事，激怒了女子参政同盟会湖南支部全体同仁。大家随即在唐群英和张汉英率领下赶往秋瑾纪念祠，恰值“女国民会”为罗、陈遗像入祠举行上祭仪式。女子参政会同仁，推开往来穿梭递送供品宴菜的人，蜂拥闯入祠堂。

唐群英义正词严地大声质问：

“何人如此大胆，竟敢擅自改变谭都督命令?!”

“我们正是奉谭都督之令行事，与你等何干?!”主持仪式的“女国民会”副会长熊某有恃无恐。

“‘秋女烈士祠’本是纪念秋瑾烈士的专祠，改为泛指的‘女烈士祠’，就失去了褒奖英雄的意义！”

“都是节烈女性，彼此之间，有何分别?”

“为国牺牲者，才能以烈士名之。我国妇女中人，现今舍秋瑾无足当者。如果你们还在尊奉三从四德，发现了为夫死殉节者，可以集资刻一个牌坊，却不能放在秋瑾烈士祠中。”张汉英柔中有刚的一番话击中了她们的要害。

她们避开要害，迂回进攻，强词夺理地说女烈士不仅秋瑾一人，何况她生于浙江，死于浙江，为什么要在长沙立祠？最后甚至胡搅蛮缠起来：此屋原是陈氏宗祠，岂由他姓人氏建祠！

唐群英满怀义愤据理辩驳：秋瑾是湘乡王氏之妻，她在长沙及荷叶镇生活了多个春秋，湖南的土地上留有她的爱国歌吟，湖南姐妹有着与她手足般不可分割的感情；她不只是为浙江人民而生，为浙江人民而死，她是为中华民族四万万同胞而奔走呼号，出生入死，弃富贵如浮云，履艰险如平地，威武不屈，死而后已；湖南人民尊敬她，为她建祠有何不可?！何况没收陈氏家产为秋瑾建祠是督府批准的，怎能朝令夕改！

对方无以答对，反以傲慢态度下令“逐客”。

女子参政会同仁一时气极，与之争执起来，随之发生争斗。

据当时参与其事的周天璞后来在长沙《大公报》上追述说：当时，租住秋瑾烈士祠的一帮人率领“大批壮男健妇群拥而入，手执棒棍、哑铃、铁锤诸武器，襟扣系红绳作标识，直扑女子参政会，当时女子参政会只有职员十余人，见其来势甚猛，仓卒无可应，乃各取桌间碗盏抛掷，有力者，则取所坐凳椅，举以相迎。在场警士，勿能左右袒，惟围守耳房外，两面劝阻，并走报督署与营署，未几，军警云集，伤兵惧而逃，余人亦退。”

此次争斗事件之后，女子参政会湖南支部通过报刊向社会公开宣告事由，同时又向谭延闿提出申诉。最后谭延闿只得又出来调停：恢复“秋女烈士祠”原貌，将罗、陈遗像移置他处。关于“秋女烈士祠”部分屋宇的使用也做出了新的划分：正向房屋作为归女子参政会女子法政学校筹备处，两侧厢房用于女国民会办三育学校。

一场维护秋瑾烈士尊严的斗争终于胜利。[9]

此后，女子参政会湖南支部在“秋女烈士祠”内开始了筹办女子法政学校的工作。但却常常受到同在一个院落中办公的女国民会的干扰。

1913年5月，女子法政学校开始招生，报名女生络绎不绝。在此期间的一个星期天，忽有一群前已迁出纪念祠的伤兵结伙冲入祠内，将法政女校的办公用品及教师铺被等，一一扔在黄泥街上，并且口出狂言：“吾辈战阵有功，汝等方能坐享，今日竟敢与护国军人为仇，此祠有烈士后人居于此，谁敢占据，不速走，吾枪不汝容矣。”就在法政女校唯一值班人员周天璞欲上前夺抢之时，忽听有人击掌怒斥：“伤兵何得无理取闹。这间祠堂另外还有辛亥革命的烈士前人在，你们不识耶?”伤兵们霎时安静下来并且面露惧色，很快便作鸟兽散。原来，“秋女烈士祠”建立不久，武昌首义后湖南军政府首任都督焦达峰及副都督陈作新的纪念铜像也迁入此祠之中。[10]此刻来者，正是焦达峰的母亲，偕其儿媳青娥（焦达峰夫人）及女儿达英、达贤。焦达峰的母亲接着到督署去报告了此事。当晚湖南军事厅即安排人员将法政女子学校的什物仍旧搬回祠内，并且派兵守卫“秋女烈士祠”。

虽然法政女校经过权衡另择了浏正街校址，但此事已足说明，女子参政会湖南支部的工作是深得人心的。

三

唐群英在长沙，还经历了一场与《长沙日报》的官司。这场官司系由一则结婚广告——“郑师道与唐群英即将结婚的启事”引发的。

郑师道是一位浙江籍革命党人，社会知名人士。辛亥革命期间，在上海独立起义和在青岛庆祝孙中山就任大总统活动等事件中都曾见他到的身影，虽遭反动当局逮捕，但仍斗志昂扬。郑师道也是一位男女平等的积极主张者，担任南京临时参议院议员时，一向支持女权斗士们的参政要求，特别赞佩唐群英的奋斗精神和组织能力。只是此人行事有欠稳妥，社会上流传着他用锡纸包裹鸡蛋充作炸弹去恐吓国会议员的笑谈。

1912年10月唐群英创办《女子白话报》时，郑师道致以祝词：

自有地天，人格称民。万有平等，利济众生。不偏不倚，种族合群。女为民母，首教家庭。家齐国治，政策乃成。由是之道，邦本安宁。反兹立国，即为不平。同胞同袍，行止何分。菽粟水火，社会本根。国家监此，表里光明。额手共颂，和洽同人。

11月唐群英创办《亚东丛报》时，郑师道又致以祝词：

女学湮晦，垂五千年。物极必反，合于坤乾。

华胥复旦，光我亚东。觥觥女界，巾帼之雄。

对于唐群英在北京创办两报，题词致贺者可谓多矣；然而，两度致贺者仅有宋教仁、郑师道两人。宋教仁作为革命派的领袖人物，内心历来主张男女平权，发生了“耳光事件”之后，他的此举显系向老战友唐群英及众女斗士示以宽谅与支持。而郑师道的此举所包含的题外之意，除去对妇女运动的支持之外，更有一种对唐群英个人的深深情愫。

作为参政运动的领军人物，唐群英不仅要扩大女同胞的团结，也要争取来自男同胞的支持，于是郑师道等人士都成了她的朋友。然而，不惑之年仍孑然一身的郑师道，在与唐群英的交往之中，原本的敬仰之情却悄悄转化成了爱慕之意。当时的唐群英，一方面正致力于参政运动而心无旁骛，一方面觉得自己与郑师道过于直露甚至有些莽撞的性格格格不入，所以对于其或明或暗的任何示爱表白，一律装作不解，全然不予呼应。

郑师道却十分执着。在唐群英回了湖南之后，他设法谋到了一项考察湖南盐政的差事，于1913年2月来到长沙。他带着那份无法化开的痴情，殷勤探访唐群英。他认为，自己与唐群英同属革命派且年貌相当，只要功夫下到，终能如愿。不久他向唐群英正式求婚。

唐群英是一个追求自由平等的新女性，早已挣脱了“三从四德”的桎梏，也并未抱什么“独身主义”，只是她似乎把自己“许配”给了争取民族独立、争取妇女解放的大业，愿意一无挂碍地为之尽心尽力，根本没有考虑再找伴侣之事。对于郑师道这样一个有些疯癫的追求者，她当即明确地予以回绝。

谁知，几天之后《长沙日报》上竟然登出了一则郑师道与唐群英即将结婚的“启事”。张汉英等朋友嗔怪唐群英“保密”，其他亲友则纷纷找她询问或向她祝贺。

对于这种无稽之谈，唐群英勃然大怒。她向身边朋友们说明实情后，大家也很气愤，随即结伴前去《长沙日报》社，要求更正并道歉。

《长沙日报》一向以执政男权的眼光看待女子参政运动，对于不实广告影响女盟领导人的人身名誉之事，全然不在意，甚至怀有一种类似幸灾乐祸的窃喜，因而振振有词地解释：收钱给人登广告，是报社的一项业务，内容若有问题去找要求登广告的人。

“结婚是两个人的事情。作为所谓的‘当事人’之一，我根本没来‘要求登广告’，足以说明是报社只听片面之言，造成了错误！现在我拟好了更正声明，请予尽快见报，消除不良影响！”唐群英的要求理直气壮而又讲求分寸。

报社方面顽固拒绝唐群英的正当要求。

女子参政会湖南支部的同仁们，认为此事关乎女子参政运动领袖的名声，报社方面一点责任都不肯担当的态度，也就是跟女子参政运动过不去。大家立刻怒气冲天。几位性急者挥手打碎了报社办公室的茶碗，推倒了桌椅，个别人还冲进排字房，掀翻了已排好的报纸字版，致使次日该报未能出版。

此事立即引发了一场官司。唐群英诉称，报社侵害了自己的名誉，要求赔偿精神损失；《长沙日报》诉称，唐群英毁坏报社设备、妨碍报纸出版，要求赔偿经济损失。官司调停不下，影响日益扩散。

一方是本省官方的言论机关，一方是闻名全国的妇女领袖，湖南督军谭延闿生怕在自己地盘上闹出什么大事，只得从都督府拨一笔钱给报社，求得息事宁人。

唐群英回头再找郑师道算账时，郑师道却早已离开了长沙，不知去向。

关于“结婚启事”之谜，野史上一直诸说纷纭，甚至添花加叶，搞得扑朔迷离，乱人耳目。直到时任《女权日报》记者陶菊隐的《记者生活三十年》一书在三十六年后出版[11]，真相才得揭开。陶菊隐在书中写道：

“后经查明：郑师道是个亢进性精神病患者。这条广告是他自己上门来刊登的。他追求唐群英未遂，就耍此无赖，原想弄假成真，不料弄巧反拙。他在长沙立足不住，是年七月国民党‘二次革命’时，他到浙江另谋活动，因出言不逊，为浙督朱瑞所杀。”

唐群英毕竟是性情中人。当年确知郑师道被杀的消息后，她内心的情感是复杂的。对于这个有些疯癫并且给她造成不良影响的追求者，她早已深恶痛绝；但是对于一个投身革命事业并且支持男女平权的人士最终落得个因言误命的结果，还是为之感到惋惜。随着时光的流逝，厌恶之情逐渐淡去，留下来的只有隐隐的惋惜。

当时社会上有人说，唐群英闹了南京闹北京，闹了北京闹长沙。但公正的历史老人，是永远不会将一个“闹”字，加在这位为了民族独立、社会公正、妇女解放、个人尊严而敢爱敢恨敢做敢为的女斗士身上的！

---

(1) 《湖南女国民会宣言书》，《天铎报》1912年3月1日。

(2) 《湘中女界国民捐》，《民立报》1912年6月11日。

(3) 《向警予文集》湖南人民出版社1985年版，第146页。

(4) 此处非指古代习俗秋季祭司土地神的“秋社”（立秋后第五个戊日），而是指浙江人士纪念秋瑾的秘密组织。徐双韵在《记秋瑾》一文有如下记述：“一九〇八年农历年初，葬秋以后，家姊邀集同志陈去病、褚辅成、姚勇忱、杨侠卿等数十人，在西湖凤林寺秘密追悼，我也到会协助。追悼以后，密议组织秋社，并推家姊为社长，决定每年农历六月初六为秋瑾成仁纪念日。”

(5) 秋瑾牺牲三个月后，秋瑾生好友吴芝瑛、徐自华根据秋瑾生前愿望，将其灵柩葬于杭州西湖西泠桥西侧的临湖墓穴中。不久，清廷发现，即令迁走。秋瑾兄秋誉章遂将灵柩运回绍兴严家潭暂厝。1909年8月，王廷钧的母亲屈氏派人移秋榇迁至湖南，葬于湘潭昭山。民国元年，秋社同人上书浙江省议会，提议“迎还秋瑾遗骸，还葬西湖”。浙江省议会议决：在原墓址建造风雨亭，亭西边重建秋瑾墓及鉴湖女侠祠，并划拨经费委托秋社直接办理此事。

(6) 王时泽，1886年出生于湖南省长沙市，1904年自费留学日本，在留日湖南同乡的集会上与秋瑾结识，从此以姐弟相待，先后一起参加秘密革命组织“三合会”和“同盟会”。武昌首义发生，王时泽不待毕业考试完毕即归国参加革命斗争，长期在海军系统服务。建国后，被聘为湖南文史馆馆员，对秋瑾事迹研究及诗词收集，贡献很大。

(7) 关于陈翼栋在秋案中的罪责，有两种说法。一说为：“秋瑾女侠前在浙江谋为徐锡麟烈士援应，事泄后，适湘人前浙江候补道陈翼栋……奉增抚扎，搜求余党，遂及于难。”（《民主报》1912年7月22日）。另一说法：陈翼栋受浙江巡抚张曾扬派遣查抄绍兴大通学堂，是在秋瑾遇害十天后的7月25日。（《时报》1907年7月25日；《申报》1907年8月7日）

(8) 湘、浙两省祭悼活动之后，9月29日，湖南都督谭延闿专门派人护灵，赴湘迎灵的陈去病，秋理随行，10月27日秋瑾灵柩到达杭州。次年农历六月初六，秋瑾灵柩登穴人土，第二次安葬在西湖西泠桥畔。

(9) 时过境迁，现在长沙蔡锷中路上已无“秋女烈士祠”。

(10) 此说见于陈漱瑜《我的外祖父：辛亥老人王时泽》一文：“（秋瑾）迁葬后，由外祖父主持，把长沙黄泥塅陈湜祠改建为秋女烈士祠，又在祠内建立了辛亥革命后湖南省正、副都督焦达峰和陈作新的铜像。我幼时住在烈士祠侧，对祠内印象清晰如昨。”

(11) 陶菊隐《记者生活三十年》一书，1948年中华书局初版，2005年再版。

第十五章 剑胆琴心

典曰:“琴剑为古时文人随身之物,抚琴怡心,倚剑仗胆;比喻文人既有柔情,又有胆识,刚柔相济。”

不论在东瀛浪涛,辛亥风暴,还是女权怒潮之中,人们见到的唐群英,都是一片耿耿丹心,一腔巍巍豪气,一副铮铮铁骨。岂知这位刚烈威武的女斗士,在诀别战友、痛失知音或者邂逅故旧之时,也会流露出“撷花揾泪,为公凄绝”,“千秋遗爱在,遥奠泪沾巾”,“此去长沙知未远,好携朋旧话家山”的深深柔情……

一

1913年3月20日晚间10时45分,上海火车站检票处,三声凄厉的枪声骤然炸响,正准备登车返回北京的宋教仁应声倒地。22日凌晨,罪恶的毒弹夺去了他年仅31岁的华彩生命!

此时,中国政坛的形势是,国民党刚刚在国会选举中获胜,即将以多数党的地位组织责任内阁,国民党代理理事长宋教仁即将出任内阁总理。妄图独霸国家大权的袁世凯,自然把宋教仁和国民党当成了心腹大患,必予除之而后快。

这桩民国以来第一政治大血案,震惊了全国,震怒了国民党革命派,也震醒了此前孙中山强迫自己相信的与袁世凯“分工合作……共同使中国走向富强”之幻梦。随之,孙中山、黄兴领导的以“讨袁”为目标的“二次革命”爆发。“二次革命”虽因国民党力量不足而失败,却开启了反袁斗争的新时期,使得袁世凯的称帝之路陷入穷途。

宋案发生之后,“全国人心鼎沸,国贼国贼之声,震于寰宇”[(1)]。革命党人在北京、上海、南京、武汉等城市，乃至日本的横滨、神户、东京、大阪等地，相继召开追悼大会，缅怀逝者，声讨袁贼。

唐群英闻知噩耗，经历了如同五雷轰顶般的至痛。

她痛惜，“天生英杰”宋教仁竟遭“五步之间，砰然一击。使公成仁，竟非所恤。”“长江滚滚，英雄有淘尽之悲。”

她痛恨，袁世凯权势集团“沐猴易冠，群蝇附热。”“奸人酣仕，怵为腹疾。”“为政杀人，况同盗贼。”

她痛心，如今的革命形势“风雨飘摇，鸡鸣凄恻。国步艰难，挽回是亟。”“前路茫茫，世道有沉沦之叹。”

她痛哭，“我慨玄黄，我想奇杰。撷花揾泪，为公凄绝。”“一掬芳馨，莫雪灵均之愤；两行热泪，难招宋玉之魂。”

在她内心的最深处，还有一种渐渐远去又被触及的痛悔之情，这就是“耳光事件”留下的难以完全抹去的阴影。她与宋教仁，同是湖南老乡，同是华兴会、同盟会老会员，一向有着良好的革命情谊。况且，她历来赞赏宋教仁的经纬才能、家国情怀，从在东京时期开始，就将这位“小老弟”（宋教仁比唐群英小11岁），当作“小先生”一样敬重。半年多前那件事情的猝然发生，唐群英本是出自对于真理被压制的义愤，绝对没有对宋教仁的个人私愤。事后她很快意识到，国民党政纲将“男女平权”原则“置为缓图”，是以局部之让步换取大局之优势，以便使国民党成为议会第一大党，领衔组建政党责任内阁，钳制野心家袁世凯的总统权力膨胀，防止辛亥革命成果的流产惨剧。于是她深感自己遇事不够冷静，误会了宋教仁，随即在《女子参政同盟会代表唐群英宣言书》中表现了自己的这种领悟。从宋教仁方面看，尽管感到委屈难堪，仍能设身处地换位思考，认识到自己处理此等大事未曾与女战友沟通的仓促偏颇，表示了对女战友急躁情绪的包容宽谅，事发时他的沉着态度以及事后向《女子白话报》和《亚东丛报》接连致贺的举动，便是佐证。真正的革命党人，就是如此出于公心知错即改，他们之间的关系也是纯净坦荡不存芥蒂。然而在与年轻英杰天人永隔之际，唐群英的心里还是漾起了一股歉疚的涟漪……

6月26日，宋教仁公葬仪式在上海举行，前来送葬者达数万人。

至痛至哀之情拥塞于心头喉头，唐群英觉得自己也走在为宋教仁送葬的人流之中……

她的衣着朴素，神情哀戚，步子缓慢，心思沉重。一只手攥着拭泪的巾帕，一只手握着一个宣纸卷筒。那宣纸上，是她亲笔手书的《宋渔父先生诔并叙》，是她蘸着自己的血泪写给远去战友的纪念信笺。那信里，一字一咽一句一泣地写着“群英之痛，社会之忧”……

走到宋教仁墓前，她把那个宣纸卷筒小心地展开，郑重地点燃。她泪眼婆娑地望着袅袅升腾的青烟和默默飘洒的墨屑，嘱告这些传情的小精灵，把她的心里话带给她所敬重的领袖，挚爱的战友……

《宋渔父先生诔并叙》就是她对宋教仁说的心里话：

维民国二年六月二十六日，为前农林部总长宋公渔父灵輀窆于上海之辰，同人会葬，不期而至者，道为之塞，巷为之空。翦取吴淞，同悲逝水。惟兹永日，共哭长沙。一掬芳馨，莫雪灵均之愤；两行热泪，难招宋玉之魂。既念陈人，复伤来者。长江滚滚，英雄有淘尽之悲；前路茫茫，世道有沉沦之叹。倘无先达，谁唤迷途，未意前修，难为后死。群英之痛，社会之忧，岂徒不见斯人，便伤乡国，不期旷世，始叹英豪。用是薄荐素羞，略尽明歆之告；相将执绋，聊申哀惜之词。诔曰：

维我宋公，天生英杰。衡山巍巍，历著奇节。江汉滔滔，益表高洁。当满季世，腥膻莫涤。志在澄清，拔帜易色。航海而东，学如不及。气迈风云，心存邦国。三月廿九，广州之役，并命黄花，长留碧血。薄海同悲，于今为烈。知不可为，暂为蠖屈。天声琅琅，民有喉舌。武汉一呼，全国震慑。五色扬徽，苍龙化蜥。南衙初建，法纪续绝。匪公维持，何以速立。两界同心，五族合力。匪公北行，何以统一。公志休休，班行共式。不幸唐氏，用志不协。抗手投簪，仁政斯息。吁嗟临时，三五更迭。沐猴易冠，群蝇附热。风雨飘摇，鸡鸣凄恻。国步艰难，挽回是亟。公意不忍，誓共提挈。阁制主张，不挠不折。奸人酣仕，怵为腹疾。乃嗾群小，演此惨别。五步之间，砰然一击，使公成仁，竟非所恤。为政杀人，况同盗贼。伤哉公仇，今谁与雪。伟哉公抱，今孰与洁。此愤填胸，缨冠谁急。沉潜高明，兼者无匹。坐言起行，继者无辙。我慨玄黄，我想奇杰。摄花揾泪，为公凄绝。呜呼哀哉！

民国二年六月二十六日

二

一桩巨大的不幸，骤然降临在张汉英身上。她的丈夫李发群，追随黄兴参加反袁的"二次革命"，1913年7月失利后未及走脱，被张勋杀害。

唐群英与张汉英不仅是学友、诗友，更是在辛亥革命和女权运动中志同道合紧密协作的战友，当时社会上曾将她们二人并称"女界两英"。唐群英知道张汉英是坚强的，但她更知道任凭多么坚强的人，在骤失爱侣之际，也难免会有痛不欲生之悲，她自己在曾传纲去世时就曾深陷悲痛之中。如今面对悲痛的挚友，任何劝导的语言都是苍白无力的，只有行动，只有为事业奋斗的行动，才可能帮助张汉英这样的战士逐步出离悲痛。

此时，恰值在镇压"二次革命"中立了功的汤芗铭被袁世凯加封为湖南查办使，缉拿反袁分子，唐群英和张汉英都被列入了缉拿名单[(2)]。唐群英对于汤芗铭的淫威并不惧怕，但是想到可以借此说服张汉英一起暂时离开湖南，做一次了解妇女运动情况的工作性巡游，以便冲淡她在情感上的阴霾，也能避开汤芗铭查处反袁份子的毒焰。两人将手中的工作做了委托安排之后，于1913年9月一起往返上海一趟。

在上海，她们与张昭汉等"神州女界共和协济社"的领导人亲切会见、坦诚交流，得知沪宁一带的妇女组织从未停止活动，而且相互间的联系较前更为紧密，只是在活动内容和联系方式上十分注意隐蔽和安全。唐群英与张汉英感到十分欣慰。

自沪返湘时，唐群英特地安排乘游船溯长江而上，以观赏沿江风光，为张汉英散心。行至安徽省宿松县东南部小姑山（即小孤山）近旁，随着乘客的惊艳欢呼，游船停了下来，人们纷纷上岸登山游览。唐群英唤起正在埋头读诗的张汉英，出仓欣赏秀美的"小姑"。只见滔滔江水之中孤峰独立，形似古代妇女头上的发髻，山体覆盖着郁郁葱葱的竹丛树木，山腰坐落着青瓦红墙的殿堂楼阁，365级石阶迂回曲折通向天门……

张汉英还没有走出所读陈蜕翁诗的意境，见此美景更添诗兴，遂口占七言绝句三首：

其一

正读陈诗兴味酣，同侪呼看小姑山。

波涛万顷风千折，鹄立中流独自闲。

其二

撼触波涛年复年，发光眉黛总嫣然。

群山大陆多尘垢，秋水江心别有天。

其三

四面玲珑水作屏，夜阑风月不胜情。

输她夫妇篷壶里，潮去潮来醒未醒?

她兴致勃勃地念完三首诗，又向唐群英请教乞和。

唐群英当即奉和七绝三首：

其一

枫叶经霜贮满酣，谁能夺得小姑山!

恨无长剑斩蛇虎，敢效须眉不踰闲。

其二

蹈海扬波不计年，黄花遍地景依然。

何时广播罗兰种，灿烂神州共一天。

其三

锦绣江山列画屏，谁知姐妹远游情?

傲霜饮露同舟济，北雁南归我独醒。

张汉英的诗，即景抒情，清新深沉，看得出此次上海之行确实舒解了她内心的伤痛。

唐群英的和诗，借景言志，引经据典，表现了此时此刻她与挚友誓为自由平等而战的“远游情”。

10月份，唐群英、张汉英又在刘琴陪同下从湖南前往北京。

北京的政治空气，较之南方可谓一片肃杀。但在继识一、王昌国等的艰苦努力之下，《女子白话报》和《亚东丛报》仍在继续出版，中央女学校和女子法政学校也在坚持上课。在唐群英以姐妹聚会方式召集的部分地方支部负责人会议上，众位姐妹个个斗志未减，纷纷介绍各支部活动形式规模虽然有变，但却从未止息。唐群英和张汉英感到欢欣，受到鼓舞，仿佛看到了蓄势待发的地下熔焰。

唐群英来北京未及一个月，突有一位“相士”在她们住处门外设摊，追着要给她“算命”，悄悄告诫她：小人暗算，大难将临，宜迅速远走高飞，千万不可大意。唐群英和姐妹们分析，“相士”是假扮的（日后证实，此人是唐乾一安排来给唐群英暗送信息的），告诫是真诚的，袁世凯阴险残忍，不得不防。

在大家的催促之下，唐群英安排张汉英先自回乡，自己与刘琴一起到天津李艳玲（女子参政同盟会天津支部负责人之一）家暂避一时，观察风声再定行止。果然，她到天津的第三天，即1913年11月13日，当地报纸就登出了袁世凯下令解散女子参政同盟会、查封《女子白话报》和《亚东丛报》、悬赏通缉唐群英的消息。

天津也已不可久留。唐群英随即化装成中年男士，与刘琴扮作“父女”，相偕而行。两人乘船南下，先到上海，然后转渡越南的河内，再折回国内，绕道云南、贵州，历时一年多才回到湖南。

唐群英和刘琴紧赶慢赶，也没能赶到家乡过1915年的春节。三吉堂里的亲人们一等再等，也没等到她们回家团聚。

这一天，突如其来的一对“父女”，给三吉堂带来了爆炸性的惊喜欢乐。老母亲拉着两人的手，久久说不出话，笑眯了的双眼里却滑出了泪滴。刚上小学的抚子遂九大声呼唤着：“姑姑，你到哪里去了？人家都说你失踪了，奶奶都快急死了！”已长成小伙子的伯珪摆出一副小大人的模样，像指挥官似地让外婆和陶姨坐下来慢慢说话。唐群英忘却了漂泊生涯中所有的艰险苦难，沉浸在浓浓亲情之中。刘琴看着这个场面，又是兴奋又是激动。

接下来的几天中，二哥维藩、大姐希孟都携家带口前来看望“失而复得”的陶妹。三吉堂里又一次充满欢声笑语，算是补过了一个团圆的春节。

农历花朝节（二月十五日）时，唐群英接到了张汉英来函邀约，便急不可耐地赶去醴陵。两位风雨同舟10年的战友姐妹，家的距离最近，心的距离也最近，一年多以前在严酷的形势下骤然分别，相互的惦念与日俱增。张汉英牵挂唐群英漂泊路上的冷暖安危，唐群英不放心张汉英自从丈夫去世即每况愈下的身体状况。

两人见面，相拥而泣。唐群英痛惜比自己还小一岁的张汉英已然形销骨立，张汉英欣慰有生之日还能见到情逾骨肉的挚友。

唐群英在张汉英家住了下来，陪伴她求医问药，关照她的起居饮食，有时亲至厨灶为她烹制营养药膳，当她需要“精神盛宴”时，又会与她一起轻声细语地倾心交谈。两人之间，从东京的初识到永丰镇的初战，从辛亥风云的回顾到女子参政运动的反思，从政坛到诗坛，从国事到家事，有着说不完的话题。只是，每当看到张汉英不顾弱体仍为国事忧虑激愤，唐群英便十分不忍，只得婉转地将郑重的谈话转换为轻松的诗词歌吟。

不知不觉间，两人朝夕相处已三个多月。眼见得张汉英的状态，平稳中有所好转，唐群英才于端午节后放心离去。

万万没有想到，两人分别不到半月，张汉英竟溘然而逝，终年仅44岁。唐群英闻讯，悲痛之感犹如撕心裂肺。她和泪写下了《祭张惠风文》，拟亲去醴陵吊唁逝者，并看望张汉英的老母幼子。经家人力劝，方才委托张贞祥持祭文代为敬献于挚友灵前。《祭文》曰：

维民国四年七月十九日，张君惠风卒于醴陵私第，春秋四十有四。阅十有二日，同学弟唐群英闻其讣而哀之。乃致诚遣使，远赍香花清酌庶羞，请张生贞祥代表致祭于君之灵。呜呼！

天地无心，万物同銮。福善则虚，英蕊夏落。既孤我德，女界销铄。潜灵不反，余晖闪灼。吊君德行，周规折矩。虚比洪钟，静若幽谷。吊君文学，浩瀚渊深。沟通今古，气蕴风云。吊君言语，为世之范。于侪辈中，亭亭孤干。匪桐不栖，匪竹不食。既调琴瑟，笃其伉俪。欧风东渐，诟病专制。君与民争，洪流萃域。君亦崛起，不虑其败。武汉举义，末帝逊位。夫婿英雄，血膏草莱。民国肇造，素志既酬。寡鹄哀鸣，孤枕寒衾。蜚声教育，桂兰有馨。济济来学，月异日新。川静波澄，风雨骤惊。世界竞争，合纵连横。奥塞启衅，英德交讧。全欧振荡，莫顾运东。日乘其隙，虐我震旦。泣血志士，抚剑三叹。忧愤成疾，骨朽心惨。呜呼哀哉，鲸浪滔天。惟君既死，后死勉旃。雪兹国耻，仍告贞魂。兹当永诀，奠酒三樽。阴阳虽隔，謦咳如闻。知君英灵，尚有心属。皤皤高堂，檐前风烛。呱呱黄口，正在襁褥。养之教之，兄弟手足。驾言往兮，无为踯躅。譬如朝露，去日苦多。非寿非夭，共感逝波。君无悲戚，听此薤歌。哀哉尚飨。

民国四年七月二十八日

在唐群英的心目中，张汉英不仅是她个人的挚友，也是中国革命的一位佼佼女杰。纪念这位女杰，应该为其写出煌煌传记，传之后世。于是她在写出《祭张惠风文》的第二天，恳切致书"南社"社长柳亚子先生，敦请这位"文章巨手，海内人师"为张汉英作传。其《与柳亚子书》如下：

亚子社长先生足下：

迭奉来笺，并南社十四期蜕翁诗集，均已收到。先生热心毅力，提倡宗风。遍读南社各集，具见精心擘画。于吾湘蜕庵、太一诸君，搜刊遗稿，尽瘁求全，足见苦心。不第征文考献，垂示来兹。即此发微阐幽，已足振式浮靡。钦佩之私，罄竹难载。每忆清政不纲，志士仁人奔走国事，蜚声中外，固极一时之盛。然惟男同胞实占多席，女界则寥寥无几。自鉴湖成仁后，广座谈虎，相戒以色，踵武崛起者，已难其人。次则醴陵张君惠风，有足多者。张君沉毅坚定，百折不回，乙巳秋东渡求学，因外界刺激，愤祖国之阽危，慨女界之孱弱，由是民族、民权主义印满脑筋，南北奔走，力求振拔，凡老同志类能言之。与英订交最早，风雨同舟，且逾十年，故相知尤邃。近以时晦，遁迹空山，节衣缩食，犹挈办女子手工、实业两校，生徒近百人，造端亦至宏也。每论及癸甲以来国事及渔父、太一诸君之遭际，未尝不掩卷流涕，披发狂呼，是其爱国、爱同胞之心已可概见矣。青岛事起，倭夷恫怀，益悲国步陵夷。其致弱之由，皆有因之果。抚膺增痛，如鲠在喉。故如提倡国货，储金救国诸事，婆心慧口，到处演说。湘省国耻纪念，民气膨胀，多其导线也。此君气体素弱，以积劳而疾益剧，花朝时函约英就醴一话契阔，留连十旬，耦住无猜。英见其精力日惫，屡劝节劳养病，不必关怀时局，则嚄唶勿顾也。真所谓一息尚存，双眸如故，其坚定不可及，盖若是矣。端节后十日，英方回衡省亲，越半月，而张君之讣音传来，英如手如足之爱，悲戚固其所自。惟念张君行谊卓绝，赍志以殁，不有传者，则结绿青萍，终等与铁戟消沉耳。先生文章巨手，海内人师，忝附同社，尤切景行。拟乞椽笔，一光丹素。如荷容光远照，许予揄扬，当再次崖略，以供采择。书不尽意，无任神驰。教请道安。伏维荃照，伫候还云。

唐群英　鞠躬

民国四年七月廿九日

在这封情词恳切的信函中，唐群英称张汉英为秋瑾之后不可多得的女界英杰，赞其"愤祖国之阽危，慨女界之孱弱"，"沉毅坚定，百折不回"，

“南北奔走，力求振拔”，以致“抚膺增痛”“积劳而疾”，直至生命危殆之时仍“一息尚存，双眸如故”，可谓一生“爱国、爱同胞”，“行谊卓绝”。为此，她恳请柳亚子先生为张汉英作传，使其“容光远照”，“一光丹素”。

请求大师为挚友作传之举，立意新颖，世所罕有。由此也可洞见唐群英的宽阔胸襟和无私大爱。

三

逆历史潮流而动的袁世凯，在导演了多场次的“民意”大戏之后，自以为火候已到，竟于1915年12月12日妄自称帝。他宣布，改中华民国为“中华帝国”，定1916年为“洪宪元年”，准备于元旦之日举行“登极大典”。

袁世凯的倒行逆施激怒了全国人民。1915年12月，孙中山发表《讨袁宣言》，领导“中华革命党”[(3)] 在东南沿海地区发起反袁武装斗争。由蔡锷的“云南护国军”带动，西南诸省纷纷宣布脱离袁政权而独立。势不可当的反袁护国浪潮，迅速形成席卷全国之势。袁世凯“登极”未成，“皇帝梦”醒，不得不1916年3月，宣布取消帝制，自己仍当总统。孙中山遂又发表《第二次讨袁宣言》，表示与袁世凯斗争到底，反袁护国战争依然轰轰烈烈。

1916年初，尚未改变被通缉身份的唐群英重返长沙，投身反袁护国斗争。她与女界战友丁步兰等，在长沙曾公祠召开妇女大会，宣传孙中山的两次《讨袁宣言》，反对袁世凯称帝。会场群情激奋，声势浩大，引起了袁世凯爪牙的注意。唐群英又一次遭遇险境，在朋友帮助下化装成女工才得逃脱。

长沙曾公祠旧址

1916年6月6日，袁世凯在历史惩罚下忧惧而死。掌握国家实权的国务总理兼陆军总长段祺瑞，在南方反袁力量的强大压力下，被迫同意恢复南京政府时期的《临时约法》和民国二年的国会，护国战争遂告结束。

就在这时，为创立民国、反袁护国而呕心沥血、出生入死，与孙中山齐名的革命巨人黄兴，却因操劳过度旧病复发，于1916年11月1日在上海英年而逝（享年43岁）。

惊闻噩耗，唐群英悲痛不已。在她的心目中，黄兴不仅是一位革命领袖，还是她走上革命道路的引路人，因而她对黄兴的情感，在敬仰之外，更有一份永远的感激。当时她写下的《哭黄公克强》五律一首，充分表达了她的这种痛切之情。诗曰：

昔抱钧天志，东瀛幸识荆。
雄风驱鞑虏，建国赖长城。
民失擎旗手，我悲引路人。
千秋遗爱在，遥奠泪沾巾。

唐群英于1917年初前往北京，看望女界老友，策划重兴女权运动之事，未及参加4月15日在长沙举行的黄兴国葬仪式。同年11月，她从北京返湘，随即就在曾伯珪和刘琴陪同下，专程拜谒黄兴墓。

唐群英来到黄兴墓前，将她事先写好的挽联郑重地张贴在墓碑两侧的石柱之上，恭敬地焚香跪拜，虔诚诵读《哭黄公克强》一诗，眼泪不觉夺眶而出……

她致黄兴的挽联是这样写的：

革命未成，哲人其萎，
音容宛在，岳麓长青！

四

经过1917年从春到秋在北京半年期间的实地考察，唐群英看到，随着政坛上的风云变幻，女界形势已经难以重展昔日风采。令她感喟最深的，莫过于沈佩贞颠覆自身形象的变化。这位常常发出激烈言词的女斗士，在袁世凯的淫威之下，竟然摇身一变挂出了“大总统门生”的招牌，还与几位袁记高官传出了绯闻。唐群英为曾经战友的堕落感到羞耻，为女权运动暂时难以重振感到痛心，她深知奋争女权之路任重道远，彻底下定了扎根基层重新起步的决心。

返湘途中，唐群英乘船过洞庭湖。

洞庭湖碧波万顷，湖光潋滟。鱼跃水面，鸟飞低空。船在画中游。

在船上，唐群英巧遇湘籍战友陈汉元（即陈家鼎，湖南宁乡人）。这陈汉元，是华兴会、同盟会元老，东京时期即曾任同盟会总部鼓吹部部长，参与创办革命刊物《洞庭波》；辛亥时期在沪宁一带组织革命政团，到山东策动军界起义；民国成立当选临时参议院议员，后为首届国会众议院议员；二次革命后全力投身讨袁护国斗争，深为孙中山倚重。陈汉元品行高洁，秉性刚直，大节凛然，"盖大政治家而侠者流也"[(4)]。革命派内部都知道这样一件事：1913年首届国会开幕后，袁世凯遣亲信送陈汉元50万元"炭敬"[(5)]，瞩他"勿为民党所用"；陈汉元拒收贿金并厉声呵斥："我头可断，义不帝秦！"果然在10月6日袁世凯派兵包围国会胁迫大家选他做大总统时，陈汉元在三轮选票上都大书"孙文"之名。此外，陈汉元还积极支持女子参政运动，曾经作为向参议院呈递《女子参政同盟会参政请愿书》的四位介绍人之一，并且是参议院二读表决女子选举权案时的六名赞成者之一。

故友重逢，追怀往事，彼此都有无限感慨。

一番畅意交谈之后，唐群英突然对陈汉元说：

"为庆祝我们船上邂逅，我写了一首诗，请您这位革命诗人教正。"说着，把一张纸递给了他。

陈汉元没注意唐群英什么时候写了诗，正在惊诧着，用自来水笔写就的**《归舟遇陈汉元有赠》**已映入他的眼帘。诗曰：

百战归来剩此身，同舟犹话劫余尘。

老陈不是寻常客，曾率诸侯讨暴秦。

"诗很好，情景交融，深沉之中可见达观。只是我老陈还是寻常之人，讨暴秦也没出多少力啊。"陈汉元家学渊源，又兼学中外，写诗评诗都是一把好手。

"你是寻常人，那我就只不过是一介村妇了；你讨暴秦没出多少力，那我岂不是虚度年华？"唐群英说。

两人大笑。

唐群英诗兴犹浓，提议两人趁此难得之机会口占联句。

陈汉元也来了兴致，提议定十一尤韵，以‘州’字起韵，由唐群英起句。

他们从船舱走到甲板上，眺望着岳州景色，思绪飞向远方。一首七律，穿越十几年中华风雨，从他们心中涌出：

唐群英吟：小艇如泅渡岳州，
陈汉元吟：歌声笑语杂江流。
唐群英吟：十年忧愤怀秋侠，
陈汉元吟：百战功名笑楚猴。
唐群英吟：回首燕山增暗淡，
陈汉元吟：伤心边漠费筹谋。
唐群英吟：不堪九死逋亡客，
陈汉元吟：犹得生还话旧游。

两位诗友的即兴联句，起承转合顺畅自然，抒情达意竟如一气呵成，精彩！其中流露出的情绪，既有百战归来对“燕山增暗淡”、“边漠费筹谋”的哀伤，又有“九死逋亡”之后“犹得生还话旧游”的庆幸，道出了革命党人颇为无奈的一种共同心态，十分耐人寻味。

客船在黎明时分到达岳州，他们登上岳阳楼。只见旭日灿烂，晓雾初开，波涛涌金，群山含翠。唐群英诗兴不已，遂作了一首《登岳阳楼远眺》：

君山突起水潆洄，山色湖光照眼开。
不访纯阳大仙吕，何当共和醉三回。

今番巧遇乃命运恩赐，展望前路不知何日能够再见，唐群英心中又升起了万端感慨。将近分手时，她又写了二首七绝《过洞庭湖有感兼赠陈汉元》，作为此次友朋兴会的纪念。

其一

旭日初升晓雾开，洞庭波起断兴台。
不堪回首当年事，赢得功成血战来。

其二

归心如箭系舟难，满载豪情渡岳关。
此去长沙知未远，好携朋旧话家山。

(1) 《辛亥革命回忆录》第一辑，第59页。

(2) 周天璞《二十年来湖南妇女运动史略》一书记载："九月，袁氏命汤芗铭来湘，凡属有作为份子，必将一网打尽而后已。同志有得其消息，谓唐群英、张汉英及记者曰：'不速行，死无日矣。'"

(3) 1914年7月，孙中山为了积极准备反袁武装起义，在日本组织"中华革命党"。他认为，"二次革命"之失败，"非袁氏兵力之强，实同党人心之涣"，组建新党必须严格把握党员条件和入党手续，乃至提出了"凡入党各员，必自问甘愿服从文一人，毫无犹豫而后可"的要求。此种要求，纯洁了组织，却也限制了组织的发展。1916年，"中华革命党"恢复"国民党"名称，1919 年改称"中国国民党"。

(4) 林述庆：《陈家鼎革命大事记》。

(5) "炭敬"，是指明清时期地方官员和下级官员在冬季来临之时，以购置取暖木炭为名，给六部司官所进的"孝敬"之资，类似于"取暖费"，是一种行贿方式的别称，属于当时官场的"潜规则"。

第十六章 云庐情深

老母亲临终也不放心她：

办公家事，花自己钱，今后的日子可怎么过……；

她宽谅老弟：

本是少年英才，革命亦与有功，既已共同反袁，就应重归旧好。

1917年11月，唐群英从北京回到长沙。

看到政坛的险恶，女界的凋零，唐群英有一种“回首燕山增暗淡”、“不堪九死逋亡客”的感伤。然而这位经历了辛亥革命风雨和女权斗争浪潮的老战士，更有一种“赢得功成血战来”、“满载豪情渡岳关”的豪气。只是此时的她，比任何时候都清醒，要真正实现男女平等，甚至是一种比推翻封建专制制度更为复杂深刻的过程，绝对不能只靠上层斗争。

她安排刘琴先回三吉堂一趟，自己留下来与当地女界同志从长计议今后的工作。没想到，刘琴很快便回来了，紧张而焦急地告诉她：曹夫人病了，要她尽快赶回家去。唐群英这么多年走东闯西，母亲虽然惦记她，但催促她回家这还是头一回。她心里明白，母亲一定病得不轻。刚好她已向大家表示了自己决计回到民间，直接面向基层妇女群众办学兴教的计划，于是便与刘琴一起赶路回家。

一

回到三吉堂，看到哥哥维藩、姐姐希孟、妹妹希欧都回来了，唐群英的心中更增添了不祥之感。

她急忙走进母亲的卧室。隔着雕花床架上垂挂的纱帐，就见母亲原本属于中等胖瘦的身躯在薄薄的被盖下似乎已经变得扁平，撩开纱帐之后再看母亲的面孔，往日的清秀红润已变得晦暗憔悴生机全无……两行酸楚的热泪一下子冲出眼眶，一团凝滞的郁结却梗塞在喉头……她怕惊扰母亲的休息，不敢呼唤出声，但母亲却缓缓地睁开了像是生了锈的双眼。

“希陶……你回来了，我等着你哪……还有乾一，他来了吗……”眼看着母亲在说话，听那声音却柔弱得像是从遥远天际飘过来的。

唐群英忍不住哽咽起来，赶忙用手捂住了自己的嘴巴。

“妈妈，我刚去了一趟北京，回家来晚了。满弟他马上就到家。您好好休息……”她说不下去了。

第二天，唐乾一也回来了。兄弟姐妹虽说是从天南地北会集一堂，但却完全没有相聚的欢乐，因为他们明白，召唤他们来的，是一场无情的人生悲剧——诀别生养他们、疼爱他们的老母亲。

大家围绕在老母亲的病榻周围，红着眼睛，忍着眼泪，注视着那张熟悉却又变得生疏的面孔。

老母亲吃力地睁开了眼睛，看到五个孩子都在身边，眼眶里的泪液慢慢渗了出来，眼角却又绽出了一丝几乎看不出来的笑纹……

“你们都来了……你们都过得很好，我放心……你们父亲在那边等我这么多年了，我该去了……”看起来，老人家对于跟孩子们的死别，心里是踏实的。忽而，她又显出了不安的神情：

“怎么没看到伯珪呀?”

伯珪忙从舅舅、姨妈背后走到前面，俯身向着疼爱他的外婆：

“外婆，我在这里……”年轻人不会控制自己的哀痛，呜呜地哭了起来。

“这孩子是在三吉堂长大的，快该成亲了……要给孩子安排体面些，我到那边好给希范交代……”一辈子为家人操心的老人，临终时心心念念的仍然是自己的儿孙后人。她的话引得大家又是一阵泪雨，一片诺声……

“我不放心的是陶妹子……她无家无业，办公家的事，花自己的钱，今后的日子可怎么过啊……”一只骨瘦如柴的手，从被盖下朝着唐群英伸了过来……

陶妹子的眼泪洒在了这只温度渐渐消退的手上……

“妈妈，您放心！当年由您做主，三分家业有陶妹的一份。她虽然表示只要一份中的一半，但那另一半，我做主，只要陶妹有困难，仍然归她使用。”维藩以“长子”的姿态抢先表态。

“妈妈！陶姐不孤单，她有家有业，有兄弟姐妹，还有遂九……”乾一说着，把一直站在他和唐群英之间的遂九的小手，放在了母亲与陶姐相握的手上。

希孟和希欧，都含着眼泪冲着自己的姐妹深情地颔首点头，那意思是“还有我们”。

“……”曹夫人慢慢闭上了眼睛，嘴角却还在微微嚅动。唐群英把耳朵几乎贴在了母亲的嘴巴上，才听到了那游丝般的声音：

“你们要照顾好刘琴姑娘……”

当唐群英把母亲最后的话复述出来的时候，所有人都忍不住痛哭失声。站在旁边的刘琴，眼睛都哭得红肿了。

1918年2月8日（民国六年农历十二月二十七日），79岁的曹夫人去世。兄弟姐妹一起为母亲风风光光地办了丧事。

当时乡间，老人去世后停柩三年才得入土安葬的习俗已经大有松动，但唐群英兄妹还是决定为母亲修建墓庐，停柩待葬。

既然停柩，就须有孝子居忧在侧。而此时，唐维藩尚且为官在外，唐乾一则辞官避居河南。已经决心“解甲归田”的唐群英，便以女儿的身份，担当起了儿子的孝义。

很快，在三吉堂左后侧不远的山麓，建起了一座一厅四室的玲珑墓庐，作为曹夫人的停柩之所。唐维藩为墓庐取名“云在庐”，唐群英为墓庐撰写门联一副，墓庐名及门联均由唐乾一书写。其联曰：

云横秦岭亲何在

墓种竹林子作庐

居忧守灵期间，唐群英每天清晨沿着一条“之”字路上山，从三吉堂走到“云在庐”。她首先对着母亲遗像鞠躬致敬，接着擦拭供奉祭品，打理长明灯烛，之后她总是用手抚摸着母亲的灵柩，缓缓地绕行三圈。这时候，母亲的生育之恩、养育之恩，尤其是对她这个大归寡女独特而深厚的再生之恩，便会溢满她的心怀，润湿她的双眸……

1898年唐群英大归之时，老母亲冲破封建礼教，丢弃传统观念，以博大的胸怀毫不犹豫地接纳了她这样一个丧夫寡女，使她重新获得了自由温暖的家。

1904年唐群英东渡日本之时，老母亲当机立断提出三分家庭田产的方案，

允徽次子
恭惠
册名維藩字訓程別字蔭園行傳一清花翎鹽提舉銜任湖北鄖陽上津通判　民國湖南南路安撫使歷署湖南道縣東安瀏陽各縣知事　清同治二年己巳九月初八日辰時生

允徽女子
恭懿
册名羣英字希陶行八　日本師範畢業民國女子參政同盟會會長三等嘉禾章　清同治十年辛未十月二十六日巳時生
撫恕三子讓鐘乘祧

允徽三子
恭恕
册名乾一字坤成又字仲六行傳四清附貢生　日本法政大學畢業民國臨時參議院議員衆議院議員國務院簡任職存記二等嘉禾章四等文虎章
清光緒四年戊寅三月初六日申時生

唐群英与兄弟的齿录（原载唐氏七修族谱）

不仅解决了她的留学所需，而且使她获得了财产继承权，拥有了独立于社会的经济支柱。

1908年唐群英从日本回国准备参加革命斗争之时，老母亲又考虑到她信守不婚不嫁的初衷可能带来的隐忧，主动为她张罗安排了过继抚子之事，使她得以避免晚年无子女依靠的孤寂。

唐群英为自己有这样一位深明大义、仁慈博爱的母亲，感到幸福，也感到骄傲。

三吉堂已是清幽所在，“云在庐”更是静穆之地。墓庐周遭竹林环绕，屋前草坪上春有桃李冬有梅菊，屋后闲土栽种着瓜果疏菜。生活在这样一派世外桃源般的环境之中，真似应验了她的字号“希陶”，如同“陶令”归来，采菊东篱下，逐日而作息。这是唐群英东渡日本以来从未有过的一段闲适的日子。

对于唐群英来说，闲适并不等于静默和孤寂。她的心里时时萦绕着母亲的音容笑貌，她的头脑里依然思考着妇女运动的课题，她的身边每天伴随着需要她关怀培育的刘琴、伯珪和遂九。更有一件盼望已久竟然不期而至的大事，令她感到无比欣慰和兴奋——这就是，在老母亲的临终召唤下，他与满弟乾一之间多年以来的误会与隔阂得以消解，充满理解与信任的姐弟深情得以修复。特别是，作为遂九的养母和生父，姐弟俩商议了对遂九的培养事宜。

遂九已满10岁，正在新桥一所小学（此校当时为初级小学）读书。这个孩子天资聪慧又勤奋好学，确是可造之材。唐群英姐弟议定，待遂九初小毕业之后送他到北京读书。一年之后，由当时时间较为宽裕的唐乾一亲自把遂九送去北京，进入当地小学读高小，并委托他们在京朋友张寿松等予以关照。遂九的母亲廖淑媛则常常去北京进行生活上的照料。此后，唐遂九一直在北京读书，直至大学毕业参加社会工作。

二

在兄弟姐妹六人之中，由于兴趣与情志因素，唐群英与三姐希范、满弟乾一的关系更为亲近。

还在少女时期，文才出众的希范与希陶就曾被誉为当地的姐妹才女。姐妹俩写诗作词相互切磋，姐姐称赞妹妹才情豪放，妹妹尊姐姐为自己的“一字师”，两人之间多了一份诗友情谊。只可惜范姐早逝，姐妹天地隔远。

满弟乾一比唐群英年少7岁，不论才智学识还是志向激情都较早熟，既有“少年才子”之誉，又是年轻的革命党人。唐群英早年的两件人生大事——大归三吉堂和东渡日本留学，都得益于满弟乾一的鼎力相助。后来，姐弟又成为同盟会的革命战友。

唐乾一1903年春考入湖南公立法政学堂，1904年春加入黄兴组织的华兴会，随即赴日求学，在日本加入中国同盟会。1907年自日本东京法政大学毕业归国，专事反清革命活动，曾与洪翼升、刘资源、雷飞鹏等同盟会战友在长沙创办南路中学，秘密推销《革命军》、《猛回头》等革命报刊，传播革命思想。

辛亥武昌首义后，唐乾一投身湖南光复运动。焦达峰任都督时，他为省参议院议员。当时的省参议院议长谭延闿，系进士出身又曾兼翰林编修，十分赏识唐乾一的才学和热情，任他为参议院民政部总务科事务，专司刊撰文电布告，作为自己的文墨助手。

1912年7月谭延闿被北京政府正式任命为湖南都督后，委派唐乾一为湖南驻京办事处代表。唐乾一积极游走于国府有关部门及京城名族之间，争取对湖南的支持，同时以湖南名义协助解决国中大事。时值辽宁、河北一带水灾，唐乾一配合财政部长周学熙由湖南运米三万石赈济灾区，其办事能力得到袁世凯的赏识。据1935年（民国二十四年）编修的衡山唐氏族谱记载，唐乾一曾经荣获“二等嘉禾章“及“四等文虎章“。

担任湖南驻京代表的唐乾一，自以为是在为新建立的民国尽力，他的心情充满了革命者的爽朗坦荡，有诗可见：

牡丹江上尽渔舟，活鲤百钱买一头。

日饮勃兰三十斗，不须长羡雁南游。

可是这样一来，在原来的辛亥革命志士分化为“拥袁”与“反袁”两派的情势下，颇受袁世凯赏识的唐乾一，与正在领导女子参政运动并把矛头指向袁世凯的唐群英，显然分别站在了对立的两边。

唐乾一到北京不久，去看望唐群英。没想到，姐弟之间反倒闹了一场不愉快。

“袁世凯专横独裁，枭狠毒辣，窃据总统高位，民国前途，实堪隐忧！”几句家常话说完，唐群英便单刀直入，因为她知道目前唐乾一的政治角色，要给他敲敲警钟。

“陶姐，你不能光站在女子参政同盟会立场，反对袁项城。”唐乾一此来的目的确实是想劝劝姐姐。

“我不但站在女子的立场，我更站在全中国四万万同胞的立场上！”唐群英转而质问弟弟，“老满，你站在什么立场?”

“总理以大局为重，让位于袁项城，凡我革命党人，都应以大局为重，拥戴项城，我就站在这个立场上！”唐乾一觉得自己是以孙中山为榜样，理直气壮。

“袁世凯拥兵自重，总理迫不得已，才让位于他……”唐群英愤愤然。

“话不能这么说，项城手中有重兵，是满清皇帝命他编制的新军，他却倒向革命，逼迫皇帝退位，使我们得以顺利推翻帝制，项城于革命有功呀。”唐乾一的这种说法，是当时革命党中拥袁派的共同看法。

“老满！”唐群英听不下去了，打断他的话说，“袁世凯给了你多少甜头？你竟在阿姐面前为他歌功颂德！”

“什么甜头不甜头，我拿国家的钱，为国家做事。”尚未识破袁世凯骗局的唐乾一不爱听姐姐如此尖刻的话。

“不对！你是拿国家的钱，替袁大头当爪牙！”唐群英一点都不给弟弟留面子。

“陶姐……”唐乾一觉得委屈，又不便跟姐姐继续争辩下去，忽地站起来，转身而去。

此后一段时间，姐弟俩虽然都住在北京，但却很少往来，大有分道扬镳之势。

1912年12月，唐群英发出“即袁大总统不赞成女子有参政权，亦必不承认袁为大总统”的讨袁之声，袁世凯非常恼火，决定采取强硬手段对付女子参政同盟会。唐乾一得知消息十分焦急，特地赶到唐群英居处秘密转告，劝诫姐姐不要锋芒太露，以免遭到忌恨有碍安危。唐群英以为唐乾一是为袁世凯当说客的，扬手就要打他，幸被来人拉开。

1913年11月初，唐乾一听说了一个更加凶险的消息：袁世凯要对女子参政同盟会下狠手了，不仅要解散其组织、查封其报纸，还要悬赏通缉唐群英。唐乾一心急如焚，却又不敢像上次那样直接向姐姐转告，想来想去想到了一个特殊的办法——安排一位熟人假扮“相士”去为唐群英“算命”，终于使唐群英在半信半疑之中避走天津，逃脱了被捕的危险。

唐乾一对姐姐尽了手足情谊。唐群英也悟出了救命“相士”是弟弟安排的。但世事烦扰，姐弟二人依然天各一方。

三

唐乾一一再给唐群英传递秘密信息的过程，实际上正是他自己逐步认清袁世凯真实面目的过程。

1913年年初以来，连续发生了许多逆“民国”体制而行的“怪事”——宋教仁被刺杀，国民党“二次革命”被镇压，国会第一大党国民党被解散，国会被架空，《临时约法》被废除，大总统的权力无限膨胀……唐乾一看清了，这种种倒行逆施的背后，处处显示的都是袁世凯阴谋霸权称帝的狼子野心！这位自青年时代即投身反对封建专制斗争的革命党人，痛悔没有及早识破袁世凯的本来面目，从而陷入了深深的内心自责。帮助姐姐逃离险境之后，他自己也在郁闷之中确定了辞官归隐的意愿。

这一时期他留下的诗作，充分表露了他的这种心情。

过韬光寺

七人同过韬光寺，独我难为更上行。
怕到最高无处去，不如山畔听泉声。

登龟山

去年今日上龟山，万国旌旗眼底翻。
入世文章成枘凿，辞家心事劫刀环。
生无佞骨酬天阙，剩有诗才佐野蛮。
一剑一琴一壶酒，任予长啸岳云间。

1914年初，唐乾一辞去湖南驻京办事处代表职务回到长沙，远离政事，寄情诗书。但他仍然怀着革命激情，以严肃认真的态度，写了文言文体的《湘事记》一书，对于辛亥革命前后的三湘政事，不仅翔实记述亲历亲闻，而且引经据典加以阐释分析。（这部以“子虚子”为笔名，知识性、史料性、学术性俱佳的作品，最早于1914年由文海出版社出版，解放后曾被收入《近代中国史料丛刊》第三辑、《辛亥革命》第六卷，大型书库《湖湘文化》又将其列为30种《湖湘文化工具书及研究资料汇编》之一）

为了撰写《湘事记》，唐乾一特地购置了一方铜质墨盒，由他自己手书并请人在墨盒面上镌刻了黄宗仰《赠任公》诗中的四句：

笔退须弥一塚攒
海波为墨血磨干
欧风墨雨随君手
洗尽文明众脑肝

诗句后注明“民国三年录赠任公句　乾弌用品”

黄宗仰，当时为镇江江天寺（俗称金山寺）首座，因其佛学造诣深厚、诗词书画精良，且又怀抱爱国丹心，参与

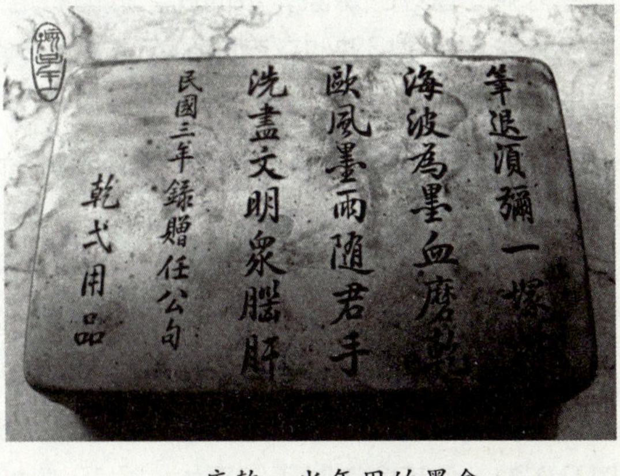

唐乾一当年用的墨盒

反清救国活动，被誉为“我国佛教界中第一流人物”、“革命和尚”，是广受近代政界人士拥戴的禅师（1920年任栖露寺主持）。《赠任公》一诗，是黄宗仰写给梁启超的（梁启超号任公）。黄与梁交往甚密，相互倾慕，常有诗词抒怀明志。这一首《赠任公》诗的前四句是：“洗刷乾坤字字新，携来霹雳剖微尘。九幽故国生魂死，一放光明赖有人。”唐乾一撷取后四句，恰切地表现了他将自己的心血研磨为墨，书写革命历史的衷怀。[(1)]

1915年12月反袁护国战火燃起，唐乾一心中那股爱国之情重又激荡起来。为配合蔡锷在云南的起义，1916年初他与几位革命派战友密谋，放火烧了长沙军火库。没想到，这件轰动一时的壮举，客观上却使湖南反袁义军失去了武器支撑。结果是，反袁派谴责他，袁世凯势力通缉他，他只得辗转避居河南。更使他难堪的是，他的家庭被查抄，长兄维藩受到株连而遭囹圄之苦。

这时的唐乾一，壮志未酬，有家难回，处境险恶，生计困顿，且又罹患足疾和牙病，心中好不凄凉委屈……。他有诗云：

客里深宵感岁华，不能归去等无家。
才难平乱干人忌，学未成名问世差。
风雨连天秋意急，琴书四壁旅愁赊。
惟怜宿病年年苦，自启灯炉自煮茶。

就在这种惨淡漂泊的状态下，他得知了母亲病危的消息。至高至深的亲情，使他强忍住忧愤纠结的个人苦闷，千辛万苦回到家乡。在三吉堂，他不仅得以送别疼爱他的母亲，而且得以与兄姐团聚，得失之间都流溢着亲情，心中的苦闷稍稍有所化解。特别使他感到欣慰的是，藩哥、陶姐与他相见时，已经丢弃了曾经的嫌隙，取而代之的仍然是关爱有加的同胞情谊。他虽然一时还未能接受兄姐劝他立刻归家的建议，但他确已缓解了“不能归去等无家”的惆怅。

1918年4月8日，唐乾一年满四十，自寿一诗**《四十感怀》**：

四十韶光太等闲，平生一误是儒冠。
纵横计就兴邦易，虞诈风成入世难。
病后渐知杯酒热，席间惟见豆羹残。
屠龙壮志消磨尽，强与人群破涕欢。

此诗传到唐群英手中时，她深切感受到了满弟病居客乡思亲念家的情感，以及作为一个革命者对于“平生一误”“壮志消磨”的悔恨。她了解满弟的才情志向，希望他能尽快振作起来，在人生壮年有所作为，遂以**《深夜有感·酬弟坤成》**一诗相与慰勉。诗曰：

无端风雨自萧萧，怕看严冬万物凋。
我纵吟诗惭道韫，弟宜积学继班超。
寒凝珠幌年光老，香蔼金炉雅兴饶。
遥忆适斋清夜景，腊梅花绕碧窗绡。

唐群英的这首诗，虽有对革命形势凋零、人生年光渐老的感叹，但主要基调是对弟弟的怀念和激励。特别是，运用了姐弟们在三吉堂生活中的一些典故，更使全诗生发出殷殷亲情。乾一小时候非常淘气，有一天他头上顶着半块萝卜，萝卜上插着一把点燃着的线香，走来走去逗大家笑，从此他便得了一个绰号"香炉"。这就是"香蔼金炉雅兴饶"一句的由来。"适斋"即"适适斋"，是唐乾一在三吉堂时个人住房兼书房的名称。姐姐"遥忆适斋清夜景"，盼的是姐弟同赏"腊梅花绕碧窗绡"的欢乐啊！

唐乾一读到此诗，只觉得一股暖流在胸中冲撞，一种酸涩而又甜美的感觉在全身弥漫……这个一向自认为刚强的男子汉，不知不觉中眼睛模糊了……。家乡骨肉相连，亲情血浓于水，兄弟姐妹之间曾经的不愉快烟消云散，他那一颗漂泊的心重又找到了归依……

四

不久，唐乾一回到生他养他的湖南，暂在长沙居住。

此时，华兴会和同盟会老战友刘揆一找到他，邀他在黄兴痛悼刘道一烈士的挽诗装裱件上题跋。刘道一是刘揆一的胞弟，1907年，22岁时在同盟会组织的萍浏醴起义失败后壮烈牺牲。次年2月，从南洋考察归来的黄兴获知烈士牺牲详情，与刘揆一抱头痛哭，热泪滂沱，遂作**《挽道一弟作》**一首：

英雄无命哭刘郎，惨澹中原侠骨香。
我未吞吴恢汉业，君先悬首看吴荒。
啾啾赤子天何意，猎猎黄旗日有光。
眼底人才思国士，万方多难立苍茫。

刘揆一将黄兴写于白宣纸之上的这首挽诗，以黄绫装裱，精心珍藏。十数年间已有梁启超、章士钊、江亢虎、陈嘉言、郑沅、易顺豫、张一麟、罗惇曧等志士老友题跋于黄绫之上，对烈士英魂及黄刘交谊敬致追思。当唐乾一看到这幅饱含血泪深情的长卷时，悲怆忧愤涌上心头，含泪写了一首**“地头题跋”：**

当时患难应同死，君竟成仁愧我生。

建国九年国犹此，抚兹不觉涕纵横。

唐乾一居住长沙期间，唐群英为创办女学、组织女界社会活动等事项，不时来到长沙。姐弟们得以常相聚首，互为助力。

1921年4月，赵恒惕出任湖南省长。新官上任，想在改造省城市容方面做出成绩来，但其在长沙八角亭扩建黄兴路的计划却遇到了很大阻力。原因是，八角亭一带金店、绸庄林立，多属大官富豪商产，就连市政督办曹伯闻和警察厅长赵恒哲都感到为难，不敢冒然触动。但不拆掉这些店铺，修路便成空谈。

唐群英深知满弟具有雷厉风行的办事作风和组织协调的工作能力，与之商量后，便向赵恒惕举荐唐乾一出任长沙市修路委员会督促委员长，担当扩建黄兴路之事。唐乾一上任后，率领省长派来的一个营兵力，亲自坐阵八角亭工地，秉公实施现场指挥，力排来自富商们的阻挠，将凡属有碍扩路的金店、绸庄一律拆除，很快就按原计划将黄兴路扩宽至7米，接着又将计划中的其他路段全部拓宽。他的这一修路业绩，深得市民的好评和当局的赞赏，载入了长沙市容改造的史册。

唐乾一在长沙居住几年，襄助省府之功使他的生活安定下来，良好的社会口碑又使他的内心安定下来，然而，总还有一种未偿之情使他牵肠挂肚。1924年的**《重游长沙天心阁》**一诗，道出了他的这份情感：

十年不上天心阁，城郭全非道路殊。

蔓草废湮疑住鬼，疏林斜日远栖乌。

天桥风险云靡定，楼破人空酒亦无。

独自凭临深感旧，犹忆南岳插茱萸。

原来，他的内心深处，殷殷向往的是“南岳插茱萸”的家庭团聚、同胞深情。

终于，在同胞兄姊的呼唤下，唐乾一抱着归隐田园的心态，于1926年冬回到衡山新桥故乡，与姐姐唐群英一起居住于三吉堂。

回到三吉堂的唐乾一，虽然已见身体羸弱，但言谈话语之中仍然可见其睿智与诙谐。

他的语言能力很强，长沙话、北京话、日本话都说得很标准很流利，回到阔别二十年的故乡，与乡亲们交谈起来，则又是满口地道的家乡话，相互之间顿生亲切之感。他对于到大地方去过几年，回来后就跟乡亲们打官腔的人，十分不以为然。有一次听到了这种半生不熟的官腔，他即打趣道“兵腔何对乡人打，况且兵腔不到堂”，成为流传一时的笑话。

有一年春节，唐乾一留客人吃饭。席间，他指着那盘蒸熟的鱼说：“请，这不是乾隆二十四年的。”客人不解其意，他随即给大家幽默作解。旧时乡俗，春节期间饭桌上作为菜品的“鱼”是做样子的，不能吃，因为“鱼”、“余”同音，留着鱼不吃，是为了图个“有余”的吉利。某财主家这天留拜年客吃饭，外地客人不懂当地乡俗，伸筷夹鱼，夹不动，戳鱼，也戳不进。主人干着急，却又不便说破；客人势成骑虎，就把鱼翻将过来。这一翻不打紧，满桌人都惊呆了：原来那鱼是木雕的，表面漆得活像被烹调过的熟鱼，背面却清晰可见白色木纹，上面还刻着“乾隆二十四年”字样。故事讲到这里，众人呵呵大笑。乘着笑声，他又画龙点睛般地说：“请呀，这不是‘乾隆二十四年’的，可以吃。”

因患牙病，唐乾一饮食上是“吃软不吃硬”。一天，他即席撰一联自谑：

平生知己蒸鸡蛋，半世冤仇腊肉皮。

唐乾一如此性情做派，深得家人和乡亲喜爱。

然而，有一件事，大家对他却又十分不理解。

唐乾一回到三吉堂后，将空置多年的“是吾家”修饰一番作为住处兼书房，并将其中的书房以自己当年书房名称“适适斋”名之，自称“适适斋主”。适适斋内书桌上方墙上，悬着他自书的“座右铭”：

人生如戏，且演且看。上台不迷，下台不恋。

大门两侧张贴着他自撰的门联：

几卷残经，佛在是也；三间破屋，我将终焉。

少年即为才子，成年又为革命志士，也曾为国出力建功的唐乾一，正当壮年之时为何竟然如此看破红尘消沉避世？

此时，唐群英正在家乡一带致力兴办女学，唐维藩也即将结束为官生涯告老还乡，渴望此后同胞手足朝夕相处，共忆此生安危苦乐，同度充实安适晚年。并不迷信的唐维藩和唐群英都认为，唐乾一所撰门联中“我将终焉”一语颇不吉利，苦苦劝其将“终焉”改为“安然”。

唐乾一勉强做了字句的改动，但他“倦游思返”“终隐参禅”的想法，却始终没有改变。他对于自撰门联所作的附注便是证明：

余年十七就外傅，循是渡黄海，历群蒙，积劳致疾。年过四十岁，参大乘，乃知前尘往事皆是虚妄，所谓功名，犹在梦境，即道德文章，皆无有焉。于是倦游思返，以丙寅季冬还先人敝庐，牵罗补屋，发案陈书，将于此终隐，寻吾觉路，乃撰是联，以告世之访我者。

其实，唐乾一笃信佛教的历史，还可往前追溯。长沙开福寺大雄宝殿内至今仍保留着他敬献的一副对联：

此地本楚国故宫，自会春园废碧浪湖涸经几度沧桑涕泪变作了王珉舍宅祇陀施林才博得万户长沙皆大欢喜；（佛历二千四百五十年大殿落成纪念）

今日阿修罗劫运，看演若头迷波旬箭猛仅众生业海沉沦非还他道树森梢宝堂岌业更谁识一真法界无量庄严。（皈依弟子显性唐乾一敬献）

按照佛历与公历换算规律，佛历二千四百五十年乃是公历1907年。那一年，唐乾一30岁。这位晚清举人兼日本东京法政大学毕业生，对佛学也有此等领悟，足见其才学之渊博智慧之高深。可以说，依其对佛学的领悟，当时就皈依佛门，也属顺其自然。然而，在“三民主义”的召唤下，这个热血青年还是踏上了革命之路。岂料，当他历经仕途风雨和人生沧桑之后，在四十岁的壮年，却又回归到“乃知前尘往事皆是虚妄”的内心世界。这确实是那个时代许多革命者“出世——入世——出世”历程的真实写照，也不啻是那场革命的失败印在人们心灵深处的一种感伤。

唐乾一在三吉堂参禅悟道，清净无为。茶余饭后与姐姐唐群英倾谈人生，共话桑麻。灵感来时便写写诗文，两年多时间的诗作集成了**《适适斋诗集》**。

然而，就是这样闲适的生活，他的身体也渐渐不支了……

1929年6月1日（民国十八年农历四月二十四日），唐乾一终于未能摆脱病魔，与世长辞，终年51岁。不祥的“终焉”一语，竟然真的成谶！

在世的手足同胞之中，居然是年龄最少的满弟先逝，唐家兄妹个个悲痛万分。唐群英亲自为满弟操办丧事，礼仪周到，气氛庄重。将届六旬的姐姐送别刚过五旬的弟弟，虽然不能说是“白发人送黑发人”，但是，惋惜、遗憾、悲凉、伤感混合而成的巨大痛苦，确是唐群英晚年在情感世界中所经受的最大打击。

天生才子，天又不佑才子！是命运捉弄人，还是人未掌握命运？令人扼腕，令人顿足！

---

(1) 这个墨盒，目前仍在国内收藏界流传。收藏市场上仍有人在求唐乾一的字幅。

第十七章　红亭白果

她说过，“无如积聩不振，女权陵夷，遂成斯世困顿之形。溯国运盛衰之际，又岂非我辈担负女教责任之时耶！”

告别政坛，远离城市，为母守墓，读书课子，难道这位曾经叱咤风云的“斗士”真地做起超然物外的“隐士”来了吗?

唐群英自幼羡慕花木兰，青年时代立下“换风”志，之后投身辛亥革命并成为民国初年女子参政运动的领袖。几十年“霾云瘴雾”的磨砺，那股为国为民的“侠气豪情”早已化作了她的魂魄。她不会像她的父亲唐星照那样，觉得当“湘军”杀“太平军”于心不忍而坚决退役；也不会像她的弟弟唐乾一那样，因为政途上迈错步伐深深自责而消沉遁世。她认为自己所从事的是正义的事业，虽然屡遭波折，也要坚持下去。此时似乎悠然陶然于三吉堂的她，实际是在进行思路上的调整，身体上的休整，准备着“敢效须眉不踰闲”、“灿烂神州共一天”的日子。

从新桥乡顺涓水而下二十多里地，是衡山县有名的白果镇。相传，这白果镇上曾有一颗硕大的白果古树，每当累累白果成熟之时，人们纷纷将其采摘入药，以神果视之。不久，唐群英便在这盛产神果之地，开始了她开办女子教育的历程。

一

衡山县白果镇涓河边的“虹映亭”，有一所远近闻名的公屋（类似于祠堂，只是不设祖先灵位），宽敞的院落内有着两排南北相向的屋宇，是白果镇几个家族共用的举行祭祀典礼、婚丧仪式等活动的场所。但是，一年到头这所公屋大部分时间处于空置状态。

1919年春节刚过，这所公屋大门外，出人意外地挂出了“红茶亭女校”的校牌。门廊上还贴着一副对联：

红映夕阳好趁余晖催马足

茶烹活水须从前路取龙泉

这是唐群英为母居忧期间，征得白果镇几个家族族长同意后，与多位志同道合者筹划创办起来的一所女子学校。“红茶亭女校”的校名，系由地名幻化而来。大门口的对联，系由新近担任唐氏族长的唐维藩所书，既巧妙地嵌入了校名，又形象地阐释着教育的意义，有一种催人奋进的精神力量。

紧接着，红茶亭女校的招生广告，就贴遍了白果镇一带的街巷乡村。招生广告说：本校以普及女子教育为宗旨，主要传授初级文化知识；凡学龄女孩都可报名入学，超过学龄的少女乃至成年妇女愿意上学求知者也可入学；学费低廉，家境贫寒者还可免收。

然而，这所衡山县岳北地区有史以来的第一所女子学校，正如一株播种于贫瘠土壤中的幼苗，面临着扎根难的局面。开学日期过了十几天了，报名入读的女学生才只有十几个人。唐群英校长聘请来的教员有点坐不住了。

当时，白果镇一带社会风气不够开化，百姓生活也不富裕，一般男孩子受教育不过是读读小学，粗通点文墨。社会上流传的“女子无才便是德”(1)观念，更是把女孩子挡在了校门之外。就连唐群英居忧期间跑到二十多里外来办学，竟也被族内迂腐之人视为不孝之举。

唐群英做事，有两个特点。一是“天不怕，地不怕”，二是“一不做，二不休”。何况，基于参政运动的经验，她早已把创办女子教育作为自己后半生的事业追求，所以无论如何也要让这株幼苗扎下根来。

学生不来报名，她就带领学校的教职员走街串巷做宣传，进家入户做动员，“劝”学生、“请”学生、“拉”学生来读书。

白果镇的刘木匠，家中兼做水田农事。夫妻俩都在40岁左右，上有年届花甲的父母，下有三男三女6个孩子。三个男孩子中，20岁的老大和18岁的老二，读过几天书之后已经开始学做木匠活了；10岁的老五正在上小学。而老三（15岁）、老四（13岁）、老六（8岁）三个女孩子，都只在家里或多或少地帮忙做家务活。唐群英她们到刘家来做动员时，刘木匠夫妇唉声叹气地说：十口之家生活艰难，负担不起呀！唐群英坐了下来，一条一缕地跟他们算起了家庭经济账：三个木匠是主要劳动力，收入可靠；刘父是农事老把式，刘妻持家作田都是一把好手，刘母身板硬朗也是农事家务的好帮手，三人是次要劳动力；六个劳动力合起来，一家收入可算得当地中等水平了。她又帮他们盘算起来：日子把紧一些，让三两个孩子上学读书是做得到的；咱们的学校收费低，孩子们下了学还可以做家里的辅助劳动力；从长远看，孩子们读了书，对他们个人、对家庭、对社会都有莫大的好处啊！这一番亲切自然而又有理有力的话语，说动了刘木匠夫妇，不久他们高高兴兴地送老四、老六两个女孩子进了红茶亭女校。

有一对周姓农民夫妇，很想让两个学龄女孩上学，可是两人作田七口吃饭，生活确实很拮据。唐群英向他们表示，两个女孩如果来上学，学校不收学费，16岁的大女孩放学后帮学校搞搞清扫，再给一点劳务费。他们全家欢天喜地，红茶亭女校又多了两个学生。

就这样，校长、教员走访一个星期，“拉”来50多名学生，红茶亭女子学校热热闹闹地开学了。

红茶亭女校，即使按当时一般家族学校的规范来看，也是很不相符的。

五六十名学生同一个年级，年龄却从七八岁到二十来岁参差不齐。教学方式只能采取统一教材与因人施教、分别辅导相结合，教职员工作起来很是吃力。

这些学生来自白果镇及周围乡村，大部分家境贫寒，有的还住家很远。唐群英既然“请”来了她们，就想方设法让她们安心读书。对于一般学生，只收十分低廉的学费（每学期一块银元的报名费加少量的书籍课本费）；缴不起学费的，予以免除；住家远的，安排吃住，每月只收生活费斗米（相当于现在的9公斤）；特别贫困者，学习生活费用一概由学校供给。这样一来，学校的负担自然格外沉重。那么，办学的经费从何而来呢？除了开明乡绅的少量赞助之外，大部分则是唐群英变卖自己家产换来的。

受各种条件的限制，学校的教职员工也不可能像公立小学那样按学生比例来配备。职员主要是曾伯珪和刘琴，分管教务和学生生活，不取分文报酬。聘请来的教员，常常得一人教两三门课程。作为校长的唐群英，不仅担负对学生进行思想教育的责任，也要兼做常识课和音乐课的教员。她在每周一次的“周会”上，在各种学生活动中，在与学生接触的每一个场合，向学生们讲解国家时事，宣传男女平等，鼓励女学生们努力自强，做新时代女性。

学校还面对一种特殊的情况，即许多学生已经缠了足或者开始缠足。因此，专门作了一条特殊的规定：学生入学一律放脚。规定虽是硬性的，但落实起来还得循循善诱。为了鼓励学生放脚，并争取学生家长及社会舆论支持学生放脚，唐群英编了一首通俗易记的**《放脚五字歌》**，在校内外教唱。歌曰：

女子最可怜，自小把足缠。痛苦又难看，行路实困难。

父训恪妇道，母命实难堪。苦了我女子，有苦也难言。

奉劝姐妹们，再勿把足缠。放脚行千里，自强争女权。(2)

这首歌谣，不仅在红茶亭女校校内，而且在衡山县白果镇、新桥镇一带很快流传起来，对于推动女子放脚起了很好的作用。

新学校带来了新景致，新景致带来了新风气。红茶亭女校的学生人数逐学期递增，最多时达100多人。这所很不规范的私立学校，成了当地很有名气的“女子学府”。

红茶亭女校开学不久，陆续传来“五四”爱国运动的消息。

北京3000多名爱国学生，为了反对北洋政府在“巴黎和会”上对西方列强的软弱妥协(3)，不顾军警的阻拦，在天安门广场集会示威，到东交民巷使馆区游行抗议，火烧赵家楼（与日本签定二十一条的代表之一、交通总长曹汝霖住宅），痛打章宗祥（驻日公使），如同在沉沉黑夜中发出了一声响亮的春雷。随之，学生罢课，工人罢工，商人罢市，爱国运动在全国许多地区汹涌而起。

唐群英心潮澎湃，热情激荡，亲自带领女学生在白果镇上进行爱国游行。她还到新桥动员这一带小学师生在新桥镇进行了爱国游行。

离红茶亭女校不远处的曲潆庙旁，有一条注入涓水支流的小河。河上的小木桥年久失修，三五人走上去就会摇摇晃晃。结伴上学的红茶亭女校学生们，走到这里往往要脱鞋涉水，十分不便。新桥唐氏族长唐维藩和红茶亭女校校长唐群英，带头捐赠银两，倡议在小河上修建了一座石拱桥。石拱桥被称为曲潆桥。唐群英应乡民之请，为曲潆桥题写了一副对联：

曲直影摇波底月

潆洄人蹬镜中梯

远望曲潆桥，就像这幅对联所描绘的那样：桥拱倒映水中恰似波底月影摇曳，人行桥上犹如踱步镜中阶梯。这幅画卷，为涓水流域增添了一方新的景致。人们需要这座便捷的桥，更欣赏这座幽雅的桥。有一唐姓家庭恰在曲潆桥建成之时得了一个儿子，就给这个儿子取名“唐乔生”。这位“唐乔生”，成了曲潆桥诞生的见证人，成了唐群英兄妹帮助家乡父老的见证人。

为了与仅有初小年级的“红茶亭女校”相衔接，唐群英又于1923年在衡山县城的郭氏祠堂，筹办高级小学“希陶女校”。该校在筹备过程中，得到衡山县政府支持，改为公立，定名为“衡山女子高级小学”，任唐群英为校长。这是衡山县建制内的第一所公立女子小学。唐群英任期不满一年即辞职去长沙，其后相继担任校长的唐国祯、罗咏霓、欧阳群英、向勤、龙莺芬等女士，都是品学兼优的衡阳第三女子师范毕业生，又都是当时的进步女性，所以该校存续15年间，为发展当地女子教育事业做出了奠基性的贡献。

二

二十世纪二十年代初期的中华大地，民国碎裂，政局纷杂。北有为实施集权统治而对地方政权蚕食鲸吞的北洋军阀政府，南有以武力北伐打倒军阀为目标的“护法”派政府[4]。南北之间尖锐对峙，北洋军阀连年混战，南方护法派内部也是分分合合。

在军阀混战中受害最为惨烈的湖南省[5]，首先树起了“湘人治湘”的大旗，提出首先实行宪政制的“省自治”，进而推行联邦制的“联省自治”，得到了四川、贵州、云南、广西、江苏、安徽、湖北、江西等十几个省的呼应。

受到第一次世界大战后西方女子参政运动新进展的激励，以及“五四”新文化运动的启迪，许多省市的知识女性，抓住“联省自治”这场政治运动提供的机遇，掀起了要求参政权的新热潮。史称中国第二次女子参政运动。“联省自治”运动的首发之地湖南，也成为这场女子参政运动最为活跃之地。

湖南省自1920年9月全面开启制宪自治运动。次年3月，长沙各女校校长、教师、学生等，即联合成立了湖南女界联合会，推举陈俶（长沙女子蚕业学校校长）、童锡桢（湖南省立一女师校长）、周天璞（建本女校校长）、陶毅（周南女校教师）、吴剑、黎群铎、魏振立等七人为负责人，开展了“要求恢复女子人权”为中心的系列活动。

省宪法起草阶段一开始，她们便向起草委员会提交议案，要求在宪法中明文规定女子权利。接着在湖南《大公报》上发表“自治根本法意见书”，把议案中所指之“女子权利”具体化为“财产匀分权”、“选举权、被选举权”、“教育同等权”、“职业对等权”、“婚姻自决权”等五项，即著名的“五权宣言”；并且强调，该意见书是女界的共识，“诸公如不采纳是不啻把我们置之死地……流血惨剧，就在目前。”(6)

1921年5月，制宪过程进入对省宪法草案的审议阶段。陈俶作为女界唯一代表参加了省宪审查委员会。5月13日省宪审议会上，出现了审查委员程子枢主张男子可以拥有二妻、程希洛反对女子参政的奇谈怪论，女子的承袭财产权和教育平等权也没有获得通过。女界闻讯群情激愤，遂于5月16日组织了声势浩大的抗议游行。两千多名愤怒的妇女包围了审议会会场，直到确认审议会将予重新讨论的承诺可信，方才整队而回。两天后得知承袭财产权仍未顺利通过，女界联合会又派出20位代表前往审查会据理质询，坚持要求再行表决，直到会场传出已经表决通过的消息。

经历起草、审查和公民复决三个阶段制定而成的中国第一个省级宪法——《湖南省宪法》，于1922年1月1日正式公布。虽然从日后的发展形势看，《湖南省宪法》仅具有文本意义，但它在确认女子权利方面，不仅显示了优于《中华民国约法》的进步性，甚至达到了某些西方民主国家的制宪水平。其第二章规定：“人民在法律上一律平等，无男女、种族、宗教、阶级之区别。人民有保护其身体生命之权，有保护其私有财产之权，有保护其居宅之权，有营业自由之权，有受教育之义务等”；第30条规定：“有中华民国国籍之男女，年满二十一岁以上，于调查选举人资格以前在湖南继续住居满二年以上，有法定住址，……皆有选举省议员之权”；第31条规定：“公民年满二十五岁以上，……皆有被选为省议员之权。”(7)

《湖南省宪法》公布之后，随即进行了议会与政府的民主选举。全省14个县均有妇女当选为县议员，最多的湘潭县有七位女议员。1922年3月，醴陵的王昌国当选省议员，成为中国历史上第一个女性省议员。1923年1月，湘乡的吴家瑛由候补省议员正式递补为省议员。之后，省议会及部分政府部门也前所未有地出现了女会计、女书记员、女办事员、女视学员等。

至此，湖南女界最初的“五权宣言”得到了省基本法的确认。中国第二次女子参政运动，比十年前的第一次女子参政运动，取得了法律层面上的有力进展。

由于湖南女界联合会的负责人都肩负着繁重的社会职业，该组织在全省民主选举之后一度中断了活动。此时进入省级政坛的王昌国深深感到，要将关于男女平权的法律规定转化为社会现实，路途还很遥远。1923年末她听说，省参议院不久要对《湖南省宪法》进行修改，为防止反对女权的势力借机反扑，她认为妇女界一定要重新组织起来。于是，她急忙往衡山发出信函，盛情邀请民国初年女子参政运动的主帅唐群英再赴长沙，共商恢复湖南女界联合会事宜。

唐群英人在家乡办学，心却一直关注着省城里热火朝天的女子参政运动。看到十年前她们曾经擎起的争取女权的大旗，正在新一辈女权斗士的手中高高飘扬，她感到无比欣慰，无比欢畅，无比振奋。接王昌国函约，她随即辞去衡山女子高级小学校长之职，于1924年初欣然前往长沙。

闻听女权运动老帅又要奔赴战场，一向仰慕唐群英的宁乡县第一女校校长段辐晖亲至衡山送别，并赋诗为其壮行。诗云：

几年遁迹隐仙乡，又为苍生一整装。
矍铄精神无量愿，好凭身手作慈航。

1924年6月9日，在恢复成立湖南女界联合会的大会上，声望正隆的王昌国与久负盛名的唐群英，皆谦虚坚持只任副会长；中华教育改进社女子教育委员会主任朱其慧当选会长；吴家瑛、周天璞、黄宪裕、沈明范、刘其超、曾宝荪（艺芳女校校长）等女界精英，被吸纳为各部门负责人。这样一个阵营，顿使女子参政运动如虎添翼，在组建湖南反帝大同盟、推进湖南省国民会议促成会等重大政治活动中，发挥了不可或缺的作用。

到11月，《湖南省宪法》果然按传言进行修改，省议员程子枢果然在修宪会上抛出“女子无受中等以上之教育权和选举权”的议案，并且得到了16名议员的支持。刚刚写进省宪法的女子权利，面临严峻的挑战。王昌国与吴家瑛即以省议员身份，于11月10日召集女界大会商讨解决办法，11月16日举行记者招待会邀请各界援助。湖南女界联合会除积极配合10日、16日的两次活动之外，还于17日上午派出代表近百人，前往修宪会议厅外示威请愿。由于多数议员反对抛弃女权的陈腐主张，加以女界声势浩大的奋力抗争,终于促使修宪会议将程子枢案打消。

亲身经历了这样一场关于女子教育权利的波折，唐群英又一次受到深深的触动：即使在高扬民主自治大旗的“联省自治”运动发源地，男女平权这样天经地义的事情也仍面临如此深重的阻力……然而，任何阻力到了唐群英面前，都不过是来自反向的另一种动力。她来到长沙之后，始终坚持尽心竭力发展女子教育的信念。起初，曾与陈俶创办了一所相当于中专的女子法政专门学校，由于生源紧缺办不久即停办。她马上转向更加适应当时女子需求的普通教育，创办了位于高升巷的“复陶女子中学”，由她亲自担任校长。为了弥补女子法政专门学校未能续办的遗憾，特在该校附设了法律专修科。这所学校，果然成为湖南省妇女人才的培养基地，以及湖南女界联合会开展活动的联络阵地。

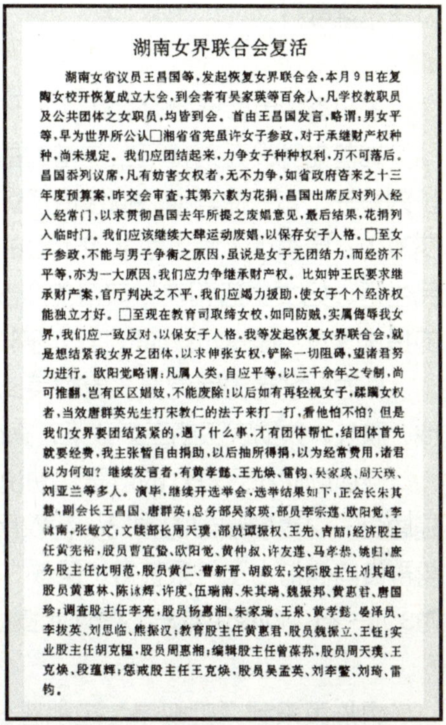

湖南女界联合会复活

湖南女省议员王昌国等，发起恢复女界联合会，本月9日在复陶女校开恢复成立大会，到会者有吴家瑛等百余人，凡学校教职员及公共团体之女职员，均皆到会。首由王昌国发言，略谓：男女平等，早为世界所公认□湘省省宪虽许女子参政，对于承继财产权种种，尚未规定。我们应团结起来，力争女子种种权利，万不可落后。昌国忝列议席，凡有妨害女权者，无不力争，如省政府咨来之十三年度预算案，昨交会审查，其第六款为花捐，昌国出席反对列入经入经常门，以求贯彻昌国去年所提之废娼意见，最后结果，花捐列入临时门。我们应该继续大肆运动废娼，以保存女子人格。□至女子参政，不能与男子争衡之原因，虽说是女子无团结力，而经济不平等，亦为一大原因，我们应力争继承财产权。比如钟王氏要求继承财产案，官厅判决之不平，我们应竭力援助，使女子个个经济权能独立才好。□至现在教育司取缔女校，如同防贼，实属侮辱我女界，我们应一致反对，以保女子人格。我等发起恢复女界联合会，就是想结紧我女界之团体，以求伸张女权，铲除一切阻碍，望诸君努力进行。欧阳觉略谓：凡属人类，自应平等，以三千余年之专制，尚可推翻，岂有区区娼妓，不能废除！以后如有再轻视女子，蹂躏女权者，当效唐群英先生打宋教仁的法子来打一打，看他怕不怕？但是我们女界要团结紧紧的，遇了什么事，才有团体帮忙，结团体首先就要经费，我主张暂自由捐助，以后抽所得捐，以为经常费用，诸君以为何如？继续发言者，有黄孝懿、王光焕、雷钧、吴家瑛、周天璞、刘亚兰等多人。演毕，继续开选举会，选举结果如下：正会长朱其慧，副会长王昌国、唐群英；总务部吴家瑛，部员李宗莲、欧阳觉、李詠南，张敏文；文牍部长周天璞，部员谭振权、王先、曹喆；经济股主任黄宪裕，股员曹宜镒、欧阳觉、黄仲叔、许友莲、马孝恭、姚归，庶务股主任沈明范，股员黄仁、曹新晋、胡毅宏；交际股主任刘其超，股员黄惠林、陈詠辉、许度、伍瑞南、朱其瑞、魏振邦、黄惠君、唐国珍；调查股主任李亮，股员杨惠湘、朱家瑞、王泉、黄孝懿、晏泽员、李拔英、刘思临、熊振汉；教育股主任黄惠君，股员魏振立、王钰；实业股主任胡克辐，股员周惠湘；编辑股主任曾葆荪，股员周天璞、王克焕、段蕴辉；惩戒股主任王克焕，股员吴孟英、刘李璧、刘琦、雷钧。

原载当年湖南《大公报》

三

尽管湖南省制订了省宪法，民选了省议会和省政府，吏治民情出现了一些新气象，但是这场史上褒贬不一[(8)]、持续时间不长[(9)]的“联省自治”运动，在当时中国的大环境下，根本无法改变社会动乱、民生艰危的局面。于是湖南农村里，农民要求土豪劣绅减租平粜、争取过好日子的呼声日渐高涨，逐步演进成为一种自发的群众运动。以白果镇为中心的衡山县岳北（意为在南岳衡山之北）地区，恰是湖南农民运动的重要发源地之一。

1923年4月，中国共产党湖南省党组织派其党员刘东轩、谢怀德到白果镇发动农民运动。刘东轩、谢怀德都是常宁水口山铅锌矿的工人，老家都在白果镇。他们很快打开了局面，于9月16日召开万人大会，正式成立岳北农工会，号召农民联合起来“为自己解除困难，争取利益”。农工会会员很快发展到四万多人，受其直接影响的群众则达十万余人。一场矛头指向土豪劣绅的斗争迅猛展开。

关心家乡革命形势的唐群英，于1925年春自长沙返回衡山白果。

她首先到设在刘捷三公祠堂的岳北农工会办公处访问。岳北农工会委员长刘东轩，有些惊异地热情接待了这位大名鼎鼎的妇女运动领袖人物。亲切交谈中，唐群英了解了岳北农工会的创办宗旨和当前工作，赞赏他们关注农民生活、妇女生活和农村教育的态度，诚恳地建议他们将“改善妇女生活”的提法改为“提高妇女地位”。刘东轩非常重视唐群英的意见。

作为一名老国民党员，唐群英此时对于孙中山改组中国国民党，制定联俄、联共、扶助农工的三大政策，实行国共合作，有了更深的理解。

她还顺应农民群众的意愿，劝说白果富豪廖连元带头做了平粜。廖连元是唐乾一之妻廖淑媛的堂兄，在农民群众紧追不舍之下请求“陶姐”保救。唐群英向他指出了一条获得“保救”之路：拿出家中100石谷，由4元一石降为3 元一石，向农民粜出。廖连元按她的意见做了，得到了群众的宽谅。

唐群英来到“虹映亭”边那座公屋门前。“红茶亭女校”的校牌不见了，宽敞的院落内空荡荡冷清清。六年前创办女校那种“红映夕阳好趁余晖催马足”的情景，撞击着她的内心……她几乎是立刻就做出了一个决定：在“红茶亭女校”原址，重办一所女子学校。唐群英说干就干，亲力亲为。新的女校很快开学了，古老的公屋又荡漾起“茶烹活水须从前路取龙泉”的生机。新的女校，仍以普及女子教育为宗旨，仍以激励妇女自强为目标，仍要求教职员刻苦节俭，仍对贫寒学生给予优惠，但其校名则更改为“岳北女子实业学校”。这一更改，包含着两层意义。一是显示了政治态度上与“岳北农工会”遥相呼应，二是标志着教学内容上更加学以致用。

岳北女子实业学校，为一所完全小学，设有初小部和高小部。在与一般学校相同的教学课程之外，还开设了实业课。学生们上午学文化，下午学实业。实业课程设有音乐、书法、珠算、刺绣、缝纫、编制、剪纸、养殖、种植等多个门类，考虑到了学生发展兴趣特长、培养生活技能、适应就业需要等多个方面。每个学生可自行选择学习一门至几门。

岳北女子实业学校以其鲜明的特色，开创了当地教育史上的先例，为青年妇女投身农民运动并进一步走上社会创造了条件。

正当唐群英遵照孙中山先生关于发展女子教育的指示，全力投入兴办女子学校之时，竟然传来了孙中山先生3月12日病逝北京的噩耗。对于唐群英来说，这是黄兴逝世后使她最感悲切的家国之痛和心灵之痛，因为孙中山与黄兴一样，不仅是中华民国的创始人和中国革命力量的领袖，也是她个人走上革命道路的领路人以及她所领导的女子参政运动的支持者。她的记忆里还闪动着聆听孙先生教诲的情景，她的箱屉里还珍藏着孙先生所赠的诗章和信函，未想到倏尔伟人仙去，导师远逝，就如同一下子陷入“日落星沉万物芜”的悲惨境地……长歌当哭，赋诗寄怀，唐群英连夜手书一首七律《哭孙总理中山先生》：

愁云惨雾瘴京衢，日落星沉万物芜。
岛国投旌陈腑肺，金陵请愿见乘除。
授勋感愧时时悚，赠句恭吟字字珠。
苦雨凄风漫漫夜，挑灯重读龙蛇书。

她还写了两副悼念孙中山的挽联：

其一

列强未打倒军阀未铲除天柱遽折翘首燕云空怅惘
主义须实行民众须唤起党人切记缅怀遗训共勉旃

其二

上下五千年独国民党能隳帝制
纵横八万里惟华盛顿可媲斯人

之后几天内，唐群英在岳北女子实业学校组织了孙中山先生追悼大会。大会会场上，张贴着她撰写的两幅挽联。学校教务处办公室里，悬挂上了装裱好的七律《哭孙总理中山先生》。

唐群英还专程赶赴长沙，参加各界人士追悼孙中山先生大会，并带领复陶女子中学师生参加纪念孙中山的16万人群众大游行。

处在半封建半殖民地的时代，人们几乎无法坐下来做事业，甚至难以平静地过日子。1925年5月29日，青岛日商纱厂工人大罢工，军阀当局残酷镇压，射杀工人8人，伤数十人，造成青岛惨案；5月30日，抗议日本厂主枪杀工人顾正红的学生与工人，又遭到上海英国巡捕枪击，13人当场死亡，伤者不计其数，造成上海惨案。两大惨案合称“青沪惨案”（或“沪青惨案”），震惊了国内外，激起全中国人民的极大愤怒，一场规模空前的“五卅”反帝爱国运动在各地掀起。

湖南省的爱国人士建立了“青沪惨案湖南雪耻会”，声援上海、青岛工人，倡议对英、对日实行经济绝交。

复陶女子中学全体师生走上街头，宣讲惨案真相，号召抵制英货、日货。宣讲者和听讲者围成了一个密集的大圈子，人人义愤填膺，个个摩拳擦掌。这时，就见复陶女子中学校长唐群英，提着一口半旧皮箱，从人群中走出来，打开皮箱，拉出里面的衣服，对着大家说：

“这是十几年前我从日本带回来的，现在它们成了仇货，只有以火焚之……”随着她激昂慷慨的话语，那一堆新颖靓丽的衣服迅速化成了瘫作一团的灰烬，人们挥舞起愤怒的拳头：

“抵制英货、日货！”

“实行对英、对日经济绝交！”

“中国人站起来！”……

1925年这个6月里，长沙城里处处闪烁着焚烧仇货的火焰，时时响动着抗议帝国主义的呼声。正在推行“联省自治”的省长赵恒惕，唯恐群众的激愤情绪引发意想不到的事端，心中很是不安。这一天晚上，赵省长派包车将唐群英接到他的公馆，希望他的这位“陶姨”，能够利用自己在教育界的威望，约束学生的“过激行为”。没想到，这位“陶姨”不仅不买他的账，反而说了一些他不爱听的话：

“学生上街抗议，是爱国的表现，而且与我的引导鼓动有很大关系。”

“我知道，你以前也爱国，但现在你更爱乌纱帽……”

或许由于“不在其位不谋其政”的缘故，中学校长唐群英确有不理解省长赵恒惕之处，但她带领师生投入五卅爱国运动的热情，与全国人民是一致的。

6月中旬，唐群英回到白果，与曾伯珪、刘琴一起，组织岳北女子实业学校师生，白天下到乡间去演讲，晚上在镇上搞提灯会，把五卅爱国运动的精神宣传到了千家万户。

四

唱着“打倒列强除军阀”的高亢战歌，广东国民政府领导的国民革命军于1926年7月9日誓师北伐。在湖南革命势力的先期呼应和工农群众的大力支援下，北伐军先头部队7月11日进入长沙，随即挺进湖北，并且开辟了江西、浙江、福建、河南战场，在一年时间内，基本消灭了直系军阀吴佩孚、孙传芳的主力，重创了奉系军阀张作霖的军队，沉重地打击了北洋军阀的统治，加速了中国革命历史的进程。在北伐战争的胜利声中，以湖南为中心的农民运动得到迅速发展。

1927年1月4日至2月5日，青年毛泽东以国民党中央党部执行委员身份，深入湖南省湘潭、湘乡、衡山、醴陵、长沙五县农村，实地考察农民运动。

1月16日，毛泽东在衡山县芳山公祠召集农民群众团体负责人会议。白果女界联合会秘书朱隶棠（主任刘淑清此时正在衡山县农民运动讲习所学习）向毛委员介绍了她们发动妇女剪发、放脚、参加打土豪斗争的情况，还特地讲了她们带领妇女吃祠堂酒的大胆举动。白果的祠堂酒，在春天酿制，随即装坛深埋于泥土之中，到寒冬腊月取出。冬至那天，族长和男人代表们在祠堂里尽情畅饮祠堂酒，而担当酿酒和烹饪劳作的妇女们，却被排斥于祠堂门外。有一年冬至,一位姑娘出于好奇在祠堂门口窥看了一会，竟被族长斥为伤风败俗，遭到捆绑毒打，惨死于大雪纷飞之中。朱隶棠愤怒地说：这祠堂酒充分表现了封建习俗对于我们妇女的歧视和欺凌，今年有了女界联合会撑腰，冬至那天30多个刘姓妇女，结伙冲进刘氏宗祠吃起了祠堂酒……。毛泽东听到这里，兴致勃勃地连声称赞她们“干得好！干得好！”

1月23日，毛泽东在国民党衡山县党部和县农协及各界团体负责人举行的欢送大会上，再次赞扬了白果妇女敢于反对封建族权族规的革命行动。

1927年3月，毛泽东又在正式发表的《湖南农民运动考察报告》一文中，为白果妇女写下了浓墨重彩的一笔：

“女子和穷人不能进祠堂吃酒的老例，也被打破。衡山白果地方的女子们，结队拥入祠堂，一屁股坐下便吃酒，族尊老爷们只好听她们的便。”

白果妇女进祠堂吃酒之事，由此成为中国妇女敢于挣脱政权、族权、神权、夫权四大绳索争取解放的一个具有象征意义的时代典故。而白果妇女之所以能够具有这样的勇气，与女权运动先驱、女子教育家唐群英的影响是分不开的。要知道，那些冲进祠堂吃酒的妇女，大多是她的学生啊！

对于白果妇女的举动，有称赞的，也有斥责的。

"简直无法无天！家有家法，族有族规，从来没有女子进祠堂吃酒的规矩。白果刘姓妇女成群结队闹祠堂，太不成体统！……"唐氏族长唐维藩，冲着回三吉堂度寒假的岳北女子实业学校校长唐群英，怒气冲冲地说，似乎唐群英是这场不成体统举动的组织者。

"妇女为什么不能进祠堂吃酒?！说实话，我对吃族酒不感兴趣，但她们进祠堂吃酒，我举双手赞成！"唐群英抢过话头，态度鲜明地反击族长哥哥。

"这样伤风败俗的事，你还赞成?"

"伤了什么风？败了什么俗？任何一个地区一个家族中都是有男有女。祠堂里供奉的牌位，有'祖考'也有'祖妣'，表明男女祖先都可以上神台做神主，为什么进祠堂喝酒祭祖的只能是男人？这规矩合理吗？你过去当县长，是全县之长还是县里一半男人之长？现在你作为唐氏族长，是全族之长还是一半族人之长？我知道二哥是勤政之官、亲民之官、清廉之官，在每个任职之县都受到老百姓的拥戴，但你脑子里的男尊女卑思想，赶不上时代了啊！中华民国乃人民之国，人民不分男女，理应一律平等，不论在家族中还是在社会上……"

"好啦！好啦！又搬出你那套女权运动的理论来了！你们争取了这么多年，男女真正平等了没有……"唐维藩心里有些发虚，语气上带出了反唇相讥的味道。

"实现男女平等，不过是时间问题。白果妇女闯祠堂，就实实在在证明妇女的觉悟高了，胆子大了，要努力冲破束缚，打碎桎梏！明年冬至节，我要发动唐氏妇女都进祠堂，请族长大人多准备几十桌酒席啊……"唐群英理直气壮，又不愿跟哥哥搞得太僵。

"好的，我的八姑奶奶，八先生！明年我大开祠堂门，铳炮鼓乐齐鸣，旗伞灯彩大展，欢迎女族尊入祠……"平时威仪凛然、词锋卓然的族长哥哥，此时竟然无话可答，只能以玩笑的口吻自下台阶。

这一场兄妹舌战，不期然间在新桥乃至岳北一带传开了。人们说，讲男女平等，唐氏族长大老爷都服输了。

然而，谁也没有想到，北伐战争胜利的红火局面，很快变成了一片白色恐怖。1927年4月12日上海发生"四一二"政变，5月21日长沙发生"马日事变"，第一次国共合作全面破裂，大革命运动宣告失败，许多共产党员和革命骨干被迫转移隐蔽。

这一年暑假里一天的大清早，有一对年轻夫妻急匆匆来到三吉堂。他们是湘乡县铜梁乡妇女联合会主任彭月梅和湘乡县农民协会委员周仲屏，侥幸躲过了清乡队的第一拨搜捕，把不到两岁的儿子送到外婆家，就来请唐群英帮助设法避难。彭月梅是红茶亭女校的毕业生，早就把唐校长当成了人生道路上的引路人和指路灯。

唐群英了解到两人都是共产党员，明白他们目前的处境十分险恶，毫不犹豫地让他们暂且在三吉堂住下。

过了两天，耳听得岳北各地清乡队搜捕共产党员的风声日紧，彭月梅夫妇怕连累唐校长，主动提出冒险离开。唐群英坚决不许他们去做无谓牺牲，用心琢磨出了一个“曲线避难”的办法——南岳福严寺住持明真法师是她哥哥的好朋友、在济公岩出家法号慧莲的尼姑是她原来的堂嫂，利用这两重关系，送周仲屏和彭月梅分别去福严寺和济公岩栖身。彭月梅夫妇认为，目前唯有这“出家”之路可保安全。

经过迅速而周密的准备，三乘轿子从三吉堂出发。刘琴和唐群英的两位“校外学生”左维民、胡警华（两人因为敬仰唐校长，经常到三吉堂请教，故自称唐群英的“校外学生”）作为引轿人，分别走在三乘轿子前面。一路之上，靠着唐群英的威望，靠着左维民人脉关系的熟络，靠着“唐校长带领王主任、张老师取道南岳到省城考察教育”的故事，顺利通过层层军警盘查。唐群英终于护送周仲屏和彭月梅到达福严寺和济公岩。

1928年4月湖南局势平静下来，唐群英又得到了“朱（德）、毛（泽东）”井冈山会师的消息，便带着刘琴到南岳向彭月梅夫妇报信，并按照他们的意愿，安排“尼姑”彭月梅女扮男装，与“和尚”周仲屏一路同行，投奔井冈山而去。

从1919年到1928年的十年间，唐群英把自己造就成了一位硕果累累的民间女子教育家。她曾经是女权运动的领袖，但那场运动是被当时的社会情势逼出来的，若按她本人投身社会的初衷，原本是要从事妇女教育事业的。1907年她自东京成女高等学校速成师范科毕业之时就已认定，“溯国运盛衰之际，又岂非我辈担负女教责任之时耶”？1917年眼见得女子参政运动无可挽回地落潮之后，她又彻底下定决心扎根基层，振兴女子教育，“使女界知识普及，力量乃宏”，为妇女解放运动重新起步创造条件。她为此所付出的，有她的智慧才能，有她的家资财力，有她的心血汗水，有她的侠气豪情，可以说有她的整个生命。人们并没有用“桃李满天下”来形容她，而是在世代流传的万民口碑之中，赞颂她的业绩，缅怀她的品格，发扬她的精神。

---

(1) 关于“女子无才便是德”之缘起与含义，近来学术界颇多探讨。按香港学者刘咏聪教授之研究，作为社会上普遍流行的民间谚语，此语最早由明代陈继儒（眉公）收录于《安得长者言》一书，原文为“男子有德便是才，女子无才便是德”。这种说法源自中国传统才德观，认为男女都应“德重于才”。到清代，长篇白话历史演义小说《隋唐演义》第76回有曰：“人亦有言：‘男子有德便是才，女子无才便是德。’……才何必为女子累，特患恃才妄作，使人叹为有才无德，为可惜耳。故有才之女，而能不自炫其才，是即德也……”刘教授认为，与其单单用现代的眼光，将“女子无才便是德”一说看成是对女性智力的低估和扼杀，不如从文化意义和社会背景去研究。当然，在明清两朝，随着统治者实行“愚民政策”首先实行“愚女政策”的需要，男尊女卑的状态日益深重，“女子无才便是德”一说，也由“误读”变成了“正统”。

(2) 这首民谣式的《放脚五字歌》，不见任何文字记载，乃是衡山县妇联主席刘毛平，1990年秋天走访几位白果老人时，听她们吟唱记录下来的。

(3) 第一次世界大战结束后，处理战后问题的巴黎和会于1919年1月举行。和会对于中国代表团提出的废除二十一条、取消列强的领事裁判权等合理要求，根本不予讨论，甚至还无理决定将战前德国在山东的一切特权转让给日本。操纵巴黎和会的“五强”（英、美、法、意、日）的霸道，以北京政府外交部长陆征祥为团长的中国代表团的软弱，使国人异常不满，引发了“五四”爱国运动。

(4) 1917年7月，在北洋政府国务总理段祺瑞公然宣布“一不要约法，二不要国会”的情势下，孙中山从上海南下广州，发动护法斗争。8月25日，150名陆续抵达广州的国会议员，召开“非常国会”，决定组织“护法军政府”。9月1日，孙中山当选军政府大元帅，反袁的军界头面人物陆荣廷（广西都督）、唐继尧（云南都督）当选元帅。10日，军政府正式成立，护法战争随之发端。护法军政府几经周折，孙中山几度辞职，1920年重回广州，仍在护法旗帜下成立“非常政府”，任“非常大总统”，直至护法运动彻底失败。

(5) 湖南地处南北交通要冲。史料称：北方推行“武力统一”，务求得湖南以遏制西南，威胁两广；南方屡次“北伐”，也务求得湖南以兵锋北指。可以说，民国成立了整整十年，湖南即受了整整十年的兵祸，真是“七十余县之地，无地不灾，三千万人之家，无家不难”。仅举一例：1918年南北战争，北洋系张敬尧所部第七师在株洲、澧陵烧杀抢掠，无辜民众死者10余万人，战事结束，澧陵县城“仅遗二十八人”。

(6) 《湖南女界联合会意见书》，《大公报》1921年5月6日。

(7) 本文引用的法律条文，均出自民国十年湖南省宪法筹备处编印的《湖南省宪法》（钞印本），转引自刘建强著《湖南自治运动史论》，湘潭大学出版社，2008年。

(8) 对于“联省自治”，中国近代以来，从理论到实践，一直存在毁誉褒贬。仅举孙中山的态度为例。1912年1月1日，他在中华民国临时大总统的就职演说中明确指出：“国家幅员辽阔，各省自有其风气所宜。前此清廷强以中央集权之法行之，以遂其伪立宪之术；今者各省联合，互谋自治，此后行政，其于中央政府与各省之关系，调剂得宜。”而到1924年1月，由他主持的国民党“一大”宣言中，却又指责联省自治，“不过分裂中国，使小军阀各占一省，自谋利益，以与挟持中央政府之大军阀相安无事而已，何自治之足云！”

(9) 1926春天，湘军第四师师长唐生智起兵进逼长沙。湖南民选省长兼湘军总司令赵恒惕，为避免省内起内战，自己向省议会提出辞呈，并于3月12日离开长沙。随即就任湖南省代省长的唐生智，以支持北伐军的名义，于7月份宣布废除湖南省宪法，8月初裁撤湖南省议会，持续六年的宪政自治至此结束。

第十八章 润物无声

"好雨知时节，当春乃发生。随风潜入夜，润物细无声。"

杜甫的诗句用来形容潜身故园的唐群英，非常恰当。

唐群英与唐乾一姐弟重修旧好之后，特别是唐维藩告老辞官、唐乾一叶落归根之后，唐群英内心一直深藏着一个愿望：能够多一些时间与兄弟们在三吉堂共同生活，藉以弥补亲人之间半生的疏离之憾。只是，几所女校之事一直让她无法离开。到1928年，眼见得满弟身体日渐虚弱，她无形中多了一份牵挂之情，添了一种紧迫之感。这一年的秋天，她觉得伯珪完全可以挑起管理一个学校的担子了，便辞去岳北女子实业学校校长之职，应邀改任距离三吉堂较近的新桥唐氏广定小学校长。到1929年唐乾一去世之后，唐群英深感人世无常，加以自己也已身心俱疲，就连广定小学校长之职也谦辞而去。

至此，在辛亥革命斗争以及女权运动、女子教育战线上奋斗二十五年之后，57岁的唐群英终于息影社会潜身故园，像他父亲当年那样，成了一位民间贤达、乡里闻人。然而，她胸中那份人间大爱，依然如同春风夏雨般和煦飘拂，温润滋养着家中子侄乡亲后人。

一

虽然亲生独女早夭，但唐群英身边从来都有至亲子侄孙辈环绕，不乏天伦之乐。

她的抚子唐遂九，长相酷似祖父唐星照，又兼有得自生父的聪慧天资和得自生母的谦和性情，唐群英对其自是十分喜爱。她所遗憾的是，在遂九成长的岁月里，自己虽然担当了经济上的责任，但却没能亲自给予母亲般的抚养照料……1919年遂九远去北京读高小，1922年升入北京汇文中学，1926年考入燕京大学社会学系。在读书期间，每年寒暑假都回三吉堂，姑侄（最初建立过继关系时确定，遂九对唐群英的称谓不改，仍呼“伯姑”）还能够一起团聚过节。此时，22岁的唐遂九因学费昂贵已从燕京大学辍学，被聘任为国民党中央《华北日报》的编辑，连回家过节的时间也受到了制约。唐群英与遂九相互的关怀思念之情，大多通过书信往还予以表达交流。

或许，由于遂九有生母在身边，而且很小就去北京读书的缘故，伯珪与陶姨相处的时间反倒比遂九与伯姑相处时间更多一些。加上，唐群英自幼与范姐情深，对于范姐遗下的独子确也格外疼爱一些。而伯珪，从小就常常听到外婆叨念奔走在外的陶姨，不由得也多了一些对陶姨的关切。姨甥之间的深深情意堪比母子。

曾伯珪6岁失去了母亲，然而他从外婆、舅舅和姨妈那里得到的爱，绝不逊于任何一个拥有母爱的孩子。外婆、舅舅和姨妈给予伯珪的爱，不仅出于血肉相连的亲情，更有一种对于早逝的女儿和姐妹重于泰山的承诺。

伯珪来到三吉堂后，就到就近的新桥小学读书。这所半私塾特色的初级小学校，培养了他善于自学的习惯，毕业之后他不去舅舅、姨妈为他安排的县城里的高级小学，也不去爸爸为他安排的荷叶镇上的学校，而选择了在三吉堂自修。三吉堂有丰富的藏书，又有舅舅、姨妈教师般的指点，几年下来，伯珪不仅熟读了“四书”、“五经”的部分内容以及唐诗宋词的许多篇章，而且还接触了当时的一些时政报刊。这个秉承了母亲才智的年轻人，知识面宽，文墨能力强，不到20岁被广定小学聘作低年级教师。唐群英在白果创办红茶亭女校和岳北女子实业学校时，他又随陶姨见习教务与总务事宜，逐步成长为一位管理整个学校的干才。

曾伯珪的父亲曾纪和，在伯珪8岁时娶了续弦，新夫人也是知书达理之人。父亲与继母几次要接伯珪回湘乡县荷叶镇北斗堂老家，但伯珪已经把三吉堂当作了自己的家，外婆、舅舅和姨妈也坚持要履行把伯珪抚养成人的承诺，所以伯珪在三吉堂成亲，在三吉堂生子，直到1926年将近30岁时才与妻子带着两个儿子（伯珪在三吉堂生育三个儿子，长子不幸夭折）迁回北斗堂老家，担任曾氏族校校长。好在，北斗堂离三吉堂不过10公里，离白果镇虽稍远一些，但道路好走，所以伯珪对陶姨的关怀照顾以及对岳北女子实业学校的管理工作，都一如既往。

唐群英退居故园之时，三吉堂里只有她和二哥唐维藩居住，二哥的儿孙辈也不在身边，显得有些冷清。常来常往的曾伯珪父子，就成了他们时时盼望的亲人。每逢伯珪来到三吉堂，平时不甚关注吃住等家事的唐群英，便会兴奋地忙活起来。她吩咐厨房烹制伯珪爱吃的饭菜，还再三叮咛“少放辣椒，不要太咸，他喜欢清淡口味”。为了让伯珪在离自己近一些的地方住宿，她安排在她的书斋“吟香阁”里特设一张床，并且亲自检点被褥，力求舒适，而宁可让客房空着。“吟香阁”里的这张床，成了曾伯珪的专用床位，没有第二个人用过。

曾伯珪对老人，也是情深心细，体贴入微，是一般为人子女者所难能。唐群英爱喝茶，尤其嗜好家乡的特制香茶，就是将新鲜的茶叶用黄藤根略微熏炒一下，因而具有一股特殊香味的那种。细心的曾伯珪，每年逢到新茶上市，必定要买几斤上等细茶，如法熏制送给陶姨。这件事他已坚持了十几年，唐群英不论在哪里都能喝到这种充满亲情异香的茶叶。唐群英颇有酒量，平时一般不喝，但遇有客来好兴，能饮几大杯家酿的米酒。多年走南闯北之后，她所喜欢的下酒菜仍然莫过于家乡的腊肉、腊猪舌子、腊猪腰子之类，还有一种腌制后烘焙成焦黄色的小鱼（俗称“鱼弄子”）。无论身在何处，她在乘兴饮酒之时，都能享用到这些美味下酒菜。而这些下酒菜，全部都是曾伯珪亲自经手制作的，绝对不让别人代办，所以多少年保持不变的美味。

唐群英对曾伯珪的关爱，自然延及到了曾伯珪的儿子们身上。

曾伯珪的第二个儿子曾启球，七十多年后仍然记得幼年时在三吉堂受到陶公（晚辈后人对唐群英的尊称）关爱和教诲的情景：

“陶公好洁成癖，她的床沿别人不能坐，但我小时候她老人家却要带着我睡。我五岁时有个冬夜，半夜里忽觉肚子痛要大便，不敢惊动她老人家，翻来转去，到底把她老人家惊醒了，忙起来点灯，招呼我解手。第二天早晨妈妈知道了，嗔怪我不该半夜里吵醒八公公。陶公却笑着说：‘球伢子太老实了，拉肚子还把蛮忍着，要不是我醒来，那才糟糕哩！’

“我第一次读古诗，大约是七岁时。那是一个仲春的夜晚，陶公在灯下闲坐，我在桌旁玩，她教我读‘黄梅时节家家雨，青草池塘处处蛙，友约来迟歌半夜，闲敲棋子落灯花’这首唐诗。以后，她老人家又给我教过《醉翁亭记》、《岳阳楼记》等古文。中年以后我才领悟，陶公先教这些诗文，与她平生'先忧后乐'的革命情怀和晚年息影家园的心境有关。

"陶公出身大家，从小受到严格的家庭教育，生活节俭简朴。饭时偶然掉落饭粒，立即捡起来吃。有天我吃饭时掉了几粒饭在桌子上，陶公说：粮食是农夫辛勤劳动的成果，来之不易，不应随意糟蹋丢弃，叫我捡起来吃掉。我捡吃了，陶公点头称许，并且口授'锄禾日当午，汗滴禾下土，谁知盘中餐，粒粒皆辛苦'这首诗，饭后又写下来教我反复吟诵。七十多年来我一直保持这一习惯，并以之教育后人。"

唐群英的身边，还有一位特殊的亲人。她们没有任何血缘关系，却终生相随相伴相亲相爱，其深厚感情和亲密关系，既有姑侄长幼的相濡以沫，又兼战友同事的荣辱与共。唐群英的这位亲人就是刘琴。

在刘琴的心里，唐群英不仅是给她第二次生命的恩人，更是教育她堂堂正正做人的师长，她唯一的生活目标就是追随唐群英、学习唐群英、照料唐群英、保护唐群英。所以，唐群英多次想为她觅一个合适的人，帮她建一个温暖的家，都被她毫不犹豫地拒绝了。

在唐群英的眼里，刘琴16岁时就为了维护做人的尊严而不惜舍弃宝贵的生命，不愧是一位自尊自强勇敢侠义的女性。所以她带着刘琴支援北伐战争，投身女子参政运动，辗转反袁斗争，从事女子教育事业，锻炼出了一位为国为民能文能武的新女性。

唐群英与刘琴相识相知的故事，确是人间一段可歌可颂的佳话。

二

唐群英退隐三吉堂，原本打算趁夕阳未晚余年尚健，回顾反思半生的所作所为，汇集整理历年的诗词文稿，给自己的生命做一个交代；家人团聚时含饴弄孙，闲暇时光吹箫弹琴，聊补自己在享受家庭亲情和发展个人志趣方面的缺失。这恐怕是奋斗一生的志士仁人时逢晚年常有的一种心态。

可是当她看到，绝大多数本家和外姓的学龄子弟仍然未能入学读书，或者只是断断续续读了一点书的状况后，内心又不安起来……

唐群英一向关心家乡子侄后人受教育的情况。

1925年她开办岳北女子实业学校时，就把不足10岁的侄孙女唐翰笙抱在自己乘坐的轿子里，带到学校去听课。1928年，她转任新桥唐氏广定族校校长时，又把唐翰笙带到该校读书。

岳北女子实业学校里，曾经破例收过三个男学生，这就是曾伯珪的二子曾启球、三子曾选楼和唐群英的侄孙唐志良。三个分别为9岁、6岁和8岁的男孩子，十分崇拜校长八公公（晚辈后人对唐群英的另一尊称），对于学校组织的时事报告特别感兴趣。1928年，山东发生日本帝国主义大肆屠杀中国军民的"五三惨案"后，唐群英特请新从济南返湘的北伐军官唐乾成到学校报告惨案经过，她自己又上台做了激昂慷慨的讲演，给同学们上了一堂生动的爱国主义课。听了这堂课，年少气盛的曾启球"暗暗地咬牙发誓：长大后要拿起枪杆，打日本鬼子！"。散课后，他兴冲冲地把志良和选楼拉到场外，将自己的志愿告诉他们，得到异口同声的呼应。

十年后，曾启球投笔从戎，考入黄埔军校第16期，毕业后在抗日战场上流过血，建过功；唐志良毕业于陆军通信兵学校，在抗日战场上被敌机炸断右臂，伤愈后坚持用左手收报、发报；曾选楼为黄埔军校第18期毕业生，参加中国远征军，远赴印度、缅甸抗击日寇，多次立功。这些是后话，但可以肯定的是，三位为国建功的抗日战士，少年之时即在唐群英教诲下扎下了爱国思想之根。

原名"唐希陶"的唐群英，回归"桃花源"般的故园之后，却没有如陶渊明回归故里后"采菊东篱下，悠然见南山"的那种闲适心态，虽已将届六旬，仍又燃起了为家乡故土办学兴教的热情。而这恰恰符合了当年父亲为她取名"希陶"的本意——"不戚戚于贫贱，不汲汲于富贵"[(1)]，学"精卫衔微木，将以填沧海。刑天舞干戚，猛志固常在"[(2)]。

1930年秋天，三吉堂后侧山麓上的"云在庐"，在将近十年的冷清之后忽然热闹了起来。两个房间里摆放了学生用的课桌坐凳，一房间里安置了教师用的书桌教具，另一房间排列着放满图书的书柜，这座一厅四室的房庐摇身一变，成了一座设施齐备的小小学堂。唐家及邻近外姓亲眷的子孙晚辈，男女儿童约二十人（有几个是童养媳），成了这里的学生。本乡学识渊博的李次渊老先生被聘来教授主要课程国文和历史。这就是唐群英最后开办的一所家塾式的"云在庐"课堂，她自己负责全部事务和学生的思想教育之外，还兼教授数学和常识等课程。

"云在庐"课堂传出的琅琅书声和笑语欢歌，给沉寂的山冲带来了无限生机活力，在新桥土地上播撒了新的希望种子。

已经成长为十几岁少年的唐翰笙、曾启球、曾选楼和唐志良等，也都转来了“云在庐”课堂。

唐翰笙是唐群英侄儿唐淡轩的独生女儿。1931年农历腊月二十三，唐翰笙16岁生日这天上午，她遵父母之意，来到“是吾家”书屋，恭请敬爱的唐校长过府吃饭，借以表达全家人对于八公公的衷心感谢。唐群英一向疼爱这个聪明伶俐俊美清秀的侄孙女，带她上学后见她用功读书又添一层喜爱。此次翰笙前来邀约，谈吐之中流露出已经开始思考一些有关人生的较为深刻的问题，唐群英更是感到高兴。于是，铺开一张宣纸，挥笔写了“多学则智，自立即强”八个大字，作为送给翰笙的生日礼物。这八个字成了唐翰笙一生的座右铭。

这二十个学生中，以曾启球和唐志良最为顽皮，常常“挖眼寻蛇打”。

有一天，大约是土地爷的“生日”，山下路旁土地庙里格外热闹，烟火燎绕，鞭炮响亮，锣鼓喧天，人声鼎沸。“云在庐”的学生，上着课就不断往窗外张望，一下课马上跑出观看。颇为早慧的曾启球明白，那些烧香磕头的人是在搞封建迷信，他不以为然地站在一旁龇牙咧嘴。到了晚上，他出主意，拖着唐志良做帮手，将土地庙里“土地公公”与“土地婆婆”的神牌取了出来，丢在地上践踏，一面玩笑着说：“土地公，土地婆，你们要是有本事，马上叫我们肚子痛，我就信服你；你若没本事，我就叫你喝尿！”说着就嘻嘻哈哈地往木头神牌上撒尿，然后又将两块神牌弃置于“云在庐”屋后的水沟里，每天乘人不注意便跑去让“土地公公吃尿”。

几天之后，三姑六婆发现了“土地公公”与“土地婆婆”在水沟里日晒夜露，纷纷指责声讨，诅咒肇事者要遭祸殃，却不知肇事者是谁。曾启球和唐志良带着“胜利者”的洋洋得意，决定再对二里路外的山神庙来个更加漂亮的“突然袭击”。

这座山神庙，建在大路旁的孟公坳上，供有三尊山神，是过往客商不肯错过的求福求财之处。这天傍晚，见烧香朝拜的人流逐渐稀少下来，曾启球和唐志良一蹦三跳进了山神庙。他们最初的想法是，把三尊山神搬下来，丢到河塅下去，谁知道那木偶神像和石头座子连在一起，摇都摇不动。曾启球一拍脑袋计上心来：“缴械”——两人便将山神手中的刀枪剑戟卸了下来；

"脱袍"——两人又把山神身上的袍褂脱光，连粘在嘴上的胡须都揭了下来。两人先用这些"行头"把自己装扮起来，舞弄了一番，然后又将其作为"战利品"，随便缠作一团，丢到了河坳下，"凯旋"而归。

两个顽童自以为人不知鬼不觉，却不料已经被人窥到。这一下真的"遭了祸殃"。

次日，乡绅谢某率领一些绅士、乡民、三姑六婆，向"云在庐"课堂大兴问罪之师，要求"严惩侮辱神灵、破坏风水的顽童"，"重新整饰土地庙和山神庙，为三尊山神制作新的金身袍挂，用三牲礼酒铳爆祭奠神灵"，以便息祸消灾。唐群英当即表示接受大家的问责，承认学堂应负管教不严之责，一定狠狠教训两个欺神弄道的顽童，并且趁着谢某等一批人告辞欲走之时，冲着学生教室大声喊道："曾启球，唐志良，你们两个过来！"

没来得及逃走的两个顽童，只得蔫蔫地走进学堂办公室，扑通跪下，等着挨板子。

唐群英坐在靠椅上，慢慢地吸着水烟，又喝了两口茶，声音有点严厉地问道：

"是谁叫你们去戏弄山神土地?"

"是我们自己去的。"唐志良说。

"是我叫志良去的。"曾启球说。

"为什么戏弄山神土地呢?"唐群英的声音依然有点严厉。

"有这些菩萨，引来好多人烧香放炮，吵得我们不好读书，丢了它不就没事了！"唐志良说。

"我不信菩萨有灵验，要破除迷信！"曾启球说。

"起来，站好！"见孩子们敢于承担责任，其行为又非无聊的瞎闹，唐群英的脸上闪过一抹不易察觉的欣慰笑意，口气也温和了下来。她把水烟袋放在桌上，开始了对两个孩子的"训话"。

看样子大概不会挨板子了，两个顽童相互对视了一下站起来，低头静听八公公的"训话"。可是听着却不像是训斥，倒像是讲课，是谈天。

"木雕菩萨不灵验，烧香拜佛是迷信，迷信是愚昧无知的表现，应当破除。可是，你们想过没有，这迷信的习俗在咱们中国传了几千年了，一下子是破除不了的。'迷信，迷信'，就是大多数人着了迷。看看咱们周围的父老乡亲，咱们自家的亲戚朋友，迷信的多还是不迷信的多，你们就该明白了。迷信神佛，是人们思想里的事，得靠普及文化教育、宣传科学知识，让迷信的人自己认识到了，才能慢慢破除。你们几个小孩子，丢掉几个木雕神，这叫蛮干，不光不能破除迷信，反倒招来了众怒，这就是好心办了坏事。再说，全国各地山上山下，什么山神庙、土地庙何止千千万万，里面的木雕菩萨泥塑神像何止万万千千，你们丢得过来吗?

“现在，你们闯了祸，就得有‘好汉做事好汉当’的气魄，自己去收场。这样不仅能够取得乡亲们的原谅，还能‘吃一堑长一智’，好好学习知识，稳稳当当做事，长大做社会的有用之才！”

曾启球和唐志良屁股没挨到板子，脑袋却补充了营养。八公公一番语重心长的教导，使他们心明眼亮，心悦诚服。接着他们便按照唐群英的指点，把土地公公和土地婆婆的神牌从水沟里捡上来洗刷干净，送回土地庙；又给三位山神穿好袍褂，披挂整齐，复位到山神庙的神台；在土地庙和山神庙里供奉了唐群英为他们准备好的三牲祭品，点燃了香烛，燃放了鞭炮，并且装作认真地向神位行了跪拜之礼。

土地庙和山神庙里鞭炮一响，只见围观的婆婆姥姥纷纷趋前跪拜，口中念念有词。这表明，她们心里安定了，也原谅了两个淘气的孩子。当然，谢某等一批人还是认为，这种复原方式过于简单，但鉴于此事系由唐群英出面处理，他们也不好再说什么了。

一场险些爆发的风波很快平息了，但曾启球和唐志良从此事中所得的教益，却成为他们一生中的一笔精神财富。五十多年后唐志良忆及此事时说：

“八公公的教训，在我们幼小的心灵里播下了崇尚科学、破除迷信的种子，长记不忘，也使我们懂得了办事不能光凭蛮干的道理。”

曾启球17岁时开始做起了小学校的教师。一直关爱曾启球的唐群英，觉得他年纪尚小，更缺经验，须戒除浮躁，边教边学，不断增长学问，磨练做人品格，才能为人师表而不致误人子弟。于是赠给曾启球十二个字，即，“求学六字经：勤学，苦练，致用”和“做人六字经：心正，格直，骨硬”。曾启球一生谨遵八公公教诲，虽历经坎坷，终成为曾国藩研究专家。

三

曾伯珪有一个同父异母的弟弟，名叫曾琪。受父兄的影响，曾琪从小就是一个唐群英的崇拜者，只要一听说在外闯荡的陶姨回三吉堂省亲来了，他必定兴冲冲地随父亲前来看望。唐群英也十分喜爱这个聪颖好学的续外甥，自曾瑀不满10岁时起，姨甥两人就常常以文字方式交流游戏。唐群英或者拟出上联要曾瑀对下联，或者亲自命题、限字、限时让曾瑀写文章。曾瑀才思敏捷，口才流利，一手颜体字越写越漂亮，每次应对作文都能得到陶姨的赞许。随着时间的延续，姨甥之间的交流逐渐延深到为人处世方面，热血青年曾瑀在唐群英影响下，走上了为国为民的道路。

1926年7月，北伐军进驻长沙。满怀爱国豪情的曾瑀投身革命洪流之中，成为一名支援国民革命军的积极分子。然而，当北伐战争的红火局面不到一年时间变成了一片白色恐怖之时，不到24岁的曾瑀胸中塞满了迷惑和愤懑，觉得无处求解、无路可走，一气之下上了南岳山，削发剃度当了和尚。

听说曾瑀出了家，正在奔波办学的唐群英心情十分沉重。一个满腹才气、一身血性的青年，壮志未酬即遁入空门，固然可以修炼佛学，毕竟国家民族大业少了一位奋斗的战士。她感到惋惜！

她知道，人在年轻气盛之时，遇到挫折容易从一个极端走向另一个极端，她深悔自己没能在这种关键时刻帮助曾瑀做出正确的选择！她终于忍不住，亲自上了一趟南岳山，对曾瑀作了一次晓之以理、动之以情的谈话，以自己奋争女权的亲身经历向他指出，逃避现实、遇险而退，不是血性男儿、有志之士所应采取的态度。她语重心长地对曾瑀说：

“老八（曾瑀在家中排行第八），下山吧！你还年轻，多少事等着你去做哩！鼓起勇气，把革命的担子担起来！”

曾瑀埋在心底的爱国激情被八公公重新点燃了起来，毅然下了南岳山。不久回到湘乡，在国民党县党部负责宣传工作，并主编《湘乡民报》。

在曾瑀及其同仁们的努力之下，《湘乡民报》果然办成了一张为民讲话的报纸，深得广大读者的欢迎。却不料，在1929年何键出任湖南省主席后，《湘乡民报》由于抨击省府弊政，招致了一场杀身大祸，曾瑀及其同仁汤谓艮等四人被逮捕且判为死罪。湘乡各界人士及四人亲友，四处奔走呼号，极力予以营救。唐群英以其国民党元老的身份和威望，不遗余力地运筹帷幄，把正义的声音传递到了南京，最终促使曾瑀及汤谓艮等四人得以无罪释放。

曾瑀等四人获得释放那天，湘乡县党部派彩车到长沙迎接，湘乡群众成群结队在家乡迎候，锣鼓喧天，鞭炮齐鸣，庆祝四位大难不死的文化英雄凯旋归来。

劫后余生的曾璃，无法忍住激动的泪水。他知道，这一次使他起死回生的，又是陶姨——陶姨之于他，无异于严师加慈母。

此后，曾璃在报刊宣传阵地上更加勤奋地为民发声，成为一名业绩突出的报人。

1937年春节，已是三个女儿父亲的曾璃，领着5岁的长女曾仁棣，前往三吉堂给陶姨拜年。

唐群英慈爱地把糖果和红包封拿给仁棣之后，忽然把眼光停在了仁棣那两片又厚又大的耳垂之上，还伸出双手轻柔地摸了摸那两片耳垂。那一刻，唐群英的神思，一定是恍恍惚惚飘游到了荷叶塘的树德堂，看到了她的那个在天亮时候出生的小女儿亮亮——亮亮的耳垂就是这么厚这么大啊……四十多年了，亮亮你在哪里……

唐群英很快恢复了常态。她关切地问仁棣会不会背唐诗，仁棣立即背诵了李白的《静夜思》和孟浩然的《春晓》。她开心地笑了，夸奖仁棣是个“好妹子”，嘱咐仁棣要好好读书，并且强调“特别是妹子，更要好好读书！”她还特地对曾璃说：“莫嫌妹子，好好培养她们！”

曾璃牢记陶姨的叮嘱，从没有嫌弃女孩子，即使因为人口多家境困难，也竭尽全力培养几个女儿。仁棣姐妹也很争气，没有辜负八公公的期望和父母的培养。曾仁棣考取湘乡收叙女中后，每个学期都是班上的第一名，获得“品学兼优”的评语，并有五个学期得到免交学费的奖励。1954年，曾仁棣到云南工作，后来做过个旧市政协副主席、民革个旧市主任委员。

四

唐群英的性格中自幼就有好强求胜的一面，投身革命运动之后增添了一派侠气豪情，面对社会上的不公和前进中的挫折，她又磨砺出了一种威武刚毅的气概。与她交往不深的人，往往会觉得她十分严厉，不好接近。然而只要你走近她，你就会发现，在凛然可畏的威仪背后，她的内心却是一片充满深情至爱的大海——那里有对国家民族的大爱，有对领袖战友的敬爱，有对父母长辈的挚爱，有对亲人友朋的热爱，有对晚辈后人的慈爱，有对身边工人的关爱……

大约在1927年冬季，有一天唐群英在岳北女子实业学校的办公室里，正因为办学经费拮据而“打逼工”（湖南土话，意为因缺钱而受窘），表情严肃，满脸愁容，旁人为她心痛却不敢近前劝慰。年方10岁的曾启球正在她的身边，由于素叨钟爱不知避讳，就拉着她的衣襟替她着急地说：

“八公公，谁叫你办学哩?!”小孩子的意思是，埋怨那个人——让八公公办学又不给八公公钱。

“没有谁叫我办，是我自己要办的。”唐群英平静地说。可是，忽然她又改变了口气：

“不！是总理叫我办学的！”她的声调转为坚定，脸上露出了笑意，一手抚摸着曾启球的头，一手指向了挂在墙上的孙中山遗像，从座位上郑重地站了起来，就像从一团云雾之中忽然看到了阳光。

是的，唐群英终其一生都尊敬爱戴中国民主革命的领袖孙中山，把孙先生关于发展女子教育等嘱告当作自己的使命，倾其所有，尽其所能，不改初衷，不遗余力。

1992年，唐遂九的遗作《陶公轶事》一文，被收集在《一代女魂》一书中。文中记有这样的情景：

“我七八岁时，时常看见她有两支手枪插在大衣两边口袋里，凛然可畏。可是我又时常看见她逗着三几岁的孩子，围在身边，不停哼唱：‘小麻雀呀，你的妈妈呢，还没回来……’她老横起眉来令人生畏，对待孩提则又慈爱可亲，两相对照，判若两人。”

他又记叙了1982年回故乡访旧时，在星斗冲非小公祠，听到老人唐三爹讲述陶公的一段往事：

“大概在抗日战争前，她老避匪进冲住了月余，还设立香案，供奉祖母遗像每日三餐，每次撤去餐具，还将祖母遗留的旱烟袋‘叭叭叭’抽着了放置像前，天天如此，从不间断。有人曾称赞她老：既叱咤于政治舞台，复斗艳于文苑诗坛，可称女中豪杰，而她的孝亲至性更非一般常人可比。”

李友淑是三吉堂邻家的一个姑娘，1929年时还不满16岁，常在三吉堂帮工。唐群英有时身体不适，她便负责服侍照料，每天几次到唐群英书房倒茶送水，问寒问暖。唐群英见这个孩子聪明伶俐又殷勤热情，便十分喜爱，一有空就教她识字读书，给她讲女子自强的历史故事，还鼓励她放脚剪发，将来独立于社会。两人相处很亲密，不知情的人根本看不出她们是主仆关系。六十年后李友淑提起这段时光，仍然十分感动。她说："人家都说八姑奶奶脾气大，爱骂人，谁看了都怕，可我一点也不感觉。……她房间里收着好些待客的雪枣、烘糕、交切糖，放在糖缸里，都让我自己拿着吃。冬天，我一进她屋，就让我坐在炉边烤火，生怕我冻着。所以，我在八姑奶奶身边一点都不怕。"

黄泥町的朱裁缝，手艺高，在当地颇有名气，很多名门大户都请他做衣服。唐群英也多次请过他。论辈分，唐群英是朱裁缝的长辈，论年龄，唐群英比朱裁缝年长二三十岁，但朱裁缝每次到唐群英家做活，总是受到亲人般的关心爱护。1992年，朱裁缝的儿子朱长清曾经这样转述他父亲的回忆："有时她还以一个家庭主妇的姿态亲自招呼，热天送茶水，冷天在裁缝案板旁摆上木炭火盆给你取暖，她有空闲时还坐在缝纫案旁边，一边帮助缝制一些布扣纽子，一边与你闲谈，讲一些做人处事的道理。所以，在她家做过事的人和她的左邻右舍，都非常尊敬她。"

晚年的唐群英，在衡山新桥一带人们的心中，就是这样一位出身名门而不张扬、广有名望而不炫耀的邻家老奶奶。

然而，她可不是对所有的人都这么慈霭温和。她的几个本家侄子，以"大少爷"自居，成天赌钱打牌，心烦了就打骂妻子。这几个"大少爷"，不但挨过唐群英的骂，甚至还挨过她的打。所以那些不务正业的人确实怕她，看到这位八姑奶奶的影子都绕着走。

在唐群英那里，待人没有贫富之分，却有善恶之别。

---

(1) 摘自陶渊明：《五柳先生传》

(2) 摘自陶渊明：《读山海经·其十》

第十九章　西风岭上

身为湘上名媛，本可一生富贵；
因为疏财兴学，落得晚景萧条。
她却不羡浮华羡梅花，乐在西风岭上长精神。

按照1904年唐群英第一次留日前母亲提议全家同意的家产分配方案，由唐群英与其兄唐维藩、其弟唐乾一三分家产，但唐群英坚持只要了三分之一的一半，即39.6亩水田。拥有如此殷实的家产，唐群英即使不从事任何有收入的职业，一生一世都可以过上相当富裕的日子。然而，她东渡日本留学并参加革命活动，基本是自理经费，有时还要捐赠同盟会；她投身辛亥女子军、领导女权运动，基本是“办公家的事，花自己的钱”；她回到湖南家乡创办女子教育，更是自出资金，倾其所有。几十年下来，唐群英晚年拥有的家产，仅剩下10亩多边角冲田，原有的金银首饰也没有留下，还欠了不少债务。就是说，这位中国女权运动的先驱，如同当时的许多革命家一样，为革命事业投入的，不仅是她的全部精力，还有她的全部家产。及至晚年，她的经济生活陷入了十分拮据的境地。

一

作为一个女人，唐群英出身地方名门，见过中外大世面，有着良好的艺术素养，且又生得眉清目秀，绝对称得上当时的社会名媛。作为一个文人，唐群英学贯中西，知识面兼及文史理科，办报办学业绩彰彰，为诗为文造诣不凡，是世所公认的学者贤达。作为一个革命战士，她曾为创立民国建功，为实现男女平权奋争，在政坛上层广有知名度，可谓中国革命的一员老将。

就是这样一位名人雅士，终其一生保持着简朴的生活。食不尚珍，衣不求锦，更加不涂脂画眉，不饰金戴玉。退居三吉堂后，她的卧室书房，也都极其简单朴素。带有装饰性的陈设只有三件。一是，卧室墙上悬挂着的那幅用绫纸装裱起来的“自强不息”条幅，这是她一生的座右铭，四个苍劲有力的大字是她亲笔书写的。二是，书房墙上悬挂着的那幅大写意国画“墨梅图”，透射出“尽把精华收拾去，止留骨格与人看”的腊梅风骨。这幅她借以自勉的画幅，是请同乡同族画家唐三（时任南京《青白报》社长，晚唐群英一辈）绘制的。三是，书柜旁窗户下摆放着的那架古色古香的古琴，这是当年父亲见她喜爱音乐为她购置的，进入晚年吹箫气力不足，这架古琴便是她进入音乐天地的唯一路径。柜橱箱扆里收藏的，主要是家传书籍，称得上“文物”的，最贵重的莫过于孙中山致“女子参政同盟会”复函以及革命战友相互唱和之诗词等。其他概无值钱之物。

如同亲子般承欢膝下的曾伯珪，十分了解唐群英晚年生活的窘迫，特别佩服她安于清贫的骨气，并且竭尽绵薄悄悄予以帮助。

曾伯珪虽在壮年，但因患有先天性足疾行走不便，每次从北斗堂来三吉堂看望陶姨，往返都需乘轿。按照当时乡间惯例，主人须给来客轿夫支付脚力钱，叫做“开轿钱”。伯珪为了让陶姨省去这笔钱，总是让轿夫老远就停下轿，自己跛足走到三吉堂，返回时也是先步行一段路程再乘轿。

有一天，曾伯珪刚刚离开三吉堂，留下来的曾启球从窗外听到八公公在房内自言自语：“啊——这又是伯珪留下的钱！”小孩子好奇，便走进房间来看，只见八公公正从柜子上取下一叠铜元。唐群英对曾启球说：

“你爸爸顾念我手中拮据，常常不声不响地给我留下些零用钱。其实我知道，你们家人口多，他收入也不多，……球伢子，告诉你爸，叫他……以后不要……再给我留钱……”老人家哽咽了。

曾启球长到10岁，还是头一回见到八公公流眼泪。

二

1935年初，唐遂九调任中国华洋义务救灾总会驻京事务所主任，在南京程阁老巷附近三新里一号楼安下了家。

作为国民党中央《华北日报》创刊时的编辑，他在半工半读的刻苦努力之下，于1932年获得了北京中国大学政治系毕业文凭，业务水准大有长进，却不料于1934年受到派系排斥。相对来说，救灾总会的这份工作就安定多了。加上，三新里一号楼的住处比在北京时的住处宽敞了许多，所以他要把生母和伯姑都接到身边来一起生活。

已担任政府高官的张继（时任国民党党史编纂委员会主任）、仇鳌（时任国民政府铨叙部部长）、戴季陶（时任国民政府考试院院长）等唐群英的老战友，得知她的抚子就职南京，也都盛邀她到南京。他们的想法是，设法让她改善生活条件以便安度晚年，但口头所说的理由只是请她前来“观光”，因为他们知道这位刚烈的女战友，虽然有功于国家，却不愿享受国家的恩待，他们此前的多次盛邀都被她拒绝了。

这一次，亲情，友情，盛情难却。唐群英便于1935年5月由曾伯珪陪同到达南京，住在唐遂九家。

唐群英到了南京，三新里一号唐遂九的住处就热闹起来了。同盟会的老相识，女子参政同盟会的老战友，纷纷前来看望，还有记者采访，家宴待客等等。最先来访的自然是张继、仇鳌和戴季陶。张继是在东京时即与唐群英相熟的华兴会老友，仇鳌曾经转让全部办报设备支持唐群英在北京创办《亚东丛报》，而戴季陶民国初年担任孙中山的秘书，曾多次代表孙中山与唐群英联系。老朋友们一别几十年，难得的重聚时刻欢声笑语不断。

这一天，时任国民政府主席的林森也来到了三新里一号楼，屈驾看望这位昔日威风凛凛并且赏过自己一记耳光的女杰。

“唐八先生，还有当年的豪气！”心无芥蒂只有真诚的林森，一见到唐群英便风趣地说。

“老了，不行了！”心底纯净无怨无悔的唐群英爽快地回应。

两个心系国事全无私念的老朋友，相顾哈哈大笑，曾经的不悦早已烟消云散。

一番交谈之后，林森关切地问到唐群英的生活状况。坐在一旁的曾伯珪急忙以目光向唐群英示意，希望她说出真实情况。唐群英明白伯珪眼神的含意，却全然不顾，只淡然地答了一句：

“还过得去。谢谢主席关心。”

林森走后，曾伯珪十分不解又有些埋怨地向陶姨发问：

“难得林主席关心您的生活，您为什么要打肿脸充胖子，不如实相告呢?”

“我又不是来要饭的，君子固穷，何必在人前叫苦呢?”

尽管唐群英未如实讲明她生活的拮据，但林森却已确知她疏财兴学的情况。此访之后，国民政府一度按照“国策顾问”的待遇，每月发给唐群英200元（银元）生活补贴。谁知好景不长，不几个月这项补贴就停发了。唐群英并不追究，仍是淡然处之，一笑了之。

然而，仇鳌、张继、戴季陶等老同志却对此事甚为不平。他们经过商议，由仇鳌执笔，再请于右任、居正、贺耀祖、程潜、唐生智、王祺等数十名老同盟会员联名上书，请求国民党中央恢复对唐群英的政治待遇和生活补贴。其上书云：

> 唐同志群英女士，以湘上名媛，幼承家训，早岁东渡日本，追随总理革命。讨袁之役，几遭不测，晚年息影家园，景况萧条，中央曾以补贴，但数月即停。革命以还，女界牺牲亦钜，空山硕果，尚冀我中央有以始终成全之也。(1)

后来，张继等了解到，当时停发唐群英生活补贴的原因，是林森聘唐群英为“国策顾问”的提议未能获得国民政府最终通过。此次由于诸多元老的慷慨陈词，有关当局不得不给唐群英挂了个国民党中央党史编纂委员会委员的头衔，并给予相应的生活补贴。

三

唐群英安心地在南京住了下来。在此期间，她了解了辛亥女子军运动和民初女子参政运动中许多战友后来的经历以及目前的状况。时过境迁，当年同一条战线上的战友已是天各一方、人各一途的现实，令她感慨不已。

在辛亥女子军运动中担任“女子军事团”团长、“上海女界协赞会”干事长，在民初女子参政运动中担任“神州女界共和协济社”干事长的张昭汉，1918年赴美国入哥伦比亚大学研究教育，被选为纽约中国学生联合会主席，后遍历欧美各国考察社会教育和妇女教育。1920年回国后任中国教育改进社女子教育组组长、江苏省立第一女子师范学校校长，致力于平民教育和妇女教育，并主持《神州日报》、《上海时报》工作。1925年参与组织中国妇女协会，任副委员长。此后历任杭州市教育局局长、国民政府考试院考选委员会委员、国民党政府立法委员等职。同时，作为“南社”的早期女诗人（“入社书”为200号），工作之余始终坚持诗词创作，出版过多部诗集。

作为“神州女界共和协济会”发起人之一并担任编辑部部长的汤国梨，1913年与民主革命先驱、国学大师章太炎结婚后，义无反顾地支持章太炎的反袁斗争，并积极参加社会活动，1922年10月当选上海“女权同盟会”临时主席，1932年“一·二八”上海抗战期间参与组建伤兵医院。1934年担任设在苏州的“章氏国学讲习所”教务长，始终不渝地致力于爱国进步事业。

武昌起义后，发起成立并亲自率领“中国赤十字会”开赴前线实施战地救护，被誉为“中国第一南丁格尔”的张竹君，20多年未曾疏离救死扶伤的道义和实践。1926年，上海爆发霍乱，她采用独特而有效的方法使无数人获得救治。她淡泊名利，终生不嫁，却收养20多名孤苦儿童，将他们抚养成人。社会上传说，张竹君光明磊落的善行，曾使歹徒为之震慑——某年她乘船去香港，遭遇海盗劫船，而当海盗得知她的身份之后，连忙退还财物，叩首而退。

女子参政同盟会成立初期与唐群英并肩战斗的蔡蕙，在孙中山辞去民国大总统之后回到江西原籍，创办女子职业讲习所。1913年与丈夫邓文翚一起参加反对袁世凯的湖口起义，失败后再渡日本，1915年返回上海，继续反袁斗争。1926年9月，北伐军在南昌被围困，蔡蕙创办战时红十字医院，掩护北伐军官躲过敌人搜捕。蔡蕙的大哥蔡突灵、二哥蔡锐霆（在讨袁起义中牺牲）皆为同盟会元老，弟弟蔡康国、蔡怒飞先后为国捐躯，侄子蔡炳同（蔡锐霆长子）继承父亲遗志参加护国讨袁起义，年仅18岁就英勇牺牲。孙中山亲手书写了“一门义烈”四个大字赠与蔡家。

辛亥女子军时期，“女子军事团”副团长黄绍兰，在女子军被解散后，随黄兴在南京留守府工作。1912年5月，黄绍兰提议并被任命为辛亥烈士忠裔院院长。“二次革命”失败，南京形势危殆，为保全辛亥烈士遗孤，黄绍兰不畏艰险将全部遗孤一一安全送回原籍。1916年春，黄绍兰与黄兴夫人徐宗汉、章太炎夫人汤国梨等，在黄炎培、沈恩孚等教育界知名人士支持下，于上海法租界内创办了博文女校，担任校长。这所历经曲折艰难维系下来的学校（最后地址在白尔路——今太仓路127号），却在不知不觉间成就了中国历史上一件划时代的大事——1921年7月成为了中国共产党举行第一次代表大会的地址之一。当时正值暑假，黄绍兰夫妇留在学校守护。以“北京大学暑假旅行团”名义前来的12名中共“一大”代表中，就有10名以博文女校为住宿地；中共“一大”第一天的聚会（有人称作“开幕式”）和7月22日夜的“预备会”，都是在博文女校进行的。

这些坚持不渝地为国家民族努力奋斗的战友，使唐群英感到振奋，引为骄傲。

辛亥革命后最早要求女子参政的“女子参政同志会”领导人林宗素，在女子参政运动落潮之后，退出政治舞台，“大隐于市”。她远走新加坡从事教育事业，成为富商之后仍然资助哥哥办报，继续鼓吹民主自由。而她本人，不论在南洋兴业还是回国定居后，始终没有再在社会上露面。

女报人陈撷芬，曾为“神州女界共和协济社”的发起人之一，也是女子参政运动的有力倡导者。女子参政运动不成，她重返日本读书，毕业后与夫君杨隽双双赴美留学。一代杰出的女报人，正在深造奋飞之际，竟于1923年病逝，年仅40岁。

作为“浙江女子国民军”领导人的林同雪、张馥真姐妹，武昌起义后曾挥戈参加南京会战，中华民国成立后曾接受大总统孙中山检阅（张馥真还曾以“女界研究政治学代表”身份与辛素贞女士一起晋谒孙总统，应询‘历举诸贤’），女子兴办实业热潮兴起，她们于上海公共租界福州路开办了主营国货的“女子植权物产公司”，仍然不忘与封建复辟势力作斗争。1913年10月10日，“女子植权物产公司”门口张贴出了一方应时的横额：“国庆纪念日”，然而横额之下却是一副尖利如剑的对联：“请看今日之中国，竟是袁家之天下”。此联经上海《时报》报道后，引起社会轰动及广泛赞扬。然而此后不到两年，她们的企业倒闭，林同雪郁郁而终，张馥真化身为杭州紫阳山祇园庵的耀真法师。与张馥真同样遁入空门的，还有原女子北伐光复军成员丁志谦，原广东女子北伐队队员张淡如。此后的悠长岁月里，青灯黄卷伴随着她们的苦闷与孤寂，木鱼铜磬诉说着她们的遗憾与无奈。

还有一些女子军战士，当年不惜与家庭决裂而投奔革命，结果是革命不留家庭难回，或漂泊流浪，或沦落烟花，或惨遭杀害，或自断生命。例如，中国同盟会员、广东女子北伐队队员黄抚庸、邓慕芬，原本被安置在女子教育院工作，讨袁斗争失败后二人避走港澳，结果是无家可归而又谋生无门。绝望中，相约至肇庆鼎湖山上，于1914年12月间携手同沉于飞水潭。

这些为国为民卓有功勋的女战士，不尽人意、无可奈何甚至悲惨凄凉的结局，使唐群英为之惋惜、无比悲痛。

当然也有一些人使唐群英感到憎恶鄙夷，那就是见风使舵、认敌作父、背叛革命的沈佩贞之流。

沈佩贞曾是中国同盟会会员，辛亥女子军时期组建过“女子尚武会”，民初女子参政运动中参与过“女子参政同盟会”的领导工作。袁世凯妄图恢复帝制、镇压革命力量的真相露出后，她竟自制一张“大总统门生沈佩贞——原籍黄陂，寄籍香山，现籍项城”的荒诞名片，无耻地投靠于袁世凯门下，摇身一变充当起了“洪宪女臣”。起初袁世凯确曾聘她为总统府顾问，一度还派她去绥远担任将军府高级参议。岂料他却在袁记官场上“拜干爹”，“认叔父”，带领一帮刘四奶奶、王三太太等泼妇，拉皮条，打群架，结果吃了官司，被禁押半年。此后人们再提起她，只能以“女流氓”名之了。

跟沈佩贞有些类似劣迹的，还有一个傅文郁。此人也曾是“女子参政同盟会”的一名成员，参政运动受挫之后，她竟常常与袁记官员混迹于烟花柳巷，为人所不齿。

在南京，当年的女战士们大多有了自己的归宿。或在政坛上得到了一定的职衔，有了稳定的收入；或嫁了地位不低的丈夫，有了满意的家庭。例如，1919年11月作为“女子军事团”发起人之一的沈警音，早已与爱慕她的黄郛成婚，而黄郛担任过上海特别市首任市长，外交部部长等要职。总之，唐群英见到的一些女界老友，都生活安逸，经济富足，锦衣玉饰，歌舞翩然，其活动范围主要在于家庭和社交娱乐场合，当年那种为民族独立、妇女解放而奋斗的精神已经几乎不见了。有一次，唐群英家来了三位朋友，交谈不几句就邀她打麻将。她对此本无兴趣，又不忍造成“三缺一”的局面使朋友扫兴，只得勉强应付了几局。

与久违的朋友会面，是愉快的事情，但也使唐群英生出了许多感慨。她认为，生活富足精神贫乏并不可取，不畏贫寒志在家国才是应有的人生态度。灵感及此，遂成**《金陵访旧有感》**七绝一首：

纷纷姊妹尽华裙，顾我何忧彻骨贫？

不见梅花亭外立，西风岭上好精神。

四

在南京，唐群英不留恋美丽的风景，不沉迷故友的重逢，她所珍重的，是与遂九一家亲情融融的朝夕相处。在她的人生岁月里，奔波时间多，安稳日子少，三代同堂子孙绕膝的天伦之乐更是绝无仅有，就是遂九诞生以来的28年中也是头一遭（1935年唐遂九28岁）。所以，曾伯珪回湖南后她继续在南京住了一年多。

此时，遂九一家已是五口人了。遂九的生母廖淑媛年近六旬，生性温柔谦和，历来与唐群英情同姐妹。遂九的妻子胡卫真，广东三水人，出生于一个清贫的书香之家，自幼聪慧开朗，虽然没进过学堂，但哥哥们读过的书她都能够熟读领会，长大后知书达理广有见识。唐群英很喜爱这个有志气识大体的儿媳，时常对她说，作为一个女人要处理好爱夫、爱家与爱国的关系，不要把自己局限于小家庭圈子之内。遂九的两个儿子，大的3岁，名叫“存正”，小的将满周岁，单名一个“明”字。两个孙子的名字都是姑奶奶唐群英给取的。“存正”之名，源自文天祥《正气歌》里“天地有正气”、“凛冽万古存”的诗句；“明”字则取自于“光明磊落”一词。当时，唐群英还曾幽默地说，哥俩的名字连起来就是“正大光明”，可见她对两个孙子的喜爱与期望。

农历十一月初三，是小明的周岁生日，家里准备了比平时丰盛一些的一桌饭菜。开饭之前，唐群英拿出一个精致的金属小盒，对淑媛和遂九夫妇说：

“这小盒里装的是我给小明的两件生日礼物。这礼物不是买来的，却比买来的更有意义。”说着，她打开小盒，先取出了一枚铜质的徽章，“这是1912年我自己设计并且佩戴过的民国女子参政同盟会的会徽，虽然已经陈旧，但它代表着我一生的追求。”接着她又取出了一块怀表，“这是我留学日本时开始使用的表，跟随我三十多年了，可以说是我一生奋斗的见证。”介绍过两件礼物的来历后，她十分动情地说：

“我希望孩子们了解前辈的奋斗经历和奋斗精神，走好自己一生的路。”

她把小明抱在怀里，吻着，唱着：“小明乖，小明好，小明是个好宝宝……”她那绽开着笑纹的眼睛里，似乎洒上了一层湿润的光，显得更为明亮……

说起小明过生日，还要提到唐群英与廖淑媛之间的一桩感人趣事。廖淑媛的长子唐忍安，由于身体的关系，决计终生不娶，自然也就无子嗣可言了。遂九夫妇生了小明后，廖淑媛曾经对唐群英说，“陶姐，你有了两个孙子，我可是一个也没有啊……”唐群英对两个孙子都很喜爱，可是从未在意过他们的“归属”，这次听到廖淑媛的话，忽然感觉到弟媳的欢乐情绪之中有着几分失落，她马上明白了，作为直系血亲在情感深处有一种难以避免的纠结，便当即表示：“存正是咱们俩的，小明是我的。”廖淑媛听着笑了起来，内心的纠结慢慢舒展开来，待到她们的长孙存正长大后，对于姑祖母把最珍贵的礼物送给弟弟，认为入情入理。

全家正要开饭，忽听得楼道里有人惊呼“失火了”！紧接着孩子哭，大人叫，楼梯响，一片嘈杂混乱之声，阵阵烟雾呛人的味道，楼上住户纷纷把箱子衣物往院子里抛掷……。遂九家里，廖淑媛一左一右护住两个孩子，遂九夫妇慌忙收拾衣物，并嘱告伯姑赶紧准备逃离。

趁大家没注意，唐群英独自迎着呛人的烟雾走出了房门。待到大家为她担心时，她却从容地走了回来。她平静地对大家说：“吃饭吧，没有什么……”

廖淑媛和遂九夫妇十分疑惑地围拢到唐群英身旁。唐群英胸有成竹地说：

“起火的是‘五号’，咱们是‘一号’，中间隔了一家‘三号’。今天风向是吹往‘七号’那边的，所以火势不会往咱们这边延烧；现在消防队已经赶来扑救，火势已被控制，剩下的只是烟灰水汽，不会有大事了，不必惊慌了。”大家疑惑尚未消除，果然看到明火熄灭了，慢慢地烟气也散去了。

等大家都平静下来，唐群英唤遂九坐在一旁，郑重地对他说：

“如果火势真的继续蔓延，家家都面临着危险，那么我们也应该首先想到救火，而不是先考虑自家物品的收捡、转移……。”这段话说得儿子心悦诚服。

这是一件小事，然而遂九一家却从中感受到了唐群英临事不乱的大将风度，以及先人后己的大爱情怀。

自1931年“九一八”事变以来，唐群英就为日本侵略者的步步进逼以及国民政府的步步退让而痛心疾首。东北沦陷时她曾拍案而起：“大好河山拱手送人，罪该万死！”“一二八”淞沪战起，她曾连声赞颂十九路军：“日本鬼子诡计多端，和他们没有什么好谈的，只有打，打得好！”此次来到南京，她内心怀有一个隐秘的想法，那就是观察一下国民政府究竟有没有与日本侵略者决一死战的决心。然而，这一年多，她直接间接看到的，却是部分政府要员的养尊处优，安于现状，这使她不由得增添了一些失望情绪。当遂九同她谈及加入国民党的想法时，她思索良久，然后心情沉重地说：

“现时的国民党，背离了总理提倡的联俄、联共、扶助农工的新三民主义，你就不要去凑这个热闹了吧。但是，爱国思想永远不能丢，要做一个有骨气的中国人！当然，加入不加入国民党，还是由你自己决定。”

南京是民初女子参政运动的发源地。回望当年，辛亥女杰们为了实现同盟会承诺的“男女平权”，上书大总统，怒闯参议院，痛斥反对派，结社女盟会，个个英姿飒爽，威武不屈。如今20多年过去，辛亥革命成果飘零，女权运动花落水流……。作为民初女子参政运动的领袖，此次故地重游，旧事重温，唐群英心中五味杂陈，纠结难解。思来想去，凭心凭力，只有把自己的晚年余热奉献给家乡父老乡亲，才无愧奋斗的一生，并能获得最大的快慰。

于是，1936年秋，唐群英在抚子遂九陪同下，毅然离开南京，回到新桥故里。

唐群英回乡前，仇鳌和张继还曾有亲自书写的诗词相赠。仇鳌写的是一幅七言绝句条幅，其前两句为“往日罗兰今老矣，纷纷姊妹尽华裙”。张继赠的是一首五言律诗中堂，起首两句是“烽烟看四起，投袂自提兵”。[2]

五

回到三吉堂后，唐群英更加抓紧地做着许多文人雅士的晚年功课——整理自己一生各个时期所写的诗词文章，或结集出版，或留予后人。她在曾伯珪和族人唐肇修的配合下，从报刊、书信、手记及藏品中，翻检出自己所写的诗词文稿，用小楷篇篇仔细抄正，依照时间、内容和文体的不同，编为《吟香阁诗文集》四卷。整个工程费时费力，已然65岁且体质每况愈下的她却乐在其中，因为她不求出名，不求得利，只是想给后人留个纪念。房侄唐寿春劝她不要太累了，她泰然自若地说：

“想做的事情不做完，想休息也休息不好啊！”

南京之行后，唐群英重建了与南京故友的联系，常与张继、仇鳌、戴季陶等有书信往还。逢到她双手颤抖的毛病发作，就口授给写得一手好字的唐肇修代笔，唐肇修若忙就由曾启球代复。当时曾启球只有17岁，毛笔字写得还不够成熟，曾被八公公羞说：“丑煞了！丑煞了！”自此下决心苦练书法，终于大大长进。

1937年4月一天的正午，唐群英突然接到国府主席林森派副官送来的一纸亲笔手简：

“唐八先生：别来无恙。久慕贵乡南岳名山，适得公暇，藉资观览。故人咫尺，不胜渴望。特着肩舆两班奉迓，欲请屈尊至磨镜台一叙，虚左以待，恭候光临。”

原来是林森主席到桂林公务视察后，利用休假时间转道来到南岳，做一次私人性质的观光，并未惊动湖南省府，只请老友唐群英相聚同游，迎接的轿子已经来到了三吉堂。唐群英想起前年在南京时林森的亲切会见和热情关照，虽然身体有些不适，还是欣然乘轿上了山，当日傍晚就到了磨镜台。

当晚，林森与唐群英在磨镜台的避暑山庄重逢，欣喜之余各自安歇。次日便在幽雅的磨镜台景区漫游观光。

磨镜台位于南岳半山亭中心景区，相传是唐代南宗七祖怀让禅师与北宗僧人道一法师“磨镜斗法”(3)的地方，遗有“传法院”、“七祖塔”、“怀让墓”、“天台阁”等胜迹，附近又有龙舒桥、观音桥、麻姑桥、游泳池等景观，为南岳五绝的最幽之处，风景优美，气候宜人。

林森是一位兴致很高的游客，虽有副官、警卫等人员陪同，但都不及在衡山脚下长大的唐群英对相关景观介绍得仔细，所以唐群英无形中充当了半个导游的角色。

两天之中，两位年过六旬的老友，观景叙旧，谈笑风生，十分开心，十分畅快。他们的对话十分精彩。

“从北京到湖南，到处都有你唐八先生的女弟子，真可谓百花争艳，桃李满天下！”林森由衷赞扬唐群英。

“不敢说桃李满天下，只能说桃花李花一天比一天增多了。”唐群英谦和地说，她指的是女子教育的发展情况。

“你不恋京都政坛，却爱山乡杏坛。这也是‘撮得罗兰真种子，灵苗催放九华巅’，这种子在中华大地上放出了灿烂的光辉……”林森想起了唐群英当年发表在革命刊物《洞庭波》上《绝句八章》中的诗句。

“这罗兰真种子不是拜神仙上帝之灵所得，而是中山先生赐予的，革命运动赐予的。我个人不过只是一支蜡烛，谈不上什么光辉……”

“就算是烛光，也已经照亮了女界。”

“林主席过奖了，我自知个人的力量无补于大局，能如蜡炬一般燃尽泪光于愿足矣！若比作园丁，能看到桃李芬芳，树木成材，也就无限快慰了。看来杏坛似乎比政坛更可施展抱负，也自有一层高雅的气息。”

“粉笔生涯，虽是高雅，胸肺可不好受呀!”林森真诚关切。

“多吃一点粉笔灰，好写一生清白的历史。”唐群英坦然无憾。

两人一阵会心地大笑。

“唐八先生自比蜡烛，我林某人也有一比——我就是那中药当中的‘甘草’……”林森忽然若有所思地笑说。

“此话怎讲?”唐群英有些茫然。

“甘草是一味极普通最常用的中药。单独用它基本治不了什么病，但不论治什么病又几乎缺不了它。甘草性平味甘温和，可入十二经，能调和诸药之性，解百药之毒，所以中医自古就有‘十方九甘草’的说法，无论温补还是克泻，无论热剂还是凉剂，往往都要配上几钱甘草……”林森继续笑着说。

“是的，可能就是因为甘草的这种药性，所以有个别号叫‘国老’。我听说，古代医家称它‘调和众药有功，故有国老之号’，‘国老即帝师之称’；老百姓则比喻它为三国东吴的乔玄‘乔国老’……。”想到林森在民初女子参政运动中多次出面调解而不计个人委屈的表现，确乎有点“好好先生”的意味，但是唐群英没有把这个有褒有贬的词说出来。

岂料林森的意思却不在这里。

“我作为国民政府主席，名义上是国家元首，出头露面的机会很多，例行文章做得很多，但并没有多少实际事情可做，也发挥不了什么实际作用……”他的表情变成了似笑非笑的模样。

至此，唐群英方才明白，林森指的是，按当时的政治体制，他虽贵为国家元首，手中却并不掌握国家实权。她便忙不择词地表示宽慰：

“哪里，哪里！林主席，您为国为党屡建功勋，为人处事德高望重，国家需要您来做国府主席……”

“唐八先生，你就不要为我圆场了，全中国的人都说我是‘傀儡’，是‘聋子的耳朵——摆设’。其实，这也没有什么，只要国家需要一个‘傀儡’，需要一个‘摆设’，我何乐而不为呢?”林森又恢复了最初的笑容。

“难得，难得！林主席这种宽阔的胸襟，体现了孙总理的伟大精神……”

“八先生你又扯远了，我跟总理怎么比得——我只是几钱甘草呀！”林森挥手打断了唐群英的话，两人又是一阵会心地哈哈大笑。

在磨镜台的最后一晚，林森提议：

“听说八先生琴棋书画，样样皆能，当此分别之际让我领教一下先生的棋术吧!”

“样样皆能，实不敢当。象棋以前倒也摸过，今天大胆奉陪，权作告别之礼。”唐群英也来了兴致。

两人摆开棋盘，隔着“楚河”“汉界”，战了几个回合。交战中，林森往往招架不住，还不时地悔棋、叫苦。他发现唐群英的绝招是，巧用“当头炮”和善使“马前卒”，不由得心生佩服：

“没想到八先生用过河卒子竟使人败北!”

“将相靠不住，只好靠小卒子呀！这小卒子一过了河，就决不回头，直逼对方老帅。”唐群英风趣地说。

听她的话，像是说下棋，也像是说她一生的战斗，意在言外而理在其中。

---

(1) 转引自《文物天地》1984年第5期。

(2) 仇鳌与张继为唐群英所题之诗句，皆为曾启球记忆，而他的记忆已经残缺。见载于《唐群英研究文集》中的《诗话唐群英》一文。

(3) 相传，禅宗南宗七祖怀让于唐玄宗先天元年来到南岳，在磨镜台一带聚徒说法，大力宣扬“顿悟法门”，从而使南禅宗风大振，乃至宏扬于海外。到唐玄宗开元年间，禅宗北宗僧人道一也来到南岳，在磨镜台附近山崖上结庐坐禅，然却不去登门拜访怀让。怀让着意要让道一归附于门下，除到道一庐庵频念本宗梵语之外，又手拿厚厚的砖块作“磨镜”状，以“磨砖既不能成镜，坐禅岂能成佛”之语警示道一，终于使道一接受了“顿悟法门”，归顺了南宗。后来，道一到江西弘扬禅宗南宗学说，获得江西马祖的尊号。

第二十章 魂兮归来

历史的尘埃无法淹没任何一个曾经流光溢彩的形象。
唐群英身后40年，邓颖超称她为旧民主主义革命时期妇女界的“英雄人物”。

1937年6月3日（农历四月二十五日），66岁的唐群英在三吉堂溘然去世，永远离开了她所热爱的家乡父老、国家人民……

她走得太早了！即使不以“七十三”、“八十四”比对，她的长姊唐希孟、二兄唐维藩都还健在呢……

她走得太急了！刚刚编定的《吟香阁诗文集》四卷，还摆在案头尚未付梓呢……

她走得太突然了！她自幼爱好运动，中青年时期体魄健旺，即使六旬以后也无大病缠身，不料却逝于突发的痰梗……

她走得太遗憾了！许多至亲至爱之人还没来得及来到她的身旁，特别是情同亲子的曾伯珪。弥留之际，她张着口说不出话，只把右手微微抬起，不停地伸屈着五个指头……周围的人明白，不见伯珪（在家族近支中排行第五）她难以瞑目啊……

一

唐群英的丧事原拟以家祭形式进行，但是，噩耗牵动了四邻八乡，衡山县县长彭一湖致中央党部的一则电报又牵动了南京国府，结果演成了一场规模颇大的乡间公祭。

6月18日，湖南《大公报》登载“彭一湖电请从优抚恤唐群英党史会等处来电吊唁”的消息，称唐群英逝世事“迭致各报”，“各方闻耗，纷纷来电吊

彭一湖電請 從優撫卹唐羣英 黨史會等處來電弔唁

中央黨史史料編纂委員會。編纂委員唐羣英女士。在衡山岳北新橋三吉堂故里逝世。迭誌各報。衡山實驗縣長彭一湖氏。電請中央優予撫卹。各方聞耗。紛紛來電弔唁。茲分誌各電如次。

彭一湖電

南京中央黨部國民政府黨史史料編纂委員會鈞鑒。黨史編纂唐羣英追隨總理革命。功在黨國。支日在衡山原籍逝世。身後蕭條。擬懇優予撫卹。以昭激勸。衡山縣長彭一湖呈。

黨史會電

彭縣長一湖鑒。寒電悉。唐前編纂羣英捐館。本會同人聞之。同深悲悼。惟請撫卹之處。希逕呈中央撫卹會辦理。特復。中央黨史史料編纂委員會篠（十七日）印。

原载湖南《大公报》6月18日

唁”，并全文登出6月14日彭一湖致中央党部的电文及6月17日南京党史会回复彭一湖的电文。

“南京中央党部国民政府党史史料编纂委员会钧鉴：党史编纂唐群英追随总理革命，功在党国，支日在衡山原籍逝世（按民国时期使用的电报日期代码，唐群英逝于6月3日，应为‘江’日，此‘支’日，则为6月4日），身后萧条，拟恳请优于抚恤，以昭激励。衡山县长彭一湖呈。”

“彭县长一湖鉴：寒电悉（按民国时期电报日期代码，‘寒’日即为14日）。唐前编纂群英捐馆，本会同仁闻之，同深悲悼。唯请抚恤之处，希迳呈中央抚恤会办理。特复。中央党史史料编纂委员会筱（十七日）印（此‘筱’日即为民国时期17日的电报代码）。”

竭尽平生之心力和财力，为了反对专制、建立共和、争取女权、开启女智而奋斗奉献的唐群英，辞世时不过只有“国民党中央党史史料编纂委员”这样一个有名无实的虚衔。然而，凡是了解她的业绩和品格的人们，无论是党政高官、各界名人，还是民间士林、乡村百姓，无不对她怀有无尚崇仰与热爱之情。

正是这样一种发自人们内心的浓浓真情，使得在僻静山冲里举办的唐群英葬仪格外感人。

三吉堂的正厅布置成了庄重肃穆的灵堂。唐群英的遗像迎着大门，灵榇置于中央。唐氏合族敬挽的巨幅挽幛上，“功在党国”四个大字凝重而明亮。正厅、侧厅及大小客厅里，挂满了政界要人及亲朋好友的挽诗挽联和各种祭幛。衡湘数县的政界、学界、女界人士，乡绅名流及平民百姓，前来吊唁者一连几天络绎不绝。葬礼仪式，由唐群英的抚子唐遂九和外甥曾伯珪共同主持，家祭祭文由他们两人并列具名，这种做法符合唐群英的心愿，也是这场祭典的一个特色。属于子辈孙辈的唐建民、唐忍安、唐寿春、唐志良、唐肇修、唐翰笙、曾璃、曾启球、曾选楼等，按辈份分列两排，执孝子礼。一些远房的子侄，也身着孝服加入孝子行列。仪式进行中，哽咽抽泣之声从未间断。刘琴站在孝子队列里，哭成了泪人儿……。上山安葬的那天，洒泪送灵的队伍绵延几里路长，腿脚不灵便的老弱妇孺伫立于自家门前默哀目送……

为唐群英逝世发来唁电的有，林森、张继、仇鳌、于右任、居正、戴季陶、刘揆一、覃振、程潜、赵恒惕、唐生智、何香凝、王昌国、张昭汉、熊守一等政界要人和各界知名人士。

部分挽诗挽联如下：

张　继：

苦心鬓室泪，遗著洞庭波

（1937年6月于南京）

曾伯珪：

两代沐殊恩，母子情深，只少怀胎十月；

何时报大德，音容顿杳，空留遗恨终生。

（1937年6月于湘乡）

胡菊生：

吾党先进海内耆宿　丰功伟烈足资典型

（1937年6月于湘潭）

陈逸云、庄静：

同志失先导　女界丧元勋

（1937年6月于长沙）

唐　三：

吴江送别已经年，方冀慈晕尚转旋。

噩电飞来惊客梦，哦成七字泪潸然！

（1937年6月于南京）

周诚僧：

忧乐关天下安危，忆昔公从北返，我自东归，邂逅济同舟，出示铜驼双行泪；

团防为民生保障，那堪盗弄潢池，兵搜穷谷，殷勤寄剩简，犹存衡雁几封书。

（1937年6月于衡阳）

此外，尚有《妇女共鸣》月刊（1931年创刊于重庆）等报刊发表相关悼念文章。

当时，豪门大户的家谱族谱里，女人只能作为男人的妻室女儿，放在附属的位置，简单挂上一个名字。而唐群英却破天荒地作为承宗立祧的独立支脉，与族内男人平起平坐地载入了衡山唐氏族谱。唐氏族谱中刊载了她的生平事要、功绩评价、主要诗文，还有族人的赞颂诗词。

唐维藩亲写的《女弟唐群英传》附于讣文之末。大意如下：群英奔波革命，有时闲居，生活穷苦，甚至隔宿无粮，从不示穷。

族人唐映皋的赞诗曰：

岂是寻常女儿家，纵横开放自由花。
心存忧乐关天下，志切师资泛海涯。
惊世文章留宇宙，迈伦姓氏重夷华。
嫌疑不避功勋胄，黜白崇黄主义嘉。

族人唐云樵的赞诗曰：

多才本是旧家风，三吉堂名誉望隆。
超固能文皆俊杰，木兰再世又英雄。
肆挥典籍精华尽，一洗胭脂陋习空。
缔造中原新世界，论功应与补天同。

族人的赞诗，并非句句恰切（例如“论功应与补天同”），但确实真切地反映出了大家对于这位族中女杰的由衷敬仰。

二

天上斗转星移，地上沧海桑田。

唐群英去世后一个月，抗日战争全面爆发。此后便是八年的民族解放战争和三年的国内革命战争，最终进入中华人民共和国的新时代。

在这个历史过程中，受到唐群英教育栽培的她的一些学生和后人，锻炼成长起来了，为革命战争和国家建设事业做出了贡献。

在这个历史过程中，唐群英为之奋斗终生的妇女解放事业，有了长足的发展，“男女平等”成为中华人民共和国宪法中的一条基本准则和中华人民共和国的一项基本国策。

唐群英的抚子唐遂九，1937年初被聘任为广东《中山日报》编辑。抗日战争全面爆发广州局势吃紧时，全市20余家大小报刊或停刊或转移，唯有他主持的《中山日报》留守部坚持出报，直至1938年10月20日广州沦陷前夕，他编发完最后一期报纸才作转移。随即又在流离环境中创办《中山日报》肇庆战地版，亲自采写了鼓舞人心的长篇通讯《气壮山河》。后来《中山日报》在韶关恢复设立总社，他升任总社总编辑，又做出了以一报之人力财力出版三张报纸(于韶关、梧州、梅县)的创举。唐遂九因之成为抗战时期的知名爱国报人。1941年，他回到湖南，曾与夏衍等出任范长江发起的“中国青年新闻记者学会”理事，参与创办《大光报》，担任湖南《正中日报》总编辑。抗战

别后34年，唐群英抚子唐遂九重归故里，默立于姑母墓前

胜利后，受聘为《大同》半月刊主编。1948年起，担任南京国民政府社会部救济司专员。新中国成立后，他参加华东人民革命大学学习，树立了对于社会主义的信仰。作为思想转变的实际行动，1951年他主动将家中珍藏了将近40年的孙中山给同盟会女同志的亲笔信（该信是直接送交唐群英的），献给了中国第二历史档案馆。学习结业后，他服从分配到河南信阳第一中学任教，开始了新的人生之路。岂料，1955年“肃反”运动中他被疑为“中统特务”关押半年，1957年“反右”运动中又被打成“不发言”的“历史右派”，十年“文化大革命”中更是遭到批斗，流离失所。所幸，每次不幸遭际都得到平反

曾启球（1999年摄于双峰）

昭雪，最终回归教育岗位。1981年唐遂九退休迁居原籍，仍抱着“一息尚存，不容停步”的态度，在同为文化人的继妻胡静协助下，义务送教上门，为当地农家子弟捐赠书籍补习学业。更加难能可贵的是，他把自己所经历的波折，解释为与共产党“不打不相识”的磨合过程，仍然鼓励三个儿子努力工作，积极要求进步。他的三个儿子也成为各自岗位上的工作骨干。

唐群英的姨外孙曾启球，1937年抗日战争爆发时刚满18岁，主动放弃小学教师职业，考入黄埔军校第十六期，毕业后转战抗日战场，在湘北会战中负过伤，鄂西会战中立过功。抗战胜利后，入中央训练团教育班第一期，意欲重执教鞭，却又接令复任军职，官至中校副团长（此时该团没有团长）。因反对内战，坚持不上打共产党的战场，毅然率部起义迎接解放。未料解放后竟被定为“历史反革命”分子，遣送甘肃、新疆接受“劳动教养”二十年。平反之时已到离退年龄的曾启球，专注于读书做学问，成为知名的曾国藩研究专家。

唐遂九、曾启球等唐群英的学生后人，虽历经磨难却终生不改爱国爱民之志。他们身上体现着前辈唐群英的品格与风骨。

自抗日战争爆发，中国的妇女运动在抗日民族统一战线的旗帜下，进入了崭新的发展阶段。国民党妇女领袖何香凝、宋美龄、李德全等，共产党妇女领袖蔡畅、邓颖超、康克清等，民主党派妇女领袖史良、刘清扬、沈兹九、李文宜等，分别在国统区和解放区建立妇女抗日组织，发动广大妇女投身抗日斗争，为民族解放事业做出了不可磨灭的功绩。经历12年战争风云的跌宕变幻，通过复杂的分化改组联合重建，终于在中华人民共和国成立前夕（1949年3月24日–4月3日），召开中国妇女第一次代表大会，成立了“团结全国各阶层各民族妇女大众”的“中华全国民主妇女联合会”（后改称“中华全国妇女联合会”，简称“全国妇联”）。

中华全国民主妇女联合会，作为一个重要的群众团体，参加了制定代宪法《共同纲领》、筹建中华人民共和国成立的“中国人民政治协商会议”第一届全体会议（1949年年9月21日-9月30日在北京举行）。会议通过的《中国人民政治协商会议共同纲领》第六条明确规定：“中华人民共和国废除束缚妇女的封建制度。妇女在政治的、经济的、文化教育的、社会的生活各方面，均有与男子平等的权利，实行男女婚姻自由。”这史无前例地写入国家根本大法的重要原则，标志着中国妇女从数千年被奴役被压迫的地位上真正站立起来了！

如果说，新中国的妇女解放运动已经成为滚滚洪流，那么，民国初年的女子参政运动就是这滚滚洪流的源头激流。如同浩瀚的黄河长江不能忘记远在青藏高原的发源地一样，受益于新中国妇女运动的中国妇女，永远铭记民国初年的女子参政运动，永远铭记民国初年女子参政运动的领袖唐群英。

三

二十世纪七十年代，中国社会在走过十七年初建时期，特别是结束了十年动乱之后，许多部门进行了上溯历史的“拨乱反正”、“正本清源”。在人们期盼中开始的这项工作，慢慢具有了盛世修志治史的声势及意义。

在这种形势下，中华全国妇女联合会于1978年恢复工作后，将原来的规模较小的“妇运历史研究组”，扩建为一个直属工作部门“妇女运动历史研究室”。其任务就是，收集资料总结研究中国妇女运动的历史过程和历史经验，首先写出新民主主义革命时期的妇女运动史，然后再沿历史脉络上溯近代乃至古代并下及当代。为了加强对妇女运动历史研究室工作的指导，全国妇联又邀集妇女运动老前辈以及史学界、社会学界、博物馆界等方面的专家学者，组成了学术性的咨询机构“中国妇女运动历史资料编纂委员会”。全国妇联老领导、时任全国人大常委会副委员长邓颖超，担任该委员会主任。

1979年12月3日，“中国妇女运动历史资料编纂委员会”正式成立，邓颖超发表《编纂中国妇女运动史的主线》重要讲话。在追溯中国妇女运动历史进程时，她结合个人经历深切指出：

“中国妇女运动历史首先是民族解放运动史的一部分。……妇女怎么样，妇女的作用是大是小，大到什么程度，放在什么地位，不能和整个历史进程、历史背景分开。……五四运动后，一九二一年，中国共产党成立，中国革命运动面目一新。中国共产党领导下的妇女运动的方向和发展，与旧民主主义革命有根本区别。就我本人来说，五四运动时期，我们不是什么了不得的先驱者，当时，我们是满腔热血，想的就是要救中国，不当亡国奴，为国家不怕牺牲，为国献身是光荣的。对妇女运动走什么道路，也经历过曲折。旧民主主义革命时期妇女界也出现了英雄人物，辛亥革命就有妇女参加，秋瑾就是搞武装斗争的，后来她牺牲了，走上断头台。还有不少，有一个唐群英，也很知名，她们争取参政。中国人民在皇帝专政下，孙中山也要民权，要夺得政权，推翻封建皇帝。女子争取参政，到议会里当议员。辛亥革命失败给我们教训，也教育了中国妇女。孙中山要夺取政权，但他不发动民众，不组织人民政权，结果也失败了。妇女运动也就消沉了。”(1)

邓颖超的这段讲话，对于方兴未艾的妇女运动历史研究工作，发挥了引航带路的作用。其中对于旧民主主义革命时期妇女运动史料征集工作的指导意义，更无异于画龙点睛。她简练地分析了旧民主主义革命时期妇女运动的起落过程及经验教训。对于这个时期妇女运动的重要人物，她虽然只提到了秋瑾、唐群英两个名字，但其所指绝非仅此两人，她是在褒扬参加辛亥革命的整个英雄妇女群体，而把秋瑾和唐群英分别作为妇女群体“搞武装斗争”和“争取参政”两个方面的代表人物；对于两个方面的代表人物，也未作“并列”、“孪生”之类的等量齐观。这种个人和群体关系的定位，是十分恰当也是十分必要的。

引起社会关注的是，当邓颖超提到唐群英的时候，许多人对这位辛亥女杰、女权斗士还是十分陌生的，甚至有人只知秋瑾而不知唐群英。造成这种情况的原因，不仅是由于妇女运动历史的研究工作刚刚起步，更为重要的是，对于民国初年那场女子参政运动及其领导人唐群英，当时及至其后相当时段，即使在当政的国民党内部也存在褒贬不一乃至冷漠以对的状况。例如，1929年1月1日中国国民党在北平创刊的机关报《华北日报》副刊《妇女周刊》，第七期所转载的《全国各省市妇协代表联合会宣言》即称：“从满清末叶至民国十二年，曾有几度热烈的妇女运动，但是，只听到少数知识阶级的呐喊，绝无多数妇女的响应，故几次运动，都成昙花一现。……过去的事实告诉我们，以前的妇女运动，是没有良好的成绩，换句话说，是完全失败了。”(2)即使1935年仇鳌、张继、戴季陶、于右任等国民党元老联名为唐群英申请生活待遇的上书之中，也不见对民国初年女子参政运动的评价。然而，作为为推翻封建王朝伟大事业壮烈牺牲的第一个女革命家秋瑾，从她血溅轩亭之日起，就成为人们无比崇仰的民族英雄；她那坚毅刚烈的奋斗精神，荡人心魄的革命呼号，视死如归的凛然大义，乃至存世颇多造诣颇高的诗词华彩，早已成为中华民族精神家园中的璀璨明珠，闪耀着永恒的绚丽光芒。

英雄人物各具特色，各有自己的功绩和地位。二十世纪二十年代，中国共产党早期妇女领袖向警予、杨之华，都曾积极评价过民国初年的女子参政运动。向警予赞其为“随辛亥革命成功而发轫”的“新茁之嫩芽”，说“民国初年唐群英、张汉英等所领导的女子参政同盟会，她们最肯替女界打抱不平……居然成为女界的裁判官……长沙妇女偏有一部分爱戴她们，在她们的旗帜之下。”杨之华则称其为“中国妇女运动的第一声”(3)。邓颖超的此次讲话，是半个世纪之后中国共产党妇女领袖对唐群英及其领导的女子参政运动再次做出的高度评价。

邓颖超这次缅怀、褒扬并倡导研究唐群英生平事迹的召唤，随即成为唐群英研究宣传纪念活动从淡漠到热烈的一个转折点，或者说是一个新的历史起点。在此召唤之下，全国上下各相关方面立即行动了起来。

妇联系统动起来了。全国妇联妇女运动历史研究室、湖南省妇联妇女运动历史研究室、湖南省衡阳市妇联、衡阳市衡山县妇联，直至衡山县一带乡村的基层妇女组织，都把征集唐群英的历史资料、历史文物当作一项重要任务列入工作计划，安排专人予以实施。

史学界动起来了。中国社会科学院近代史研究所，辛亥革命史研究会，中共衡阳市党史办公室、衡阳市地方志办公室、衡阳市政协文史委员会、衡阳市社会科学联合会、衡阳市文物局，以及衡山县、双峰县的史志部门，华中师范大学、湘潭大学历史系等单位，都有专家学者投入唐群英研究，写出了多篇论文及专著。

宣传文化战线动起来了。许多地方的新闻出版界、文化界、教育界人士亲自动手，有关唐群英的专文不断见诸报刊，专著陆续出版，诗词歌赋自各地响起，电视宣传片进入百户千家。

湖南省——衡阳市——衡山县层层领导机关动起来了。各级党委、政府、人大、政协的领导同志，特别是民革中央——湖南省民革——衡阳市民革的各级领导同志，或亲自查资料、写文章、做报告、赋诗词，为专著题词作序，直接参与唐群英的研究宣传纪念活动，或立项目、批资金，必要时写报告向上级申请，恢复重建唐群英纪念地，并将其定为“文物保护单位”。

唐群英的后人及乡亲们动起来了。最先行动者，就是唐遂九和曾启球。唐遂九率先与全国妇联妇女运动历史研究室取得联系，主动提供资料提出建议，对于这项工作的启动发挥了奠基性的作用。曾启球则克服眼疾造成视力极差的困难，以他在唐群英身边学习成长的经历撰写回忆文章，并且多方翻检史料撰写研究论文，提供了大量第一手资料和许多重要观点。1986年唐遂九病故之后，他的长子唐存正接过接力棒，成为研究宣传纪念唐群英活动的重要带头人。参与此项活动的，甚至包括了远在港澳台及海外的唐群英至亲故友。

1980年10月，全国妇联妇女运动历史研究室在其内部刊物《妇运史研究》中推出介绍唐群英生平的第一篇文章《侠气豪情鼓大千》（该文后来收入由河北人民出版社出版的《古今著名妇女人物》一书）。1981年第4期《贵州社会科学》杂志，刊出第一篇关于唐群英研究的史学论文《唐群英与民国女子参政运动》（作者是中国社会科学院近代史研究所研究员徐辉琪）。两文的出现，标志着唐群英研究宣传纪念活动的大幕开启。1989年10月，中华全国妇女联合会编写的《中国妇女运动史（新民主主义时期）》一书，由春秋出版社正式出版。该书在第一章《中国妇女运动兴起》中，浓墨重彩地描绘论述了民国初年的女子参政运动，称其“以过去从未有过的姿态，开创了近代中国妇女运动的历史篇章，是‘中国妇女运动的第一声’”。

1991年12月8日唐群英诞辰120周年前后，唐群英的研究宣传纪念活动，

纪念唐群英女士诞辰120周年暨群英中学命名大会会场一瞥

全国妇联代表刘静（前排左起第七人）及大会主席团成员与唐群英后裔、亲属合影

出现了第一个高潮。时任全国政协副主席、全国妇联名誉主席康克清，抱病为衡阳市政协文史委与衡阳市妇联联合编辑的唐群英纪念文集作了“唐群英一代女魂”的题词。衡山县党委、政府、人大、政协联合举行了唐群英诞辰120周年隆重纪念大会。衡山县人民政府拨款重修了唐群英墓，将唐群英墓及三吉堂中仅存的“是吾家”书屋确定为县级文物保护单位，还将“新桥中学”命名为“群英中学”。时任湖南省政协主席刘正及时任全国人大副委员长、全国妇联主席顾秀莲先后为群英中学题写校名。

从1995年9月第四次世界妇女大会在北京召开，到1997年6月3日唐群英逝世60周年前后，唐群英研究宣传纪念活动又起高潮。唐群英第一次被列入“中华百年女杰”行列，由第四次世界妇女大会宣传动员委员会拍摄了电视宣传片。第一部介绍唐群英生平的《唐群英评传》（蒋薛、唐存正著），由湖南出版社出版。衡阳市文联、市诗词学会联合编辑的《唐群英诗赞》出版，时任全国政协副主席、民革中央主席何鲁丽为该书题词：“文章合为时而著，诗歌合为事而作”；时任全国妇联副主席、书记处第一书记黄启璪，时任中华诗词协会副会长杨第甫，分别为该书作序。为纪念唐群英近世60周年，原中顾委委员、时任中华诗词学会副会长强晓初题词：“妇运先驱”；时任湖南省政协主席刘正题词：“中华女杰，浩气长存”；时年98岁的国民党元老陈立夫老先生，回应唐存正之邀请函，专门从台湾寄赠亲笔手书“女权斗士”的条幅。

1998年6月3日，唐群英研究会在衡山成立，唐群英研究宣传纪念活动有

1995 年9月，第四次世界妇女大会会场一瞥

了稳固的组织依托。同年8月，衡阳市妇联与唐群英研究会联合编辑的《唐群英研究文集》出版，时任全国妇联书记处书记康泠为该书作序。

2001年，是辛亥革命90周年，又适逢唐群英诞辰130周年。衡山县委、县政府筹资重修唐群英故居：修缮了已现破败状态的“是吾家”书屋，修复了三吉堂内已毁的书库和花园；在花园（花园最初取名“吟香园”，后易名“群英诗苑”）内修建了诗碑，竖立了唐群英铜像；在“是吾家”书屋旁修建了唐群英事迹展览室。时任全国人大副委员长、全国妇联主席彭珮云，为维修后的“是吾家”书屋，题写了“唐群英书屋”匾额。湖南省人民政府，将“唐群英书屋”公布为省级文物保护单位。前一年由湖南文艺出版社出版的《一代女魂——唐群英的传奇故事》（曾启球执笔）一书，恰好成为对这个纪念年份的献礼。后一年由香港天马图书有限公司出版的《唐群英年谱》（李天化、唐存正主

唐群英书屋（彭珮云题字）

编）一书，又延伸了这个年份的纪念活动。

2004年衡山县委、县政府，将"是吾家"书屋书库、群英诗苑、唐群英事迹展览室整合扩建为"群英纪念园"，顾秀莲为之题写园名。"群英纪念园"已成为群众的"爱国主义教育基地"，"妇女'四自'教育基地"，学生的"德育教育基地"，还被湖南省文物局与湖南省归国华侨联合会列为"涉侨文化遗产"，前来参观者，不仅有国内的各界人士和各地群众，不时还有来自日本、美国的研究中国近代史的专家学者。

群英纪念园（顾秀莲题字）

2006年6月，唐群英之孙唐存正、唐明、唐信群三兄弟，将一向作为传家宝珍藏的11件（套）唐群英文物，无偿捐赠于筹建中的"中国妇女儿童博物馆"。其中，唐群英亲自设计并佩戴过的女子参政同盟会徽章（唐明保存），被"中国妇女儿童博物馆"视为"镇馆之宝"。加上1951年唐遂九捐献给中国第二历史档案馆的孙中山致同盟会女同志亲笔信、1991年唐存正捐赠衡山县文物所的另一枚女子参政同盟会徽章（当年刘琴佩戴过的），以及黄泥村唐恭裕老人献出的唐氏族谱、谢凤英老人献出的依照唐群英留日时照片烧制的瓷像（该三件文物均收藏于衡山县文物所），可以说唐群英的后人和乡亲，把他们所珍爱的所有唐群英纪念物品，都慷慨无私地献给了国家。

作者刘静（中）与唐群英嫡孙唐明、曾孙女唐红的合影

2008年，衡阳市区中心湘江东岸出现了一座构思新颖、建筑精巧的"湘水明珠文化公园"。公园之中建有一

座“衡阳历代名人长廊”，长廊上以各种建筑碑刻手段展现了50位衡阳历史名人的丰功伟绩，唐群英的英名和业绩昂然列入长廊之中。公园之中还建有一条以唐群英名字命名的“群英路”，路面由鹅卵石铺成，路线迂回蜿蜒，象征着唐群英领导争取女权运动的艰难曲折，路的两侧树立着赞颂唐群英的诗碑。这座堪称衡阳市露天历史文化博物馆的美不胜收的“湘水明珠文化公园”，系由文化造诣深厚的儒商——富邦升辉房地产公司董事、总经理盛明明先生策划修建的。盛明明先生还在衡阳电视台的《湘水明珠讲坛》栏目中，以深入厚实的研究成果做了《一代女魂唐群英》电视讲座（四集），引起了强烈的社会反响。这表明，唐群英研究宣传纪念活动已经从政坛及学界殿堂走向鲜活民间，走入各界人士心中。

应邀参加中国妇女儿童博物馆开馆典礼，馆领导与唐群英后裔（左一唐信群、左三向丽华、左四唐存正）合影

2011年是辛亥革命100周年纪念年，12月举行的唐群英诞辰140周年纪念活动，形成了唐群英研究宣传纪念活动前所未有的高潮。纪念座谈会、理论研讨会、文艺演出晚会、唐群英铜像揭幕仪式、唐群英纪念邮册发行、唐群英生平事迹展等，构成了内容丰富、形式生动的系列活动。与会贵宾有，全国政协常委、民革中央副主席郑建邦，湖南省政协副主席、民革湖南省委主委刘晓，湖南省委宣传部副部长张志初，湖南省委统战部副部长邓焕生，湖南省妇联主席肖百灵，衡阳市委副书记、市长张自银，衡阳市政协主席王雄

飞，以及衡阳市和市属各区县各部门领导同志、离退休干部、特邀代表等，共计400余人。活动从衡山县到衡阳市，从会议室到露天广场，从城市到农村，从平原到山区，踏着唐群英在家乡一带的足迹，缅怀先贤一生的业绩，振奋起了衡山人民在改革建设道路上实现新跨越的雄心壮志。

四

应着人们的呼唤，应着人们的怀念，唐群英回来了。

带着她一生的侠气豪情，带着她临走时的遗憾牵挂，唐群英回来了。

带着她对家乡山川的眷恋，带着她对乡亲后人的关切，唐群英回来了。

走过上海、南京、北京、长沙，停留在衡山之巅，唐群英回来了。

她看到了，当年她和辛亥志士们共同追求的“民主共和”，已经成为了祖国的政体。

她看到了，当年她与女界同志们据理主张的“男女平等”，已经成为了祖国的一项基本国策。

她看到了，当年她同女权斗士们奋力争取的“女子参政”，已经成为了国家政治生活中的普遍现实：从基层直至最高政权机构中都有了女性领导人，国家建设的各行各业也都涌现出了女性领军人物。

她看到了，当年她对女性朋友“多学则智，自立即强”的嘱告，已经扩展为“自尊、自信、自立、自强”的“四自精神”，正由广大妇女发扬光大。

她看到了，当年她不惜耗尽家产勉力开拓的“女子教育”，已经在全国各地普遍发展开花结果，学龄女童与男孩子一样享受九年义务教育，即使到了大学，女学生也已占到相当比例。

她看到了，环抱着南岳衡山的家乡，已经建设成为闻名全国的“文明奥区”、“生态之乡”、“非金属矿之乡”、“中华诗词之乡”、“中国民间文化艺术之乡”，正在凭借山川、交通、矿产以及人文历史的优势，向着更高远的目标奋进。

她看到了，唐遂九、曾伯珪的子孙后人及同宗族人，已经健康成长起来，有的还成为各自岗位上的先进工作者，他们正秉承着“八公公”的精神意志为建设祖国和家乡奋斗不息。

2005年，顾秀莲为群英中学题写校名

唐群英走到了衡山县新桥镇隆资村，这里属于衡山北麓余脉外延处的丘陵地区。她看到了，绿树环绕中有一圈错落的围墙，围墙之中四座楼房面向着一片开阔的运动场，大门口墙面嵌着“群英中学”四个醒目的大字。她惊喜地停下了脚步，蓦然想到了当年自己在白果镇创办“红茶亭女校”和“岳北女子实业学校”的情景，真是今非昔比啊！她再仔细一看，竟见那座最大的楼房外墙上嵌着“勤学　苦练　致用　心正　格直　骨硬”十二个红色大字——这不是当年自己写给球伢子的“求学六字经”和“做人六字经”嘛，难为他们还记得，而且还拿来作为校训。她听说，群英中学已是一所“湖南省名人学校”，其师生多人荣获省、市、县级先进个人称号。学校以中华传统文化教育为特色，校园文化气息浓厚，注重格律诗教学的“晴来诗社”常有佳作发表，被评为“湖南省诗教先进单位”。教师教学热情高涨，学生素质不断提升。她还听说，群英中学正计划，在校园内的空坪上，兴建“群英文化园”，园中立诗碑、塑铜像、建亭台、植花木、置石凳，形成一处传承历史涵养文化的园地……

唐群英感到十分欣慰和兴奋。

看着听着，唐群英似在寻觅：怎么不见我编定了的《吟香阁诗文集》呢？

是的，您亲自编定的《吟香阁诗文集》四卷，未经印制即已在战乱之中散失了……

后人对不起您哪！

这些诗文的散失，太可惜了！因为它不仅是您个人毕生心血的结晶，也是我们唐氏家族、我们衡湘民众、我们中华女界的一笔精神财富啊！于是我们组织人手，竭尽全力，从当年报刊、各种史书乃至族谱方志，仔细搜索寻找，终于觅得您的诗词联文44篇，集结而为《唐群英诗文赏析》一书。这本由湖南诗词协会会长赵焱森、衡山县委书记李辉、衡阳市诗词协会顾问王之康作序，于2011年9月由中华诗词出版社出版的书，是我们对您140年诞辰的一份献礼，也算是对《吟香阁诗文集》散失的一点弥补吧。

我们要告诉您的是，您的诗文虽多有散失，但您的侠气豪情、书剑歌吟，您的红莲品格、寒梅风骨，却不断点燃起无数诗人和诗词爱好者的激情灵感，化作了无数歌颂赞美您的诗词歌赋。这些或稚嫩或厚重，或质朴或隽永，或忆旧或瞻前，或遵格律或擅自由的诗词，都发自与您“心灵相系送香来”的衷怀，像您一样“索句”“题壁”“愈惹诗情到上峰”。看来，衡山县这座“中华诗词之乡”的源头，或许可以追溯到您的《吟香阁诗文集》呐。

那么就请您听几首大家献给您的诗词吧。

纪念陶公逝世55周年

一

年年此日黄梅雨，物换星移五五秋。
每忆膝前承愉色，重闻春暖涌心头。

二

横刀怒斩千年蛟，倡竞女权气贯虹。
今日江山新面貌，罗兰硕果九州红。

作者：曾启球[4]

行香子·咏一代女魂唐群英

南岳贞松，巾帼英雄，比钧天，来去匆匆。幼承四德，壮破三从。勇树新风，迎海浪，露华容。　为女争权，洒血同盟，步孙文，参政兴中。燕山司铎，楚水飘蓬。看寒梅俏，桃李艳，夕阳红。

作者：蒋　薛[5]

悼女杰唐群英

掀天浩气拔前筹，倒海移山争自由。
脚下尘飞腾伟业，胸中义重灭蚩尤。
道心忘我显忠悃，铁笔生华化吴钩。
立己立人人本志，洞庭波涌壮春秋。

作者：李尔重[6]

水龙吟·纪念唐群英诞辰120周年

占坛纪念先驱，英魂永在心头驻。终生奋斗，壮怀豪气，女权当护。投笔争雄，家园忍别，扶桑东渡。促同盟共进，齐心协力，身长置，风云处。

历史沉浮几度。看今朝，春光如注。新桥溢彩，衡阳织锦，洞庭载誉。华夏中兴，日渐茂盛，民族重塑。唤神州姐妹，人前昂首，步长征路。

作者：毕彩云（7）

化作一代魂

中华多女秀，群英堪称雄。

为争参政事，化作一代魂。

作者：盛树森（8）

自度曲·颂一代女魂唐群英

衡岳名媛，楚湘贵胄，同盟会中一女杰。山鸟唤晴，少年壮志，浮海遍寻救国策。奋剑长啸，率师杀虏，敢死队前敌胆裂。黄钟大吕，声震华夏，力争女权情急切。笔扫瞽儒，匡时济世，办报办学沥心血。四十年飘萍胡海，六十五雄风伟烈。沧海桑田千百载，光烛震旦灯不灭。

作者：李正南（9）

纪念先辈唐群英逝世六十周年

中华巾帼出英雄，侠气豪情壮苍穹。

更念先贤多智勇，捐资兴学晚霞红。

作者：唐 庆（10）

怀女杰·调寄忆仙姿

梦断魂归何处？欲寄锦书无路。今日汝荣归，怎地泪飞如雨？知否，知否，喜见九州和煦。

作者：董正谊（11）

颂唐群英

忧国忧民一巾英，剑气珠光出岳衡。

荷戟拼将皇制扫，投身奋把女权争。

煌煌健笔扬真理，娓娓真言著教声。

此日坤园花灿烂，芬芳片片记先行。

作者：周 济（12）

望海潮·怀念唐群英

衡峰飞翠，湘江腾碧，湖南最是葱茏。豪气揽虹，忠心贯日，江山代出英雄。雷霆讨元凶，况曾靖妖孽，天下为公，志盖须眉，女中豪杰，有谁同！

钧天誓换新风，纵艰难险阻，镇静从容。兴振女权，匡扶大国，东方喜有洪钟。千载仰丰功，自傲雪凌霜，崖立苍松。此日追思劲草，犹见晚霞红。

作者：谭雪纯（13）

以上列举的，仅是家乡后人以及各地各界人士献给您的赞诗之一斑。下面我们还要介绍两首很特别的献给您的赞诗。

其中一首是来自台湾的马鹤凌老先生对您的颂诗**《群英乡前辈颂词》**：

旷世奇英，崛起吾衡。长才大略，四海纵横。
谠论开国，丕振天声。力争女权，志在苍生。
诗文渊雅，志虑高明。湘岳灵秀，千古留名。

马鹤凌老先生（1920-2005）生于湖南湘潭县白石铺乡马家堰潭口村，6岁时举家迁往衡山县，先后居住于三樟乡新湖村和县城白石巷2号，后曾在岳云中学就读，是一个成绩优异，酷爱体育的好学生。这位后来在台湾政界高层任职40多年的老人（他的儿子马英九2005年担任中国国民党主席，2008年当选台湾地区领导人），对湖南对衡山终生怀有深厚的家乡情怀。2003年，当他的岳云中学老校友谭雪纯老先生致信向他介绍您的情况之时，年过八旬的马鹤凌老先生当即寄来了这首对于“崛起吾衡”之“旷世奇英”的激情颂歌。那时候，老人家是中华四海同心会创会理事长暨世界华人和平建设协会创会主席，在世界华人之中享有很高的威望。

另一首是以您的名字命名的衡山县“群英中学”的女学生刘雪芝献给您的诗**《唐群英，女辈之光》**：

您是一缕和煦的阳光，给深沉的黑暗以光明。
您是一株鲜嫩的小草，给荒凉的大地以生命。
您是一丝轻柔的春风，给冻翻的土地以活力
您是一泓清凉的泉水，给焦渴的土地以甘霖。
歌颂您呀，
我心中的阳光、小草、春风、甘霖。
您，就是——
女辈之光，

"一代女魂"唐群英。

您知道吗，女学生刘雪芝写这首诗的时候，跟您写《晓起》诗时的年龄差不多。说到这里，我们不由想起了在"是吾家"书屋，您将希范姐的诗句"千古多才惟谢蔡，于今愧煞女中无"改为"千古多才惟谢蔡，于今莫道女中无"的故事。现在我们看到了，您的精神正在衡湘大地代代传承，在神州中华处处绽放。

是的，有唐群英的精神做先导，有唐群英的灵光普天照，每一次"唤晴"都会更加爽朗，每一次"抒怀"都会更加豪迈，每一次"踏波"都会更加勇毅，每一次"游岳"都会更加振奋；每一束红莲都会更加娇艳，每一树枫叶都会更加壮丽，每一片黄花都会更加灿烂，每一簇寒梅都会更加高洁！

唐群英，这个在莽莽神州第一个举起男女平权火把的辛亥女杰，这个以杰出才智品格铸成"一代女魂"的女权斗士，这个倾其一生为国为民奋斗奉献的民族精英，将永远闪耀于历史星空，永远辉映着中华大地，永远活在中国妇女心中。

唐群英铜像（高2.6米），立于其故居广场中央，背景为修缮后的唐群英书屋

(1) 邓颖超《编纂中国妇女运动史的主线》讲话，载《蔡畅、邓颖超、康克清妇女问题文选》，人民出版社1983年版。

(2) 《北京妇女报刊考》，光明日报出版社1990年版，第293-294页。

(3) 杨之华：《中国妇女之状况与国民革命》，《中国妇女运动历史资料（1021-1927）》，人民出版社1886年版第541页。

(4) 曾启球，唐群英姨外孙，晚年曾任曾国藩学术研究会组委会顾问、唐群英研究会顾问。

(5) 蒋薛，湖南衡南县人，曾任衡阳市地方志办公室副总纂、中华诗词学会会员、衡阳市诗词学会常务副会长、湖南省作家协会理事、全国诗词联谊会常务理事等。

(6) 李尔重，河北丰润人，曾任河北省委书记、省长，湖北省顾问委员会副主任，中国诗词学会顾问，中国书法协会理事，武汉大学中文系教授等。

(7) 毕彩云，女，吉林长春人，中华诗词学会、辽宁省诗词学会、辽宁省作家协会会员。

(8) 盛树森，湖南衡阳县人，曾任衡阳市地方志常务副总纂、中华诗词学会会员、衡阳市诗词学会常务副会长。

(9) 李正南，湖南衡山县人，曾任中共衡阳市委宣传部常务副部长，衡阳诗词学会会长、书法家协会会长，湖南省诗词协会常务理事，中华诗词学会会员。

(10) 唐庆，湖南衡山县人，唐群英曾孙，湖南华菱钢铁集团涟源钢铁有限公司人力资源部副部长。

(11) 董正谊，女，湖南攸县人，曾任湖南第三师范高级讲师，中华诗词学会、全国汉语方言学会、湖南语文学会会员。

(12) 周济，湖南衡阳市人，原湖南建材高等专科学校副校长，中华诗词学会会员、中国书法家协会会员，湖南省诗词协会理事，“回雁诗社”社长。

(13) 谭雪纯，湖南衡东县人，原湖南三师校长、衡阳教育学院院长，中华诗词学会会员、湖南省诗词协会理事，衡阳市诗词学会顾问，南岳诗社常务理事。

附录一　生平年表

唐群英年表

1871 年（清同治十年）　**诞生**

12月8日（农历十月二十六日），出生于湖南省衡山县新桥乡（今新桥镇）黄泥町（今黄泥村）武将门第"三吉堂"。

1876 年（清光绪二年）　**5岁**

秋，在家塾"是吾家"开蒙。

1890 年（清光绪十六年）　**19岁**

6月，父亲病故，终年56岁。

1891 年（清光绪十七年）　**20岁**

秋，遵母命与湘乡县荷叶镇（今属双峰县）下宥村树德堂曾传纲完婚。

1896 年（清光绪二十二年）　**25岁**

冬，独生女儿夭折。

1897 年（清光绪二十三年）　**26岁**

8月，丈夫猝然病故。

1898 年（清光绪二十四年）　**27岁**

3月，冲破封建束缚，"大归"娘家"三吉堂"。

1902 年（清光绪二十八年）　**31岁**

秋，与姐姐唐希范、弟弟唐乾一同游南岳衡山时，在祝融峰不远处的会仙桥，救下欲跳崖自尽的少女刘琴。

1904 年（清光绪三十年）　**33岁**

10月，启程赴日本留学。到达东京后入住中国留学生会馆。

1905 年（清光绪三十一年）　**34岁**

年初，考入东京青山实践女子学校。

2月，由姨侄赵恒惕陪同拜会黄兴。

5月，由黄兴、赵恒惕介绍加入华兴会。

7月，由黄兴引荐拜见孙中山。

7—8月间，加入同盟会。

1906年（清光绪三十二年）　35岁

10月，在革命刊物《洞庭波》上发表充满革命豪情的绝句八章。

11月，在“中国留日女学生会”第二次大会上当选书记。

1907年（清光绪三十三年）　36岁

年初考入东京成女高等学校速成师范科，12月毕业。毕业典礼上作为学生代表，发表纪念文并歌。

1908年（清光绪三十四年）　37岁

年初，自日本返归湖南，准备投身反清起义活动。

回故乡探亲之际，由母亲提议、经胞弟唐乾一同意，接收唐乾一次子唐遂九为抚子。

1909年（清宣统元年）　38岁

与同盟会战友陈荆、张汉英联络会党首领万国栋、谭义生等策划湘乡县永丰镇起义。起义因故流产。

1910年（清宣统二年）　39岁

年初，与同盟会战友陈荆联络会党首领万国栋、黄大鹏组织领导湘潭县花石镇起义。起义获得初步胜利，终因寡不敌众而失败。

夏，再次东渡日本，继续在女留学生中进行革命发动工作。

1911年（清宣统三年）　40岁

2月，主持恢复“中国留日女学生会”，当选会长。

4月27日，《留日女学会杂志》发刊，任主编兼发行人。

8月19日，加入革命文学团体“南社”。

9月，自日本回国投身革命大潮。

11月25日与张汉英等发起成立筹饷组织“女子后援会”，随后又组建战地救护组织“北伐军救济队”。率“北伐军救济队”参与各省联军攻克南京的战役。

1912年（民国元年）　41岁

2月1日，作为“女子后援会”代表，与“女界协赞会”代表张昭汉、陈鸿璧、程颖一起，受到临时大总统孙中山接见。孙中山对两个组织为义军筹馈的贡献甚为嘉许。

2月20日，以“女子后援会”领导人名义，联络“女子参政同志会”、“女子尚武会”、“女子同盟会”、“湖南女国民会”等妇女参政团体的领导人，召开倡议成立“中华民国女子参政同盟会”的大会。

2月27日，代表女界20人起草《中华民国女界代表上参议院书》，要求“于宪法正文之内，订明无论男女一律平等，均有选举权及被选举权”。

3月18日，联合女界25人发出《女子参政会上孙中山书》，建议在3月11日公布的《中华民国临时约法》中，“或请删去‘无种族、阶级、宗教之区别’一语，以为将来解释上捐除障碍；或即请于‘种族、阶级、宗教’之间，添入‘男女’二字，以昭公允。”

3月19日，因闻听参议院今日会上将对“女界修改约法案”进行表决，遂与20多名女界人士赶到参议院，要求通过该法案，被劝阻离去。

3月20日，在参议院对“女界修改约法案”予以否决的情况下，与女界代表20多人复去参议院，再行据理力争。因被警卫阻挠，发生了撞破玻璃窗等情况，被报刊指斥为“妇女大闹参议院”。遂与蔡蕙转而求见孙大总统，请予协助。

3月21日，由于请愿女子被持械军人挡在了参议院大门之外，又一次转道总统府，请求孙总统出面排解。孙总统允诺代向参议院斡旋。

3月22日，与蔡蕙一起第三次求见大总统，禀明所谓“大闹参议院事件”真相。

3月25日，到攻击女界请愿活动的《亚细亚报》社提出口头质问，并发表驳斥其信口开河的书面声明。

4月8日，主持“中华民国女子参政同盟会”成立大会，当选会长。《女子参政同盟会简章草案》、《女子参政同盟会宣言书》、《女子参政同盟会致各省都督等电》相继见诸报端。

5月，与女子参政同盟会的部分领导人及年轻会员北上北京，联合当地女界人士，以“女子联合会”名义继续开展争取参政权的斗争。

6月，鉴于参议院讨论选举法时将女子排除在外，与张寿松等以“女界联合会”名义上书参议院，要求“于国会选举法条文内申明，民国人民无论男女若干岁得有选举权及被选举权”。

8月，只确定男子有选举权利的《参议院议员选举法》和《众议院议员选举法》由临时参议院正式公布后，再上《女子参政同盟会参政请愿书》。

8月14日，同盟会为改组为国民党事召开本部会议，女会员未被通知参加。与数名女会员闯入会场，登上主席台据理斥责。

8月25日，国民党召开成立大会。因为国民党党纲中删去了同盟会纲领中“男女平等”的原则，发生了“唐群英掌掴宋教仁”的空前一幕。

8月27日，与沈佩贞谒见孙中山，并面呈专函请求支持。

9月2日，收到孙中山复同盟会女同志函。函中有曰，“君等专以一二理事人为难，无益也。文之意，今日女界宜专由女子发起女子之团体，提倡教育，使女界知识普及，力量乃宏，然后始可与男子争权，则必能得胜也。”

9月4日，发表《女子参政同盟会代表唐群英宣言书》，提出了“理想上有莫大之希望，事实上未免有暂时之让步”这样一个较为理性的策略思想。

10月20日，“民国女子参政同盟会本部”正式成立，被推选为总理。

10月21日，作为女子参政同盟会言论阵地的《女子白话报》开始发行，任经理兼总编辑。

11月16日，“以提倡女权，发挥民生主义，促进个人自治为宗旨”的《亚东丛报》创刊，任主编。

12月9日，临时参议院否决女子请愿案的第二天，与女同志数人前往参议院，冲着辞而不见的议长吴景濂，大声指斥：“凡反对女子参政权者，将来必有最后之对待方法。即袁大总统不赞成女子有参政权，亦必不承认袁为大总统！”

12月16日，在女子参政运动遭到严重挫折的形势下，根据女子参政同盟会决定改变斗争策略的部署，由北京回到长沙，把工作重点转向地方。

12月18日，组建女子参政同盟会湖南支部，被推举兼任支部长。

1913年（民国二年）　42岁

2月初，看到《长沙日报》登出一则郑师道即将与唐群英结婚的荒唐“启事”，即与女盟员们前去报社问责，发生了女盟员捣毁当天《长沙日报》全部字盘的事件。后经湖南督军谭延闿动用公款求得息事宁人。

2月16日，与张汉英、丁步兰等在长沙创办《女权日报》。

5月，因纪念秋瑾烈士的“秋女烈士祠”被篡改为供奉节妇烈女的“女烈士祠”，带领女盟员进行了恢复纪念祠原貌的斗争，最终取得胜利。

6月，在宋教仁公葬之时，写出《宋渔父先生诔并叙》，抒发“群英之痛，社会之忧”。

9月，与张汉英赴上海考察妇女运动情况。

10月，与张汉英赴北京研究女子参政同盟会的工作。得到袁世凯即将对其悬赏通缉的密报，遂踏上漂泊流亡之路。

1915年（民国四年） 44岁

春初，经天津、上海、越南河内、云南、贵州等地的漂泊流亡生活结束，回到湖南家乡。

7月，张汉英病故，写出感人至深的《祭张惠风文》，并致书“南社”社长柳亚子先生，请其为张汉英作传。

1916年（民国五年） 45岁

年初，重返长沙投身反袁护国斗争。

11月，惊闻黄兴在上海病逝，写下《哭黄公克强》五律一首。后又写出挽联一副。

下半年，赴北京探讨女权运动再起之计。感叹于政坛之黑暗、女界之零落，彻底下定了扎根基层重新起步的决心。

1918年（民国七年） 47岁

2月（民国六年农历十二月），母亲曹夫人病故，在家筑庐守孝。

1919年（民国八年） 48岁

春，经过艰苦努力创办的“红茶亭女校”正式开学。

1923年（民国十二年） 52岁

年初，在衡山县城筹办高级小学“希陶女校”。得衡山县政府支持，此校改为公立，定名为“衡山女子高级小学”，任其为校长。

1924年（民国十三年） 53岁

春，应老战友王昌国（此时当选省议会议员）之邀，赴长沙参与重振“联省自治”下女子参政运动事宜。

3月，在长沙创办“复陶女子中学”。

6月9日，在恢复成立湖南女界联合会的大会上，自谦只任副会长，中华教育改进社女子教育委员会主任朱其慧当选会长。

1925年（民国十四年） 54岁

春，利用停办的“红茶亭女校”校址，创办“岳北女子实业学校”。

3月，惊闻孙中山在北京病逝，写下《哭孙总理中山先生》七律一首及挽联两副。

1927年（民国十六年） 56岁

7月，掩护自己的学生、共产党员彭月梅夫妇，在“马日事变”后的白色恐怖下，到衡山“出家”避难。一年后又接二人下山，投奔井冈山而去。

1928 年（民国十七年）　**57岁**

秋，辞去岳北女子实业学校校长之职，改任新桥唐氏广定小学校长。

1929 年（民国十八年）　**58岁**

9月，刚过51岁的胞弟唐乾一病逝，悲痛之际辞去广定小学校长之职。

1930 年（民国十九年）　**59岁**

秋，利用“云在庐”房舍，聘请本乡学识渊博的李次渊老先生，开办家塾式的课堂，收唐家及外姓儿童、妇女共20多人入读。

1935 年（民国二十四年）　**64岁**

5月，到达抚子唐遂九在南京的住处，与儿子、儿媳及两个孙子天伦相聚。已担任国民政府高官的林森、张继、仇鳌、戴季陶、于右任等同盟会老战友皆来看望，知道她因疏财兴学而致生活拮据，还联名请求中央政府予以补贴。不久，国民党中央给其挂了个党史编纂委员会委员的头衔，并予以相应的生活补贴。

1936 年（民国二十五年）　**65岁**

秋，离开南京，回到新桥故里。

1937 年（民国二十六年）　**66岁**

4月11日，应转道来南岳休假的国府主席林森之邀，与之同游衡山磨镜台。

6月3日（农历四月二十五日），在三吉堂溘然去世。原拟以家祭形式举办的丧礼，牵动了四邻八乡乃至南京国府，演成了一场规模颇大的各界公祭。

日本东京成女高等学校师范科毕业纪念文

清光绪丁未阴历十一月六日毕业于日本东京成女高等学校师范科纪念文并歌。

英儒赫胥黎以学问为完全之常识，故近世言学问者，率皆以大同平等之物视之。然其精微、奥妙、幽邃、宏博，亦非可以一二言罄者。盖自二离鼓铸洪炉，阴阳变生世界环球之表，民族各分一派，其间斗新奇以演成世界之一舞台者，莫不外此脑力之团结以为竞争，故觇国势于今日，恒以教育之盛衰为隆替。今者成女学校校长山根正次暨水谷直孝、宫回修诸先生等学识渊懿，道德深厚，洵可谓日本教育家之翘楚。英等忝列门墙，学习速成师范，越一年告竣。时明治四十年十二月十日举行毕业式，校室精洁，嘉宾毕集，诸先生登坛演说，慰诲殷勤，以期我邦女学之发达，以国民母教为基础，扩张东亚文明之进步，与欧美并驾而齐驱。其用意至周，其措辞极切。维时同学齐声歌颂，庆祝无量，想见其善邻并美之诚，几无遗漏矣。窃惟我震旦，自古为文明开化之国，于女学亦未尝稍有逊步，征之毛诗三百篇，首颂后妃之德，而王化之流行于江汉间者，殆非女教之功，曷臻此。迄乎三代以还，此旨浸废，然女师女范昭然于史策者，若班氏、木兰、伏女辈。当时轻视女学，犹能独来独往，卓绝古今，使有以提励之，则其造诣又当何如也？无如积瞶不振，女权陵夷，学识幽闭，遂成斯世困屯之形。溯国运盛衰之际，又岂非我辈担负女教责任之时耶？既承诸先生期望之深，复蒙奖誉过当，莽莽前途，惟蕲不负赏誉，以尽其力之所能至者而为之。倘或神州有幸，教育成时，与环球争美，以显我东亚文明之盛，则非徒吾国之幸，而贵国亦与有莫大之荣焉。诸先生之功又岂仅于吾辈数人已耶。谨兹称谢，爰作歌。歌曰：

维瞻盛国兮，文物炳麟。
历艰越险兮，涉彼重瀛。
宝镜初磨兮，形影玲珑。

吸收声灵兮，竣我研精。
大陆沉沉兮，伊回首而流连。
仰荷教育兮，怅有意以难宣。
勿负栽成兮，誓勉着乎祖鞭。
愿放兹之万丈光芒兮，普照于神州众生沉醉之混沌身前。

1907年12月10日（原载唐氏七修族谱）

留日女学会杂志发刊词

东风骀荡，春日妍和。东京行乐之地，柳色醮黄，樱花欲绽。留东学界，以流离琐尾之余，适春期休暇之日，痛定思痛，正拟借人酒杯，浇我块垒。览异乡之风景，赏天然之华丽，以读以游，以歌以咏，追逐于人影衣香之队，附和于寻芳拾翠之流。十年薪胆，顷刻欲忘。当此时也，乃有霹雳一声，天地为黯。英占片马，俄入伊犁，法迫蒙自之警报，纷至沓来。惊涛骇浪，耳目为昏，满眼繁华，都成惨景，天涯春色，尽入悲观。呜呼！瓜分瓜分，实行瓜分之危言，震破耳幕。枪雨弹烟，频频入梦，刀光剑影，咄咄逼人。留学男界乃有中国国民军会之组织，以冀达唤醒同胞排除外患之目的。奔走呼号，心力俱瘁。然犹以知识相歧，意见不一，奸人倾轧，政府疑忌之故，不能一意进行，已达于完善之域，阻力横生，几败垂成。男子程度胜于女子，则排除瓜分之祸之责，亦不能仅恃诸男子，彰彰明世。我国女界数千年来，浑浑噩噩，以依赖为生活，以服务为义务，不知国家为何物，且不知国家与女子有何关系，故对于国家放弃权利，对于男子毫无自由。究其所以，则皆以依赖男子为一大原因。今日恢复女权，还我自由之声遍天下。女界同胞，正宜当此国家多难危急存亡迫在眉睫之秋，与男子奋袂争先，共担义务，同尽天职，则不失天职，即能得自由之先声。今日义务，即他日权利之张本，可断言也。或者曰：中国今日强邻迫处，四面楚歌，欲免瓜分非专恃铁血不可。纤纤女子，何能为力？不知铁血者，男子之事业，亦教育之结果也。非教育之力不能收铁血之效。女子者，教育之起源，文明之根本也。教育完备，专赖女子。女子不学则已，女子有学，吾敢断言之曰：救国家之危亡，得力于女界者为尤多。试征之欧美十八世纪之初，北美独立未久，一切教育均未完备，来安女吏以乡僻穷人之女，肆身教育，卒能创立学校，大倡女学，合众国富强之基础，赖以巩固。法国路易十六时，政纲废弛，各国拥护帝政，强兵压境，外患内讧，不可终日。罗兰夫人起为共和党参谋，改革政体，建新政府，杀身成仁。至今东西男女莫不啧啧艳称，颂其功烈。他如露国之罗非哥夫人，英国之富色特夫人，或以慈善名，或以政治著，虽所处国势不必如一，观其改良社会，效力国家之苦心，则无不同出一辙。以上所举，皆昭昭最著者。至于今日欧洲赤十字社员，日本之爱国妇人会等，其中无名之女杰，鳞接趾连，何可胜数。要皆能补救国家，排除外患，为我国今日之女界鉴者，而还顾我诸姑姊妹，其果足以语此耶。承数千年压制之余，守无才是德之训，层层锢习，陷溺已深，一语以爱国救亡权利义务之名词，则目瞪口呆，茫然不解，甚者或返步却走，非笑随之。呜呼！以如此之女子社会，当如此之危急国家，虽男子程度尽如欧美，犹难免为半开化国。竞争之场，必归劣败，瓜分之祸，卒难幸免。而况男子之程度较欧美不啻天渊，国家之危机至今日已达极点，则女子教育，不得不与男子共图发达。欲与男子共图发达，又不能强粉白黛绿之俦，尽入学校。无已亦惟有发顽起冥，震聩启聋，尽鼓吹之能力，采开导之方针。沉沉酣梦，唤以金钟，恹恹沉疴，苏以药石。此女学杂志之所以刻不容缓者也。诸姑姊妹，有鉴于此，爰趁时机，大集同人，分留学之光阴，发救亡之愿力，共竭绵薄，期以远大。着手之方，先组织留日女学会，由女学会发刊杂志。炎炎大言，闺中木铎，热诚所感，金石为开，女界一线之光明，可于杂志之出世觇之矣。独是一事之起，始则急进，终乃消极，杂志何独不然。东京自有留学以来，各省同乡及各团体所创杂志，一二年前，无虑数十百种，长篇伟论，可竖旗帜，何其盛也。迄于今日，则水流花谢，烟消云散。所存焉者，几如鳞角凤毛，吉光片羽，不可多得。男子作事，尚且若是，矧在女界。女界之有杂志，亦非自今日始也。在上海者，有女学报，有女子世界，有中国女报，有天足会报，及中国妇人小杂志等。在日本者，有天义报，有中国新女界杂志等。诸如此类，不一而足。然皆昙花一现，顷尔忘形。岂尽诸君办理之非，亦各种阻力之故也。夫必能不畏阻力，前仆后起，虽有障碍，设法通过，则失败未必成功之友，阻力安知非进行之师。失败愈甚，成功愈大，阻力愈多，进行愈速。惩前毖后，百折不回，出二万万女同胞于黑暗而辉光之，要在我诸姑姊妹之好自为之而已。英国妇人之争选举权也，屡次失败，蹶而复起，比年以来，愈接愈厉，大志所在，不以失败而变计，不以艰难而丧气，目的一日未达，即此志一日不懈，壮哉文明之女子。我二万万神明之诸姑姊妹，盍其兴哉，奋其雄心，急起直追，我亦犹人，奚独不若。而况夫我女界同胞所有之特性，有非东西各国所可企及者，坚苦忍耐，誓死靡他，此非我女界同胞所斤斤共勉者耶。惜乎范围过小，仅用于一人之私，不知扩移于国家。故奴隶圈中，常著节义之声，英雄台上，大减裙钗之色。往事已矣，言之痛心，及今急图，犹有跃出九渊同观天日之时。若徒依赖男子，希望官吏之提倡，则今日男子官吏，对于女子教育，内而各省之摧残，外而使臣之忽视，毫不关心，漫云培养，地方绅士，更有甚焉。号开通者，以敷衍沽一时之名；而腐败蟊贼，方且侧目疾视，以破坏快一时之私。希望若辈，是何异秦人望越人之关心肥瘠，必不能得，或有望，俟河之清。人寿几何，吾恐学未卒成，而宗国沦亡不可收拾，奴颜婢膝，任人驱使之旧生涯，我诸姑姊妹其将长此终古乎。已矣，诸姑姊妹，可以兴矣。断绝依赖，人自为学，发爱国之忱，谋独立之道，勿云巾帼无能，但须蛾眉有志，及时勉励，养成毛羽， 东亚天地，任我飞翔。区区之女学杂志，不过着手进行之一耳。登高一呼，万山响应。酣梦已醒，动机乃生。沉疴既起，体力自强。促其进行之机，坚其独立之志。则浑浑噩噩，依赖成性之女界同胞，一转而为天真烂漫，勇往直前之女子国民。钟声旗影，耳目增辉，我孟母太姒木兰良玉诸先哲之遗征，复盛于今日。为黍利，为苏菲，为教育家，为改革者，极一时女界之光，吐千载闺阁之气。人人如是，处处皆然。我四千年祖宗辛苦创立之国基，将于是赖，岂特女界之光也。

1911年4月27日

（此文由宪斌执笔，唐群英审定）

女子后援会意见书

天下未有无代价之物，其物弥珍，其价弥高。一器之微，欲得者尚不可无以易之，而况独立自由之幸福乎？世界之物，未有贵于独立与自由者，国不独立，则失所以为国，民不自由，则失所以为民。欲购此最大之幸福，必先掷最大之代价；此代价非他，赤血而已矣，黄金而已矣。夫独立自由之幸福，固在谋生命财产之安全，然非先牺牲生命财产，此幸福又乌可得哉？欧美民族，深知此义，是以自十八世纪来，凡欲脱离奴隶地位而为独立自由之国民者，靡不始于武力而以财力为后盾。健儿壮士，为国流血，固为可敬，而富豪巨室，匹夫匹妇，毁家纾难，尝万苦而不悔，亦足多焉。今国民之享文明幸福者，其始殆莫不牺牲绝大之代价，若美国之独立，法国之大革命，其尤大彰明较著者也。彼自由之花，灿烂国中，独立之旗，照耀世界者，孰非赤血之所灌溉、黄金之所铸造耶？我国民居于异族专制政体之下久矣，今幸鄂省倡议，全国响应，天佑皇汉，恢复有日，此诚千载一时志士报国之秋也。

夫在军政时代，固赖有熊罴之士效命疆场，然财政基础未固，尤须有急公好义之士捐金助饷，俾健儿得专意杀敌，迅奏肤功。起义以来，民军所至，忠勇昭著，虽至女子军、学生队，罔不激昂慷慨，争先死敌，亦可见我健儿之不吝赤血矣。而国中富于财者，独未闻有毁家之子文、输财之卜式，窃为我同胞羞也。夫中国为中国人之中国，非独健儿之中国也。今从军之士，风餐露宿，不避冻馁，以血肉之躯投于枪林弹雨之中者，徒欲为我同胞购独立自由之幸福耳。战士辛苦，是为吾辈，吾辈安居闲处，独奈何吝身外之金钱，不以为购幸福之代价乎？

同仁重思之，今日之事，国民为政，凡我炎黄贵胄，除少数效忠异族、甘自绝于同胞外，罔不一心。儿童嫠妇，方外之士，尚有力任军需者，禹域之广，英彦之众，子文、卜式夫岂无人？徒以无募捐之机关，故其效未克举。同人是以有女子后援会之设。自愧能力薄弱，不克捐躯杀敌，顾深见于今日之事，必勇者不爱赤血，富者不爱黄金，始克有济，是用集合同志，组织斯会，以为爱国者乐捐之机关，以为民军后援。

敢敬告我伯叔兄弟曰：人之蓄积财产，将以遗子孙也，然无独立自由之幸福，则财产终不能安全，遗子孙以财产，不如以财产购独立自由之幸福，以遗子孙之为愈也。今者义军云集，胡虏夺气，我伯叔兄弟慎毋逸此机会，富者速输巨款，贫者亦当节衣缩食，量力捐助，集腋成裘，众擎易举，军费虽繁，咄嗟可办。裕军饷以飨士，何士不奋？购军械以杀贼，何贼不歼？异日神州底定，新中华共和国成立，我伯叔兄弟所享独立自由之幸福，即我伯叔兄弟自造之黄金之力，何遽不能与赤血齐功欤？敢再敬告我诸姑姐妹曰：吾国女子久矣无能力表露于世界，不及今赞助光复事业，徒欲坐享其成，其若人格何？今吾女界俊秀，亦既有仗剑从军与夫献身看护军人者，吾多数之诸姑姐妹，虽纤弱不能任此，顾独不能输此区区之财乎？使能人尽捐私蓄，或出其贵重服饰，以犒民军，义声所树，士气必有百倍者。若能母诏其子，妇勖其夫，俾各掷财产以助军需，其效当尤伟矣。

呜呼！自起义以来，未及二月，光复者已十余省，天意人心，亦可知矣。捷音所播，万众欢呼，间有小挫，不足自馁。今日之事，有进无退，但能勇者效力，富者效财，最后胜利必在吾族。凡我伯叔兄弟诸姑姐妹，慎勿溺一时之晏安，忘万世之大计。黄帝神灵，实式凭之。

发起人：张昭汉、马相先、李沅芷、张汉英、汤学兰、苏本嵒、吴玉镜、朱光皓、唐群英、尹锐志、欧阳雅文、李苏英、盖仁志、陈扈云、朱程颖、赵履贞、苏本楠、袁希潞、沈竹书。

《神州日报》，1911年12月6–7日

中华民国女界代表上参议院书

中华民国女界代表张汉英、蔡蕙、葛文媛、陈碧姻、唐群英、张昭汉、王昌国、张嘉蓉、童文旭、徐清、程颖、周英水、吴芝瑛、岳珏、裘贵仙、张群英、周文洁、施瑞仙、陈鸿璧、沈佩贞上书参议院议员诸公阁下：

窃维人类社会，造端男女。男女之结合也，或以感情，或以生活，有夫妇之分，初无大小尊卑之别。其于社会，负义务也同，享权利也亦同。盖自初民时代，以至今日，男女平权之事实，乡曲家庭，犹往往见之。自腐儒倡三纲之说，以女子隶属诸男子，于是男子以豢养女子为天职，女子亦以顺承男子为天职。故女子嫁于男子，不曰谐伉俪，宜室家，而曰执箕帚，奉巾栉。谬说流传，数千余载。女子之智识日劣，能力日薄，人格日卑，而权力悉堕于男子之手，闺阃以外，礼乐刑政食货兵农诸事，罕得闻焉。于是庙堂之上，谋谟筹画，咸资男子，女子不能侧足于其间。噫嘻！同是人类，何不平等若是之甚欤？兹幸神州光复，专制变为共和，政治革命既举于前，社会革命将踵于后。欲弭社会革命之惨剧，必先求社会之平等；欲求社会之平等，必先求男女之平权；欲求男女之平权，非先与女子以参政权不可。

或有疑女子程度不齐，不能遽与以参政权者，不知以女子与女子较，其程度固有不齐，以女子与男子较，男子之程度亦不过较女子优者为多，不得谓男子悉优，女子悉劣也。矧男子不以其程度不齐，谓尽无公民参政之资格，独于女子，悉夺其权而不与，是参政与否，只分男女，而不真系于程度之差异也明矣。嗟夫！岂非极天下大不平之事乎？夫我国革命之说，鼓吹有年，杞忧之士，或亦疑人民程度之不齐，未必能遽收善良之效果。今则振臂一呼，天下响应，不四阅月而大功告成，其程度之优美，有出人意料所不及者。则女子参政，何不可作如是观？况女子程度之不齐，由前此教育之不平等，今我中华民国，既号称共和，主张平等，则男女之教育，不宜再有分别。男子与女子，既输入同等之文明，即增进同等之智识，是男女之程度，必不至再有轩轾，即男女法律上之地位，不宜再有异同。女子应有参政权之问题，又奚待烦言而决哉？

或又谓世界各国，女子参政，均无其例，此尤为不经之论。夫男女既列于同等之地位，则男子参政，女子亦可参政，各国虽尚未见诸实事，亦何不可自我神明黄裔之中国，为世界女子开一先例，以作各国之模范乎？法国共和，前无其例，世界各国，何以公认为最良之政体？是知事之是非，在公理之顺逆，不在成例之有无。矧近日欧西各国女子之争参政权，固已日演而日剧耶！

据以上各理由，女子参政与否之问题，自不待群英等之哓舌。然窃恐习俗相沿，犹有袭前此学说，妄加分别，留此待决之问题，以酿后日男女无穷之患者，同志等惄然忧之，不敢缄默。用是联络全体女界，上书贵院执事诸公，请于宪法正文之内，订明无论男女，一律平等，均有选举权及被选举权；或不须订明，即将本国人民一语，申明系包括男女而言，另以正式公文解释宣布，以为女子得有参政权之证据。除呈请大总统外，理合沥陈贵院，请即议决，呈由大总统公布全国，使我女界同胞闻而兴起。女界幸甚！民国幸甚！

介绍者：参议院议员欧阳振声、张继、平刚。

《时报》，1912年2月27日

女子参政会上孙中山书

中华民国女子参政会唐群英、张汉英、张昭汉、王昌国、徐清、陈鸿璧、林宗素、蔡蕙、张嘉蓉、童文旭、裘贵仙、周文洁、程颖、岳尧、施瑞仙、周其永、葛文媛、沈佩贞、李俊英、张佳宾、沈明范、陈英、王道宏、李思贤、吴木兰等谨呈大总统阁下：

窃维民国新造，凡在民国，人民一律平等，固无所庸其疑虑。顾理论之优美，究不如事实之光明，侈言高大无当也。乃者平等之声愈高，而平等之实不著，无乃一二欺心冥顽不明真理者为之厉欤？男女不平等，为人类进步之障碍，久为世人所诟病。今者民国为人类造幸福，破除障碍，开宗明义，即在乎此。此而不行，则私相刺谬甚矣。读临时政府公报载，大总统公布参议院议决《中华民国临时约法》。此约法者，虽属临时，为期甚暂，然与宪法有同等之效力。亦即将来成文宪法之张本，国家组织、人民与政府之权利义务系焉，胡可轻易出之？苟有疵戾，非国家之福也。乃读至第二章人民第五条云："中华民国人民一律平等"。而其下复曰："无种族、阶级、宗教之区别"。就其条文寻绎之，既曰："中华民国人民一律平等"，则凡为中华民国人民均须平等，则种族也、阶级也、宗教也、或其他之种种也，而皆为中华民国人民也，均须平等，固已了无疑义，何必复为解释之语曰："无种族、阶级、宗教之区别"，以狭小条文之意耶？在立法者之意，岂不曰：吾国固尚有种族、阶级、宗教之区别也，明言之，或足以释不平等之疑，而昭大公无我之见。斯言诚是也。独不计及种族、阶级、宗教之外，固尚有不平等之嫌者在耶？列举既有未赅，则不如仅以概括的规定，尤能以解释而尽善也。况立法者之意并不如是，既已以"一律平等"之言欺人耳目，复怀鄙吝之见而为限制之辞，司马昭之心，已路人皆知之矣。吾女子之要求参政权也，既已一再上书参议院，求其将女子与男子一律平等明白规定于临时约法之中。今观此项条文，不独不为积极的规定，反为积极的取消。是参议院显欲与吾侪女子为意气之争，而不暇求义理之正。吾党宁能默然？吾党之意，仅以关于吾女子者，对于约法第五条，或请删去"无种族、阶级、宗教之区别"一语，以为将来解释上捐除障碍；或即请于"种族、阶级、宗教"之间，添入"男女”二字，以昭平允。二者惟择其一，吾侪权利关系，抑亦条文之正轨也。查约法第五十五条规定，约法增修之事，有临时大总统之提议云云等因，理合呈请大总统据情提议，以重法律，以申女权，无任迫切待命之至。

《天铎报》，1912年3月23日

女子参政同盟会宣言书

窃维人类进化之障碍，亘数千百年而未有已者，至于女子而极。奴也，婢也，娼优也，妾妇也，尽人世卑污下贱之名辞，惟女子之身是加。责实循名，身世之污，诚非人类所能堪，而女子乃安之若素者，何为也哉？且夫静听不闻雷霆之声，熟视不睹泰山之形，岂非障碍于其间者，有以蔽塞其聪明之甚欤？今者，吾女子聪明蔽塞极矣！欲启而辟之，俾各就于光明之域，则非爬罗剔抉，尽求吾障碍之物摧陷而廓清之，其目的终不可得而达，渊沉之痛，宁有止乎？男尊女卑，男重女轻，邪说诬民，昏暴之徒怒目狂呼，视同异类；其或内情谆笃，优异有加，亦不过遂其流连狗马之私，无当于伦常匹偶之正。滔滔皆是，正义萧然。此习惯上之障碍也。

男女之别，社会秩序关焉，胡可妄肅置喙？然春秋礼乐，冬夏诗书，庠序之教，应无歧异。何以女子则专习为井臼之操，箕帚之奉？幼不闻师傅之言，长亦惟酒食是议，智愚贤否，固随其性与习之美恶而成。其悍者则凌驾须眉，而懦者复务为承顺，妾妇之道，贤者羞称之矣。此教育上之障碍也。

夫妇团成，基于生活。凡可资以为生者，无不经营与共，消费与同，支配之权，原无轩轾。乃自三从邪说中于人心，女子遂失其为家族主人翁之资格，于其应有财产因是以不得自由处分。同是含生负气之伦，至此只得婉转哀号，栖息于男子肘腋之下，逆天背理，言之悸心！此财产上之障碍也。

人之生也，资性有高下之殊，人格无有无之别。同为组织社会之分子，即同在维持社会之法律上有人格焉。奴隶之制，今已削除。独女子尚不能与男子立于平等地位，限制极于语言行动之微，乃至受荣名，蒙耻辱，身世之事，一以男子为依归，无丝毫自择之余地。往往主张权利，屈抑凶横，无从求法律之保护。含酸茹痛，莫可谁何。此法律上之障碍也。

障碍愈多，则痛苦愈甚。近代以来，人群演进，学术革命与政治革命叠起环生，专制之魔，驱除殆尽，耶稣博爱平等之说日大昌明。吾侪女子渐得于水深火热之中仰首伸眉，出而求苏息之地，呻吟痛楚之余，卒然获此，宁非至幸？然此犹属理想上之幸福也。必欲进而求事实上之幸福，则非集合同志，冲决罗网，就吾女子之障碍，一扫而空之，则吾侪幸福之目的，终不可得而达矣！虽然，理有可讲明于斯须之顷，事无可期成于旦晚者。吾侪对于上言诸障碍，其必扫而去之也，固当挟决心，持毅力以赴之，不去不止。然习惯也，教育也，财产与法律也，其为障碍于女子也，匪伊朝夕。权利之丧失，既数千百年于兹，吾侪女子初已明示，认为让步，不与男子为同室之争也。不谓凌夷衰微，至于后世，积非胜是，成为学理，男子倡之，女子亦附而和之，于其已失之权利，非谓让步，且以为当然若固然矣。其稍识之无，略闻通人之绪论者，尚能辨其是非。非然者，或将深闭固拒，起而寻同类之仇。此其实例，即可于革命未成之前，为虏廷效力，残杀同胞者，借观而得也。呜呼！真理久忘，贼父之分，淆然莫辨，非知理者，难与言矣。故吾侪回复权利，当以今日为其始期。至其终期，则尚难预为推测也。

今兹革命，吾国异族专制之毒，已铲削销磨。建立民国，将以公民团体组织议会，以为政府监督机关。吾女子即居全国公民之半，则吾党今日冲决罗网，扫除障碍，其第一步之事业即在争此公民之地位耳。盖公民者，组织议会之分子；议会者，发生政治之源泉也。社会上应兴应革之端，凡为议员者，均有提案请求之权利。吾党欲破除诸障碍，如就其所发见者，枝枝节节而为之，则百孔千疮，随得随失，宁有济乎？韩愈有言，人之死也，其脏腑必有先受其病者。引绳而绝之，其绝必有处。政治上之不平等，即吾女子最先受病之处也。吾等今日之进行，惟先求得此政治上之地位，庶几登高一呼，众山响应，数千年层叠之魔障，不难次第推翻于语言文字之余。今请宣言于吾女界同胞曰：吾党今日所争者在此，而所最难达目的者亦在此。道高一尺，魔高一丈。吾党当挟雷霆万钧之力以趋之，苟有障碍吾党之进行者，即吾党之公敌，吾党当共图之！

乃者，民国宪法将付表决，吾侪欲争得此公民之地位，即当于此宪法上求之。宪法者，万法之源，人民自由权利所恃以为长城者也。吾诸姑姊妹，其投袂以兴！

《时报》，1912年4月10日

女子参政同盟会参政请愿书

参议员诸公阁下：前者女子联合会张寿松、唐群英等因院内选举法案颁布只有男子之规定，而于女子缺如，故特再上书要求确定女子选举法案，公布施行等因到院。乃诸公不为提出，只复书介绍人，称本院对于人民请愿，初经却下者，二次即视为无效，今女子请愿理由虽甚充分，但前在南京已经批复候国会解决，兹援前例，亦仍须候国会解决，不能提出云云。群英等闻命之余，深为骇异！亦若诸君只于醉梦之余，曾闻女子请愿，而于请愿内容并未目睹而辨别者然。又若诸君全凭简陋之私，妄拟前例为却下，而于前此答案毫未被阅而研究者然。此种冒昧判词，宁非诸君之大口而吾女子之大痛耶？原前群英等之南京上书也，乃请修改约法第五条字面，以免将来订宪法之误会案，后寿松、群英等之上书者，乃请确定女子选举法，以便目前颁行案。请愿虽同，而其意思之注点、事实之表著各异，绝不容相混也。修改约法案，当经院内反复辩难，口头表示谓约法为短期行使法，已经颁布，因字面细故突欲修改，手续上殊为繁难障碍。且所称无种族、阶级，宗教者，原浑言中华民国人民，并未专言中华民国男子，则实已概括女子在内，所称字面亦无修改之必要。至云免将来误会，当先为明白规定，或别文解释云者，则约法草创，缺漏之点有待于修订宪法时之规定，或解释者尚多，女子亦不必独急在此时云云。此不得认为却下也。而其书面答案又称：已经三月十九日开会讨论，多数认为女子参政乃应有权利，惟兹事体重大，应候国会成立，再行解决云云。其曰“应有”者，则实已经承认。各种之私权、公权等，实天赋人之原权，无论男女人人本自有之，无待他人之畀予或吝予也。故非个人本身或有抛弃之意思，或为能力所欠缺，或因行为生障碍，均可为充分之取得。即约法规定，亦初未尝限制，分别何等人民或畀予或不畀予也。其曰“兹事应候国会解决”者，则以所请列举申明详载宪法永久遵行一节，自须由制定宪法之国会主张之，不能急切责之本院。此更不得认为恶意却下之证据也。

若夫今之选举案，则固由院中制定之不待国会也。其规定中华民国男子有选举权、被选举权云云，则又舍人民而换称男子，将概括的有含公名词一变为列举的无含专名词，而于吾女子一面，全用特殊压制，剥夺其应有权利。无论意思如何，决不容其不抛弃，能力如何，决不容其不欠缺，行为如何，决不容其不障碍。既显然违背约法、蹂躏人权如此矣。而诸公对于前书复略不加查，亦委其责于将来制定宪法之国会，曰须俟国会解决，如套腔调之学文小孩然，岂非院中向者无心之误作，而诸公乃为有心之构陷以欺压我二万万女子耶？将来我女子对于刑法、民法、行政法，尚有种种之请求，不几尽被诸公援例却下，不容再请者一概打消耶？

夫民国肇造，主张人道，崇尚共和。在男子一旦破除阶级，恢复人权者，不得谓我女子非人，独仍须压制，不能享有人权也。故约法总纲第一条，曰中华民国由中华人民组织之，不曰由中华男子组织之，则吾女子实组织分子之必要，不能除去可知也。第二条曰中华民国之主权属于国民全体，不曰属于男子全体，则以我女子实国民全体中一大部分，不得谓主权之不存在可知也。人民第五条曰中华人民一律平等，无种族、阶级、宗教之区别，不曰除女子外无种族、阶级、宗教之区别，则种族中有男有女，宗教中亦有男有女，阶级二字尤为有含公名，其包括男女，更可知也。第六条曰人民得享有左列之自由权，凡分为身体、家宅、财产、言论、书信、居住、信教等七种，法律上谓之私权，亦名人格权，非有此权不可以为人。女子既为人类，具有完全人格，即具有完全人格之权利，尤可知也。将欲保障此种私权不被魔力破坏，全恃法律上之公权。公权者，即第七条至十二条之规定是也，而尤以第十二条所称之选举权、被选举权为主要。盖欲保人民之安宁幸福不遭行政上之蹂躏者，则恃有立法权；欲求国家基础巩固，使人民乐于负担者，则恃有监督财政权。二权之行使，皆在议会，议会之成立，实由选举。今制定选举法，独弃遗吾女子，岂女子公权固可任意剥夺，而私权固可不必保障耶？夫人身为权利主体，非行为犯罪，不能为全部或一部之剥夺；一遭剥夺殆尽，虽生机尚存，法律亦认为准死。今女子此权既被剥夺，虽忝然生存，实不得为权利主体，即不得为完全人格，简质言之，即不以为人。吾女子虽楚弱，亦何甘忍受诸公之荼毒如此耶？

且再就约法所列诸公权详论之。第七条曰人民有请愿议会之权，今独限制我女子，任有如何关系不准请愿，可乎？第八条曰人民有陈诉官署之权，今独限制我女子，任有如何利害不准陈诉，可乎？第九条曰人民有诉讼法院受其审判之权，今独限制我女子，任有如何冤抑不准报诉，如何违法行为，不受审判，可乎？第十条曰人民对于官吏违法有陈诉于政院之权，今独限制我女子，至受官吏如何之违法损害，必吞声忍受，不准陈诉，可乎？虽第十一条之任官考试，中华女子向无此习惯，然亦由专制使然。今既用开放主义，创兴女学，将来各校卒业女士，固不能独限制之，不加正式考试也。其中高材生，亦不可独加限制，不分别任用也。历观各条，在约法固深知限制女子之不可也，故无一条不用有含的公名曰人民，而概括我女子于诸权之中。今第十二条之选举权固亦曰人民，一例的有含公名也。而选举法颁布，乃独伪用无含的专名曰男子，屏我女子于人民之外。类而推之，将来诸权行使，援例变本，吾女子尚有人气，以为生存耶？所云违反约法，背叛名例，灭绝人道，盖莫此为甚矣！

又试就人民义务申言之。第十三条云，人民依法律有纳税之义务。试问我女子有财产有营业，独可不纳税乎？或曰中华习惯夫妻共产，言夫者则可该妻，故言男实以该女。此又詈词之大背伦理者。男女与夫妻判然各别，岂可以夫妻为男女之比例？例如夫死子幼之寡妇，父母均亡成年未嫁之女子，此类甚多，现在民国创造，死烈诸公遗族尤众，均各有财产各有营业，岂可独不任感受负担国税之痛苦，而以泛然不相干之男子代表而该之耶？况各国通例，禁治产者夫妻可互为后见人，即可互为法律上之代表，此知识问题。言夫可以该妻者，而言妻亦何妨不可以该夫？况中华财源困绌，国力薄脆，实以夫妻共产为障碍国家经济之一大原素。今民国成立，将欲发展国力，为膨胀经济之计划，正宜提倡人民独立营业。夫妻异产之制，即应预为财产独立之保障法权。以财产为前提，不以男女为限制，并不以夫妻为限制，方足以救依赖病根而祛国财之障碍也。至第十四条云人民依法律有当兵义务，中国女子向少当兵，然亦由法律使然。实则秦之女子，亦知从公敌忾；唐李渊女，以娘子军开国；明秦良玉，以女总兵成劲旅。女子之富有兵事知识者，历史上数见不鲜，而吾女同志此次之尽瘁国事奔走革命者且勿论。是果依法律规定吾女子当兵，吾女子亦未必遂不能负担此义务也。况女子固本有独负之养育义务，是以对抗当兵耶？夫义务者，权利之对待也。女子之义务，既不稍逊于男子，则权利何得独不能与男子同享？

至谓女子程度低下，不能充当议员与闻国事者，此更大误。就程度言，是凡有选举权、被选举权者，均须有充当议员之程度，则彼乡中富有财产略识之无之愚父老，程度且远不及吾女子，何以亦不能不予以投票选举权？则以此非程度问题，乃人权问题故也。程度高下由于个人之学识，而人权予夺关于全体之利害。竞争程度者，为无形之一种暗潮，故被选举权之取得与否，无论何人自身不能过问焉。竞争人权者，乃显著之利害关系，故选举权之或剥夺，无论何人断不肯为放弃也。今吾女子亦自知程度低下，不欲即刻被选举充当议员，以侵夺诸公高程度之私利益，特以身感纳税之痛楚，而选举公权亦被剥夺，俨如犯罪行为者，自由私权亦将失其保障而大受践踏之影响，此乃切肤之利害，所不能不疾首痛心全出死力以争于此日者也。诸公奈何漫不加察，而妄引请求修改约法上字面之前事，以为比拟耶？

吾闻君子之过，如日月之食。往者诸公对于吾女子之请愿答复，诚为一时粗率错误。兹群英等会同女界再三会议，谨将诸公误会之处，及我女子所必要求之理由与约法不能违反之根据，条分缕析，再呈钧前。伏乞深加查核，速将女子选举案提出，遵照约法颁布施行。庶亡羊补牢，亦足为违法之救济，免惹起人道上不平之潮流焉。女子幸甚！民国幸甚！诸公幸甚！为此谨呈。

介绍人：覃振、江辛、陈家鼎、彭占元。

中华民国元年九月　日具[1]

中国第二历史档案馆馆藏

(1) 民国初年，关于年代时间的书写，有阴阳历混用以及中国数字与阿拉伯数字混用的情况。以阳历叙事的《唐群英评传》、《唐群英年谱》、《唐群英史料集萃》诸书，皆标明此请愿书写于1912年8月10日，即阳历8月10日。查，1912年阳历8月10日，为阴历六月二十八。不论阴阳历,此说皆与中国第二历史档案馆馆藏稿所署“中华民国元年九月　日具”相去甚远；而1912年阴历八月十日，为阳历9月20日，则与中国第二历史档案馆馆藏稿所署时间尚相吻合。所以，若说本请愿书写于1912年阴历八月十日，即阳历9月20日，比较贴近史实。

另据该请愿书开宗明义所说，在此次请愿书之前，曾有以“女子联合会张寿松、唐群英等”名义发给参议院的另一请愿书。那封请愿书应该写于1912年阳历8月10日（临时参议院公布《参议院议员选举法》、《众议院议员选举法》之日）之后不久的日子。

女子参政同盟会代表唐群英宣言书

天赋人权，而人自弃之，则其权晦；即或不自弃之，而有法焉以摧残压抑之，则其权亦晦。圆颅方趾，群焉生息，无男无女，一切平等，以其人焉耳。法律自由，共同享有，男之所得，女亦宜然，以其权焉耳。乃有数千百年违背人道，灭绝公理，对于同等之权利，日以其法律、政治、习惯剥之削之，著为令典，垂为条教。如我民国今日之女权者，盖其亡灵不绝如缕矣。是可不大声疾呼，为我四万万男女同胞涕泣告之哉！

我国共和，以人民程度论，则政党会一奔竞场也，代议院一茶话会也，行政官厅一市侩流氓不负责任者之栖息所也。女虽不振，男顾何如？然吾非谓我女界程度即与诸男等也，亦非谓今日我女界程度与诸男等遂欲同时攫取政权也。往者，民国政府成立于金陵，吾与二三同志联络女界组织参政同盟会，上书于孙大总统，陈说于南京参议院，宣布本同盟会宗旨于各报章。今又北来久矣，呼号奔走，不惮烦劳。岂不知我国女界程度尚未进于英、美之域，参政之目的此时固不能达到耶？又岂不知我国所谓有参政权之男子此时程度尚不齐一，若复有一部分之女子加入其中，政界之纷扰将益其甚耶？盖人权之伸缩，恒视国家之政体为转移；政体之良否，恒以法律之规定为根本。民国新立，正宜破除前日之积习，伸张固有之民权。然有绝对的可以认许在宪法上永久不移易者，则如人民之参政权是；有不必为特别之限制以待其将来程度发达齐一而亦可认许之者，则如现在我国女子参政权是。此固吾人今日急当注意之问题，且亦有万不可不极力争持之险象。何则？凡人权利之被侵夺，由于压抑者半，由于放弃者亦半。今者以共和为政体，以平等待人民，而女界女权原为女子自宜主张之天职，苟悠悠忽忽一听他人之予则予之，夺则夺之，其幸而犹有一部之权利畀我女界，尚可言也；其不幸而仍如前此之剥之削之，则不可言也。其幸而剥之削之犹或有一线之存，尚可言也；其不幸而仍如前此之违背人道，灭绝公理，使我女界永沉黑暗地狱，无复天日，则更不忍言也。吾因女界有如此之险象，故不得不愤然起；又因女界程度幼稚，事实上暂难达参政之目的，故不要求政府法律上积极的保护，而必结合我辈全体挟全力以要求其消极的保护。积极的保护者，法律上明示我女界得有参政权之谓也。消极的保护者，不必法律上明畀我女界参政权，但使对于女子不加限制，对于男子不认专有之谓也。虽然，吾言至此，不禁为我女界同胞痛。呜呼痛痛！我辈沉沦苦海以迄今兹，而理想上有莫大之希望，事实上未免有暂时之让步也。吾言至此，又不禁为我女界同胞喜。呜呼喜喜！专制之毒焰已为民国所廓清，我辈诚能同心一志，充足实力，不患不有夺回我女权之一日也。日中不彗，是谓失时，操刀不割，失利之期。天下事往往有明知其收效甚迟，而当时必毅然决然以争之者，职是故耳。且我女界对于参政权其不能不争之理由更有四。

一曰约法上之理由。临时约法第五条曰："中华民国人民一律平等，无种族、阶级、宗教之区别。"关于此条，以广义解释之，则凡属于中华民国之人民皆有法律上之平等，初无所谓阶级之区别。本无阶级区别，即不得于我女子显分阶级而有不能与男子同享之权利。约法上无明文，此义自包含其中也。以狭义解释之，则约法第五条仅列举种族、阶级、宗教三者，而男女有无区别之问题不及焉。乃第十五条有曰："人民之权利有认为维持治安时，得依法律制限之。"既曰"制限"，则同一应享之权利有时而靳与之者可知矣。既曰"认为"，则不必法律上定有明文，凡在个人之权利，皆可以"认为"二字判其当限制与否，又可知矣。审如是也，脱令我女界之权利，或有与男界之权利相冲突者，保无有自私自利之男子认为维持之必要，准用第十五条之规定而制限我女权者乎？然此犹为事实问题也。《临时约法》即将来民国宪法之根据，而其所根据者已如此，他日国会成立，制定宪法，能保无有变本加厉对于我女界之权利特下严格之解释者乎？毋信人言，人实诳汝。酿酒党之宣战于华盛顿，富族党之崛起于纽约，皆女权魔障也。彼文明种族无在不主张共和，乃对于女子应有之权利其出而攻击不遗余力者，不仅男子之一部分，且转在利害关系之女子一部分，矧我中国囿于积习匪伊朝夕，而将来制定宪法又实实难免此障碍！我虽不起，其如人何？人即不振，其如权何？此对于约法上不能不争持之理由也。

二曰现行法上之理由。民国新建，一切法典尚未成立，故大总统前此有暂适用现行法之命令。顾现行法者，亡清专制政府愚黔首、夺民权之乱法也。观其斤斤然修改法律，禁止买卖人口，删除奴仆奴婢各条，而关于一夫多妻之制，绝无限制，且存养奴婢者，惟庶民之家有十等处罚。伪文明之法制，其现象自应如此，则亦何足深究！第我女子辈之在今日民国，有急宜十分注意者，即妻妾制与财产制是也。各国法律无承认妾制者，惟于有夫之妇因谋家政统一起见，时有限制之处。而寡妇处女法律上皆认为平等，一切私权除公法及其他特别法之限制外，皆得享有之。乃现行法则不然。生命权，凡人所宜主陈者也，现行法则有夫殴骂妻妾因而自尽身死勿论之明文。所有权，男女均应享有者也，现行法则有原有妆奁并听夫家为主之规定。妻之于夫虽法律上或有特别限制，实则敌体也。现行法则有夫服期妻服三年之丧制，下至妾婢，其严格之取缔殆难仆数。今我民国立法，关于此等废弃人权、绝无天理之法律，吾固知其必将绝迹于天壤间。然其中如礼制、民制各条，虽非情理，实则沿于惯习，不独男子未能察觉，恐我同侪亦习而忘焉尔。皮之不存，毛将安附？天生我女子，五官俱备，心思能力亦无异于常人，乃法律上之私权尚不能完全取得，遑论政权哉？然不取得政权，断难达私权完全之目的。此对于现行法上不能不争持之理由也。

三曰我国家社会上之理由。自三从四德之学说中于人心，于是一般男子以有德无才为女子之天职。而女子不自知其为男子愚也，亦相安于无知无识，有耳而聋，有目而瞆，有口而瘖，有手而骈，有足而刖，有心而茅，起居服食仰给男子，颐指气使听诸男子，金粉胭脂以媚男子，不曰家长则曰所天，不曰阳刚则曰阴柔，男子则有万能，女子则惟一顺。昔吉尔曼氏谓：“养尊处优自安，故我之妇女为历史上之怯人。”若我国女子，上焉者，男子之玩物耳；中焉者，男子之使仆耳；下焉者，恣睢磨折，凌虐禁锢，使之死不得死，生不得生，犬马且不若耳。呜呼，此尚有人格哉！故以今日中国女子论，求一法律上之提携而保护之，已如提出地狱升入天堂，矧敢妄冀政权，与诸男子抗？第恐不起而力争，并此亦付子虚耳。且女权不张，则男子对于家庭仰事俯蓄之务当全负其责，其结果往往有因儿女情长竟使英雄气短者。溺情者无论也，其他则大抵原于家庭女子之无独立生活、充分知识、不能相助为理者，比比然矣。是故男之不强，实由女之不振；女之不振，实由权之不张。诗曰：“枝叶未有害，本实先拨。”吾于兹深惴惴焉。此对于我国家庭社会上不能不争持之理由也。

四曰现今世界趋势上之理由。说者谓弱为女子之特质。斯语也，颟顸实甚。天之生物，予其翼者夺其足，予其角者夺其齿，惟于人特全，男女无异。弱其智，则女与男同一脑力；弱其能，则女与男同一行动；弱其势，则女与男同一立于地球之上。是其所谓弱者人弱之或女自弱之，天固未尝弱之也。此理久为世界所公认。如欧如美，发达最先，故其提倡女权最力，而女权之发达亦最盛。达尔佛等国女子取得学校选举权，露西那等国女子之取得赋税选举权，犹曰半女权国也。其他各国女子，为议员者则有，若芬兰；充下议院议长者则有，若挪威；举各处市长者则有，若英吉利、澳大利亚、新西兰。诸国之数邦者，皆以至大且重之完全选举权畀诸女子，卒能恢张国势，主持公理，为天下倡。是则我之所谓弱，彼独以为强，诚不解。夫贵耳贱目之邪说，何以随声附和者之纷纷也？今且俄之妇女有选举市参事之权矣，德之农妇有选举农业判事之权矣，法、意、匈、奥及巴尔干半岛有选举商业判事之权矣。已发达者固增进不已，未发达者亦有一部分之权兴。独我民国，竟无萌芽。呜呼！我二万万同胞女子，独非堂堂大共和国之国民者乎？资居人后，何萎靡若是，何放任若是，何锢蔽若是，抑何不自知其耻若是？且此非独我女界之耻也，亦男界之耻也，而亦民国之耻也。如耻之，莫若师之。曷师之？人所争者，我亦宜争之；人所有者，我亦宜有之而已矣。畴昔我女界参政团成立，英之伦敦女子政治及社会联合会以电来贺。我国女权不知何日始克恢复，而彼乃殷殷致祝，惟恐或后者，亦人同此心，心同此理之所在，胡越可通欤？况彼旗鼓四张，屡战胜于男界，风潮所靡，若决黄河之水，沛然莫能御之。而我国之男与女若犹漠不关怀也，不独我国民不可谓之人，即我民国亦不可谓之国矣。此对于现今世界趋势上不能不争持之理由也。

嗟乎！嗟呼！不自由，毋宁死。人之自爱，谁不如我，独无如为一般重男轻女之学说所蔽，遂沉沦陷溺不自觉矣。其亦有闻而兴起者乎？美之提倡女权也，其禁酒党及社会党皆以提倡女子选举权之条文著之党规。而如芝加哥之共和党，屯浮之民主党，一班男子且为之鼓吹，故能使威尔逊夫人等克奏肤功。我国女子独无效法威尔逊夫人者乎？我国男子又独无为芝加哥与屯浮之政党者乎？毋谓人强，自立即强；毋谓人智，多学则智。吾不悦吾辈女子今日即侧身政界，而深虑我女子或且不自知其有此公权。吾并不患吾辈女子不知有此公权，而深恐将来虽知主张此权仍不免势力之薄弱。故身可杀，此心不可死；头可断，此权不可亡。如彼男子垄断政界久矣，欲为先事之防，端赖争持之力，倘使区区者而不佘畀行，将修我戈矛，整我甲兵，凭我一腔血与诸男子相见。女子勖哉！

《民国新闻》，1912年9月4–13日

在民国女子参政同盟会本部成立大会上的演说

自去年南京政府成立的时候，群英与王昌国、张汉英、沈佩贞诸君，便发起女子参政同盟会，后来南北统一，本会公举群英来京组织团体，奔走运动，差不多四个月了，今日才得开成立大会。我们的参政同盟会，何以要早日成立呢？因为明年二月间便要开正式国会，我们的会再迟一两个月，纵然成立，也就没大益处了。这是什么缘故呢？诸君须知现在的参议院，欺压女界实在太甚，所订的议院选举法，没有女子的选举权，仍是将我二万万女同胞一概抹煞了。女子既为中华民国的国民一分子，国民所有的责任，是应该担任的，国民所有的权利，也是应该享受的。难道国民两个字，划开女子单就男子讲的吗?！诸君试将《临时约法》细细研究，便知参议院的议员蹂躏女权的荒谬绝伦了。约法第一条说中华民国由中华人民组织，第二条说中华民国的主权属于国民全体，第五条说中华人民一律平等。所说的人民，便是包括男女在内，女子有营业、有财产，既直接负国民纳税的义务，就应有国民的公权，非有犯罪行为，断没有将公权剥夺的道理。参议院既不订定女子选举法，便是不承认女子有完全人格，便是不以人类对待我们。诸君想想，这样最野蛮最不平等的事情，可能忍受不能忍受呢？女界被数千年的压制，外面什么事，都不能讲求，现在参政的程度实在不够，这也是不必遮掩的。被选举权，暂且不与他们男子争，难道选举的资格都不够吗？无选举资格，便是无人权，既无人权，便算不得是人。这样看起来，我们女子活在世上，尚有一点生气吗？群英因为此事，曾联络同志，两次上书参议院，要求将女子的选举法，订定颁布。不料参议院的议员，全没心肝，全无公理，将所上的请愿书，毫不理会，竟不列入议案，诸君看欺人不欺人呢！现在世界文明的国家，都有女子参政会。前月，万国妇女参政联合会会长嘉德夫人，及会员马克维夫人、荷兰女子选举会会长解古柏女士，来华游历，极力赞助我们的女子参政同盟会早日成立，并说政府若有碍难的时候，尽可用函电磋商，自当竭力协助。若万国妇女参政联合会允许中国女子加入，便是万国的女子已经承认中国了。照这样看起来，万国的女子对待中国的女子，已作为完全国民，独中国的参议院，反不认我们女子为完全国民，我们便甘心受参议院的欺负吗?! 既不甘心参议院，便要组织团体坚持到底，上书参议院，要求女子的选举权，一次争不到手，二次再争，二次争不到手，三次四次，以至无量数次，不达到目的，是万万不能止的。现今与女子作反对的，不过一少部分的男子，最开通最重人权的人，如报界、学界、政界，赞成女子参政的也很多。我们不自家拼力去争，便是自家放弃责任，就不能怪参议院藐视我们女界了。今日本部既幸成立，在会的同志，总要个个负责任，个个尽义务，同心一致，研究进行的方法，扩张党内的势力。目前最要紧的，就是急选代表，分赴各省组织支部，以为本部的后援，并须要求各省的议会电达参议院，将女子选举法案速行订定，看参议院将何法对付。诸君注意！注意！第一次国会，女子既无选举权，将来的第二次第三次国会，女子更能争被选举权吗?所以现今争选举权，是第一次国会最要紧的问题，便是将来争被选举权最重要的关键，诸君切不可放松。第一着失败，后来用力更难了。至若我们的参政权，想完全达到目的，必先预备实力，一件是要有参政的知识，一件是要有独立生活的能力。这两件事，便是从教育上着手，多开些法政学校与那实业学校，令那有常识的女子讲求政治、练习实业。五年十年之后，程度日高，便可与男子并驾齐驱了，事事不仰给于男子。那时参议院想再剥夺女子的参政权也就没得藉口了。群英今日不过将开会的宗旨，演说大概，至会内进行的手续，尚望诸君各抒意见，务求完善。今日造好因，将来自有好结果呢！

摘自《女子参政同盟会本部成立志盛》一文，载《女子白话报》1912年10月20日

创办女子白话报意见书

亘古今，塞天地，立人极。道乌乎在，曰顺与逆。平等也，自由也，此人类之初生，天所畀赋者也。法律也，权宪也，此维持人道之公共主义也。无古今，无中外，合乎此则为豪杰，为英雄，悖乎此则为无权宪，无法律。不自由，不平等，倒行逆施，非所立于今之世也。人也者，对于世界动物之最高者也。故其生也，自呱呱堕地之时，至奄奄垂死之日，无论男女，皆立于平等。此准之中西学统，无待研究者也。自天高地卑乾健坤顺之说出，訾

儒陋士，肆其邪焰，以女子无才为美德，以服役男子为天职，积非胜是，长夜漫漫，坤维不张，女权遂剥，弥纶千古，浸淫五洲，夫非咄咄怪事欤。然综四千余年之积毒，一旦扑之正之，割除而剔灭之，夫岂易易。则筹备之方法，进行之手续，有非可卤莽从事者。去夏伊黎片马，受逼英俄，旅日同胞谓战而失地，犹胜于不战而割地，于是全国国民军之发起，群英亦于同时发起女学会于东京，编辑女学杂志，按季出版，欲发启女子爱国之热忱，以尽后援之义务。一期出版，颇受社会欢迎。二期稿甫脱，而武汉义旗将高举矣，群英遂回国，奔走于长江流域，尽力革命事务。幸而天眷华胄，政变共和，女子参政之声，达于全国，即西来女杰，莫不极表同情。但物有本末，事有终始，苟不为根本之筹备，稳健之进行，虽欲为女界二万万同胞，谋无疆之幸福，多见其无效也。夫暮鼓晨钟，而入人之耳鼓者，以其音之清醒也。稗官野史，而为人所乐闻者，以其言之浅显也。钜制鸿篇，高而难读，杂家小说，浅而易知。故社会之转移，习俗之改变，收功于深远之文章者少，收功于浅近之小说者多。歌大风于聋者之侧，置明珠于盲者之前，虽竖子亦知其无补也。当兹女学未发达之日，女权未伸张之时，示以高文则难达，演为白话或易懂。不必拘于文义，须为彼所乐观。不贵尽我之聪明，而贵开彼之新智，使听者如闻暮鼓晨钟，观者如见稗官野史。俾吾二万万女同胞，智识增进，能力扩充，于女界或不无少补欤。吾知海内硕儒，必乐于赞成。复其固有之平等自由，大同博爱之地位，吾女界尚其勉旃，尚其勉旃。

《女子白话报》1912年10月21日

略论唐群英与民初女子参政运动

徐辉琪

在我国近代妇女运动史上，民初女子参政运动可谓演了精彩的一幕，其旗帜之鲜明，斗争之尖锐，态度之坚决，就是今天看来也令人赞叹不已。

辛亥革命前，随着资产阶级革命运动的兴起和发展，一向沉寂的妇女界也激起了不平的浪花。唐群英等一批深受革命形势鼓舞和民主革命思想熏陶的先进女子，冲破家庭束缚，走向社会，毅然举起“恢复女权”旗帜。她们大声疾呼：“不自由，毋宁死”，“不自立，毋宁亡”，“女权不复，毋宁亡”！日益严重的民族危机使她们清楚认识到，要恢复女权，首先要谋求国家独立和昌盛，争女权首要“争尽我辈之义务”。其次，恢复女权，实现男女平等，主要靠妇女自己去争取，心存倚赖乃至靠男界之“恩赐”，都是不可能达到目的的。由于先进女子一开始就把争取女权同挽救民族危亡紧密结合在一起，把争取权利同尽义务紧密结合在一起，所以义无反顾投身反清革命洪流，表现出极大的主动性和英勇献身精神。正像孙中山所说：“此次革命，女界亦与有功”。

当清王朝被推翻、共和建立之初，在举国一片欢腾中，渴望获得解放并为之竭力奋斗的先进女子，理所当然地提出参政的要求。女子参政，既是辛亥革命前先进女子争取女权、谋求自身解放斗争的继续，也从一个侧面反映了辛亥革命的广度和深度，或者说是辛亥革命的重要成果之一。

先进女子或发表文章，或组织集会，发表演说，理直气壮论说女子参政的必要和重要。概括起来．其“理由”主要有：一，参政为女子固有权利。参政权，同所有权利一样，都是“天赋”之权，原本男女平等，无轻无重。因此，女子要求参政权，不过是“恢复其天赋之权，并非为非分之要求”。二，女子参政，既为“共和国体之元素”，更为保障共和所必需。民主共和与封建专制的一个重要区别，就是实行“平等主义”，男女权利、地位平等。而且，女子获有参政权，直接参与国家管理，不仅可以有效地维护女子的权益，还能对当政者进行切实的监督，有利于发挥女子的聪明才智。三，同尽义务，即应同享权利。共和既为女子与男子共同流血构得，那么在共和建立后自无理由把女子拒之于政权之外。四，更为重要者，女子参政，直接关系社会进步。女子知识、参政能力目前诚然一般不及男子，但予女子以参政权，必能鼓舞精神，增强责任感。由此，先进女子严正指出，女子参政实"乃救国之良策，兴国之根本。"应当说，这些"理由"是无可非议的，也是符合历史发展潮流的。

然而，女子参政一提出，就遭到顽固守旧派的极力诋毁，甚至一些曾热心提倡女权的革命志士也大唱反调。对于攻击和反对，先进女子非但没有动摇，反而更加坚定地组织起来，发动女界全力要求参政权。一时间，十几个女子参政团体如雨后春笋，纷纷出现于神州大地，掀起了女子要求参政权的热潮。

秋瑾生前好友、很早就投身反清革命的唐群英，从一开始就对女子参政抱有热切期望，成为女界"激进派"的首领。到1912年2月，在她的积极推动下，"女子参政同志会"、"女子后援会"、"女子尚武会"、"女子同盟会"和"女国民会"等团体，议决联合组成"女子参政同盟会"。它的成立，不仅标志着南方独立各省女杰的大会合，也标志着女子参政发展为一个全国范围的运动。

2月20日，在女子参政同盟会筹备会上，唐群英代表发起人明确宣布：大会的宗旨"在要求中央政府给还女子参政权"，"其方法应联络全国女界，各举代表来宁组织统一机关部，以厚团体而利进行"。是日，到会200余人，均表示赞成。有的在演说中强调说："共和者，女子所固有之共和，非男子独有之共和"，因此参政权"为男子份所应得，亦即为女子份所应得，无待于要求。今日所以不得不出于要求者，则以四千年来此权被彼男子劫夺，我女子被放弃耳。"并进而指出：推翻专制政体，建立共和，"宁惟彼男子之力，我女子亦实有造于国家"，对于参政权应"急起直追，一致进行，勿失此可乘之机"。当时有报纸评论此会"恂为我国四千年来未有之钜观"。

4月8日，女子参政同盟会在南京召开成立大会，一致通过了由唐群英主持起草的"简章草案"。其政纲共十一条：一、实行男女权利均等；二、实行普及女子教育；三、改良家庭习惯；四、禁止买卖奴婢；五、实行一夫一妻制度；六、禁止无故离婚（只指以后实行自由结婚而言）；七、提倡女子实业；八、实行慈善事业；九、实行强迫放脚；十、改良女子装饰；十一、禁止强迫卖娼。女子参政同盟会下设总务、交际、政事、教育、实业、财政、审查、文事共八部。唐群英具体负责政事部。

自此，一个以实现“男女平等，实行参政”为中心内容的女子参政运动，在女子参政同盟会的领导下推向了新的高潮。

还在女子参政同盟会筹组期间，就围绕《中华民国临时约法》中有关男女平等问题同参议院进行激烈的斗争。是年3月，南京临时参议院制订《临时约法》时，唐群英等认为“女子参政为民国所必需”，“须从根本上要求解决”，上书参议院提出：“兹幸神州光复，专制变为共和，政治革命既举于前，社会革命将踵于后。欲弭社会革命之惨剧，必先求社会之平等；欲求社会之平等，必先求男女之平权；欲求男女之平权，非先予女子以参政权不可”。因此，“请于宪法正文之内，订明无论男女一律平等，均有选举权与被选举权；或不须订明，即请于本国人民一语，申明系包括男女而言，另以正式公文，解释宣布，以为女子得有参政权之证据”。但是，3月11日《临时约法》公布，仍无男女平等之明文规定。唐群英等随后直接上书孙中山，申明说；“吾女子之要求参政也，既已一再上书参议院，求其将女子与男子权利一律平等明白规定于《临时约法》之中”，但约法第五条于“中华民国人民一律平等”之下，只称“无种族、阶级、宗教之区别”，独不言无男女之区别，“是参议院显欲与吾侪女子为意气之争，”对于女子参政权“不独不为积极的规定，反为消极的取消”。故要求“或请删去‘无种族、阶级、宗教之区别’一语，以为将来解释上扫除障碍；或即请于‘种族、阶级、宗教’之间，添入‘男女’二字，以昭平允”。18日，参议院开会，以“事体重大，应俟国会成立，再行解决”为词，再次否决了唐群英等的要求。其审查报告称：“查女子请求参政，风动欧美，尚未见诸实行，吾国若能开创其例，亦属历史之光荣。据来书所称，世界潮流日趋平等，各国女子之有参政权，特迟速之问题，非有无之问题云云。审查会一再讨论，多数认为吾国女子参政亦应有之权利，惟兹事体大，非可仓促速定，应俟国会成立，再行解决，以昭慎重。”说明男尊女卑、男主外女主内、女子无才便是德等陈腐传统观念在参议员心目中依然根深蒂固，并不会因政权的更迭而有所改变。因为在随后通过的《参议院法》中明确规定，“中华民国之男子——得为参议员”，公然剥夺了女子的参政权。

参议院的做法，激起了女界极大的愤怒。孙中山闻讯，深感不安，遂于20日召见唐群英，谆谆告诫说：“此事未有一经提议即行通过者，倘能坚忍耐劳至再三，将来或能达此目的，幸毋为无意识之暴举，受人指责。否则，殊非本总统赞成女子参政之始意。”唐群英颇受启示。事后迅与张汉英、蔡蕙等商量办法，决定分头做好疏导工作。21日下午，唐率女界代表20余人参加议会旁听，在进入会场时，却意外地遭到无理阻拦，几经交涉仍无济于事，大家异常气愤。这时，她们中有几个急性子的女士忍无可忍，冲出队伍，推开了守门的警卫，一涌而进。但坐定之后，她们又都冷静下来，代表们发言有序，会场气氛平和。不久，唐群英因事离场，有的参议员出言不逊，有辱女性尊严，沈佩贞等提出抗议，双方争辩互不相让，遂起冲突。事后，有的报纸作了失实的报道，大肆渲染说“唐群英率领20余人，闯进参议院，打碎议院的玻璃窗，踢倒警卫兵，造成轰动全国的‘大闹参议院事件’”，一时舆论界大哗，波及各地。唐群英深感这对于女子参政所需要争取的社会同情与支持非常不利，遂于22日与蔡蕙再进总统府，向孙大总统陈明事情真相，并请求大总统提议修正《临时约法》，“以重法律，以伸女权”。同时向《亚细亚报》提出质问，郑重发表了书面声明：“大闹参议院一节，鄙人当日旁听祗一饭之久，有事回寓，沈君佩贞听之终席，因意见不和，大起冲突，鄙人次日经王君昌国来说，始悉其详。贵报新闻栏内，谓系鄙人主使，不知何所见，何所闻而云。然信口开河，含沙乱射，此岂有道德者所为乎？”以正视听。孙中山答应向参议院斡旋。由于多数参议员坚持反对立场，斡旋仍无结果，这也是女子参政同盟会宣布成立的具体背景和根本原因。

因此，女子参政同盟会一成立就向全国发表通电，指出：“南京参议院派充之议员，规定《临时约法》，剥夺女权，群英等迭次上书要求改附条件，诸议员纯以专制手段欺我同胞，意欲将二万万之聪颖后裔，永远沉于黑暗世界，忍心害理，一至于此”。因此决定：“所有南京参议院所布之《临时约法》，我女界决不承认”。4月10日又发表《宣言书》，愤然宣布“吾党今日冲决网罗，扫除障碍，其第一步之事业，即在争此公民之地位”。为获得此政治权利，“当挟雷霆万钧之力以趋之，苟有障碍吾党之进行者，即吾党之公敌，吾党当共图之”。

随后，唐群英、王昌国等不顾袁世凯的阻挠，“联袂北上”，积极联络北方女界，继续开展争取女子参政权的斗争。

在北京，女子参政同盟会的重要活动是要求女子有选举权与被选举权。

7月，唐群英等探悉，参议院拟定的国会选举法中规定男子有选举权与被选举权，认为“此乃切肤之利害”，必“出死力以争之”，遂与北京女子参政团“筹商对付办法”。8月10日，《参议院议员选举法》、《众议院议员选举法》正式公布。唐群英即与张寿松等以“女子联合会”名义上书参议院，要求制定《女子选举法》并颁布实行。但参议院仅复介绍人一信，称：“本院对于人民请愿，初经却下者，二次即视为无效。今女子要求，理由虽甚充分，但前在南京已经批复候国会解决，兹援前例，亦仍须候国会解决，不能提出”。唐群英“会同女界，再三会议”，接着以女子参政同盟会名义提出第二次《请愿书》。针对参议院上述答复，指出；“各种之私权公权等，实天赋人之原权，无论男女人人本自有之，无待他人之畀予或吝予。”并陈述要求颁布《女子选举法》的理由：欲保障身体、家宅、财产、言论、书信、居住、信教等自由权“不被魔力破坏”，“全恃法律上之公权”，而“尤以选举权、被选举权为主要”。《请愿书》还斥责参议院拒绝承认女子有选举权与被选举权，是“全用特殊压制剥夺其应有权利”，不啻“违背约法，蹂躏人权”，简直是“灭绝人道”，“不以女子为人”，“俨如犯罪行为者”。女子参政同盟会旋派代表王昌国等，到参议院面见议长吴景濂，声明：参议院的回驳系“审查会”少数人意见，“本会万难接受”，必须提交大会。

反对中国同盟会抛弃“男女平权”，是女子参政同盟会的另一重要活动。当时，宋教仁等为了实现“政党内阁”，在中国同盟会改组为中国国民党的过程中，不惜迁就有些政团的要求，于政纲中公然删去“男女平权”的内容。对此，女子参政同盟会“异常愤懑”，起而抗争。7月16日中国同盟会改组会上，唐群英等女会员群起质问；“此次同盟会合并，何以不知会女会员，擅由一般男会员作主？且合并之后，何以擅将党纲中男女平权一条删去？显系蔑视女会员，独行专断”。“此等合并，吾辈女会员决不承认”。是日晚，唐群英召集在京女会员紧急会议，议决致电中国同盟会各省支部女会员，“迅筹对待办法”。她们沉痛地指出：同盟会改组“变更政纲，以求利禄，既负革命死难之烈士，今日又复消除男女平权，竟将女界捐资助饷之义抛于九霄，陷女界永受专制，殊堪痛恨”。8月25日，在国民党成立大会上，女会员再次提出抗议，唐群英于发言中说到痛处，禁不住动手打了宋教仁一记耳光。会后，女子参政同盟会一面起草《驳诘同盟会传单》，在社会上广为散发；一面于9月1日召开女界联合会议，对宋教仁等进行猛烈抨击，并号召女界“切勿动摇”，继续努力，“必达到男女平权，女子参政而后已”。

唐群英领导的女子参政同盟会，在争取男女平等和女子参政权的斗争中遇到很大困难。首先，遭到了袁世凯的直接阻挠和破坏。袁世凯一上台，就公开反对女子参政同盟会到北京开展活动。

他在致唐绍仪电中明确指出："应准其举定代表一二人来京，不得令其全体北上，以免窒碍"。又致电黄兴，"设法阻止"。阻止不成，袁世凯便施以拉拢和收买的惯技，收买沈佩贞为袁的"顾问"。沈被收买后，自称"到总统府及步军统领衙门，其卫军莫不举枪立正"。加上她生活上又不检点，好走极端，并有极强的权力欲，为反对派提供了攻击的口实，也严重地影响了女子参政同盟会工作的开展。例如在要求参政权遭到挫折时，她就鼓动说："未结婚者，停止十年不与男子结婚；已结婚者，亦十年不与男子交言。"竟把婚姻作为对付男子的手段。不少会员因不满沈佩贞的作为而宣布退会。在女子参政同盟会同参议院的斗争中，袁世凯对女子参政同盟会公然采取敌视的态度。当女子选举权被参议院否决后，为对付女子参政同盟会的更大反抗，他授意内务部饬内外总厅对参议员加以"慎密保护"。其次，操纵社会舆论给于无情冷遇。当时，对于女子参政，舆论界几乎一片反对声，或曰"女子程度不及，不能遽予以参政权"；或曰"女子无国家思想，无政治能力，予以政事，必误国机"；或曰"男女特性不同"，予以参政权，必使"家庭事务荒弃"，"社会秩序之不足维持"；或曰"欧西各国开通较早，女子尚且不能参政，何况吾中国之政治在幼稚时代，岂能容女子参政于其间乎"等等。少数主张女子有参政权者，受到舆论压力，也认为"当今女子未具有参政之程度"。即使女界，有的也随声附和，不赞成女子有参政权。例如，有一位名叫张纫兰的女子，自谓"尝游学于世界最讲平等自由之美国，且间涉猎乎近世各国法政之概要"，她写信给《民立报》某记者，一方面对该记者所言"女子纵人人读书识字，知识可与男子平等，亦不可有参政权"，表示"实获我心"；一方面公然诬蔑女子要求参政权不过"演其光怪陆离，非中非西，非男非女，非僧非尼之异象"，断言女子要求参政权即是倡"无夫主义"。还说："男治外，女治内。内外乃对等之词，非不平等之谓。男子有男子之天职，女子有女子之天职，各司其职，是曰自由，是曰平等；反之，互相纷扰，互相争逐，内外骚然，男女溷殽，是曰不自由，是曰不平等。"一副卫道士的口气。正是在这种社会舆论之下，参议院才毫无顾忌地否决了女子参政同盟会的正当要求。第三，也受到革命党人的压制。中国同盟会在其政纲中取消"男女平权"，对正在奋力要求女子参政权的女子参政同盟会，是更直接、更沉重的打击。同盟会个别议员还出于报复心理，对女子参政同盟会的请愿书竟然"相戒不为介绍"。

与大多数革命党人的态度相反，孙中山始终"赞成女子有参政权"。女子参政活动发起时，他就明确地表示："中华女子有完全参政权"。又说："女子将来之有参政权，盖事所必至"。对女子参政同盟会，孙中山热情鼓励说："倘能坚忍耐劳至再三，将来或能达此目的"。孙中山的支持，有力地推动了女子参政运动的发展。但是，在强大的社会舆论压力下，特别是随着革命党人政治上日趋妥协，孙中山也"爱莫能助"。孙中山一面肯定女子应当有参政权，一面则又表示："至女子应否有参政权，定于何年实行，国会能否准女界旁听，皆当决诸公论，应咨送参议院可也"。甚而当中华民国联合会致函孙中山，指责不可对女子参政权随意"许可"，否则"当浮议嚣张之日，一得赞成，愈形恣肆"，孙中山也不得不复函说："女子参政，自宜决之公论，前日某女子来见，不过个人闲谈，而即据以登报，谓如何赞成。此等处亦难于一一纠正，慎言之箴，自当佩受"。又如在唐群英等反对国民党抛弃"男女平权"的斗争中，孙中山就颇感"事实上之困难"，说："党纲删去男女平权之条，乃多数男人之公意，非少数所能挽回，君等专以一二理事人为难，无益也"。还劝说；"今日女界宜专由女子发起女子之团体，提倡教育，使女界知识普及，力量乃宏，然后始可与男子争权，则必能得胜也"。说明孙中山也不能不受到当时社会氛围的制约，这在一定程度上反映了辛亥革命的不彻底性。

事实上，唐群英领导的女子参政同盟会积极要求参政权的同时，就着手创办"中央女学校"和"女子工艺厂"，并筹办《女子白话报》，旨在提高女界的参政能力和提供发表议论的舆论阵地，扩大宣传。为了从组织上加强对女子参政运动的领导，女子参政同盟会还于10月20日，在北京成立本部，唐群英被推举为总理，继织一、王昌国为协理。次日，正式出版了《女子白话旬报》第一期（后仍改称《女子白话报》），后又相继创办《亚东丛报》，恢复停办已久的《神州女报》。

11月，经过女子参政同盟会连续斗争，参议院被迫召开大会。会上，有的说"约法只大总统有交复议之大权，若是复议，便是以大总统的大权交给了女界"；有的说"请愿书的内容有许多侮辱参议院的话，万万不能讨论"。结果，未经讨论，《女子选举法》案就被否决了。

参议院的态度，进一步激化了与女子参政同盟会的矛盾，双方更加立于敌对的地位。女子参政同盟会公开宣称参议院为"女界公敌"，必须报以"激烈的手段"。12月9日，在与议长吴景濂的辩论中，唐群英等"声色俱厉"地说："当民军起义时代，女子充任秘密侦探，组织炸弹队，种种危险，女子等牺牲性命财产，与男子同功，何以革命成功，竟弃女子于不顾！"声称：

"凡反对女子有参政权者，将来必有最后之对待办法，即袁大总统不赞成女子有参政权，亦必不承认袁为大总统。"并进而表示："将来中华民国之民法，凡关于女子之权利，若不采用德国制，女子等必用武力解决此问题"。从此，吴景濂避而不见。

是年，唐群英和张汉英先后回到长沙。在唐群英的推动下，女子参政同盟会湖南支部于12月18日正式成立，会员达800人，由唐兼任支部长。湖南支部成立后，积极领导了反对《长沙日报》攻击女子参政活动的斗争，创办机关报《女权日报》，并先后开办"女子法政学校"、"女子美术学校"和"自强女子职业学校"。5月，领导了反对以谭延闿的太夫人为会长的"女国民会"强占"秋瑾烈士祠"的斗争，以及要求考送女学生留学等活动，在全国产生了很大影响。

还应该指出的是，在整个要求参政权活动中，唐群英斗志坚决，却也较为冷静。她曾发表了一篇长达近4000字的"宣言书"。在宣言书中，她开宗明义说："天赋人权，而人自弃之，则其权晦；即或不自弃之，而有法焉以摧残压抑之，则其权亦晦。"故而对于女子参政权，必出全力以争取之。并从约法、现行法、国家社会、现今世界趋势等四个方面详细论说"不能不争持之理由"。同时则又说；"呼号奔走，不惮烦劳，岂不知我国女界程度尚未进于英美之域，参政之目的此时固不能达到耶？又岂不知我国所谓有参政权之男子此时程度尚不齐一，若复有一部分之女子加入其中，政界之纷扰，将益其甚耶？"而所以全力争取，正在于表明参政权为女子所固有，非男子所"专有"。最后，沉痛地说："毋谓人强，自立即强；毋谓人智，多学则智。吾不悦吾辈女子今日即侧身政界，而深虑我辈女子或且不自知其有此权。吾并不患吾辈女子不有此公权，而深恐将来虽知主张此权仍不免势力之薄弱。故身可杀，此心不可死，头可断，此权不可亡"。"如彼男子垄断政界久矣"，又千方百计阻挠女子进行，永远剥夺女子参政权，则必"将修我戈矛，整我甲兵，凭我一腔血与诸男子相见"。隐然表露了唐群英争取女子参政权的一番苦心。

自女子参政同盟会的请愿活动失败后，袁世凯为了进一步加强专制独裁统治，于1913年11月13日，责令内务部以"法律无允许明文"的"罪名"，勒令解散女子参政同盟会，下令通缉唐群英。此后，除湖南等省外，全国性的女子参政运动，都基本上停了下来。

然而，唐群英领导的女子参政同盟会，掀起的这次具有相当规模的前所未有的女权运动，不仅对当时妇女的思想解放产生了强烈的震醒作用，而且为尔后的妇女解放运动，奠定了思想基础。

一、它对封建礼教特别是“三从四德”等邪说，进行了比较深刻的揭露和批判。指出：女子无权无地位，倍遭压迫和凌辱，“实我国数千年重男轻女之习俗使然”，“自天高地卑，乾健坤顺之说出，瞽儒陋士肆其邪焰，以女子无才为美德，以服役男子为天职，积非胜是，长夜漫漫，坤维不张，女权遂剥。”又说：“自三从四德之学说中于人心，于是一般男子以有德无才为女子之天职”，“有耳而聋，有目而瞆，有口而瘖，有手而骈，有足而刖，有心而茅，起居服食仰给男子，颐指气使听诸男子，金粉胭脂以媚男子”，“上焉者，男子之玩物耳；中焉者，男子之使仆耳；下焉者，恣睢磨折，凌虐禁锢，使之死不得死，生不得生，犬马且不若耳”。二、在无情抨击封建礼教的同时，极力鼓吹男女平等。女子参政为“女子所固有权利”，必“毅然决然以争之”。“女子要求参政，系天赋人权，不可放弃。”并说：“天生我女子，五官俱备，心思能力亦无异于常人”，只要“同心一志，充足实力，不患不有夺回我女权之一日”。三、号召妇女“绝其倚赖之心”，“破其自卑之感”，养成“独立精神”。明确指出；只有“祛除倚赖之习惯”，才能打破“男尊女卑”的藩篱，“达参政之宏愿，见平权之实行”。四、强调争取女权为“现今世界之趋势”，宜“起而师之”。说：各国女权之发达“若决黄河之水，沛然莫能御之”，而“独我民国，竟无萌芽”。“此非独我女界之耻也，亦男界之耻也”。因此，“人所争者，我亦争之，人所有者，我亦宜有之”，我中国妇女应“急起直追”，“为全世界光复女权之先进放一特别异彩”。唐群英和她领导的女子参政同盟会的这些认识，及由此而表现出来的坚决斗争精神，的确是难能可贵的。

女子参政同盟会的活动，也引起了世界女权运动的注目。“万国女子参政会”会长、美国嘉德夫人曾赞赏地说：“以中国女界程度之高尚，性情之诚挚，为欧美人所佩服，将来女子参政之成就，必以中华为最完美”。

综上所述，可见唐群英为争取男女平权坚持不懈的斗争，堪称中国妇女运动的先驱，康克清同志称唐群英为“一代女魂”，可谓当之无愧。

（作者曾为中国社会科学院近代史研究所业务处长、研究员、中国近代史学会副会长）本文1981年10月以《唐群英与民国女子参政运动》为题，发表于《贵州社会科学》杂志。1997年5月增补修订后改题目为《略论唐群英与民初女子参政运动》，转载于《唐群英研究文集》（转载时，所有注释悉被省略）

唐群英的女子教育思想与实践

赵金平

唐群英，这位“创立民国的巾帼英雄”，妇女参政运动的先驱者，辛亥革命时曾组建女子军，进行劝募军饷和战地救护，民国建立初期曾为争女权而上书孙中山，“大闹参议会”，中年以后却在政坛上销声匿迹，潜心致力于女子教育事业，这是不是说她从政治上隐退，安于平静的生活了呢？答案是否定的。纵观其一生之言论及思想，本人以为：在经历了改朝换代的革命，经过政坛斗争的风云，唐群英总结经验，审时度势，及时转换“战场”，投入了一场更为艰苦、更为实际的战斗。

提高女子教育水准，普及知识，使妇女不再“起居服食仰给男子，颐指气使听诸男子”，而要站起来成为一个“人”，进而承担起救亡图存的社会责任，是唐群英一贯的思想。只是在唐群英参加国民革命的早期，她致力于组建革命团体，助力武装斗争，反对袁世凯复辟等轰轰烈烈的政治斗争，而且还各处奔跑，有时还遭到通缉的那种情况下，很难有个稳定的环境从事女子教育实践。但对于女子教育水平的低下，对社会上“女子无才便是德”的谬论，她很早就提出了自己的看法和主张。为改变妇女的命运，提高妇女的社会地位，进而改良社会风气，最终实现男女平等的目标，是唐群英女子教育思想的核心。下面拟从仅存的唐群英遗作中有关这方面的思想和实践的记述，加以阐释。

首先，欲打破封建束缚，须从教育入手

唐群英4岁时，适逢其父40大寿。她见拜寿的人带来的男孩子个个活蹦乱跳，追逐跳跃，而女孩子们走起路来摇摇摆摆，个个双脚被长长的布带缠得变了形，走路疼痛难忍。她小小的年纪就感受到一种不公平：为什么女孩子就要受这种苦？她愤而扯下包脚布，一心想和兄弟们一样行走自如。及至长大后，见到康有为《大同书》中“妇女之苦总论”一节，竟拍案叫好。康有为谴责对妇女“忍心害理，抑之，制之，愚之，闭之，囚之，系之，使不得任公事，不得为仕官，不得为国民，不得预议会，甚至不得事学问，不得发言论，不得达名字，不得接交通，不得预飨宴，不得出观游，不得出室门，甚至斫束其腰，蒙盖其面，刖削其足，雕刻其身，遍屈无辜，遍刑无罪，斯尤天道之至甚矣。”自从读了康有为的《大同书》，唐群英觉得找到了一种理论依据，认为女子反对缠足，习文练武，都是天经地义的。但遗憾的是，当时妇女所遭受的种种束缚，不但社会上的人见怪不怪，就连妇女本身，也是逆来顺受，习以为常。在这种情况下，唐群英决心去日本留学，寻求一条解放妇女的道路。在日本东京成女高等学校选学了师范科。她在毕业纪念文中写道：“无如积瞆不振，女权陵夷，学识幽闭，遂成斯世困屯之形。溯国运盛衰之际，又岂非我辈担负女教责任之时耶？”她认为，要唤起妇女，使妇女觉醒，必须有一批人起而承担教育之责。这时是1907年，清政府还没有被推翻。可见，唐群英立志从教，并非始自她的晚年。

其次，欲争女权，必先发展教育

1910年2月，唐群英二渡扶桑。这时孙中山、黄兴领导的起义受挫，革命形势处于低潮，女界力量更显薄弱。为了做留日女学生的发动工作，唐群英倡议恢复了“留日女学生会”，并创办了《留日女学会杂志》。在创刊号上，唐群英撰文写道：“我们中国虽然是这样的穷弱，若是人人都肯出力救他的话，也必定一天强似一天。……我们女子占了国民的半部分，有二万万人，若是人人能做点事体，那中国也没有不强的道理。”“欲使女子能尽此责任，必先开通女子之知识……欲开通女子之知识，其道何由？广设学校，使女子者，得受善良之教育。”“呜呼！世教衰而女学废，三纲之说兴而女权摧。学废则知塞，权摧则位卑。”要改变这种状况，使女子接受新思想，进而达到参政议政之程度，必须发展女子教育，提高女子整体知识水平。

辛亥革命，推翻帝制，建立共和，但同盟会改组为国民党后，却将党纲中“男女平权”条文删去了。参加会议的女会员提出抗议，据理力争，仍无济于事。唐群英对主持会的宋教仁和林森沉默不语之态愤恨之极，扬手给了二人各一记耳光。经过这番“大闹”之后，她们见目的未达，仍不罢休，又再次上书孙中山先生。孙中山复信说：“……至党纲删去男女平权之条，乃多数男人之公意，非少数可能挽回。君等专以一二理事人为难无益也。文之意，今日女界宜专由女子发起女子之团体，提倡教育，使女界知识普及，力量乃宏，然后始可与男子争权，则必能得胜也……”党纲斗争之所以失败，并非唐群英等女子参政同盟会诸君斗争不力，实乃由于女界的整体力量不足造成的。因为这些人在争男女平权时，各地女界无甚响应，甚至认为唐群英等在大出风头。原因亦如孙中山先生所说：女界知识不普及，尚未结成团体，在斗争中显示不出宏大的力量。在这种情况下，即使争得了一二理事席位，政治上终不免倚赖男子，在议会中成为陪衬。要提高女界整体素质，争实际的男女平权，就要从根本上下手。那就是教育。可以说孙中山的复信坚定了唐群英为女子教育贡献全部力量的决心。在她颠沛流离的一生中，她什么都可以舍弃，唯有此信妥善保管，1951年由其抚子唐遂九献出，亦可为一辅证。

其三，要强国，必普及女子教育

唐群英从小随父读书时，曾多次响亮地提出：“天下兴亡，匹夫有责，匹妇亦有责”。但在她投身辛亥革命之后，方知唤起女界爱国意识，并非“振臂一呼”之功。她在《留日女学会杂志》发刊词中讲：“我诸姑姊妹……承数千年压制之余，守无才是德之训，层层锢习，陷溺已深，一语以爱国救亡权利义务之名词，则目瞪口呆，茫然不解，甚者或返步却走，非笑随之。呜呼！以如此之女子社会，当如此之危急国家，虽男子程度尽如欧美，犹难免为半开化国。竞争之场，必归劣败，瓜分之祸，卒难幸免。而况男子之程度较欧美不啻天渊，国家之危机至今日已达极点，则女子教育，不得不与男子共图发达。”

当时也有人说：强国之梦的实现，首先要靠铁血男儿，女子怎担得起如此大任？唐群英反驳说：“不知铁血者，男子之事业，亦教育之结果也。非教育之力不能收铁血之效。”“多学则智，自立即强。”这是唐群英为子侄所题条幅。强，对于个人来讲，是自立自强。对于国家来讲，则是强大、富强。而此目标，根本的一条是教育。唐群英所指的教育，内涵是极丰富的，它不仅指的是知识、文化教育。还有思想品德的养成，气质情操的磨砺，甚至还包括强健体魄的体育。

其四，革除积习改良社会风气，也须依靠教育

唐群英指出：“国家之亡，由于政治腐败者半，由于社会腐败者亦半。”要改革政治，改良社会，没有妇女的参加则不能成功。她认为女子对于国家之责任，应比男子还重，因为女子是“国民之母”，“母教贤而国民良”，不可能有“母教陵夷而国民不覆者”。女子无论是直接或间接参与政治活动，对国家裨益无穷，这点姑且不论，即对于改良社会，妇女所起的作用亦极大。因为家庭是社会的细胞，“中国社会之势力，其根源实在于家族。而一家之中，其权力殆皆握于女子之手。”所以只要女子有“革旧鼎新之志”，就能“风行雷厉而一新其规模”。唐群英也是最早提倡白话文的教育者之一。她说“当兹女学未发达之日，女权未伸张之时，示以高文则难达，演为白话或易懂”，而且“社会之转移，习俗之改变，收功于深远之文章少，收功于浅近之小说者多”。

她所指的改变习俗之女子教育，既有启蒙时期的女童教育，亦包括绿衣粉黛之成人女子教育，让她们将涂脂抹粉的功夫。移至左图右史，前纫后织。这既包括先进思想的灌输，亦包括实业技能之培训，务使国民之母，养成新国民，革除旧的社会积习，促进社会风气的改变。唐群英对此信心十足，她指出：“教育者，文明之母也。一切学术思潮，又皆依皈教育而养成发达。若我半数女子，得熏陶于文明教育，学术自高，思潮亦远，海内一呼，闺阁皆应，虽数千年恶习，不难一扫而空之。”

其五，发展女子教育，养成女子独立人格

男尊女卑、乾刚坤柔，是中国几千年儒教学说灌输的一种封建文化。而三从四德之说，更是牢牢地缚住了妇女的手脚。中国女子，没有独立的人格，往往成为男子的附属品。唐群英将中国女子分为三种类型；“上焉者，男子之玩物耳；中焉者，男子之使仆耳；下焉者，恣睢磨折，凌虐禁锢，使之死不得死，生不得生，犬马且不若耳。呜呼，此尚有人格哉！一般男子以有德无才为女子之天职，而女子不自知其为男子愚也，亦相安于无知无识，有耳而聋，有目而瞶，有口而瘖，有手而骈，有足而刖，有心而茅，起居服食仰给男子，颐指气使听诸男子，金粉胭脂以媚男子，不曰家长而曰所天，不曰阳刚而曰阴柔，男子则有万能，女子则惟一顺。”

女子服从男子，果真由于女子是弱者吗？并不是。《女子参政同盟会代表唐群英宣言书》据理驳斥；“说者谓弱为女子之特质。斯语也，颟顸实甚。天之生物，予其翼者夺其足，予其角者夺其齿，惟于人特全，男女无异。弱其智，则女与男同一脑力；弱其能，则女与男同一行动；弱其势，则女与男同一立于地球之上。是其所谓弱者人弱之或女自弱之，天固未尝弱之也。此理久为世界所公认。”

女子既然并非天生的弱者，使女子弱于男子者是鼙儒陋士，他们宣扬天高地卑、乾刚坤顺，使女子以无才为美德，以服役男子为天职，致使妇女人格丧失，地位卑下。要提高妇女的社会地位，养成女子独立人格，必须要破除女子无才便是德的传统观念，使女子受教育，增长知识，为社会贡献力量，成为与男子同等站立之人。

作为中国早期的女权主义者，唐群英在屡屡受挫之后，总结出这样一条：“女子程度不齐，由前此教育之不平等。今我中华民国，既号称共和，主张平等，则男女之教育，不宜再有分别。男子与女子既轨入同等之文明，即增进同等之智识，是男女之程度，必不再有轩轾。”并将此意见上书于参议院。

唐群英具有较为完整的一套女子教育思想，不但撰文宣传，而且勇于实践，身体力行。她一生创办了九所女子学校。自1912年起，她先后参与或独自创办了“中央女学校”、“女子法政学校”、“女子美术学校”、“自强女子职业学校”。1913年9月起，唐群英由于参加反袁斗争，屡遭通缉，到上海、长沙等处避难，这期间她无暇顾及办学之事。到1919年春，唐群英回到故乡衡山县，在白果镇创办“红茶亭女校”，并任校长。1922年秋，她在长沙开办“湖南女子法政专门学校”，不久她所创办的“长沙复陶女子中学”如期开学，她任校长。1923 年在衡山县城郭祠创办了“衡山女子学校”亦称“希陶女校”，任校长。1925年，她又在白果创办“岳北女子实业学校”，任校长，但日常教学委托姨甥曾伯珪负责。1928年，唐群英回到家乡新桥，担任唐氏广定族校校长。1930年在她60岁时，利用她自家“云在庐”开设课堂，收罗了附近十多个学生，请乡人李次渊教国文课程，并亲授自然科学课。办学之外，她还曾在一些学校讲座授课。例如，曾应湖南省立第三女子师范学校主事段韫晖和衡阳女子职业学校校长向勤之邀，到她们主持的学校办过讲座授过课，给学校师生留下了深刻印象。

唐群英创办的这些学校，少数是公立学校，如衡山女子学校，这是衡山县第一所公立女子小学，一直到1938年因抗日战争停办，校长均为衡阳女师学生，出了不少人才。复陶女子中学，则成为湖南女界的活动基地。其余学校由于缺少经费支持，学校开办期间除少量募捐外，大多数是她变卖家产，自已出资办的。唐群英的夫家是曾国藩家族，丈夫死后，唐群英“大归”，回到娘家。在娘家她得四分之一家产。当时出嫁女子是不能回娘家分家产的，唐群英这样做时，人们不理解她。但后来她毁家兴学，乡亲和族人们对她十分佩服。她自己生活俭朴，食不尚珍，衣不求艳，连通常已婚妇女佩带的首饰也没有。偌大的家产到她手中，最后只剩下一石多冲田。她教学有方，生财无道，只出不进，两袖清风。

唐群英在办学期间，正好历经了中国历史上的三件大事；五四运动、五卅惨案和北伐战争。唐群英锐气不减当年，“五四”运动时，她亲自到唐氏广定族校演讲，组织师生罢课，投入“抵御外侮，惩办内贼”的游行活动。1925年上海发生了震惊中外的“五卅惨案”，唐群英带领师生上街开展反帝宣传。湖南是中国农民运动的摇篮。这里特别值得一提的是，衡山白果的农民起来闹革命，组织农民协会，妇女也成立了女界联合会，族长老爷在祠堂祭祖摆酒席时，妇女们冲进祠堂，一屁股坐下吃酒。此事震动很大，曾受到毛泽东的极力称赞，被写进了《湖南农民运动考察报告》里面。孰不知这些农妇的行动是受到唐群英的影响和支持的。唐群英在家中行八，人都称她八姑奶奶，在乡里威望很高。虽然她没去祠堂，却为农民妇女的行动击节称贺，在这些人身上，她见到了自己当年大闹议会的影子。此事发生后，唐群英那当族长的哥哥听说妇女闹了刘家祠堂，非常气愤，便在家中跺脚大骂。唐群英却不以为然，便用“民不分男女，理应一律平等”的道理与之辩论，最后族长哑口无言。消息传出后，当地农妇奔走相告，就连那些脑筋特别守旧的农民也不得不支持老婆、媳妇参加农会活动。

可以这样说：唐群英在办学期间，虽不似过去于政坛之叱咤风云，但思想并没有落伍，她不屑与国民党的达官显贵同流合污，却潜心实践自己的办学思想，培养一代新人。同时她又不主张闭门读书，而让学生们关注国家大事，参加社会实践。她关心人民疾苦，对穷人子弟不收学费，为了支持妇女自立，她还兴办了职业学校，教学生学习生产技能。

今天，在唐群英逝世60周年之际，我们纪念她，就是为了继承前辈的遗志，为妇女事业的发展，为推进妇女进一步解放，最终实现男女平等继续努力。特别是在妇女教育工作方面，现在的条件与当年相比当然不可同日而语，但我们也要看到女子教育的发展还很不平衡，仍需学习和发扬唐群英兴办女子教育的精神。当前全国妇联正在实施“春蕾计划”，救助失学女童，并在广大农村开展“双学双比”活动，鼓励农村妇女学知识，学技术，均收到很好的效果。这也可告慰唐群英女士在天之灵了。

（作者曾为全国妇联妇女研究所历史研究室主任）本文原载中华女子学院《学报》1998年第一期，此次转载经本人略加修改

唐群英办学情况查考

唐存正

二十世纪初叶，唐群英发起和领导的女子参政运动，其宗旨是“实行男女平等，实行参政”。她在主持起草的女子参政同盟会十一条政纲中，第二条便是“实行普及女子教育”。因此，办好女子教育，提高妇女文化水平，始终是女子参政运动的重要任务之一。

鉴于此，所有参政同盟会的领导成员，如张汉英、王昌国、张昭汉(默君)等都和唐群英一样，无不致力于兴办女子教育。

多年来，对于唐群英创办学校的数目，众说纷云，有说七八所的，有说八九所或十多所的。对此笔者作过一番查考。

唐群英留学日本就是学师范的，又是民初女权运动的倡导者和主要领导人，在女界中有很高的威望，在社会上也有较大影响力和感召力，所以，凡以她的名义发起创办的学校，很快就能办起来。根据现有史料记载，在唐群英的一生中共创办了十所女子学校(堂)，这十所学校的基本情况是：

顺号	校　　名	创办时间	地点	备　注
1	中央女学校	1912. 9	北京	
2	长沙女子法政学校	1913. 5	长沙	
3	长沙自强女子职业学校	1913. 7	长沙	
4	长沙女子美术学校	1913. 7	长沙	
5	白果红茶亭女校	1919. 春	衡山	任校长
6	湖南女子法政专门学校	1922. 7	长沙	
7	衡山女子高级小学	1923. 秋	衡山	任校长
8	长沙复陶女子中学	1924. 春	长沙	任校长
9	岳北女子实业学校	1925. 春	衡山	任校长
10	“云在庐”课堂	1930. 秋	衡山	负责主办

从上表可以看出，十所学校创办得最早的是 1912 年于北京办的“中央女学校”；最后一所是 1930 年在其故居“云在庐”办的类似“私塾”式的书馆，没有正式挂牌，只聘了一位老师教国语、书法（先是湘乡荷叶的曾龙秋，后是衡山天圫的李次渊），由她本人教自然课和算术课。起初，本是为她的侄孙女唐文娴、唐翰笙、侄孙唐志良、姨外孙曾启球、曾选楼（后改名曾明），以及湘乡荷叶由是小学几个数学基础较差的王荣、王南卿、葛光炎等办补习班的。消息传开，本村曲潆庙的谢南生、李才华、唐凤兰（人称细满姑）和邻居的曾元龙、东湾的李金铭也都来到补习班。学了个多月，几个升学的学生走了，剩下这些孩子还不想走。唐群英顺应他们的要求，索性接着办了起来，把本村的唐恭陶和他的妹妹唐庆兰、侄孙媳傅桂英、滩上屋的唐贻淑（人称赵八嫂）、邻居的陈生英和她的嫂子陈九娘等，也动员加入了读书的行列。一下子比原来还多了几个人。读书都是免费的。虽不到 20 人，但由于年龄及知识程度参差不齐，仍分了两个班。在这些学生中，她尤其喜欢聪明好学、爱动脑筋的傅桂英、唐贻淑、李金铭和曾元龙，时常为他们开“小灶”。

此外，还于 1912 年 11 月在北京与程颖筹办过南洋女子法政大学；1913 年 1 月，在长沙与张汉英筹办过长沙女子法政大学，但都未办成。

这中间，前后历时长达 18 年之久，几乎是她于辛亥革命之后的全部人生经历。

在创办上述学校时，有些是穿叉进行的，有些仅是借助其名望，而她并未在这些学校担任实职，有些则属传闻失真。如有资料说：唐群英在衡山县城办有一所“希陶女校”，而办学时间与“衡山女校”几乎完全相同。调查表明：1919 年唐群英在白果创办的红茶亭女校，办了仅一年多，因经费艰难而停办。1921 年冬，唐群英去长沙，正是女界投入竞选议员的高潮，她的战友王昌国当选省议员。“为配合女子参政，教授女子法律知识”，唐群英与省宪审查会委员陈俶筹划兴办一所法政学校。1922 年 7 月，她们在长沙创办的这所四年制的“湖南女子法政专门学校”正式开学，但唐群英并未在该校任职，而该校也没办多久就没办下去了。此时，唐群英已年过半百，四处奔波大半辈子之后，想在家乡办一所属于自己的学校。她于次年春天回到衡山，变卖了部分田产，在县城筹办“希陶女校”。由于当局极力支持，结果办成了一所比较完善的公立高级小学，时称的“希陶女校”，仅仅是筹办期间用过的校名，“衡山女校”则是冠名欠准确，事实上就是这所公立的“衡山女子高级小学”，当局聘任唐群英担任校长。又如，有资料说：1928 年，唐群英在衡山新桥创办了一所唐氏广定小学。事实是，唐群英支持其堂叔唐鬫衡发起创办了一所唐氏家族学校（广定小学），由她担任首任校长，时间是两个学期。说是由她创办，则属误传。还传说唐群英在衡阳也办过一所女子学校。经考查了解，只是应好友段辐晖（时任湖南省立第三师范学校主事、女子参政同盟会湖南支部发展的新会员，原在长沙任教员。1914 年，由唐群英介绍来衡阳任教的教育工作者）和向勤（时任衡阳女子职业学校校长、原是衡山女子高级小学第五任校长）的邀请，分别在湖南省立第三师范学校和衡阳女子职业学校讲过课，而不是办过学。1925 年春，唐群英利用原已停办的白果红茶亭女校旧址，创办的岳北女子实业学校，名义上虽由唐群英担任校长，实际上的校务工作全由曾伯珪负责主持。此时，她的主要精力放在办好长沙的复陶女子中学。

唐群英创办的这些学校，其经费来源大都凭藉她的声望，争取官费补贴，动员社会贤达捐助，经费不足时，自己也掏腰包。那时办学不像现时这样规范，只要能租上几间房子，凑点课桌板凳就可以开学。如 1913 年 5 月她和张汉英创办的长沙女子法政学校，就是在浏正街租用一所民房。据笔者所知，唐群英创办的十所女子学校，有的甚至开办不到一年，或因经费难支，或因生源不足，或因师资短缺和时局变迁而办不下去，只得停办。办的时间最长，要数衡山女子高级小学，但唐群英在这里执教不到一年。继她之后，唐国桢、罗咏霓、欧阳群英、向勤、刘少怙、龙萼芬几任校长，都是衡阳女子三师毕业的学生，都是民国年间热心追求民主、争取男女平等的进步女性。唐国桢、欧阳群英就先后担任过衡山县妇女促进会的会长。唐国桢后当选国民党的立法委员，解放前夕去了台湾，当过宋美龄的秘书。这所衡山县第一所公立女子高级小学，因抗日战争爆发而于 1938 年停办。这里办不下去，换个地方又办，可见其办学之艰难已达极点。这也从一个侧面反映出唐群英这种“见缝插针”的办学精神，诚如教育界一位老前辈所说，唐群英办校数量之多是首屈一指，其办学热情之高，更是难能可贵，可歌而可敬。

此文原载由衡阳市妇女联合会主编的《唐群英史料集粹》，后经本人修改补充

南社杰出的爱国女诗人

——试论唐群英之诗

蒋 薛

唐群英是中国近代史上一位杰出女性，她不仅是女权运动先驱，民主革命闯将，而且是辛亥革命时期进步的文学团体——南社杰出的爱国女诗人。

她从秀丽的南岳衡山初露诗情，以后奔波于洞庭、长江，踏浪于黄浦、东瀛，金陵浴日，燕山栉风，涉楚水，披湘云，反封讨袁，投笔从戎，出生入死，执鞭司铎。在几十年的战斗生涯中，除了为创建民国，争取女权，启聩振聋，培桃育李立下勋功之外，还写了不少诗文。

据她的族人唐寿春回忆：1936年当唐群英从南京告老还乡后，她曾将其一生所写的诗文汇编成四卷，题名《吟香阁诗文集》，惜未付梓，1937年她就离开人世。由于几经兵燹和物换星移，厚厚的四卷诗文，已散失难觅。惟见之于当时报刊和亲友记录的手抄本，方流传一部分至今。经过调查考证，我们荟萃了30余首，其中包括绝句、律诗、诔词、颂歌、民谣、楹联。从这些吉光片羽中，我们看到了唐群英的不凡诗才。她的诗既有谢道韫、薛洪度豪放之势，又有蔡文姬、李清照婉约之风；既尚咏絮颂梅，又能挥斥方遒；既显示了钧天之志，又饱含着爱国之情，实为我国诗坛不可忽略的一叠精萃。

咏 絮 之 才

“学诗要有才思，有学力。”“才大者，声色不动，指顾自如。”(1)“大凡人无才，则心思不出；无胆，则笔墨畏缩；无识，则不能取舍；无力，则不能自成一家。”曹植七步成诗，《美女篇》可为汉魏压卷，人谓“才高八斗”。晋代女诗人谢道韫，在她的叔父命题和诗时，比喻天下雪的景状为“未若柳絮因风起”，她的叔父为之赞叹不已。同一个事物，让她比得形象而生动，故后人誉为“咏絮才高”。我想，有不有诗才，关键看所写的诗，立意是否别致、高远，语言是否清新、精炼。或曰“三新”：思想新、意境新、语言新。如杜少陵所说："语不惊人死不休"。不落窠臼，不近俗套，不啃人家嚼过的馒头。韩昌黎也说："惟陈言之务去"。不去陈言，终无新意。清代一位诗评家说："能以陈言而发新意，才是大难。"

唐群英在父亲的督促和创造的"诗书传家"的环境中，在名师的教导和姐弟的影响下，熟读四书五经，博览诸子百家，穷研历代女贤，酷爱诗词歌赋，从小就羡慕谢道韫的"咏絮之才"。她在赠给弟弟的一首诗中说："我纵吟诗惭道韫，弟宜积学继班超"，意思除了勖勉弟弟要博学多才，为国立功之外，是说比起谢道韫的诗，她有惭愧之感。实际上，从她写诗之早，立意之新，语言之精，诚如当时一位有名的塾师先生所说："乃又一女中奇才"。我认为堪与谢道韫媲美。

1885年，她在14岁时写的《晓起》就足见其才思不凡。诗曰：

清流依垅曲，绿树接丹崖。

邻烟连雾起，山鸟唤晴来。

一幅南岳风光图，展现在我们面前，如见到流水涓涓，如看到烟雾袅袅，如触到春心勃勃，如听到鸟声喳喳。可以说："绮而有质，艳而有骨，清而不薄，新而弗尖。"

"记游之诗，或述山川，或详风土，宜翔实而不浮泛，宜洒脱而不黏附，方为上乘。"(2) 清代学者横山论诗指出过："必先有所触而兴起，其意、其辞、其句，劈空而起，皆自无而有，随在取之于心；出而为情、为景、为事，人未尝言之，而自我始言之。"(3) 我觉得《晓起》是符合这个要求的。

《晓起》在造句用字上也初见功底，"绿树"、"丹崖"、"炊烟"、"晨雾"、"山鸟唤晴"，明快清新，色彩绚丽，把农村早晨的自然风光写得维妙维肖，落落大方，与李白的"山从人面起，云傍马头生。芳树笼秦栈，春流绕蜀城"对比，我认为有异曲同工之妙。同时很似王维的山水诗，诗中有画，骀荡不羁。只二十个字，内容是多么丰富，感染力是多幺强烈！题为《晓起》，而未说一个"晓"字，但"唤晴"就自然表明是早晨，蕴含"晓"字，"起"也就随之而生。这首诗不仅属对工整，炼字稳妥，而且轻灵流动，绝不板滞。作诗点眼，犹之画龙点睛，诗无眼则佳处不见，龙无睛则神采皆失。古人说："点睛之法，在于既要挺，又要晌，用实字则挺，用动字则晌。"(4) 我们细看《晓起》四句中点眼之字："依""接""连""唤"，不仅用得恰到好处，而且把两个事物串起来，绘声绘色，情景交融。尤其是"唤"字，用得绝妙，既显出了山林间鸟儿的飞鸣，又写出了乡村少女的天真！字字珠玑，每个字都有它的内涵，无一字虚设，无一字错位，无一字重义。明代诗人李东阳说："作诗不用闲言助字，自然意象具足，此为最难。"唐群英的《晓起》则突破了这一难关，只提掇紧关物色字样，而音韵铿锵，意象具足，实在难得。故见其诗者，无不诚心悦服。

在唐群英以后所写的诗文中，处处可见其才华横溢，有胆、有识、有力。她父亲曾为之惋惜叹道："不该是女子，如果是男儿，定可光耀门庭。"实际上有如唐群英者，亦可"遂令天下父母心，不重生男重生女。"

阳 刚 之 气

一般说，女子温柔细腻，无论挥毫泼墨，写诗作画，都免不了有闺阁之气，纤弱之感，多儿女私情，而少英雄豪情；多身边琐事，而少天下大事；多胭脂粉黛之色，而少江山烽烟之色。汉末女诗人蔡文姬，不论是《胡笳十八拍》或《悲愤诗》，都着重表现了夫亡、子离、家破之哀。唐代女诗人薛涛，首创用红色小笺写诗，大部分是宦游赠人及乱世孤栖、感怀身世之作。宋代女诗人朱淑贞，由于婚姻不美满一生抑郁，诗词亦多幽怨之章，她的词集名曰《断肠集》，即可为证。《沅湘耆旧集》和《湘雅摭残》等辑录的女诗人之页，几乎绝大部分是思夫悼君、葬花叹月之类。

唐群英则不然，纵观她现存的诗章，焕发着阳刚之气，鲜明、刚强、兴奋、昂扬。如铜钹铁板，铿铿锵锵；如江涛海浪，浩浩荡荡。其声震耳，其势慑魂。她很喜欢李清照的诗词，无疑受过她的影响。虽然一个生于宋代，一个生于近代，但她们都有生活在仕宦名门的经历，又同样有早年丧夫的痛苦。不同的是，唐群英处于持续了千百年来封建制度瓦解土崩的前夜，她加入了以孙中山为首的革命团体，是中国同盟会第一个女会员，受到了民主进步思想的熏陶，冲破了封建社会强加在妇女身上的桎梏。所以，她的诗没有承袭李清照等历代著名女诗人幽怨悲愁的一面。李清照在丈夫病故后，其诗词则从清俊旷逸变为凉苍沉郁，多寓故国黍离之悲。如："寻寻觅觅，冷冷清清，凄凄惨惨戚戚……怎一个个愁字了得。""只恐双溪舴艋舟，载不动许多愁。"

唐群英一反女儿常态，没有从这些消极面去学步，而是继承了李清照等人清俊旷逸、雄健豪放的一面。"生当作人杰，死亦为鬼雄！"这样不逊须眉的气质和传颂千秋的豪言壮语，激励着唐群英为人处世，飘洋过海，奔走革命；也启迪着唐群英写出与“巾帼英雄”相称的诗篇。她一些脍炙人口的诗句，如：“生为人杰岂无路，且许芳馨结伴游。”“霾云瘴雾苦经年，侠气豪情鼓大千。”“愿身化作丰城剑，斩尽奴根死也瞑。”“老陈不是寻常客，曾率诸侯讨暴秦。”“旭日初升晓雾开，洞庭波起断头台；不堪回首当年事，赢得功成血战来。”“恨无长剑斩蛇虎，敢效须眉不蹁闲。”“何时广播罗兰种，灿烂神州共一天。”这些诗，无不充满阳刚之气，真是掷地可作金石声，坚不可摧。

“诗重蕴藉，然要有气魄；无气魄，决非真蕴藉。诗重清真，尤要有寄托；无寄托，便是假清真。有寄托者，必有气魄。无气魄者，漫言寄托。”(5) 唐群英上述的几首诗，可谓二者兼而有之。正如她弟弟唐乾一于1904年在为她东渡日本壮行诗中所称颂的：“剑气与珠光，有时冲霄汉。”也如云樵的悼诗所说：“木兰再世又英雄”，“一洗胭脂陋室空。”她那一身侠气豪情，能够鼓动大千世界。为了实现自己的宏图大计，她愿将身化作“宝剑之精，上彻于天”的丰城、龙泉、太阿一样的宝剑，只要能够斩尽人民受奴役、受压迫的根源，她就是牺牲性命也瞑目于九泉。1917年在洞庭湖与同盟会老友陈汉元同舟共渡，她称颂陈汉元反清反袁的战斗业绩，也是对自己峥嵘岁月的回味。在雾消云散、湖光潋滟，涌出一轮红日的时候，她目睹那滔滔波涛，即便是断头台，也曾遏浪飞舟，如大雾之针，如狂流之砥，没有被“断头台”所吓住，而是横刀跃马，身经百战，血溅征袍，凯旋归来。设若没有阳刚之气，能如此挥毫洒墨么？没有丈夫气概能如此唱出有雷霆万钧之势的诗句么？

钧天之志

《虞书》称：“诗言志”。但人各有志，有高卑、大小、远近之不同。“志高则其言洁；志大则其辞弘；志远则其旨永。如是者，其诗必传。”(6) 唐群英的诗则是可以体现高、大、远的意志。1897年，唐群英才26岁，她未因亡夫之痛而一蹶不振，也未因丧女之悲而万念皆灰。既不受封建礼教的禁锢，也不受名门陈规的束缚，而是立“钧天”之志，树易俗之风。如《抒怀》一诗就真实地表达了她高、大、远的抱负：

斗室自温酒，钧天谁换风？

犹居沧浪里，誓作踏波雄！

写诗不但要有才思，有学力，尤要有志气，方能卓然自立，与古人抗衡，与同辈竞逐。“具有胸襟，人品既高，其一謦一咳，一挥一洒，必有过人之处，享不磨之名。”(7) 唐群英人品高，故其诗调也高。

上述《抒怀》诗，起句描写在斗室独自饮酒，这就有李白那种“长安市上酒家眠”的豪放气概，但她在斗室温酒还是有一种压抑感，她并不甘心在斗室度日，也不是消极的“对酒当歌”，而是一边温酒，一边在忧国忧民。第二句就立即放眼环宇，思想为之升腾，写出“钧天谁换风”的惊句！钧，平也，为四方主，故曰钧天，亦即居天之中央。真是身在斗室，心怀天下。也使我们联想起毛泽东同志的词句：“怅寥廓，问苍茫大地，谁主沉浮？”我们似见唐群英举杯望长空，在沉思，在求索：谁主天之中央？谁能扭转乾坤？谁能换风易俗？志气是多么宏伟！品格是多么崇高！然后笔锋一转，如高山坠石，不知其来，令人惊绝。她要主宰天下，树立新的风尚，改变旧的习俗！置身于沧浪之海，一展飒爽英姿。没有钧天之志，能如此情驰神纵，思翔宇宙么？没有以天下为己任的品德，能幻想跻身于英雄豪杰之列，蹈海弄潮，誓作踏波雄么？

1906年10月，她在应黄兴之约给《洞庭波》杂志写的八首绝句中，感叹“世界汹汹人扰扰，不知谁是济世才”时，接着就以大无畏的自我牺牲精神进一步表明：“欲展平均新世界，安排先自把躯捐。”铮铮铁骨，字字有声，可以使懦者强，怯者勇。像战鼓，如号角，使人奋进，使人坚贞！她不只是在诗中发誓，而是言必信，行必果。她两渡瀛海，就是为了“钧天”“换风”，几上京都，三闯议院，为“钧天”“换风”而富贵不淫，贫贱不移，威武不屈。窃国大盗袁世凯悬赏缉拿过她，国民党的掌权人排斥过她，一批御用文人和官办报纸的无冕之王利用舆论工具诬蔑攻击过她，同为一时巾帼风流的女友背叛过她，地方军阀、绅士也歧视、嘲讽过她。但她始终如一：“心存忧乐关天下”。那怕晚年因倡办女子教育，而家财变卖殆尽，到了个人生计维艰的时候，她也不改初衷，鄙视那些丧失革命意志，依附官僚丈夫而贪图荣华富贵的女人：

纷纷姊妹尽华裙，顾我何忧彻骨贫？

不见梅花亭外立，西风岭上好精神。

她的确像傲雪迎春的红梅。已是悬崖百丈冰，犹有花枝俏。即便零落成泥碾作尘，化作春泥又护花。一生为“钧天”而活，一生为“换风”而斗！

爱国之情

我们在前面论述了唐群英的咏絮之才、阳刚之气、钧天之志，此三者最终都统一于爱国之情中，也就是说她将才、气、志、情合而为一，熔铸成爱国主义的诗篇。爱国是她的诗的灵魂、诗的精髓、诗的核心，主题突出，地位显著，一脉相承，贯穿始终。从她的处女作“山鸟唤晴来”之意，到目前我们所知道的最后的一首诗“西风岭上好精神”之气，都已表现出诗人的高尚情愫。她的诗，或写南岳远足，或聚双峰咏莲；或过姑山留韵，或为洞庭泛舟；或答旅日师友，或祝报刊同仁；或赠胞弟，或悼英烈；或互相唱酬，或愤世嫉俗；无不倾注她对祖国山河之恋，对祖国人民之爱，对祖国命运之忧，对革命事业之忠。满腔激情，一片丹心，在字里行间闪闪发光，而更为鲜明的是发表在《洞庭波》的《绝句八章》。

从这些诗篇中，可以看出唐群英日夜忧虑的是什么，追求的是什么。在祖国还没有播下新的文明种子，受到科学、民主、进步的思想启迪和促进时，却又受到了欧美资本主义国家的侵略和损害，国势临危，人民疾苦，她面对欧风美雨的侵凌，不禁独自嗟叹：

莽莽乾坤何处家，两年栖息走天涯。

文明未播中原种，美雨欧风只自嗟。

当英、法、俄、日分别侵占了中国沿海港口，又在巴黎召开分赃会议时，满清王朝已日趋腐败，继而袁世凯卖国求荣，阴谋称帝。无论国际国内的时事，都使唐群英听之伤心，但又非听不可时，则担心更坏的消息传来。报仇兴国的激情涌上胸头，心似火煮油煎，悲愤而为之诗：

精卫难填东海恨，女娲犹补奈何天。

年来怕听伤时事，热到胸头受煮煎。

革命党人和新军以及各派军阀逐鹿中原，也不知鹿死谁手，消息难通。唐群英多么想下海擒孽龙斩毒蛇，救人民于水火之中。她也许是期望能有法国著名史诗中罗兰那样的英雄人物，富有勇敢和牺牲精神；或者是想采得那传说能给人民带来幸福的真正罗兰花种；更期望能有促使人们觉醒的灵苗，开放在九华山之巅，从而撒遍神州大地。因而凝成这样的诗句：

中原逐鹿亡消息，巨海龙蛇苦大千。

撮得罗兰真种子，灵苗催放九华巅。

在旧仇未报添新仇时，她以“天下兴亡，人皆有责”的感情，为祖国命运担忧，也为子孙前途担忧。她不仅“烽烟看四起，投袂自提兵”，而且希望当时全中国四万万人民都能从深沉的睡梦中觉醒起来，同仇敌忾，抵御外侮，还我河山，振我中华，雪我国耻，以报千古遗恨。她在诗中写道：

仇雠未复子孙忧，况复新仇益旧仇。

四万万人沉梦觉，早将遗恨雪千秋。

爱国之情在唐群英的诗里表现是如此强烈，这决不是偶然的，而是由于她受中国富有爱国主义思想的传统文化的熏陶和历代英杰民族精神的感染，加之她亲身投入革命洪流，结识了中国民主主义革命的先行者和一批志士仁人，认定了“能以身许国，国强家有誉。破俗从军行，战死埋丘墟。不必曰生还，生还实辱余!”（唐乾一赠诗）当孙中山赠她“此去浪滔天，应知身在船。若返潇湘日，为我问陈癫。”一诗之后，她的爱国思想又得到一次升华，在孙中山掌舵的革命航船上，自觉地成为中国同盟会一位坚强的战士。在她的声明、宣言、讲话和悼念文章中更是旗帜鲜明。她在中国开先河组织“中华民国女子参政同盟会”，编辑五种女子报刊，创办九所女子学校，都以“发起女子爱国之热忱”、创造“新世界”为最高宗旨，因此在她笔下才凝练出这样的诗句。“诗是心声，不可违心而出，亦不能违心而出。功名之士，决不能为泉石淡泊之音；轻浮之子，必不能为敦庞大雅之响。”(8) 其心如日月之明，其诗才有如日月之光，故而诗以人见，人又以诗见。我们读了唐群英的诗，亦可知其为人。她以自己光辉战斗、献身祖国的一生作了有力的说明，人如其诗，诗如其人。故被孙中山誉为“巾帼英雄”，并获得“二等嘉禾勋章”的殊荣。

“南社”出现了不少女诗人，但其思想性和艺术性有机地统一如此完美者，阳刚之气、爱国之情自然地结合如此浓烈者，则当首推唐群英。即从全国历代女诗人来看，笔者管见，她也自可屹立于一代风骚之林。历代诗人所写诗词有多至几千首者，但广泛流传至今也不过是那么几首或几十首。大浪淘沙，洪炉炼丹。唐群英幸存的诗词也是几经风浪，几经烟火，但没有被风浪淹没，随烟火化灰，尚能有一部分流传，也足见其为佳构。我们深信，在诗词之国的历史长河中，中国“一代女魂”（康克清语）的诗，将永远散发着芳馨和充溢着活力。

(1) 《一瓢诗话》105页。　(2) 《学诗百法》42页。

(3) 《一瓢诗话》104页。　(4) 《学诗百法》32页。

(5) 《一瓢诗话》116页。 (6)《原诗》47页。

(7) 《一瓢诗话》91页。 (8) 《原诗》52页。

（作者为衡阳著名诗人，中华诗词学会会员、曾任衡阳市诗词学会常务副会长、全国诗词联谊会常务理事等职）本文1993年载于台湾《艺文志》总号281期，2011年转载于《唐群英诗文赏析》一书

唐群英之父唐星照史实小考

王澧华

唐群英之父唐星照行武出身，官至总兵（正二品），诰授振威将军，被赐予“长勇巴图鲁”称号，战功赫赫，威震四方；然正当仕途发达，却于而立之年即毅然决然退役还乡，督耕倡读，行善乡里，堪称一方贤达之士。本人近期检阅了一些有关这方面的历史资料，大多为曾国藩等人之日记、书信和奏章，颇具权威，从中印证了唐星照的一些史实及仕途风程，可作唐群英家世研究之参考。现分别简录于后。

检《曾国藩日记》，咸丰八年八月二十日附记萧启江果字八营哨弁名单四十六人，其中载有“右哨百长（兰翎），唐星照，守备”。据此，知唐星照此时以蓝翎守备衔任果右营右哨百长。

萧启江，字浚川，湘乡人，少与本县罗泽南、刘蓉、李续宾、李续宜、杨昌浚等相友善。咸丰三年，与诸朋辈从罗泽南团练，与太平军战于江西与湖南北。四年末，湘南告警，萧启江领巡抚骆秉璋檄，招募乡勇，号曰果字营。唐星照是否此时入伍，不敢肯定，从他在咸丰八年便已赏戴蓝翎、晋衔守备、位居百长的情况来看，那么，他投身湘军，也该是历有年所的了。其《族谱》称“甫十年即以终养陈情于朝”，事在同治二年刘蓉催令出山之前，可见，他应是果字营较早应募的勇丁之一。

此后三四年间，果字营转战湘赣，攻克茶陵、万载、袁州、分宜、上高、临江、崇仁、抚州各府县。咸丰八年五月，骆秉璋奏起曾国藩复出督师，檄令萧军归曾氏调遣。八月初八日，曾国藩行抵铅山县河口镇，当日《日记》

谓“萧营各营哨弁来见”，这大概是唐星照与曾国藩的最初接触。九月，曾国藩率部开至建昌，每日开单传见各部哨弁，并逐日记载晋见者之年里、亲串与评语，惜未见唐星照之名。查九月二十五日《日记》，谓“传见萧营百长四人”，惟未开记名单，亦无考评。

又检《曾国藩奏稿》，咸丰九年二月初九日上《萧启江军南康大捷并驰援信丰摺》，其略曰：臣于上年檄调萧启江由石城赴援赣州，接据该道禀报，本年正月初五日行抵赣州，因南康危急，于十六日抵南康，十七日抵贤女铺，十八日埋伏赤石塘，诱敌七八万，入我伏击圈，新果营都司唐星照等由右路截击，酣战移时，毙敌二千。二十日，萧军进攻池江，伏敌四起，唐星照等人力战断后，毙敌二百。

据此，知唐星照已晋衔都司、升任营官，且以勇猛见赏于主将。

又据曾国藩二月二十五日《萧启江军攻克南安府城摺》、二十八日《信丰解围并调萧启江军赴吉安援应湖南摺》，知唐星照于正月三十日随队进攻南安，二月初三日克城。初七日，唐星照又率新果营由中路击敌，直逼敌营，遇雨而止，初十日再攻，敌力尽逃遁。奏入，谕旨命曾国藩择优保奏立功员弁。七月初六日，曾国藩上摺保举，中列“花翎都司唐星照，请以游击留于江西即补，并赏加参将衔”。十八日，谕旨允准。

清制，武职中守备为正五品，都司为正四品，游击为从三品，参将为正三品。唐星照虽着于江西即补，但不久即随军被骆秉璋奏调返湘了。

咸丰九年二月十八日，左宗棠代骆秉璋草拟《江西大股贼匪窜扰南路筹办情形摺》，谓石达开率南安败窜之军闯入湖南，萧军四千人，自应回援剿办。曾国藩亦因石达开攻破桂阳、宜章、新宁各县，湘乡吃紧，连发二札一批，饬令萧军回援桑梓。于是，唐星照便随部由吉安回防郴州，复于东安截击获胜。石达开南窜兴安，直逼桂林。唐星照等果字八营尾追入桂，激战于大溶江，卒解桂林之围，班师回抵湘潭。

此时骆秉璋摺中亦偶见唐星照之名，仍为参将衔游击。

咸丰九年四月二十八日，四川总督曾望颜致书湖北巡抚胡林翼曰：“萧浚川廉访一军直入蜀中，先剿滇匪，后堵石逆，吏民皆深感激。自入川境，沉途一千数百里，秋毫无犯，真不愧节制之师。抵省之日，接见名将，皆年少英雄，而萧翁廉访却老成朴实，韬钤在胸，皆似初从田间来，绝无时下官场营伍习派，令人望而生敬于心，叹楚之多材，为所未见也……讵料十七日由城外巡阅营垒而回，忽得感冒之症，以为无甚要紧，勿药有喜，讵日延一日，医药罔效，至二十七日竟归道山。惟此从军皆由珂乡数年选择，训练有素，规条号令，迥异寻常，断非他人所能统带，随询据各将禀称‘湘勇营务向系萧浚川廉访胞弟萧启源暨其戚花翎都司彭忠信办理。萧启源告假在籍，彭忠信已启程来，尚未到川。惟当进剿吃紧，拟合推管带新后营拟保同知直隶州王沐暂行代理……’等语，除将此情备奏，另备公牍咨达冰案外，特此驰布，专候卓裁。”

果字八营回湘后，萧启江禀请增募一千五百名，就地训练。适石达开由黔入蜀，谕旨叠敕萧军入蜀防剿。咸丰十年正月，唐星照随部由常德西趋四川。据王闿运《湘军志·川陕篇》曰：“于道启江病，不能军。比至，望颜议授以按察使，启江不能，未几遂死，军无统帅，一战井研，大破寇，解其城围。蜀西南沸乱，寇散布，不胜其讨捕。启江部将分三统，则亦观望，或纵掠，无复湘军规制。”所谓“三统”，即果字营宿将记名总兵胡中和、尽先副将萧庆高、何胜必。据此，知王沐仅临时代管果字营，稍后，即有三统鼎立之事，而军纪军威已大不如前。

同治二年九月十七日，陕西巡抚刘蓉上《附调副将唐星照募勇赴陕疏》：“再，查江西袁州协副将唐星照，忠勇奋发，纪律严明，前在川中，屡著战绩，堪胜统将之任。该副将籍隶衡阳，经臣札饬，就本籍衡湘一带，招募勇丁二千名，争作四营，选派营宫百长，统带来营，以备调遣。惟系实缺人员，相应请旨敕下江西抚臣沈葆桢、湖南抚臣恽世临，催令赶紧募选成军，迅速起程。其所需枪炮军装各项，仓卒制办，恐难适用，应请由湖南军需局拨发该副将承领，以利军行而资攻剿。理合附片陈明，伏乞圣鉴饬遵。谨奏。”十一月二十二日，刘蓉因汉中郡失守，再上《催调唐星照来陕疏》：“臣前次奏调江西补用总兵、袁州协副将唐星照，令在衡阳本籍募勇二千，来营调遣。查该员先经四川督臣骆秉璋札调赴川，现准骆秉璋咨，接据该总兵九月来禀，称母老多病，恳请在籍侍养，未能遵照募勇赴川等情，移咨前来。查该总兵所请，自系发于至情，但汉南军务吃紧，需才孔殷，统将尤难其选，该总兵受恩深重，目击时艰，自应移孝作忠，力图报称。且该总兵兄弟三人，现在胞兄唐应聘等在籍奉侍，不患无人，即使将母情切，亦可于汉南肃清之后，军务稍松，再行乞假省视。臣驻巴已近五旬，专俟该总兵等新募生力之军会攻进取，用靖贼氛，自未便遽允所请，以致延误事机。伏祈敕下湖南抚臣恽世临，责以大义，催速唐星照迅即遵照前奏，招募成军，兼程来营，以备调遣而资攻剿，毋得再行推诿，更致耽延。臣为统将需人起见，理合附片陈奏，伏乞圣鉴饬遵。谨奏。”

咸丰十一年春，骆秉璋奉旨人川督军，即将萧启江旧部六千收归己用。

同治二年秋，刘蓉由四川布政使升任陕西巡抚，骆秉璋即派何胜必之果右营、萧庆高之果中营及朱桂秋之桂字营共九千人援击汉中。此皆唐星照多年袍泽，因此便有刘蓉奏调之事。总兵为正二品，副将为从二品，唐星照何时授职，是否到任，何时告假，皆有待进一步查证。但他一经还乡，即任凭督抚札饬，廷旨敕谕，坚不受命，由此可见其品概。其《族谱》称“甲子霆军叛，本省戒严，恽中丞世临奏办防务。氛靖请撤，自是杜门耕读”，查霆军哗变乃四年乙丑事，三年仅湘黔之交有警，系周洪印等平之。

同治六年十一月初三日，曾国藩上奏《请以朱云章补授江西袁州协副将摺》，称“窃准江西巡抚刘坤一咨准署湖广督臣李瀚章咨，称前在湖南巡抚任内，据补授江西袁州协副将唐星照，因伤疾举发，禀请开缺，经湖南长沙县知县李惟丙查验属实，声明将来病痊，尚堪起用，取具医验供结，详请会办筹因，转咨到臣。应即准其开缺，并将唐星照供结抄录咨移部科办理。所遗袁州协副将员缺，系陆路题补之缺，例应由外拣员请补……查有提督衔记名总兵朱云章......合无仰恳天恩俯准......”

此摺会刘坤一衔拜发，事前实未与之商量，仅于事后以私函告知，谓朱云章系早年投效之员，随剿湖北、江、皖，又随同剿捻，转战河南、山东，现在金陵营务处，故予特别照顾。众人皆在官场争名夺利，而唐星照却在33岁时自愿放弃枪林弹雨中得来的高官厚禄，令人顿生钦仰之情。

（作者曾系湘潭大学历史系教授）本文原载《唐群英研究文集》

唐群英的兼祧子唐遂九

罗绍志

还是上个世纪80年代初，我在研究曾国藩家世的时候，从《湘乡大界武城曾氏五修族谱》中发现，曾国藩的一个房弟曾传纲，娶衡山唐少垣（星照）之女希陶（群英）。为了研究宣传这位女中豪杰，我从双峰荷叶到毗邻的衡山新桥作调查，有幸结识了唐群英的兼祧子——唐遂九先生。

唐遂九，派名让钟，1907年9月8日（农历八月初三）出生于衡山新桥三吉堂一个书香之家。其父唐乾一（1878-1928），是唐群英的胞弟。唐群英在双峰荷叶婆家夫亡女殇后，打破封建桎梏，大归衡山娘家，最先支持她的，就是其弟唐乾一。唐乾一不仅支持其姐在唐家与兄弟平分家产，而且还将自己的次子唐遂九抚给其姐为“兼祧子”，即一子顶两门，兼承两门的宗祧，使其姐得以在《衡山治坪唐氏七修族谱》中列上齿录，作为唐氏一房人。在当时的封建宗法制度下，视“嫁出的女”为“泼出的水”，唐群英能够在夫亡后回归娘家并且争得与男子平等的族权，是非常难得的。唐群英追求男女平等，并不满足自己在家族中获得与男子平等的权利，而要使女子在整个国家和社会实现男女平权。因此，她从婆家回到娘家后，与弟弟唐乾一相继留学日本，学成归国后又一同积极投身反清革命，并于民国建立后发动领导了中国第一次女子参政运动。

唐遂九出身于这么一个家庭，自幼就受到旧民主革命的思想薰陶。1913年唐群英回湖南办学，就送其兼祧子上了小学。1919年，唐遂九在衡山读完初级小学后，随父北上读书，先入北京江苏高级小学，1922年升入北京汇文中学，1926年又考入燕京大学攻读社会学系。他在这里读过两年后，因学费昂贵，无以为继，只得辍学。其时，国民革命军结束北伐，国民党中央创办《华北日报》于北平，唐遂九被聘为编辑，开始了他一生的办报生涯。为不放弃自己的学业，他在办报的同时，还半工半读于中国大学，至1932年终于在北京中国大学政治系获得毕业文凭。

在国事日非的形势下，《华北日报》曾多次进行过改组，唐遂九在1934年就受到排斥，离开了该报。1935年出任中国华洋义务救灾总会驻京事务所主任。时年64岁唐群英来到南京与儿媳们生活了一年多。当抚子唐遂九谈及加入国民党时，她心情很沉重地说：“现时的国民党，背离了总理（指孙中山）提倡的联俄、联共、扶助农工的新三民主义，你老九（指唐遂九）就不要去凑这个热闹了，但爱国思想永远不能丢，要做一个有骨气的中国人。”又常和他讲一些做人的道理，与人共事，“要有容人之量，多体察别人长处，少计较别人过失”，“人非圣贤，孰能无过？如果发现自己错了，就不要再坚持，更不要顾什么‘面子’，赶快改正，才是聪明人”。次年秋，唐群英回到故乡。唐遂九1937年受聘于广东《中山日报》负责编辑。该报原是《民国日报》，国民政府为纪念孙中山才易名《中山日报》的。唐遂九从小就受伯姑与父亲的影响，崇拜国父孙中山先生。在出任该报编辑期间，他大力传播孙中山的革命思想，宣传抗战，为抗日民族统一战线的形成作出过一定的贡献。

1937年卢沟桥事变发生后，抗日战争全面爆发。战火蔓延到粤后，广州局势吃紧，政府机关及社会团体纷纷疏散，新闻界也不例外。其时，广州有大小报刊20余家，有的停刊，有的转移，只有《中山日报》则由唐遂九担任留守主任，继续坚持在广州举办，直至1938年10月20日广州沦陷，唐遂九编发最后一期报纸，才转移至西江。越两日，他到达肇庆，立设电台，利用民办印刷，创办《中山日报》肇庆战地版，及时沟通新闻，宣传抗日。他曾撰写过《气壮山河》的长篇通讯，讴歌全国军民团结抗日的动人事迹，受到新闻界的好评。未几，战局缓和，国民党中央恢复《中山日报》总社于韶关，结束肇庆战地版。于是，唐遂九前往韶关升任总社总编辑。从此，《中山日报》以一报的经费与编辑人员，创办"三报"于韶关、梧州、梅县。此举，在国民党的办报史上堪称奇迹，唐遂九亦成为民国时期著名"报人"。

报业的发展，倾轧之风随起。唐遂九性格刚直不阿，遂于1941年愤然离开《中山日报》总社。国民党中央曾电令赴渝另任，他也坚辞不就，退居故里，嗣后，范长江发起"中国青年记者理事会"，唐遂九与夏衍等出任理事。旋又协助友人创办《大光报》坪石版任主笔。长沙沦陷后，湖南《正中日报》社迁郴州，唐遂九于战火紧张中被聘为总编辑。为期一月，随战事恶化，该报停刊。抗战胜利后，湖南创办《大同》半月刊，唐遂九受聘为主编。他还曾一度担任湖南省政府参事，1948年去南京，经友人介绍在国民政府社会部救济司担任专员，直至解放。

事实教育了唐遂九。他深感"只有中国共产党才能赶走帝国主义，建立独立、自由、民主的国家"。新中国诞生后，他参加华东人民革命大学学习，由信仰三民主义转向了信仰社会主义。学习期间，他将伯姑唐群英长期珍藏的孙中山给同盟会女同志的亲笔信，献给了南京中国第二历史档案馆。学习结业时，他在《自我总结》中表示："坚决追随中国共产党，开拓后半生的征途。"结业后，他服从分配到河南信阳第一中学任教，愉快地开始了他新的人生之路。

可是，光明路上，坎坷依然。唐遂九一生在外靠职业谋生，土改复查时，却给他划了一个地主成份；1955年开展肃反，更把他定为"中统特务"，被关押达半年之久。后经查实，按党的"有反必肃，有错必纠"的政策无罪释放，回到教师队伍。党组织向他赔礼道歉，他深受感动，用他自己的话说，是"不打不相识"。他对儿女说："共产党办事，光明磊落，是非分明，值得信赖。"自此，他更加坚信共产党，鼓励两个儿子要努力工作，争取早日加入中国共产党，他自己也下定决心，"要用十年的时间，努力创造条件加入共产党组织"，不幸的是，在1957年的"整风反右"中，他并未鸣放半句反党、反社会主义言论，却被打成“不发言”右派，说什么“不发言右派更隐蔽、更狡猾、更具危险性”，把他发送劳动教养。“十年动乱”中更遭不幸，连生活的口粮也被扣了，使他流离失所，无处栖身，直到1979年党的十一届三中全会后才得到平反，再次重返教育岗位。

唐遂九先生一生为人坦荡，性情豁达乐观。1981年退休住农村后，仍“一息尚存，不容停步”，义务送教上门，为当地农家子弟补习英语。晚年，他最关注的还是对其伯姑唐群英的宣传。我于1981年夏第一次拜访他后，与曾伯贤合写了《中国同盟会第一个女会员——唐群英》，先后发表在《双峰文化》与《新湘评论》上，他见到时多么高兴；以后，我在他的指引下，多方收集史料，还写了《唐群英》与《唐乾一》两篇传稿，先后在《湖南省志》、《民国人物传》等志书立传。我每写一篇宣传、研究唐群英的文章，都寄送给他审阅，我手中至今还保存着他为我修改与补充史料的五六封书信。1985年我再次去拜访他时，他领着我到三眼塘山顶的茅草中寻觅到唐群英的墓，我为他拍了一张照，没想到这张照竟成了永久的纪念。

据说，唐遂九先生是1986年12月13日在故乡衡山县新桥乡黄泥村与世长辞的。16日晚，村党支部与村委会为他举行了隆重的追悼大会。悼念的挽联很多。其中一联云：“几经沧桑，办报办刊，笔战歪风扶正气；两入大学，能诗能文，教育青年成栋才。”这副挽联既概括了他的坎坷人生，也是对他一生恰当的评价。

（作者原系中共双峰县委党史办主任、研究员）此文原载《唐群英史料集粹》，后经修改补充

唐群英对白果妇女的教育及影响

刘毛平

遵循孙中山先生的教诲，为“提倡教育，使女界知识普及”，唤起女子觉醒，使广大妇女团结起来，冲破封建主义束缚，实现自我解放，与男子享有平等的地位和权利，唐群英于1920年春在白果创办了衡山县第一所女校“红

茶亭女校”（1925年复办时更名为“岳北女子实业学校”）。在办学过程中，她痛斥“女子无才便是德”的谬论，阐明男女平权的道理，指出“现今世道不公平，女子不能和男子一样进学堂，受教育；不能和男子一样进祠堂，祭祖先，太不平等了”，教育大家奋发读书、立志成才。在学生中，唐群英广泛进行了“多学则智，自立即强”的思想教育，反复强调，“男女要平等，只有靠妇女自己起来斗争，才有可能取得平等的权利”。为了鼓励大家放脚，唐群英还自编了一首通俗易记的《女子放脚歌》，在学生中教唱，歌词是：

女子最可怜，自小把足缠。痛苦又难看，行路实困难。
父训恪妇道，母命实难违。苦了我女子，有苦也难言。
奉劝姐妹们，再勿把足缠。放脚行千里，自强争女权。

这首歌谣，当年在白果、新桥一带流传很广，一些上了年岁的妇女至今仍能背诵。这首歌词，就是我们在1990年秋天走访白果几位老人的一次座谈会上，按照她们的吟唱记录下来的。

她还经常鼓励学生说：“女子要做生活的强者，不要事事依赖男人。自立才能自强。”上课时，她主讲时事政治，启发学生的爱国思想，告诉他们：“中国长期以来象一头睡狮，我们妇女要努力把她唤醒。”她还经常向学生讲述古代花木兰从军，梁红玉抗金的故事，说明男子能办到的事，女子也能办得到。唐群英很注重带领学生走向社会，参加革命实践。1925年，震惊中外的“五卅”惨案的消息传到衡山，她立即率领全校师生投入了这场反帝斗争，以提高学生们的爱国斗争意识。正是唐群英呕心沥血的教育，71年前白果女子才敢于率先剪掉巴巴头，扯掉裹脚布，成立女界联合会，和男人们一道，紧紧团结在中国共产党领导的农会周围，斗土豪，搞平粜，禁赌禁盗，参加减租减息等一系列斗争，并对封建族权族规展开猛烈冲击，“闹”出了与男人们一道喝祠堂酒的风流壮举。

1926年冬至日（农历十一月十八日），白果各姓氏宗祠开祠祭祖。那日，刘氏宗祠热闹非凡，铳炮连天，摆了数十桌酒席。女界联合会率领三十多名留一色短发的妇女，手持梭镖、短棍涌进祠堂，一屁股坐下来便喝酒。经过一场激烈的斗争，族尊老爷们只好听她们的便。这一新鲜事很快传遍衡山城乡，各地妇女纷纷效仿，从此打破了“女流之辈不得进祠堂”的禁锢。1927年元月，毛泽东同志来衡山考察农民运动，在听取女界联合会秘书朱隶棠和几位女代表汇报她们发动妇女剪发、放脚、打土豪、反虐待、上民校、走向社会、投身农运、冲破封建族权族规到祠堂喝冬至酒的斗争后，称赞岳北农会是湖南农运的第一面红旗。白果妇女闹祠堂，喝祠堂酒，干得好。他还说："各地女界联合会的干部都像你们这样，就能使成千上万的妇女从封建桎梏里解脱出来，投入农村大革命的洪流。"后来，毛泽东同志还专门把白果妇女闹祠堂的事写进了他的《湖南农民运动考察报告》。

当年，唐群英虽没有直接参加白果妇女闹祠堂，但她是极力支持的，这从她与族长哥哥的一场辩论中，可以得到证实。她的胞兄唐维藩听说白果女子大闹刘家祠，便在家里跺脚说："这些妇女们简直无法无天!成群结队去闹祠堂，成什么体统，家有家规，族有族规，历来没有女子吃祠堂酒的规矩……"没等哥哥把话说完，唐群英就反辩说："妇女闹祠堂有何不可?说老实话，我对吃祠堂酒并不感兴趣，但她们去吃、去闹都是对的。我举双手赞成。"并说："建立民国，民就不分男女，理应一律平等，不论在家庭，在祠堂都应一视同仁。"这番话，说得平日善言词的族长哥哥，也无话可答。

1920年和1925年，唐群英两次在白果办女校，可以说为白果妇女走上革命征程奠定了文化、思想基础，她是她们当之无愧的启蒙导师。是她传播的革命思想，培养了一批敢说敢斗的白果女子，使她们敢于蔑视族权，冲破族规，敢于同宗族老爷们争回本该属于自己的权利。

解放初期，白果妇女积极组织妇女会，在农协会的领导下投入减租反霸斗争，又率先走进夜校，参加扫盲运动。当美帝国主义发动侵朝战争时，白果妇女积极鼓励自己的亲人参加中国人民志愿军，奔赴抗美援朝的前线。流年似水，物是人非。如今的白果妇女继承和发扬先辈的光荣传统，在改革的大潮中，大"闹"商海，涌现出一批女企业家，她们带头发家致富，成为岳北率先富裕的耀眼群体。

为了争取和男人平等的权利，唐群英唤醒了老一代白果妇女走出家门，"闹"进祠堂，闯入社会向封建势力展开斗争，为了家乡的繁荣，国家的昌盛，从而真正实现妇女的彻底解放。

唐群英精神将激励一代代当今的白果妇女走出家门，奔向市场，驰骋社会，去建设我们的新国家、新社会、新生活!

巾帼不让须眉，群英精神永放光芒。

（作者时任衡山县妇联主席，后任政协副主席）此文原载《唐群英研究文集》

忆陶姑二三事

唐遂九

伯姑群英，字希陶，为辛亥革命和女权运动做出了重要的贡献。族人出于对她老的尊敬，打破了宗法社会的旧习，创女子开宗之先例，命我为其抚子。现记叙她老人家在生活中几件平凡的事情，以抒纪念之情。

一、1935年，我在南京主持中国华洋义务救灾总会驻京事务所工作时，住在程阁老巷附近三新里一号楼下，伯姑和母亲也都住在这里。某日，正当午餐之际，右隔邻第二家（五号）起了火，一时闹哄哄，嘈杂不堪，楼上邻居忙把箱子衣物从上面摔到天井，抢着搬移。伯姑急忙启门审视一番，平静地说："吃饭吧，没有什么……。"我却有点焦急，两位老人年纪都在六十以上，两个孩子大的不过三岁，也想收拾收拾，作些准备。但老人既已如此吩咐，又不敢妄动。正纳闷间，火熄灭了。真落个"没有什么"。

事后，陶姑唤我坐在一旁，说："起火是'五号'，中间隔了一家'三号'，当时风势是吹向'七号'那边，再说火焰将熄，料也无妨，何必惊慌，庸人自扰。如果火势真的继续蔓延，则我们首先应该想的是救火，而不是考虑自家的收捡、转移……。"这段话说得我心悦诚服。这件小事也表现了她老临事不乱，能冷静地分析情况，沉着应对，指挥若定，更体现了她老关心别人胜于关心自己的高贵风格。

二、陶姑平生一切不畏，更不畏穷。回忆她老逝世时，先伯训程公写一《女弟唐群英传》附于讣文之末。大意如下：群英奔波革命，有时闲居，生活穷苦，甚至隔宿无粮，从不示穷……。1935年国民党元老戴季陶、张继等人邀她到金陵观光，她看不惯有些故友不思进取，一味追求奢华的现象，写出了"不见梅花亭外立，西风岭上好精神"的诗句，就是她老当时心情的流露。这也说明了她一生不汲汲于富贵，不戚戚于贫贱的高尚品德。

三、我七、八岁时，时常看见她有两支手枪插在大衣两边口袋里面，凛然可畏。可是我又时常看见她逗着三几岁的孩子，围在身边，不断哼着："小麻雀呀，你的妈妈呢，还没回来……。"她老横起眉来令人生畏，对待孩提则又慈爱可亲，两相对照，判若两人。

四、1982年，我回故乡访旧，在附近星斗冲非小公祠，听到老人唐三爹讲述陶公一段趣事。

大概在抗日战争前，她老避匪进冲在该祠住了月余，还设立香案，供奉祖母遗像每日三餐，每次撤去餐具，还将祖母遗留的旱烟袋"叭叭叭"抽着了放置像前，天天如此，从不间断。有人曾赞称她老：既叱咤于政治舞台，复斗艳于文苑诗坛，可称女中豪杰，而她的孝亲至性更非一般常人可比。

（作者系唐群英抚子）本文原载《一代女魂》

重闱春暖涌心头

——怀念唐群英

曾启球

衡山北麓，涓水之滨，有我的第二故乡——新桥三吉堂。三吉堂屋后古树参天，翠竹成林，门前一张大水塘，青瓦白墙，红栏绿树，碧波倒映，真个人在画中。这所幽美的大庄院，孕育了反帝反封建巨人、女权运动先驱、女子教育家唐群英。

一

唐群英，字希陶，雁行六人，长姐希孟，二兄维藩，三姐希范是我的祖母，群英第四，五妹希欧，满弟乾一。我祖母32岁就离开了人间，那时父亲曾伯珪年仅6岁，由唐群英抚养成人，情同母子，我兄弟三人（大哥夭折）都生长于唐家，到我7岁那年，父亲才举家迁回祖籍湘乡县荷塘二十四都，即今双峰县荷叶乡。按时间顺序说，新桥三吉堂是我的第一故乡，更为恰当。

我们兄弟姐妹和唐家的表兄弟姐妹们都称呼唐群英“八公公”（她在家族中排行第八），用于第三人称时则称“陶公”。对于一位女性祖辈以“公”相称，是出于对她老人家不让须眉的崇敬。衡山治坪唐氏是大族，由于重男轻女的传统观念，解放前唐氏宗祠每年春、秋祭祖，不准妇女入祀，惟有陶公例外，唐家还为陶公抚子，开宗立祀，并和兄弟们一样享受一份祖先的遗产，这在封建的宗法社会，是罕见的。

二

我父亲从小体弱多病，陶公只一女夭折，在先父身上倾注了她的全部母爱。先父进入中年，陶公已届老龄，每次先父去三吉堂，陶公总要吩咐仆人做先父喜欢吃的菜，叮咛“少放辣椒，不要太咸，他喜欢清淡”。三吉堂客房有三张常设的客铺，陶公却在她的书斋吟香阁为先父特设一张床，亲自检点被褥，力求先父睡得温暖舒适，陶公在世之日，这张床一直没让第二个人睡过。

陶公嗜好传统的家乡茶叶，即用黄藤根略熏一下，别具一股清香的茶叶。凡陶公在外，先父在乡，每年新茶上市，定要买几斤上等细茶，如法熏好寄去，有时寄些腊肉、腊猪舌子、腊猪腰子之类，也寄小鱼。小鱼，乡俗叫“鱼弄子”，洗除肠肚，腌后熏焙成焦黄色。陶公最爱这些菜下酒，她平时不大喝酒，遇有客人好兴，能喝几大杯。不论给陶公寄甚么，先父定要亲自经手，不叫别人代办。

1925-1928年，陶公任岳北女子实业学校校长，已入老境，精力不够，教务、事务两大务都由先父秉承她的意旨办理。她一生为革命、为男女平权、为女子教育而忘我奋斗，从不顾念自己的身体，到1931年61岁息影三吉堂，一闲下来，就老态毕露，病痛接踵而来。先父承欢膝下，老人想要甚么，想做甚么，不等开口，就能察颜观色，及时地满足老人的意愿，其体贴之人微，服侍之周到，为一般为人子女者所难能。不过，迫于生计，先父不能经常在她老人家身边，好在我们的家北斗堂距三吉堂只有15里路，我们父子隔不久又去。

陶公一生奔走革命，破产兴学，晚年生活，很不宽裕。一天，我在窗外听得她在房内自言自语：“啊！这又是伯珪留下的钱！”我进门看时，陶公正从柜子上取下一叠铜元，一面数着一面对我说：“你爸爸顾念我手中拮据，常不声不响地给我留下些零用钱，他负担很重，收入不多……”陶公哽咽了，“叫他……以后不要……给我留钱……”。1935年以后，国民党中央按月津贴陶公200元，她的经济情况大为改观，这时候我父亲贫病交加，不时得到陶公济助，她的济助，就不是铜元而是银元了。

1937年农历四月二十日左右，我从三吉堂回北斗堂，临行时陶公嘱咐道："你叫爸爸来呀！"可以说这是定律——没有一次她不如次嘱咐，次数多了，习以为常，反正爸爸来了没有什么要紧的事，我就没甚在意，回家竟忘了给爸爸说。谁会料到，几天之后，就在四月二十五日，噩耗传来——陶公突然逝世！她老人家未能和视同己出的伯珪最后一晤，难以瞑目；先父悲痛万分，引为最大的遗憾，多次责怪于我。我呢，长时期背负着内疚的十字架，时至今日，回忆六十年前这次过失，仍然十分难过。

三

陶公爱好音乐，曾在日本修习音乐专科。在我的记忆里，陶公住在哪里，一架风琴和一对玉屏箫就伴她到哪里。由于晚年中气不足，我只见她弹过风琴，无缘听她吹箫。

陶公好洁成癖，她的床沿别人不能坐，但我小时候她老人家却要带着我睡。我五岁时，有个冬夜，半夜里忽觉肚子痛要大便，不敢惊动她老人家，翻来转去，到底把她老人家惊醒了，忙起来点灯，招呼我解手。第二天早晨，妈妈知道了，嗔怪我不该半夜里吵醒八公公。陶公却笑着说："球伢子太老实了，拉肚子还把蛮忍着，要不是我醒来，那才糟糕哩！"

我第一次读古诗，大约是七岁时。那是一个仲春的夜晚，陶公在灯下闲坐，我在桌旁玩，她教我读"黄梅时节家家雨，青草池塘处处蛙，友约来迟歌半夜，闲敲棋子落灯花"这首唐诗。以后，她老人家又给我教过《醉翁亭记》、《岳阳楼记》等古文。中年以后我才领悟，陶公先教这些诗文，与她平生"先忧后乐"的革命胸怀和晚年息影家园的心境有关。

陶公出身大家，从小受严格的家庭教育，生活节俭简朴，饭时偶然掉落饭粒，立即捡起来吃掉。有天我吃饭时掉了几颗饭在饭桌上，陶公说粮食是农夫辛勤劳动的成果，来之不易，不应随意糟踏抛散，叫我捡起来吃掉。我捡吃了，陶公点头称许，口授"锄禾日当午，汗滴禾下土，谁知盘中餐，粒粒皆辛苦"这首诗，饭后又写下来教我反复吟诵。七十多年来，我一直保持这一习惯，并以之教育后人。

陶公创办的岳北女子实业学校，有三个男学生：9岁的我和表弟唐志良（8

岁)、弟弟选楼(6岁)。对于陶公的办学方针、教学方法，那时我们小小年纪，无从体会，而爱国思想的启发教育，则印象深刻。记得1927年发生“济南惨案”，陶公极为愤慨，特地请新从济南返湘的北伐军官唐乾成来校，向全体师生讲述他亲历的济南惨案经过，接着，陶公登台讲演，指出日本帝国主义如何处心积虑侵略中国，我们应如何奋起救国等等。唐乾成的报告和她的讲演，都是义愤填膺，慷慨激昂。这一堂生动的爱国主义课，使全体师生，深受教育。我暗暗地咬牙发誓——长大后要拿起枪杆，打日本鬼子！散会后，我把志良和选楼拉到场外，将我的志愿告诉他们，他俩异口同声拍手叫道：“好哇，我也这么想！”十年后，抗日战争爆发，我考入中央军校(现通称黄埔军校)第16期，志良、选楼都先后进人黄埔大门。在抗日战争中，志良负过伤、右臂残废，后半生吃饭、写字都靠左手；选楼远征印、缅，多次立功。女生们比我们听得更起劲。

“九·一八”事变东北沦陷，陶公跺脚叹气，手捶桌子骂道：“为甚么不打？为甚么不打？大好河山，拱手让人，罪该万死！”“一·二八”淞沪战起，她对英勇抗日的第十九路军赞不绝口。期间一度谣传英国出面调停谈和，陶公气呼呼地说：“日本鬼子矮小狡猾，诡计多端，和他们没有甚么好谈的，只有打！”她是主张坚决抗日的人。

陶公晚年，双手颤动，执笔不便。她的侄孙唐肇修写得一手好毛笔字，陶公写信总是口授给肇修表哥代笔。1936年，我已17岁，在家乡教小学，农历中秋节到三吉堂去陪她老人家过节，适逢陶公要给仇鳌、戴季陶复信，而肇修表哥又不在家，就叫我代笔。字迹拙劣是我的大缺点，她老人家一面口授，一面嘀咕着我写的字：“*丑煞了！丑煞了！*”窘得我面红耳赤，满头大汗，这件事在我的记忆里留下了深深的印象。然而，不争气的我，到现在还是写不好字，真是愧对先人教导啊！

四

1935年春，陶公应戴季陶、仇鳌、张继等老盟友的邀请，由我父亲陪侍去南京。一到南京，少不了和当年一起志同道合的老友互相拜访，共话沧桑。一日国府主席林森来访，我父亲随侍在侧。林森问：“唐八先生还有当年的豪气？”陶公答道：“老了，不行了！”说罢，彼此哈哈大笑。在同盟会女会员中，陶公年龄居长，女会员都叫她“唐大姐”或“唐八姐”，男会员则大都以“唐八先生”相称。1912年同盟会改组为国民党，在8月25日国民党成立大会上，为女权问题林森挨过陶公一记耳光。但那毕竟不是私仇，事隔多年，老盟友久别重逢，不存芥蒂，因而会心大笑。当林森问及她的生活时，我父亲急以目示意，陶公不顾，淡然答曰：“还好，还不差。”林森去后，我父亲问道：“难得林主席关心您的生活，您怎么倒打肿脸充胖子？”陶公严肃地说：“我又不是来要饭的！君子固贫，何必向人诉苦？”这件事，后来父亲多次讲给我们兄弟姐妹听，要我们继承八公公的硬骨头精神。

此次在南京，陶公会到不少当年共同奋斗的女子参政同盟会会员，其中有的得了一官半职，趾高气扬；有的当了阔太太，珠光宝气；有的沉湎于赌场牌局，醉生梦死；昔日的革命精神，荡然无存。陶公感慨很深，写了一首《金陵访旧有感》：

纷纷姊妹尽华裙，顾我何忧彻骨贫？
不见梅花亭外立，西风岭上好精神。

五

1935年，仇鳌、张继分别写诗赠陶公。仇鳌写的是一首七绝，裱成条幅，诗的前面两句我怎么也记不起来了，后两句是“往日罗兰今老矣，纷纷姊妹尽华裙”。以法国史诗中的英雄人物罗兰夫人比喻陶公，慨叹她的“老”挣来了妇女界平等幸福的生活，一个“老”字，内涵丰富，余味无穷，“纷纷姊妹尽华裙”系套用《金陵访旧有感》起句，意义则全不相同。张继写的是一首五言律诗，歌颂陶公北伐从戎的英雄气概，我却只记得起首两句：“烽烟看四起，投袂自提兵”。假如我当时抄录下来，也决不可能保存到今天，我无须后悔；可悔的是，没有认真记诵这类诗句和陶公的许多诗作，太可惜了！

1937年6月3日，陶公在她的故居三吉堂溘然去世。她对女权运动和女子教育事业可谓鞠躬尽瘁，死而后已。人们怀着极其崇敬和悲痛的心情，送别了这位中国近代史不朽的巾帼英雄。

陶公的丧事办得很隆重，衡湘数县人士纷纷前来吊唁。三吉堂大厅、客厅、官厅、横厅、座屋、客房挂不下难以计数的挽联挽幛，连阶檐下都挂得满满的。

同盟会会员、国民党中央委员张继的挽联是：

苦心嫠室泪　遗著洞庭波

南京《青白报》社长唐三（字寿林，小陶公一辈）挽的是诗：

吴江送别已经年，方冀慈晖尚转旋，

噩电飞来惊客梦，哦成七字泪潸然！

唐氏阖族有一巨幅挽幛，上书四个大字："功在党国"。

乡绅周诚僧的挽联（此联是近年搜求陶公史料中由友人提供的）是：

忧乐关天下安危，忆昔公从北返，我自东归，邂逅济同舟，出示铜驼双行泪；

团防为民生保障，那堪盗弄潢池，兵搜穷谷，殷勤寄剩简，犹存衡雁几封书。

陶公离开人间已六十年整。她的一生，是为民族解放和妇女解放而战斗的一生，中国人民特别是中国妇女不会忘记她。对于我们父子两代，她老人家情深似海，恩重如山，缅怀先人，临风涕泪，翘首衡岳，不尽依依！ 在陶公逝世六十周年前夕，我站在她老人家墓前，朗诵了这首诗：

白云朵朵，
鸟雀声声，
一束鲜花，
献一颗怀念的心。
吟香阁的笑貌 (1)，
是吾家的书声 (2)，
云在庐课堂 (3)，
红茶亭桥影 (4)，
……
忘不了慈祥的爱抚，
忘不了教诲殷勤
一阵山风吹过，
仿佛您的声音……
你辜负了我的期望，
一事无成！
啊！
七十八年人生旅程，
斜风斜雨，
乍阴乍晴，

往事如轻烟，

剩一抹夕阳，

照着我笔耕不停……

⑴ “吟香阁”为陶公书斋。

⑵ “是吾家”乃陶公姐弟书房，都在三吉堂，作者长时间在这里承欢膝前。

⑶ “云在庐”办过学堂。

⑷ 陶公创办的岳北女子实业学校，位于衡山县白果镇红茶亭，作者在此读过书。

（作者系唐群英姨外孙）本文原载《一代女魂》

回忆八公公

唐志良

当年，三吉堂翠竹成林，青山环抱，绿荫蔽日。走出堂屋，穿过左侧荷池，沿着一条“之”字路上山，可达一座一厅四室的玲珑小屋，名叫“云在庐”。大门两边悬挂着两块木制对联：“云横秦岭亲何在，墓种竹林子作庐”，四周环境幽静，风景秀丽。此即陶公先母曹太夫人在1918年仙逝停枢居服三年然后人土安葬之临时墓庐。

墓庐四周，遍种竹林。屋前草坪约四百平方米，边缘种植桃李梅花，屋后闲土栽种瓜菜。生活其间，真不啻桃源洞府。

陶公从金陵辞职回乡后，曾在“云在庐”阅读书刊，吟咏诗词，陶冶晚情。

1930年4月，陶公曾在墓庐屋布置课桌椅凳，集家中侄孙及邻近亲眷儿童约二十人，男女各半，分两个教室，开班讲课．并聘请天托儒家老先生李次渊授课，教古文，陶公则教数学、地理等课程。顿使静寂山中，书声琅琅，笑语欢歌，不绝于耳。

学生中以我和表哥曾启球最顽皮，专爱指歪斗邪。有一天，山下路旁土地庙，烟火缭绕，鞭炮响亮，群众围观，挤塞于途。“云在庐”学生也都跑去观看。一时锣鼓喧天，人声鼎沸。表哥站在一旁，疵牙裂嘴，横眉冷对。他看见我，拖着我就往山上跑。他说：“看我们的吧。”当天晚上，他出主意，我做帮手，将土地公公与土地婆婆偷到“云在庐”，弃置于书房背后的水沟里,每天小便浇淋，边浇边喊：“土地公公、土地婆婆吃尿啦!”然后哈哈大笑。

几天之后，事情败露。首先是乡里拜神的发现土地庙内没有了土地公公和土地婆婆，接着又有人发现了被日晒尿淋，躺在墓庐屋学生课室后面的水沟里的土地公婆。消息传开后，三姑六婆，指责纷纭，大兴问罪之师。我们见到这样情形，并不害怕，干脆一不做二不休，又对相距二里路外的打石塘山坡走廊大路旁边的山神庙发起“突袭”。

山神庙位于山腰中段，单间独院，画檐飞龙，金碧辉煌，门外有木栏遮围，人来人往，烟火不断。庙内三尊木偶山神，全身披挂，手执板斧、长矛，横眉虎视，俨然天神下凡，俯瞰人间。墙上挂满了匾额旗帜，设有香案，烟雾缭绕。过路客商，成群结队，进庙膜拜，成为乡村百姓崇敬的“神”，终日乌烟瘴气散发于途。

有天，黄昏过后，大路上烧香朝拜的人流逐渐稀少，直到冷落下来。微微的山风吹拂着夹道树梢发出唰唰的声响，黑暗正在向山坡覆盖过来。我和表哥曾启球以及他的弟弟曾选楼，趁着黑暗无人，一蹦三跳地进了山神庙，各人选定一个菩萨，将它的衣袍帽带连同胡须和手执的斧剑全部“缴械”换给自己穿上，把山神推倒在地，一个个爬上菩萨的位置，正式彩排演习，威风凛凛，伊然下凡天神，学着菩萨的模样和神态玩得十分开心。

事后，大人们飞快就查出是我们干的，乡绅谢某率先叫器：“要严惩破坏风水侮辱神灵的罪魁祸首”，而乡间元老以及三姑六婆之辈，应声附和，“舆论”哗然，竟然提出：“山神庙要重新粉刷，菩萨要重上金光，另做新袍，要用三牲酒礼祭奠拜祷，方可息祸消灾”等等。

“云在庐”的李老师吓得胆战心惊，打算捆起背包走人。风吹到陶公耳里，她说：“小孩子好大胆，玩起菩萨来了，真是岂有此理。赶快把土地公公、土地婆婆检回来，洗干净，放到原地方去：三尊山神要穿好衣袍，扶归原位。这三个孩子待我来狠狠地教训教训！”

我和表哥又恼又怕，正想逃出家门，到外面去躲风，忽听八公公呼唤："过来，给我跪下!"只得硬着头皮走进书房，双双跪倒在地，准备挨板子。谁料八公公并不急于审问，她坐在靠椅上，悠闲地看着书，慢慢吸了一口水烟，然后轻声地问道："谁叫你们去戏弄山神土地的?"

"我们自己要去的……"表哥抢先招供并指着我说："是我喊他一起去的"。

"为什么要把菩萨丢了?"

"有这些菩萨，就引来好多人去烧香放炮，叩头作揖，吵得我们读不成书，丢了不就没事了。"

八公公微微点点头，抿着嘴唇浅笑了一下，喝了一口茶，然后慢慢地说道：

"封建迷信是要破除的，但这是几千年的封建传统，一时也难破掉，首先要从思想上认清封建迷信的毒素和它的危害性，人人都能从思想上破除封建迷信才行，光凭你们几个小孩，丢掉几个木偶菩萨，就能破掉迷信吗？你们读书，懂得这个道理．将来身体力行，发展科学事业，封建迷信不攻自破。你们闯的祸，还得要你们自己去收场。"

表哥和我都心服口服，接受了八公公的教育，就把土地公公、土地婆婆从水沟里捡上来冲洗干净，送回土地庙，又把三位菩萨穿好袍套，披挂整齐，复位坐上神台，还燃放了鞭炮。旁观的婆婆姥姥，纷纷趋前膜拜，作揖请安。由于是，八公公出面处理的，乡绅、元老、三姑六婆心里虽然不服，却"鼻子大了压着嘴"投有再追究，这场风波就这样平息了。

这已是五十多年前的往事．但记忆犹新。八公公的教训，在我们幼小的心灵上播下了崇尚科学，破除迷信的种子，长记不忘，也使我们懂得了办事情不能光凭蛮干的道理。

（作者系唐群英的侄孙，原系衡东县文化馆干部）本文原载《一代女魂》

唐群英和姊弟希范、乾一

曾　明

唐群英有一兄、一弟、四姊妹。长姊希孟，二兄训程，三姊希范，群英是老四，字希陶，五妹希欧，满弟乾一。姊妹从小都和兄弟一起，在家塾读书。希范和群英聪颖过人，文才出众，少女时期就盛负才名。

唐希范（我的祖母）排行第七，15岁时，有两个从四川回来的族叔赠诗索她的字，她以《赠旭庭、聚斋两叔七律二章并序》作酬。序和诗是：

叔于今春展墓回衡，过舍小住，时范姊妹随兄伴读家塾，见范习字草纸，殷殷索之，旭叔并以诗相赠，奖誉之过，亦期望之深，因步原韵勉成七律二首，并敬书信国公《正气歌》数纸奉呈，闺中幼女初步，工拙所不计也，录呈侍右，即乞两政：

其一

闺妹敢拟古贤妹？母教聊承曹大姑。
伴读闲随兄弟辈，学书愧与柳颜殊。
集诗敬诵家家宝，赠句供吟字字珠。
千古多才惟谢蔡，于今愧煞女中无。

其二

谬誉姊妹是贤妹，惭愧大姑与小姑。
习字初翻卫氏帖，谈诗难吐谢家珠。
来嫌数日师资少，去隔前程楚蜀殊。
读罢乃公先后刻，集唐集古世间无。

此诗底稿后面有唐乾一的《跋》：

余七姊希范，自幼勤学不倦，精诗文，工书法。余常随侍研墨，每见姊端坐悬腕，一笔不苟，汗涔涔下，姊尝掷笔叹曰：“余将不过颜回之年”，果以三十余岁终！弥留之际，将生平所作诗、文、字付之一炬，今幸觅得此稿，冀璋甥珍藏之也。

“璋甥”即唐希范唯一的儿子曾伯珪，派名广璋。

为什么唐希范将自己心血凝成的诗、文、字一把火烧掉？ 原来，她所处的时代，正值外侮频仍，国势日蹇，封建制度日趋崩溃，中国社会急剧变化的时代，她和胞妹群英、胞弟乾一都不满清廷政治腐败，民不聊生，而以“改造时势，扭转乾坤”相期相勉。加之希范、群英都嫁到湘乡（今双峰）荷叶曾家，在这块风光秀丽、人文蔚起的土地上，她们又与秋瑾、葛健豪结识，成为琴棋诗酒的密友，高山流水的知音，时相过从，传阅进步书籍，谈论天下大事，吐胸怀，抒抱负，孕育了革命的情操。听老辈说，唐希范成年后的诗文，多忧国伤时、愤世嫉俗的慷慨悲歌。然而，她身体羸弱，缺乏群英、秋瑾那振翼高飞、投身革命洪流的条件，饮恨终天，故而自毁其心血成果。这是后话。且说当时，12岁的小群英见希范的诗，噘着嘴说：“范姐，你这诗好不晦气！ 我不信除了谢道韫、蔡文姬再没有多才的女子！ ”希范由她说，笑而不答。她又说：“何不将第一首最后两句的‘愧煞’改为‘莫道’？”她琅琅地吟道：“千古多才惟谢蔡，于今莫道女中无”，希范大惊：“哎呀，陶妹子！ 你改的这句诗，强我十倍！ 只是……”沉吟久之，认为和全诗意境不合，没有改，却叹服小妹妹才华出众，志气不凡。

两年后的一天，群英兴冲冲地要希范看她的五言绝句《晓起》：

清流依垅曲，绿树接丹崖，
晨烟连雾起，山鸟趁晴来。

希范惊呼道：“好诗！ 清新洒脱，素雅超隽，诗情画意，情景交融，陶妹，不料你十四岁就能作诗，而第一首诗又作得这么好……不过，少数地方还可以推敲推敲。”群英恳求道：“好姐姐，我是诚心请教，特地请你修改的，你看哪儿不好？”希范说：“作诗宜含蓄蕴藉，你的诗题是《晓起》，如果不明言早晨，别人一读就知道是‘晓’，才有蕴蓄之情。如今第三句‘晨烟连雾起’把早晨说穿了，乏味。第四句‘山鸟趁晴来’的‘趁’字，嫌板滞，哪有早晨小鸟雀活蹦乱跳叽叽喳喳的劲儿？”群英反复琢磨，改成“邻烟连雾起，山鸟唤晴来”，塾师对此诗大加赞赏，传诵出去，时人誉为“女中奇才”。

唐希范的丈夫叫曾纪和，唐群英的丈夫叫曾传纲。论我们曾家辈份，姐姐是侄媳妇，妹妹倒成了婶娘。不过，曾纪和与曾传纲的血缘关系已在“五服”之外， 而希范的小姑又嫁给她二兄训程为妻，一来一往，互为姑嫂。

唐群英的《抒怀》一诗，始作于荷叶，初稿前两句是“斗室漫温酒，钧天欲换风”。唐希范提笔将“欲”字改为“谁”，群英拍案叫“好！‘欲换风’太直率了，显得狂妄；‘谁换风’含蓄而有余味，陶姐，一字师！一字师！

”希范说：“上句‘斗室漫温酒’，安闲潇洒，是好诗，但与下句‘钧天’，‘换风’的气势颇不相称；并且……”群英抢着说：“并且‘漫’与‘谁’对仗不工”，说着将“漫”字改成“自”字，希范点头称好。这就是脍炙人口至今不衰的名句：“斗室自温酒，钧天谁换风。”

唐希范去世时，有足疾的父亲曾伯珪不足十岁。此时群英已大归，和二兄训程商量，将伯珪接到唐家抚养，视同己出。伯珪在唐家成长、受教育、结婚，直到三十多，已有三个孩子，才迁回祖籍荷叶。唐群英在曾伯珪身上倾注了全部母爱，伯珪也能承欢膝下，体贴入微，服侍周到，胜似一般儿女对父母的孝敬。1937年唐群英病故，家奠祭文由抚子让钟（遂九）、外甥曾广璋并列具名，开宗法社会之先例。

唐群英的满弟乾一，字坤成，又名坤六，倜傥风流，闻人曾熙誉为“逸才横四海，清度冠时英”。弱冠前后，深受维新思想的影响，与黄兴、陈天华等交游，常为阿姊希范、群英传递进步书籍和时代讯息。1904年唐群英赴日留学，他非常“眼红”，但深知在那个风气未开的时候，若要姊弟二人同时出国，家庭关万难通过。他胸有成竹，不动声色，赋诗以纪其事。诗云：

宝剑埋深山，明珠沉江畔；剑气与珠光，有时冲霄汉。
人生重少年，春来花灿烂；破产不为家，辞亲裾可断。
绝裾复绝裾，儿去意何如？能以身许国，国强家有誉。
破俗从军行，战死埋垢墟；不必曰生还，生还实辱余！
国强家不危，此语众所知；如何爱国心，不及爱家私？
绕阶花何急，一日发一枝；贫女伤春去，枯坐发长痴。
花发趁佳节，嗟余感岁时；此憾凭谁诉？临淮漂母祠。

唐群英赴日是留学，此诗却说“从军”、“战死”，可见她早已作了为国为民而献出生命的思想准备。乾一有同感，藉这首诗，抒发了自己的抱负，不久，他从家里“开小差”，步阿姊后尘东渡。

唐乾一毕业于日本法政大学。留日期间，加入同盟会，从事革命活动。辛亥革命胜利后，临时大总统孙文授以二等嘉禾章，后又为袁世凯授予四等文虎章。历任参议院议员、众议院议员。

袁世凯篡夺辛亥革命的成果，革命队伍起了分化，一部分人向袁靠拢，一部分人反袁、讨袁。唐乾一属于前者，当了袁世凯政府的参议员；唐群英属于后者，很不以阿弟为然。

1912年11月，女子参政同盟会多次要求参议院讨论通过《女子选举权法案》，遭推诿、拒绝。唐群英公开宣称参议院为“女界公敌”，必须“报以激烈的手段”。12月9日，唐群英对参议院议长吴景濂说：“凡反对女子参政权者，将来必有最后之对待办法”。对此，袁世凯采取强硬手段，指示内务部对参议员加以“慎密保护”。唐乾一获悉这一情况，告知唐群英，群英感慨地说：“袁世凯专横独裁，枭狠毒辣，窃踞总统高位，民国前途，实堪隐忧！”乾一说：“陶姐，你也不能光站在女子参政同盟会的立场，反对袁项城。”群英反驳道：“我不但站在女子的立场，更站在全国四万万同胞的立场！老满，你站在什么立场？”乾一毫不示弱：“总理以大局为重，让位于袁项城，凡我革命党人，都应以大局为重，拥戴项城，我就站在这个立场上！”群英指出：“袁世凯拥兵自重，总理迫不得已，让位于他……”乾一抢着分辩：“话不能这么说，项城手中拥有重兵，是满清皇帝叫他练的新军，他却倒向革命，迫使皇室退位，使我们得以推翻帝制，项城有功于民国……”群英听不下去了，打断他的话说：“老满，袁大头给了你多少甜头呀，竟在阿姐面前为他歌功颂德！”姊弟不欢而散，以后很少见面，偶尔遇见，也是话不投机半句多。

然而，姊弟间毕竟是骨肉之情。由于群英不断在报纸上鼓吹反袁，措词激烈，反应很大，乾一又来劝她不要太露锋芒，免招忌刻。群英误以为阿弟是来作说客，替袁世凯进行威胁的，勃然大怒，扬手要打乾一，被人拉开。姊弟二人，从此分道扬镳。

袁世凯倒行逆施，复辟称帝的野心日益暴露，唐乾一深自悔恨，辞官客居河南，从他的《四十感怀》诗中，可见他的心情。诗云：

四十韶光太等闲，平生一误是儒冠！
纵横计就兴邦易，虞诈风成入世难。
病后渐知杯酒热，席间惟见豆羹残。
屠龙豪气消磨尽，强与人群破涕欢。

此诗和唐乾一现存的有些诗句，都流露着悔恨而消沉的情绪，旅居河南的另一首七律，则导致他姊弟重归于好：

客里深宵感岁华，不能归去等无家。
才难平乱千人忌，学未成名问世差。
风雨连天秋意急，琴书四壁旅愁赊。
谁怜宿病年年苦，自启灯炉自煮茶。

此诗不但有愧悔之意，更深切地表露了病后客中思家念亲的感情。诗传到群英手中，阿姊深为系念，以《寒夜有感，酬弟坤六》相慰：

无端风雨自萧萧，怕看严冬万物凋。
我纵吟诗惭道韫，弟宜积学继班超。
寒凝朱幌年光老，香霭金炉雅兴饶。
遥忆适斋清夜景，腊梅香绕碧窗绡。

这首诗表面上回避了姊弟间不愉快的那段往事，骰子里勾勒了痛苦的回忆，更以无比挚切的友爱，对乾一加以慰藉劝勉。起首两句指的是当时严峻的政治局势，接下来明提“你”“我”，却不着痕迹。“寒凝朱幌年光老，香霭金炉雅兴饶”，意谓自己已将进入老年，什么理想啦、事业啦似乎已成定局，而“你”则不然，应该是饶有雅兴的。“金炉”是唐家兄弟姊妹间的一个典故：乾一小时候调皮，有天他头上顶着半块萝卜，萝卜上插着一把点燃的线香，逗大人们笑，从此他在家里有了一个绰号叫“香炉”。最后两句回忆家乡聚首的温暖欢乐，启发阿弟摒弃凄凉孤独的客居生活，回乡与亲人们团聚。这首诗，蕴藉含蓄，寓意深刻，情意真挚，感情丰富，外人但知此诗清雅可读，怎知道其中包涵着骨肉之间的千言万语啊！乾一得诗，热泪盈眶，立即束装返湘。经过这番曲折，乾一更加敬重阿姊了。

在亲人的慰藉鼓励下，唐乾一振作起来，利用闲居长沙的时间，著《湘事记》，评析辛亥革命前后三湘政事。此书后来收入上海人民出版社出版的《辛亥革命》第六卷。此时，适赵恒惕在湖南任省长，想扩建黄兴路，因八角亭一带金店绸庄林立，多属大官富豪，市政督办曹伯闻和警察厅长赵恒哲等均感为难，不敢触动。唐群英与乾一商量，便向赵省长推荐其弟出主其事，委以长沙市修路委员会督促委员长之职。唐乾一上任后，率赵所派一营兵力，坐阵八角亭，亲临现场指挥，力排来自官商们的阻挠，使修路工程顺利进行，很快就拓宽了黄兴路，接着又将其他路段全都改宽，深得市民的好评和当局的赞赏。他的这一修路业绩，多年来犹在脍炙人口。1924-1926年，唐群英在长沙创办“复陶女子中学”，唐乾一在长沙襄赞湖南省长赵恒惕，姊弟又一次较长时间相聚。

1926年秋，姊弟一同回故乡，乾一在小时候读书的“是吾家”“牵罗补屋，发案陈书”，“将于此终隐，寻吾觉路”，自撰一副门联：“几卷残经，佛在是也；三间破屋，我将终焉。”群英和二兄训程都认为“我将终焉”一语消沉、不吉利，苦苦劝将“终焉”改为“安焉”，乾一勉强从命。1929年6月1日，唐乾一病故于“是吾家”，年52岁，“终焉”竟成谶语。

唐群英及其兄弟姊妹，都是文采风流的人物，平日互相唱和的诗词很多，惜散失殆尽，除上述酬赠的诗外，现仅见唐群英的一首《过小西岭题壁依坤弟原韵》：

何处山僧响午钟？深林未入复重重。
云封岳岭迷归雁，日激湘流锁卧龙。
小憩得闲心更静，兴酣索句意偏浓。
谁知阿弟曾题壁，愈惹诗情到上峰。

（作者曾明，即唐群英的姨外孙曾启球的胞弟曾选楼，后定居香港）

本文原载《唐群英研究文集》

回忆母亲谈及八公公

唐　明

小时候我有一件最心爱的宝贝，一枚像是铜钱的圆铜板，上面刻有一些字，我常常拿着它和小朋友们一起玩。一次，被妈妈看见了，说“这是八公公在南京时佩戴的‘女子参政同盟会会员徽章’，不能随便拿着玩”。从此，妈妈经常给我讲述先祖那不平凡的经历。几十年过去了，徽章竟成了一件宝贵的历史文物，而先祖的事迹却成了我们家宝贵的精神遗产。

母亲常说，先祖传奇式的一生，其实不“奇”，用她自己的话来解释——“多学则智，自立即强”。就是说，她的聪明才智是勤奋学习得来的。她认为能自立，就什么都不怕。她的这句名言，当年在白果办女校时，经常用来教育学生，这对我们一家人的影响也很大。

母亲胡卫真，广东三水人，出身于清贫的书香人家，早年读过一些古书，也有不少封建意识，以侍候丈夫、抚育孩子是务。先祖对此不甚以为然，经常用“自立即强”的道理开导她，反复讲明，一个有用的女子，不应成天围着灶台转，要正确处理爱夫、爱子与爱国的关系，跳出小家庭，做一个有益于社会的时代女性。后来，果不负先祖所望，抗日胜利后，母亲便投向社会，从事缝纫手工劳动，尽管收入低微，但精神充实了，视野开阔了，使母亲增进了对妇女境遇的了解，加深了对劳动妇女的感情，从而激发争取妇女解放的念头。新中国成立不久，驻军代表进入乡村，组织减租反霸运动，她第一个带头走出家门，出任村妇女主任，动员妇女群众投身革命洪流，即使是三亲六眷也义不容情。1950年冬，毛主席发出“抗美援朝，保家卫国”的号召传到家乡，她首先响应，第一个把存正哥哥送到部队，被乡人誉为“妇女的榜样．爱国的妈妈”。进入晚年，她通读了四卷“毛选”，更加热爱共产党，经常鼓励我们兄弟要当一个名符其实的好党员。母亲在回忆自己后半生的这些变化时，深有感慨地说：“多亏了陶公（唐氏晚辈习惯这样称呼先祖）的开导，才使我真正懂得了一个女子做人的道理。”

先祖一生忧国忧民，忠诚孙中山的革命事业，但中山先生逝世后的国民党，没有坚持他倡导的联俄、联共，扶助农工的新三民主义。对此，老人家非常反感。听母亲讲过，当父亲有一次和她老人家商量加入国民党时，先祖要父亲“不必去凑热闹，但爱国思想永远不能丢，要做一个有骨气的中国人。”父亲大学毕业后，一直从事新闻事业，当过几个报社的老总，坚持爱国，忠于民族。在抗日战争期间，他正担任《中山日报》总编辑，直至出完战地版的最后一期才后撤。尔后又撰写过《气壮山河》的长篇通讯，讴歌全国军民团结抗日的动人事迹。解放后改任教师，也是兢兢业业从教，及至晚年，仍以“贡献残光余热”的信念，走家串户，义务为故乡青年补习英语，又不遗余力配合全国妇联，尽心抢救唐群英的文史资料，作为对党对人民的最后奉献。

先祖一生光明磊落，喜欢正人君子，鄙视利欲熏心的小人。我们兄弟出生时，她已年过六旬，对我们孙辈寄予很大期望，就连我们的名字都倾注了她老人家的心血。听母亲说，她给哥哥取名“存正”，意源《正气歌》：“天地有正气”，“凛冽万古存”。不久，我又落生了，她又和母亲说:既要存留正气，还要磊落光明。风趣地用“正大光明”这句成语把我们连在一起，兄在先，弟在后，就给我取了个单名——“明”。

因为种种原因，我们兄弟都读书不多，但我们都受先辈爱国思想的影响，都有先辈争强好胜的性格。

1953年，毛主席发出“加强抗美援朝”的号令，我告别母亲， 加入了部队，因为只有小学文化程度，在政治理论、军事知识的学习上，都很吃力，尤其是当我转业到工厂后，由一个普通的炼铁工人，走上高炉工长的领导岗位，面对各种复杂的技术难题，一筹莫展的时候，自然就想起母亲经常提到先祖的这句名言："多学则智，自立即强"，使我豁然开朗，对钻研技术、攻克难关树立了信心。在党的培养教育下，经年复一年的刻苦钻研，我终于系统地学习了炼铁学、现代高炉和炼铁工艺计算等大学专业课程和国内外有关炼铁方面的技术书籍，并把学到的理论结合到生产实践中去运用，先后提出了改革高炉的装料制度，改炉腹冷却为排头水控制温差等20多项革新建议；设计了"简易煤气烘炉工艺"、"水冷式砂口"等10多个项目。尤其是在担任"涟钢"最大的300立方米的#3高炉炉前操作总指挥时，大胆使用由我设计制造的"多孔式倒吹管"于生产实践，没有使用氧气而做到安全开炉，这在中型高炉开炉史上，是一项成功的创举，为许多专家、同行所赞赏。当国家试行从工人中评定技师职称时，我是"涟钢"第一个取得炼铁炉内技术合格证的。多少年来，党和人民给了我许多荣誉："炼铁状元"、"劳动模范"等等。

我的存正哥哥，在机关工作几十年，干什么，钻什么，样样都不甘示弱，是多次立功的优秀党员。1987年，改革的大潮把他推到了企业，担任经理兼党委书记。这时的哥哥已是年过半百的人了，过去又没有管理企业的经验，当时我真为他担心，怕他难负重任。他说："八公公五十多岁还应邀到长沙创办复陶女子中学，咱们共产党员，事业需要，有什么理由退缩不前……"，还豪迈地说"年逢五十五，干劲更要鼓；重任上了肩，定要不落伍。"雄心勃勃，迎难而上，到一个虚盈实亏的中型企业，依靠群众，大胆改革、奋战三年，终使企业补亏为盈，重新跨入先进行列。其优异的成绩，得到干部群众的充分肯定，得到主管部门的特殊奖励，其先进事迹被荐入《共和国英模丛书》。

实践使我们认识到：人是要有一种精神的，精神的力量是无穷的。有了党的领导，有了人民的培养，有了先祖的教导，加上自己的努力实践，就定能取得理想的工作成果。

"多学则智，自立即强"，我们视为传家宝，要代代相传。

（作者系唐群英的嫡孙，退休前在大型企业涟源钢铁厂任高炉工长，工长技师）本文原载《唐群英研究文集》

回忆校长熊守一谈及唐群英

胡 静口述 唐信群整理

我十九岁那年在北京女子西洋画校读书，这是一所很有名气的学校。校长叫熊守一，是个四十开外的中年妇女，在日本留学时，就很钦佩她们的留日女学生会长唐群英。后来，当她知道我和唐群英的关系后，对我就特别关爱。

记得是开学（1933年）几周之后，有一天，校长把我叫到她的办公室，说她们在日本留学时，生活如何艰苦，开始语言不通，又是如何艰难，接着就和我谈起了她和唐群英的一些往事。她们在东京有过多次接触，尤其是其中的两次，给她留下了深刻的印象。一次是1911年春季开学不久的一个星期天，好几个女同学在一起游园，有中国学生，也有日本学生。那天，唐群英也参加了。在谈论中国现状时，中日双方的同学，争论不休。有日本同学说，她们国家经过明治维新以后如何好；说中国之所以贫穷落后，是中国人太无能了，把一个东方大国弄得这么贫穷，你们这些外来同学的艰难处境，的确很可怜，真值得同情……。这些话，人家不一定出于讽刺，但听起来却觉得很难堪。人家讲我们贫穷落后又都是事实，一时都想不出适当的话去和别人辩驳，争得面红耳赤，都有点生气了。这时，唐群英霍地站了起来，理直气壮地说：你这位同学（指日本同学）说的话不全对，不是中国人无能，而是现时的清政府腐败无能，没把国家给治理好。我们的孙中山先生不是正在领导一场革命吗，要革掉这些封建制度，我们的国家总有一天会富强起来。接着又说：我们的革命是需要友人的同情和支持的，但不需要别人的怜悯和恩赐。一席话，说得日本同学低头不语，让中国同学扬眉吐气。这是我第一次领略到唐群英善辩的口才和她体现出的那中国人的骨气。

时过不久，在中国留学生的一次集会上，唐群英专门作了爱国、争平等和女子自立的演讲。她首先强调，一个好学生必须要有爱国的思想，阐明国家命运和个人前途的关系。她指出，没有国家的强大，就无所谓个人的前途。因此，我们每个留学生都要有远大的抱负，要明确学习是为强国而学习。再就是要争平等。我们现时的中国，男女很不平等，原因也很简单，就是我们女子不能独立生存，要依赖男人生活。须知平等权利不是等来的，要靠我们自己去争取，不能靠别人恩赐。现今国家有难，我们女子不能坐视不理，要多尽义务，为国家多出力。尽了义务才能有社会地位，有了社会地位就会有权利，才会有男女平等。第三点讲到如何自立的问题。她说，人要自立于社会，一定要有立足社会的本领。本领从哪来？靠求得知识，靠有劳动技能。我们到日本来求学，飘洋过海远离父母，好不容易呀！一定要珍惜宝贵的时光。只有刻苦用功，掌握了知识，学会了本领，才能立足于社会。这番话说得同学们个个精神振奋，尤其是熊校长本人更是心领神会，句句铭记在心，成为她勤奋学习的精神力量。二十年后，她又用这番话来鼓励我们同学，来开导我刻苦用功，教我改掉了只求学会，不求精深的毛病，使我的绘画技能有了长足的进步。我有几幅优秀作品在学校参展后被学校收藏，其中一幅描摹故宫的油画，为日本友人索取，带到了异国他乡，真感到自豪。几十年过去了，当我回忆起熊校长讲述唐群英的这番话的时候，就如同昨天的事一样，使我终生难忘。

我这位前辈唐群英那种为改变国家前途命运，为谋求妇女争取平等的不懈奋斗精神，足以使我感到无比的自豪。

我很敬重我的这位前辈唐群英，也很爱戴我的那位熊校长。

（本文由唐群英满孙唐信群根据其母胡静老人口述整理）原载《唐群英年谱》

缅怀先辈唐群英

曾仁棣

中国民主革命时期的女革命家，女权运动先驱，女子教育家，一代女杰——唐群英女士，离开我们已整整六十年了。六十年前的一段段往事，禁不住涌上我的心头，使我久久不能平静。

那是1937年春节。父亲（曾瑀，曾纪和次子，唐群英女士的姨侄）领着快满五岁的我，从湘乡（现双峰县）神冲到衡山新桥三吉堂，给既是舅公公又是姑公公的唐维藩先生（即唐群英之长兄）和姨奶奶唐群英女士拜年，这是我第一次到三吉堂。巍然壮观，秀丽幽雅，晚上灯火辉煌的三吉堂，给我留下了美好、难忘的印象。

父亲领着我拜见了舅、姑公公后，即来到姨奶奶的房间，向老人家请安、拜年。宽敞明亮的房间，布置得简朴素雅，特别洁净。墙上挂了好几幅条幅和横幅，桌上整齐的摆了好些书，屋子中间有一个深绿色的瓷火盆燃着木炭，暖和而又温馨。一位慈祥和蔼的老太太端坐在一把太师椅上看书，显得有点清瘦，但眉清目秀，两眼炯炯有神。父亲紧步上前，非常恭敬地叫"陶姨，您老人家好！"并向老人作揖和祝福。接着要我"快叫八公公"——我当时想：为什么不叫姨奶奶而叫八公公？她老人家是个女的呀——我响亮地叫了声："八公公!"并要跪下去磕头。八公公一把拉住我说："鞠躬就行，鞠躬就行。"我遵命向八公公鞠躬，八公公笑了，亲切地拉着我的手，轻轻地抚摸着。问我父亲几岁了？叫什么名字？是老几……父亲说我是老大仁棣，下面还有两个妹妹。八公公连连点头说："好啊，老八（我父亲排行第八）莫嫌妹子，好好培养他们!"父亲连连称是。接着老人家从茶盘里抓了一大把糖放在我的口袋里，又从抽屉内拿出一个红包封给我，我大方地接下，并谢谢八公公。老人家又注意地凝视着我，摸摸我的耳垂（因为我的耳垂特别大，特别厚）问我："能背唐诗吗?"我说："会。"我立即背了李白的《夜思》和孟浩然的《春晓》，八公公开心地笑了，表扬我是个好妹子，并说："仁伢子，将来要好好读书，特别是妹子更要好好读书!"接着，老人家轻轻的叹了一口气，脸上掠过一缕沉思。——我想：当时她老人家一定想起了女儿亮亮……也许我和亮亮的耳垂长得很像吧……她是多么爱亮亮！可亮亮仅三岁就离开了她。一个为国民革命立马横刀、英姿飒爽的女将，竟是这般儿女情长，满怀母爱。她爱女儿，更爱全中国二万万被压迫的女同胞。为了解放、拯救这些女同胞，她贡献了整个一生，耗尽了她的心血和家产。"一代女魂"她当之无愧！——父亲和八公公拉了一些家常，即拉着我走出来，好让老人家休息。这是我第一次，也是最后一次目睹了女杰的音容笑貌。

同年六月的一天，我跟着父亲第二次到三吉堂。一路上父亲一语不发，心情非常沉重，我想一定发生了什么事。是的，三吉堂失去了往日的欢乐，被悲哀笼罩着，从正厅到大厅、侧厅、横厅、客房到处挂满了白色的挽联和各种祭帐，正厅中间安放着八公公的灵柩和遗像。前来吊唁的人，络绎不绝，无不悲痛万分。从不流泪的父亲，跪在灵前，不住地抽泣，我也禁不住跟着嗷嗷地哭个不止。虽然那时我不大理解生死大事，但我明白，从此再也见不到和蔼可亲的八公公了。这不是一个普通的老太太去世，而是一位深受人们爱戴、尊敬，了不起的伟大女性离开了人间。

1943年冬，我小学毕业，由于日寇入侵，湖南沦陷，我失学在家，父亲抽空给我们姐妹教一些古文。一个问号始终回旋我的脑海，拂之不去，为什么要叫“八公公”，我禁不住问父亲。父亲陷于沉思之中。过了好一会才对我说：“她老人家是个了不起的女性．一辈子跟着国父孙中山先生闹革命。两次留学日本，能文能武，智勇双全。文能吟诗作画、演说、办报、办学校；武能骑马射箭、带兵打仗。她是女中豪杰，巾帼英雄，男人都不如她……她老人家的洞箫吹得比你妈还好。”因为我们最喜欢听妈妈吹洞箫——我明白了，老人家不是男人胜过男人，叫八公公是理所当然的。

我父亲天资非常聪颖，八公公很喜欢他。小时候只要八公公回三吉堂省亲，父亲就一定要去看望她。为了考一考我父亲，八公公曾自拟上联，要不满十岁的父亲对仗；还命题，限时、限字让父亲作文。父亲才思敏捷，口才流利，又写得一手漂亮的颜体字；每次应对都能得到八公公赞许，更受宠爱。随着年龄增长，八公公则经常教导父亲如何做人，如何为国家、为民族尽匹夫之责，一步步地把父亲引上为国为民的道路。难怪父亲经常称八公公既是慈母又是严师。

1926年，北伐军进驻长沙，血气方刚的父亲遵循八公公的革命意志，投身于这场大革命的洪流之中。然而，好景不长，1927年大革命失败，大批革命党人被逮捕、杀害，白色恐怖笼罩整个湖南。父亲怎么也想不通，一气之下，上了南岳山，剃发出家当了和尚。八公公知道后，非常生气，也非常难过，把父亲教训了一顿，晓之以理，动之以情，革命道路是曲折艰辛的，遇到挫折要敢于正视，要迎着困难上；被困难吓倒，逃避现实，甚至遁入空门，不是血性男儿所为。又用她自己为力争女权百折不挠奋斗终身的亲身经历，勉励父亲重新鼓起勇气，把革命的担子肩负起来。最后语重心长地说：“老八，下山吧！你还年轻（当时父亲还未满24岁），多少事还等着你去做哩！”听了八公公的教诲，父亲悔恨交加，毅然下了南岳山。

不久，父亲又回到湘乡，在县党部负责宣传工作，并主编《湘乡民报》。父亲办报似乎得了八公公的真传，笔锋犀利、大胆泼辣，而又实事求是，特别是为民说话，深得广大读者的拥护和爱戴。由于《民报》豪不留情的揭露、抨击了当时湖南省主席何键的弊政，惹了一场杀身大祸，父亲和汤渭民先生等四人遭逮捕且定为死罪。湘乡各界人士及所有的亲人、戚友都想办法进行营救。他们奔走长沙、南京，反映实情，呼吁维护正义。八公公感到无比气愤，她凭藉其国民党元老的身份和崇高的威望，做了不少工作，起了很大的作用，父亲和汤先生等四人才无罪释放。湘乡人民敲锣打鼓放鞭炮，派彩车到长沙，像迎接凯旋归来的英雄似地迎接父亲等四位大难不死的人。父亲激动得流着泪，默默地叨念着："陶姨啊陶姨，您又一次救了我，我该如何感激您啊!"

父亲牢记八公公的叮嘱，他没有嫌弃女孩子，即使因人口多，家境困难，他也决心尽自己的能力，培养我姐妹。1946年春，我考取了湘乡攸叙女中，入校前夜，父亲语重心长地对我说："你长大了，上中学了，一定要牢记八公公的教导，好好念书……"对父亲的话，我的确时刻记在心上，每个学期我都是班上的第一名。学校对我的评语，每期都是"品学兼优"，除了人校的那个学期交了学费外，其他五个学期均得到免交学费的奖励。我没有辜负八公公对我的期望。

1954年秋，我来到云南工作，见到一些比我大不了几岁的妇女，还是"三寸金莲"。好多女孩子上学受歧视和刁难，我感到惊讶，一股同情和怜悯涌上心头。我突然为自己是"湘女"而感到庆幸。是女权运动的斗士们，为我们争取了人的基本权利，其中最突出的代表就是大家敬仰的唐群英女士。

唐群英女士离开我们虽然已六十年了，但她的革命精神，象闪光的金子，永放光芒!

敬爱的八公公，我永远崇敬您，永远怀念您!

（作者系唐群英姨外孙女，曾任云南省个旧市政协副主席，民革云南省委委员、个旧市委主委）本文原载《唐群英研究文集》

唐群英的晚景及对儿媳的影响

向丽华

辛亥女革命家唐群英，离开人世已74年了。在她的故乡衡山，人们都还没有忘记这位为中国妇女谋求解放的女权运动先驱。她的许多传说，在当地民间仍在流传。笔者几经周折，走访了几位七、八十岁的长者，翻阅旧时已故老人的一些回忆资料，使我对这位革命前辈的晚年生活以及她对儿媳的影响，有了较为深入的了解。

一

唐群英与曾国藩堂弟曾传纲的这门亲事，是她父亲生前定下的。曾传纲家住湘乡（今双峰）荷叶下宥树德堂，是一个知书达礼、很有抱负的书香子弟，婚后夫妻恩爱，生有一女。因为是天亮时分落生的，夫妻俩就给她起名叫亮亮。她生来聪明伶俐，活泼可爱，刚会说话，小俩口就教他学背唐诗。可不到3岁的亮亮，在一场高烧之后竟不治夭折。半年后，曾传纲也猝然病故。七、八年光景，唐群英经历了丧父、失女、亡夫的痛苦折磨，使年仅26岁的她，痛不欲生，一度陷入深深的迷惘之中。在亲人的慰籍下，她决心摆脱困境，大归娘家，寻求新的生活之路。开明的慈母曹太夫人，为了让大归的女儿，日后有独立的生活依靠，说服两个儿子，又征得唐氏近房族亲的同意，把家产一分为三，给唐群英分一份田产。她说兄弟已经成家，负担重，自己只是孤身一人，不需这么多，就坚持只要三分之一的一半（另一半，经族人议定，作为少垣公的公产），分得六石六斗水田（合39.6市亩）。这为她日后留学日本、投身革命活动和自主办学提供了物质保证。

二

唐群英生活非常简朴，平日只穿棉布衣衫，吃粗茶淡饭。一碟霉豆腐、一碗芋头罗卜菜和一盘豆豉炒棘椒就可以了，偶尔也搞盘小鱼，配上一碗丝瓜煮小虾米作汤菜。别看她办学、助学舍得花钱，可是，偶然掉落饭粒，都捡起吃掉。她和后人讲，这不是小气，而是须知盘中餐，粒粒皆辛苦呀!要懂得珍惜农民种粮之不易。她习惯喝茶，喜欢喝家乡用黄藤根略薰一下，别具一股清香的传统绿茶。她很喜欢吃煨红薯、煎高梁粑子、炒南瓜子，喝捞米稀饭，更喜欢吃腊菜，腊肉、腊鸡、腊鱼家里常备着，只不过要有客人来才拿出来吃。她还喜欢家乡自制的米酒，平日不太喝，但来了客人，也能喝上几杯。尊贵客人来了，还一定加上一碗土豆烧猪肉和泥鳅炖荷折皮（红薯粉），逢年过节必上一碗盐菜垫底的扣肉，与大家共享。

她除爱好喝茶以外，还有抽水烟袋的习惯，抽的是条丝烟。一管铜水烟袋，用了十几年也舍不得换掉，吸管破裂了，用锡焊补了又补，一直用到终年。

三

唐群英好客也是出了名的，与人聊天，善解人意，还爱说公道话。所以，她闲居家乡以后，经常客人不断，尤其是女客人特别多，一些妇女在家里抠了气，或是有什么想不通的烦心事，都愿意到她这里来倾诉。经过这位“八姑奶奶”的开导，心里就舒坦了。大家都把唐群英看成是自己的“精神台柱”。

作客最多的是她的房侄唐寿春，侄孙唐肇修、唐德晖、唐德莹，侄孙婿易秉初（唐翰笙的丈夫），没成年的姨外孙曾启球，还有隆资口的青年教师胡警华和他的好友左维民，都爱听唐群英讲述她的生平往事。也经常有白果、新桥等地来看望“唐校长”的学生。每逢寒暑假，刘琴一定到三吉堂陪伴这位救命恩人。

1927年6月一天的大清早，唐群英起床不久，正和刘琴聊天。忽然来了两位客人，女的叫彭月梅，是白果红茶亭女校早年毕业的学生，现在是湘乡县铜梁乡农会委员、妇女会主任；男的叫周仲屏，是她的丈夫，湘乡县农民协会委员。他们是“马日事变”被追捕的“漏网之鱼”，来此辟难，求唐校长帮忙的。唐群英留客人刚住了两天，衡山县的清乡队也下乡了，在岳北一带到处抓人。又过去两天，风声更紧了。在闲谈中，得知他们俩人都是共产党员，唐群英也觉得三吉堂难保安全。彭、周二人计议当晚就要走，免得连累唐校长。唐群英斩钉截铁地说："不行，就这么走，恐怕连新桥都出不去！"她出了个主意，要二位先到南岳躲一躲，"留得青山在，不怕没柴烧"。于是要刘琴去隆资口把胡警华、左维民找来，商定一个万全之策。又要刘琴找来两套讲究的男女服装，叫彭、周试穿，扮成尊贵的客人。次日清晨饭后，三乘轿子体体面面地从三吉堂出发。她自己坐第一乘轿子，由左维民开路。果然不出所料，刚进新桥，就有人前来盘查，左维民机警地说："这是三吉堂唐校长出远行"。因为左维民在新桥一带人缘很熟，所以连看都没看就放行了。到了东湖，一个挂斜皮带的军官呵令"下轿检查！"，唐群英从容不迫地走出轿来，由左维民给那军官递上一张名片。军官见这位雅容华贵的妇人，名片印着"唐群英"三个字，却不知是什么人，正琢磨间，乡公所一位负责人走上前来，毕恭毕敬地叫声"唐校长"，然后向军官介绍说："唐校长不但是我们衡山县大名鼎鼎的教育家，还是一位老革命家，孙总理的老朋友哩！"唐群英接上说："我和两位同事取道南岳，到衡山县城去考察教育"，说着，她转身向后面两乘轿子喊道："王主任、张老师，你们出来和这位军官见见面。"那军官，霍地立正，行了个举手礼："不用耽搁您了，唐校长，请!升轿!"，于是，三乘轿子大摇大摆地穿过东湖，直奔南岳。唐群英按予定方案，把周仲屏，彭月梅分别安顿在福严寺和济公岩，一个当了"和尚"，一个当了"尼姑"，算是躲过一劫。

次年4月，唐群英得知"朱、毛"（朱德、毛泽东）在江西井冈山会师。她带着刘琴再上南岳，把消息告诉周仲屏，又把他叫到济公岩，问他们夫妇作何打算？经过商议，他们决定去井冈山寻找组织。但又发愁，周仲屏的头发一时长不起来，僧尼同行，恐路上招致麻烦。唐群英萌生一计，要月梅女扮男装，两个和尚一路走，那个管你？不就没事了吗！行前唐群英还特地给了他们十块银洋。说多带点钱路上方便一些。

四

唐群英虽是个大家闺秀，却不是"三寸金莲"的千金小姐。她小时候就自作主张扯掉了裹脚布，后被母亲发现又被强行缠上了。扯了又缠，缠了又扯。所以，四姐妹中，唯有她是个半大脚。

在外面唐群英是个“大人物”，可回到家乡却和普通人一样，不摆架子、不耍派头。家里常请一位有名的朱裁缝做衣，她热天端茶水，冷天在案板下摆上木炭火盆给匠人取暖，还在一旁陪着聊天，帮着锁布纽扣子。

她对小仆人，也是平等相待。晚年，请了个叫李友淑的小姑娘作陪人，冬天一进屋就招呼她一起烤火，给她讲故事，教她学写字，外面人根本看不出是“主人”和“仆人”的关系，在“八姑奶奶”身边一点也不拘束。可是，一些不务正业的人，确有点怕她，看着“八姑奶奶”的影子，都绕开走。她有两个房侄，只会过大少爷生活，成天赌钱打牌，又虐待妻子，不但挨过她的骂，还按族规挨过她的打。在唐群英眼里，待人没有贫贱之分，却有善恶之别。

五

58岁那年，唐群英心爱的胞弟乾一病故，对她刺激很大。办完丧事，她就辞去了广定小学校长的职务。呆在是吾家书屋，由外甥曾伯珪和房侄孙唐肇修协助整理昔日的诗稿文章。先是整理诗词部分，按写作时间顺序，编成4小本，取名《吟香阁主诗草》。接着就整理已发表和未发表的文章以及与亲友来往的书信。据说她老人家有个习惯，每逢给别人回信，都非常认真，甚至连每句话、每个字都仔细推敲经过修改并腾正后再发出，无意中都留下了手稿。在整理这部分时，原取名《希陶文稿》分上、中、下三册。后经曾伯珪建议，将诗词及文稿合并编成为《吟香阁诗文集》。有一次唐寿春到“是吾家”看望陶姑，见到由肇修用标准正楷，抄的工工整整的四卷《吟香阁诗文集》摆在案头，翻看时赞不绝口。唐群英自己也很满意。

她平日嗜好吟诗、看书、吹箫和下象棋，生活很有规律，又习惯早睡早起，所以身体一直比较好，只是偶尔有点咳嗽的毛病。1937年6月3日这天的上午，她还和17岁的侄孙唐志良下象棋，有说有笑的。没想到中午过后就从“是吾家”传出“八姑奶奶”去世了。志良怎么也不相信，但毕竟又是事实。经医生检查发现：老人家躺着午睡，因一口浓痰梗在喉头没有吐出，阻塞气管而导致停止了呼吸。全家人都感到太突然，而悲痛万分。第二天，《大公报》还发了讣文。

唐群英因多年办学，耗尽了家资，就连几件贵重的首饰都变卖掉了。去世时，只剩下一石八斗冲田，还欠下不少债务，家境已很艰难。族人出于对唐群英的敬重，经过商议，特从少垣公的公产中，拿出一笔钱，为她办了个隆重的葬礼。当时国民政府政要、知名人士和生前好友林森、居正、张继、仇鳌、戴季陶、于右任、刘揆一、覃振、程潜、唐生智、赵恒惕、王昌国、张默君、何香凝、熊守一等纷纷发来唁电。湘南数县人士纷纷前来吊唁。三吉堂的大厅、倒厅、客厅、横厅、堂屋、走廊挂满难以计数的挽联、挽幛。唐氏合族送了一块巨幅挽幛：功在党国。

送葬那天，从四面八方赶来的父老乡亲，足足拉了好几里路长，可见唐群英在人们的心中是何等的受人尊敬！

六

曹太夫人生前除了主持家族给唐群英分了一份田产，又征得乾一夫妇的同意，将其次子遂九过继给姐姐做抚子，在三吉堂独树一帜，让她承祧有人，正式上了七修族谱。唐群英以其“天下兴亡，人皆有责”的爱国思想，和“多学则智，自立即强”的自强精神，对后人很有影响。

唐遂九娶有两个妻子，生有三子一女。

前妻胡卫真（1911–1985），原籍广东三水，出身书香世家，其父胡彤恩，早年赴京赶考，就此落户北平，受重男轻女传统思想影响，儿子个个上大学，女儿只能在家读点古书。他生有五子三女，卫真系其二女，排居第六。她性情刚烈，聪颖过人，听能背诵，过目不忘，父亲视为掌上明珠。胡卫真的三哥胡庆育(后为国民政府外交部政务次长，在台湾病逝)与唐遂九是燕京大学同窗好友，唐常来胡家作客，与卫真相识，彼此爱慕，就由兄长作主，于1931年春结为夫妻。婚后四年生有二子，夫妻矛盾渐生。为了孩子，做母亲的只好容忍谦让，常以书伴眠，看了不少古书和近代名著，思想逐渐开朗。唐群英与胡卫真相处期间，了解此情，对儿媳非常同情与痛爱，见她很有才华，且处事严谨干练，只是思想比较守旧，便以“自立即强”相勉，反复讲明“一个有用的女子，不应成天围着灶台转，要摆正爱夫爱子与爱国的关系”，鼓励她“跳出小家庭，做一个有益于社会的时代女性”。胡卫真很受启发，经过认真思考，她决心走向社会，不愿继续维系这种失去感情的婚姻，断然提出离婚。但苦于自己没有独立生存能力，又为两个年幼儿子所拖累，只好离婚未离家。靠手工缝纫维持生计，尽管收入低微，但精神充实。新中国成立，驻军代表进入家乡开展反霸斗争，她被推为黄泥村第一任妇女主任，带领妇女闹翻身、争平等，搞得热火朝天。1950年冬，她带头响应“抗美援朝，保家卫国”号召，第一个把长子存正送去参军，随后又将次子小明送部队服役。“解放初期，把两个儿子送去参军，实属难能可贵。被乡人赞誉‘妇女的榜样，爱国的妈妈’。”胡卫真和儿子谈起自己后半生的变化时，深情地说：“多亏陶公（唐群英字希陶，晚辈都尊称她为陶公）的开导，才使我真正懂得一个女子做人的道理”。

继妻胡静（1915-2007），毕业于私立北平西洋女子画校，常听校长讲述这位留日女学生会会长唐群英的事迹。没想到后来竟然成了她的儿媳。在与唐群英相处一年多的时间里，受到老人家的亲身教导，更对这位前辈非常敬佩，常以唐群英的事迹鞭策自己和教育子女。她自小就没干过重活，当生活遇到困境时，却不愿向别人求助，以自强的精神学会缝衣、做鞋和打点草鞋卖，换取生活费，鼓励儿女学会做农活。在那疯狂的特殊年代，过着不是“右派”的右派生活，身心受到严重的摧残，但她能坚强的挺了过来。党的十一届三中全会后，丈夫“右派”平反，使她终于过上了晚年的幸福生活。1995年，她第一次接受中央宣传部和全国妇联《百年女杰》摄制组的采访。1999年，时年84岁高龄，双目视力虽已减退，两耳也听不很清楚，但记忆力仍很好。时逢中央电视台组织对唐群英的专访，她详尽地向摄制组讲述自己亲闻亲知的唐群英事迹。以后又多次接受地方电视台和研究中国近代史的日本东京大学博士生河野吉成、美国宾州狄根森学院全大伟教授的来访，讲述了许多鲜为人知的唐群英故事，为世人研究唐群英提供了宝贵的史料。她生有一女一子。长女唐存仁（1940-），适河南罗山刘作明，自开油坊。次子唐信群（1947-），在农村务农，受衡山县文物局委托，负责管理唐群英书屋，热情接待国内外的参观者，受到多方好评。20世纪90年代被推荐担任衡山县政协委员。

（作者系湖南衡山县人，唐群英长孙媳、退休教师）本文原载《衡阳社会科学》纪念唐群英诞辰140周年专期，后经本人修改补充。

跋

《女权运动先驱唐群英》书稿告竣，通读一过，沛然而喜矣。

忆及十数年前，赴京参加母校北大百年校庆期间，到刘静同学处看望时，巧遇来访的唐存正先生。存正先生乃女权运动先驱唐群英之嫡长孙，多年从事唐群英研究宣传工作。与其相识，始闻唐群英之名。其后又有幸随电视记者赴湖南，专程采访唐群英轶闻逸事。于唐群英故里衡山县新桥镇黄泥村，以及她生活过的双峰县荷叶镇等地，见到诗人、专事唐群英研究的学者蒋薛先生和唐群英姨外孙曾启球先生，并得机会同存正先生多日相处。从他们所谈和所著，得悉唐群英很多故实，为其人品才学、精神气质深深感动，仰慕钦敬之情常萦系于心。2001年夏赋五律一首吟颂唐群英。诗为：

唤晓雏音亮，荷塘聚众芳。
踏波征远海，挥笔斥凶狂。
战场英雄气，杏坛慈母肠。
功名终未泯，溢彩自辉煌。

吾所学新闻，平生于役报业，余事而为诗词。辛亥百年之际，有《唐群英——中国近代新闻史上创办妇女报刊的前躯》（载《衡阳社会科学》纪念唐群英诞辰140周年专期）与《赏析唐群英＜忆父＞诗》（载《唐群英诗文赏析》）两文，以敬先贤，孰料不期然而然与唐群英研究工作竟成结缡。

为更广泛宣传唐群英，使更多人了解她，学习与发扬其精神品质，前几年存正先生和刘静与余商议撰写唐群英文学传记之事。存正先生作为唐群英的后人，深悟唐群英精神真谛，又熟稔唐群英家风传统、生平事业、轶闻逸事材料；但他须主持故居遗物之保护、管理和修复，乃至分神学术会议和纪念活动之组织策划，终日忙碌，时间上实在难以安排。刘静为前《中国妇女》杂志总编辑，曾掌全国妇联研究部门，直接了解革命老前辈邓颖超、康克清褒扬唐群英之情况，最早写出有关唐群英研究文章。蒋薛曾撰诗、唐存正书写条幅赠刘静。其诗曰：

巾帼如椽笔，须眉仰锦文。
弘扬千古秀，复活百年魂。
四自兴华夏，一心护众芬。
寒梅香入梦，岂肯染尘氛。

有鉴于此，传记写作执笔，刘静当为合适担当者。

写此文学传记，意在以文学笔触，真实记述唐群英生平事迹，非演绎其故事之纯文学作品，亦非着重人物评价之评传。核心要求为，真实，真实，再真实。现有研究宣传唐群英的材料已属不少，但一些事件、一些事实情节和某些评价提法，未尽得当或存岐见。针对此等，作者着力近代史、特别是民国史和妇女运动史研究，于信史中考察与研究主人公身世经历和行事业绩。既吸取现有唐群英研究成果，又突破囿于某种限制而随意所出之推想和看法。写作过程，对各种回忆记述文字，反复对比，辨别真伪，求正真实；对同一事件记有不同情节或存其他岐见，仔细斟酌，以合情理之真实为准，决定弃取。如此，所表现和描摹之唐群英，才符合历史真实，才是本来生活面貌。此本孜孜以求者。事实真实，亦于文字表现上不夸张，不骄饰，勿因夸大其词而失其实，勿因追求奇巧而失其真。此亦孜孜以求者。

历经三度寒暑，作者倾主要精力于此部文学传记写作。其访书问籍，追索考证，力求史料真实饱满；不惮劳累，不怕麻烦，反复斟酌篇章结构及文字表述；满怀敬仰，饱蘸感情，用心血讴歌巾帼豪英；特别是大胆秉笔，敢于直书，突破了一些虽已流传但不甚确切的说法。写作过程中，两位作者于北京——衡阳之间，电波传递，文字往还，各个方面达成完全共识。如此专心致志、殚精竭虑，作品获成问世，当致敬意！

今夏溽热之际，我们三人聚首京城，商定了文字定稿、版面安排、装帧设计、出版印制等后期事宜。

读《女权运动先躯唐群英》，深感这部传记作品最大的特点是，立足于唐群英研究的已有材料而又不拘泥于原有成果，深情歌颂唐群英这位人们崇敬热爱的女英雄而又不将其送上神坛。这样的作品，符合历史的真实，贴合大地的记忆，可使传主具有坚实的生命力和公信力，亲切自然地活在千秋万代人们的心中。加以文字朴实生动，气韵明快流畅，无疑是本好书。余作为第一读者，被此书引导着，回到云谲波诡的民国初年，惊见那一场虽无果而终却曾震天撼地的女权运动，无异于从一个重要方面重温了中国民主革命历史的一段重要历程。感慨之中犹生欣喜，因成《临江仙》一阕，附之文末，愿诸读者，少加意焉。词为：

巾帼能文能武者，
任谁不赞群英！
打翻封建树丰功。
女权声浪劲，
天地鬼神惊。

一卷钦虔呈奉敬，
后生恭阅音容。
精神气质荡心胸。
芳姿潇洒立，
笑对艳阳升。

徐志达

2013年12月1日于长春

（作者系吉林日报高级记者、曾任吉林农民报和吉林经济报总编辑、现为中华诗词文化研究所研究员）

读 后

初来社科联工作，王柏新主席把《女权运动先驱唐群英》作者送来的初稿转批给我，这是一扇了解衡阳历史文化的窗户，我缓缓地推开她。怀着崇敬的心情已将初稿细读数遍，每次都被群英精神这强大的正能量磁场紧紧吸附着。“一代女魂”唐群英，虽女儿身却存钧天之志，生活中乐观、积极、向上，事业上理想远大、坚守信念、不屈不饶，既有诗般柔情，又有剑般侠义。在多积德、多读书、多劳作“三吉堂”的家风熏陶下，唐群英一生奉行“多学则智，自立即强”的人生信条，为中国女性的解放与发展、民族的觉醒与振兴、社会的变革与进步作出了卓越的贡献。

《女权运动先驱唐群英》是一部描写和刻画女权运动先驱唐群英的长篇人物传记，兼具历史文献性和文学艺术性的特点。作者基于大量史料，以清新优美的文学语言完整讲述了唐群英为文才高学博、参战英武威猛、从政叱咤风云、兴教不遗余力的辉煌人生，深入挖掘了群英事迹中蕴含的矢志爱国、崇尚自由、追求平等、乐于奉献等“正能量”。《女权运动先驱唐群英》的问世，实为史学界、妇女界的一大幸事，开启了群英事迹和精神研究的新征程，必将进一步推动中国近代史和近代妇女解放运动的学习和研究。

作为史学专著的《女权运动先驱唐群英》，由全国妇联长期从事中国妇运史研究的刘静女士和唐群英的嫡长孙唐存正合作完成，由中国文史出版社出版发行。通读《女权运动先驱唐群英》全书，犹如阅览半部中国妇女解放运动史。细细品读该书，我们一定会被深深地吸引。这是因为《女权运动先驱唐群英》一书内容丰富且视野开阔、史料翔实且考证充分、文字精准且脉络清晰。

研究群英的第一手资料散见于各地，但两位作者退而不休，怀着敬重历史的责任感和使命感，不畏艰辛，奔赴各地广泛收集和深入考证唐群英的生平、事功、诗文和思想，在充分利用史料的基础上，形象而精准地概括出群英事迹及其所蕴含的丰富精神内涵。

作者将群英研究置于滚滚历史长河和深厚湖湘文化中，视野开阔。《女权运动先驱唐群英》通过对历史人物的人生经历向读者展开了清末民初我国历史大变革的壮阔画卷，将历史人物置于中国近代民主革命的大背景中、清末民初进步女性的大群体中予以描写，既反映了当时的历史背景，又洞悉了时代发展的进步潮流。作者还将群英精神置于源远流长的湖湘文化之中，将群英的成长成才、爱国报国、兴教办报等与湖湘文化的精髓联系起来，揭示了湖湘文化养育“衡岳之星”的内在机理。

《女权运动先驱唐群英》一书由楔子、将军归隐、衡岳晓起、荷塘悲欢、足下青云、心中皓月、东瀛踏波、潇湘唤风、辛亥挥戈、南京惊雷、北京怒涛、波澜壮阔、雾海潮落、暮鼓晨钟、长沙风云、剑胆琴心、云庐情深、红亭白果、润物无声、西风岭上、魂兮归来及附录等20余个篇章构成，所有内容都建立在翔实的史料基础上，包括唐群英家世资料、历史档案、时人记录等。

两位作者虽对群英先生满怀崇敬之意，但在描述群英事迹、刻画群英形象、形成《女权运动先驱唐群英》一书的过程中，既不苛求也不溢美，既不隐恶扬善也不有意拔高，对书中的诸多史料进行了考证，凸显了群英形象的真实可信，确保人物传记的真实性和准确性。

书中开篇由“楔子”形象地引出群英精神耀夺千秋的历史价值，书中既有大量形象生动的文学语言，又有细致入理的细节刻画，使得该书传记文学色彩浓烈。通读《女权运动先驱唐群英》一书，群英先生丰富而坎坷的一生定能清晰地印记在我们的脑海中。

唐群英，曾经在中华大地播撒祝融之火的衡岳之星，闪耀于历史长空。准确、完整记录唐群英一生的文学艺术性人物传记——《女权运动先驱唐群英》，必将在历史传记丛书中绽放独特的光芒。

邹燕矫

2014年3月23日于衡阳

（作者系湖南省衡阳市社会科学界联合会副主席、党组成员，法学博士，《衡阳社会科学》主编）

后 记

1979年12月3日，“中国妇女运动历史资料编纂委员会”正式成立。1980年1月初，我调入全国妇联“妇女运动历史研究室”，担任“中国妇女运动历史资料编纂委员会”的秘书工作。在这个岗位上，我接触到的第一个历史人物，便是中国女权运动的先驱唐群英。自此，即与唐群英研究宣传活动结下了虽有数度间断却持续至今的不解之缘。

为我接上这份缘分的，是唐群英的抚子（即继子）唐遂九老先生。几乎是在从邓颖超大姐讲话中读到唐群英名字的同时，我就从唐遂九老先生那里得到了关于唐群英的一些史料。之后，我与老人家以书信方式多次联系，他介绍长辈伯姑的身世事略，我了解妇运先驱的生平业绩。再加上，老先生是卓有成就却历经坎坷的老报人，我则是未能如愿的新闻系毕业生，通信之中居然成了可以倾心交谈的忘年之交，以至于，虽然从未谋面，我却觉得似乎在哪里见过老人家。遗憾的是，由于工作岗位的变动，我未能站在这个良好开端的基石之上，继续迈出唐群英研究的步伐。

唐遂九老先生身故之后，他的长子唐存正先生接过了研究宣传唐群英活动的接力棒。我亲眼看到，他与衡阳市妇联胡达任老主任一起，上北京，下南京，走上海；跑档案馆，进报刊库，入图书馆；翻阅陈旧报刊，记录原始资料，复制重点文档；还到访民革中央、全国妇联、社科院近代史所等单位争取帮助支持；而在承担如此重任之时，却往往是乘火车硬座，住简易招待所，以方便面充饥……。他们突破家族和地域的范畴，为复活中华民族一代女魂如此艰苦努力的精神，令我十分感动。

如果说，唐群英的后裔做了研究宣传唐群英活动的先锋队，那么，唐群英故乡湖南省衡阳市衡山县三级的党政领导，文化、文史、文物工作部门，以及社科联、文联、妇联、诗词学会等社团组织，则构成了研究宣传唐群英活动的统筹部和作战部。由先锋队、统筹部和作战部组成的这支衡湘部队，在唐群英这个历史人物的史料征集、年谱研究、事迹评述、故事细说、诗词赏析等等方面，都拿出了相当可观的成果。而一般历史人物的研究宣传，则大多是由研究机构的专家学者来完成的。唐群英研究宣传工作的这一大特色，堪称唐群英家乡的人们对于中国民主革命史和中国妇女运动史的一大贡献。

随着唐群英研究宣传工作的逐步深入，写出一部较为全面的唐群英传记的课题提上了日程。而其时，最适宜担当此任的蒋薛（衡阳著名诗人、唐群英研究专家、《唐群英评传》主要执笔人）和曾启球（在唐群英身边长大的唐群英的姨外孙，文史专家、《一代女魂——唐群英的传奇故事》主要执笔人）两位先生恰已先后离世，于是这一任务就落在了我这个并非适宜者的肩上。不过这倒使我得以重新接续起几度中断而无法消弭的与唐群英的因缘。

相对于以前撰写有关唐群英的片段文字，此时我面对的是唐群英厚重多彩的一生。她才具能文能武、情兼剑胆琴心、志在大同平等、胸有家国民族，国势危殆之际她踏波逐浪投身革命洪流，民国肇始她叱咤于政坛、斗艳于诗坛、尽瘁于杏坛，不愧为民主革命的闯将，女权运动的先驱，奉献终生的巾帼英雄。作为崇仰前贤的后人，我怀着真挚的情感，抱着学生的态度，本着实事求是的精神，持着力求增强可读性的追求，开始了这项工作。我试着将纵向的时序与横向的专题穿插起来，将唐群英的事业建树与情感经历结合起来，划分为二十个篇章，尽可能不出现大的疏漏和错讹。

对于我来说，这个工作过程实质上是一个学习过程。要学习已有的唐群英研究成果，学习中国近代史及妇女运动史，学习与唐群英相关人和事的背景材料，等等。在这个学习过程中，我对于历史人物的研究宣传逐步有了一些真切的体会和感知，集中到一点，就是一定要实事求是。每一个曾经流光溢彩的历史人物，自有他们用生命铸就的丰功伟绩和从心灵发出的风神异彩，后世研究者，只须把他们的业绩和风骨实事求是地再现出来，力求真实准确，那么他们的辉煌形象自会卓然挺立。历史研究应该是一项以事实奠定结论、以理性统率感情的工作。

首先，对于历史人物事迹功绩乃至身份职务的论定，一定要以确凿的史料为实证，如果贸然采信模糊的个人回忆、转述，或者其他形式的孤言、孤证，则往往会造成差误。比如，关于孙中山在中华民国建立时的庆功大会上向唐群英颁发二等嘉禾勋章之说，就很难成立，因为历史资料已经表明，1912年1月中华民国建立之时并没有召开过庆功大会，而民国政府的勋章奖章系列是在1912年7月之后陆续设立的。再如，关于唐群英是辛亥革命时期“女子北伐队”队长之说，只要看到《女子北伐队宣言》中凡属第一人称的主语皆为“衍”或“衍等”，就会产生疑问；即使注明“此宣言由陈婉衍执笔”也解释不通：作为“执笔者”的陈婉衍，怎能处处以自己的名字替代“队长”唐群英的名字呢?！其实历史资料十分明确：“女子北伐队”的队长是当时著名的女军将领陈婉衍，而非唐群英。至于唐群英亲率女子北伐队900余人，横枪跃马血战沙场的描绘，那就只能理解为一种善意的移花接木。实事求是地作此说明，丝毫不会减损唐群英的光辉形象，只能使人们更加信赖自己心目中的这位英雄人物。

再有，对于历史人物历史地位和作为的评价，一定要以客观科学的标准予以衡量，如果任由热爱之情流溢，无意中形成片面夸赞，则会产生攀比气息或者“为尊者讳”之嫌。譬如，有一种说法认为，唐群英与秋瑾应为并驾齐驱的“孪生姐妹”，在“中华百年八大女杰”中，秋瑾排名第一、唐群英排名第四，有欠公允。其实，所谓“八大女杰”之说是不能成立的。为迎接联合国第四次世界妇女大会1995年在北京举行，世妇会的宣传动员委员会曾经定出了拍摄“中华百年女杰”系列电视专题片的计划，受限于种种条件，会前只完成了秋瑾、宋庆龄、何香凝、唐群英、向警予、蔡畅、邓颖超、帅孟奇八集的拍摄。不须解释即可明白，这绝不是“按分数录取”的前八名，也不能说成是“中央认定”或者“我国政府列为”的“八大女杰”。再如，民国初年的女子参政运动，确实表现出了觉醒女性向封建男权宣战的威猛气概，但其间，冲击参议院、执议员衣袂要求辩论、冲上大会主席台、掌掴大会主持人等等情节，虽为无奈之举，确实属于过激之举，当时即曾产生过授人以柄的负面作用。我们崇仰前贤，并非要掩饰他们的不足，他们的些许不足不能遮蔽他们通体明亮的光芒，何况对于这些不足，他们自己生前也已有所认知。

唐群英研究宣传工作必然是一个不断去伪存真、去粗取精，从而由浅入深、由博返约的过程。其必由之路，只能是求真求实。历史人物的生命力，存在于历史真实之中；描写历史人物作品的生命力，则在于对历史真实的忠实之中。愿唐群英的形象，因真实而鲜活生动，因真实而丰满美丽，因真实而在后人心中永生，因真实而在民族史册上永放光芒。

回顾唐群英研究宣传工作三十多年的历程，深深感到唐群英是有幸的。她逝世一个月后抗日战争全面爆发，八年之后又是持续三年的解放战争，新中国成立后由于种种原因，直到“文化大革命”结束才迎来大范围修志写史的盛世景象。而在这盛世景象之始，唐群英研究就被提上了日程，领导倡导，全国关注，各方协力，高潮迭起。历史没有淡忘这位辛亥女杰，人民没有怠慢这位女界精英，她的盛名英姿已经彰然于衡湘大地，神州中华。在这种大好局面中，更应总结经验，使我们的研究工作再接再厉更上层楼。

这本书是我与唐存正先生共同完成的。在研究宣传唐群英的三十多年中，唐存正先生那种一以贯之的执着精神和求真务实的研究态度，特别是他那种超越家族、立足民族的胸襟胆魄，十分令人钦佩。他也是我敬重的一位老师。

此前我也曾写过关于唐群英的片段文字，其中不实之描述及不当之评说，仅以此书所述所评予以更正。然而此书仅是唐群英研究宣传过程中的一个小小段落，受限于作者的水平和研究程度，错讹与粗疏难以避免，殷切期望大家批评指正、研究修改、弥补充实。

为了便于读者更多了解唐群英人格事迹，本书特将唐群英的生平年表与部分遗作，专家学者较为重要的研究考证文章，以及唐群英亲友的部分回忆或转述材料，附录于后，以供参考。

本书成稿及出版过程中，得到了中共衡阳市委宣传部、衡阳市社会科学联合会、衡阳市教育局、衡阳市住房和城乡建设局、衡阳市妇女联合会以及中共衡山县委宣传部的关切与支持。在此一并表示感谢！

承蒙湖南省政协副主席、湖南省民革主委刘晓，辛亥革命史研究会副理事长兼秘书长、华中师范大学近代史研究所所长严昌洪，中共衡阳市委常委、宣传部长谢宏治，分别为本书作序，以点睛之笔为全书添彩。承蒙中国书法家协会会员、湖南书协行书委员会主任泓致为本书题写书名，以书法之美点染全书装帧之美。承蒙大学同学、多年关注唐群英研究宣传的老新闻工作者徐志达为本书写跋，襄助全书顺利告成。成稿过程中，还承大学同学、原黑龙江日报副总编辑王家彬给予帮助校正，承“树德堂”后人曾舟（曾传纲侄孙）提供相关资料。书稿初成，又承肖宗志、盛明明两位学者以及衡阳市社科联副主席、《衡阳社会科学》主编邹燕矫作了热情评价。特向以上诸位以及为本书提供照片的单位和个人致以深深谢意！

使我们感到荣幸的是，曾任全国人大副委员长、全国妇联主席的彭珮云大姐，亲为本书题词“辛亥女杰　女权先驱”。这既是对唐群英历史业绩的高度评价，也是对投入唐群英研究宣传工作所有人员的热情鼓励。让我们以同样的热情，向彭珮云大姐敬致谢忱！

刘　静

2014年4月8日于北京